衡东县乡镇简志

衡东县史志办公室　编

方志出版社
Publishing House of Local Records

图书在版编目（CIP）数据

衡东县乡镇简志／衡东县史志办公室编．—北京：方志出版社，2017.7

ISBN 978-7-5144-2482-9

Ⅰ.①衡…　Ⅱ.①衡…　Ⅲ.①乡镇—地方志—衡东县　Ⅳ.①K296.45

中国版本图书馆 CIP 数据核字（2017）第 194152 号

衡东县乡镇简志

编　　者：衡东县史志办公室
责任编辑：顾　洁

出 版 人：冀祥德
出 版 者：方志出版社
地址　北京市朝阳区潘家园东里 9 号（国家方志馆 4 层）
邮编　100021
网址　http：//www.fzph.org
发　　行：方志出版社图书经销中心
电话（010）67110500
经　　销：各地新华书店
印　　刷：衡阳顺地印务有限公司

开　　本：889×1194　　1/16
印　　张：11.75
字　　数：352 千
版　　次：2017 年 7 月第 1 版　　2017 年 7 月第 1 次印刷
印　　数：0001～3000 册

ISBN 978-7-5144-2482-9　　**定价**：180.00 元

《衡东县乡镇简志》编纂委员会

顾　问： 程少平（至2016. 07）

吴伟生（2016. 07—）

谭向勤

夏崇礼

主　任： 廖义智（至2016. 07）

徐志毅（2016. 07—）

副主任： 丁秋文　刘运仕　晏志君　李上峰　刘光荣

颜亚华　向卫平　曹玉芽　彭亚平　罗恒保

《衡东县乡镇简志》编辑部

主　　编： 陈华良

总　　纂： 胡青燕

编　　辑： 向立立　文君莉　马晓菲　颜知明

统　　稿： 胡青燕　颜知明

撰稿人员（排名不分先后）：

陈华良　向立立　胡青燕　文君莉　马晓菲

颜知明　刘　琳　刘　湘　张崇祥　李　斌

向　颂　唐水娥　吴果林　刘文涛　阳　洁

谭芝花　向海兵　向　立　冯艳辉　罗秋茂

文和平　陈志华　雷海滨　刘文科　罗光国

杨水华　杨仁汉　王叶鹏　蒋寒艳

衡阳市地方志编纂委员会办公室
审稿验收人员

杨伟东　肖　泓　蒋大英　周嘉晖　申沁生

编辑说明

一、《衡东县乡镇简志》（以下简称《简志》），以2014年全县24个乡镇独立成志。编纂中，坚持实事求是的原则，运用辩证唯物主义和历史唯物主义的原理，简要记述了各个乡镇从自然到社会各个方面的历史与现状，以浓重笔墨记述1989年撤区并乡设立24个乡镇以来的主要成就。

二、《简志》按照事以类从的原则设置部类和条目，以条目为主。全志设政区概况、经济发展、社会事业、基础设施、特色地情、文献辑存、领导名录7个部类。下设地理位置、自然环境、建制沿革、行政区划、人口面积、农业、工业、商贸服务、财政金融、教育文化、医疗卫生、社会保障、水利、交通邮电、供水供电、镇村建设、历史人文、名胜古迹、名优特产等条目。

三、《简志》采用述、传、图诸体并用，以述为主。

四、《简志》时间断限，上限为有文字记载起，主要从1989年撤区并乡设立24个乡镇起，下限为2014年12月，为反映某事物的完整性，部分内容适当上溯下延。

五、《简志》按属地原则，凡坐落在各辖区内的有关单位、规模企业，统一归所在辖区入志。

六、志文中对中华人民共和国成立前的纪年，沿用旧制，并加注公元纪年，记述中华人民共和国成立后的活动，一律使用公元纪年。

七、《简志》中的各项数据，以统计部门公布的为主，部分数据由相关部门提供。计量单位以国务院公布的法定计量单位为准。

八、《简志》中人物遵循生不入志原则，收录范围以本籍为主，分别载入所属辖区简志的“历史人文”条目中。

目 录

衡东县地图
（乡镇区划调整后）
衡东县在湖南的位置
湘潭县
株洲县
衡山县
南岳区
衡阳县
攸
白石
王十万
平山
朱亭镇
砖桥
龙潭
龙凤
茶恩寺
福田铺
沙泉乡
长江镇
开云镇
新塘镇
石湾镇
三樟镇
白莲镇
杨桥镇
蓬源镇
南岳区
衡山县
柴山洲
油麻田
富家
义门
和平
塔冲
长江
前进
金合
塘源
三浒
大桥湾社区
彭段港
龙山文化遗址
岭林
佳毕
礼厚
黄双
清景
光明
上桥
迎湖山
龙山文化遗址
泉水
兴源
坪里
甲寨
荷塘
茶石
杨梅
铁坪
鲤鱼
塘荷
山花
东塘
谭家桥
小初
白石
宋坪
文桥
欧阳海
湘广
丰塘
枯林
大兴
南塘
欧阳海山庄
二童攻书山
晓霞峰
观音禅寺
欧阳海烈士纪念馆
毛泽建烈士墓
346.3
樟坪
兴发
新桥
珍珠
新义
雷市
涞河桥
大培
采霞
石江
罗家湖
北冲
大山
石杨
潭泊
状元
大塘
荆岩
仙林
彭波状元第牌坊
洋塘水电站
龙头
大甸
仙棣
雷溪双月
大源渡遗址
大源渡航电枢纽
涞河
洋塘
大源渡
白莲
马房
莲花社区
南冲
上水
小合
长滩
鹤岭
石山
温泉新村
鹤岭
荷月
荆竹
香花新村
泉溪
杨兴社区
乔阳新村
横板
杉山
凤凰山
600
凤凰
虎塘
蛟塘
杨桥
遂源仙
646
蓬源
长冲
横路社区
东方
冲排
深江
合兴
大阁
广塘
云集
双溪
兴民
京港澳高速公路
京广铁路
武广高速铁路
南岳高速公路
G107
S314
S211
S51
S510
G4
湘江
上游

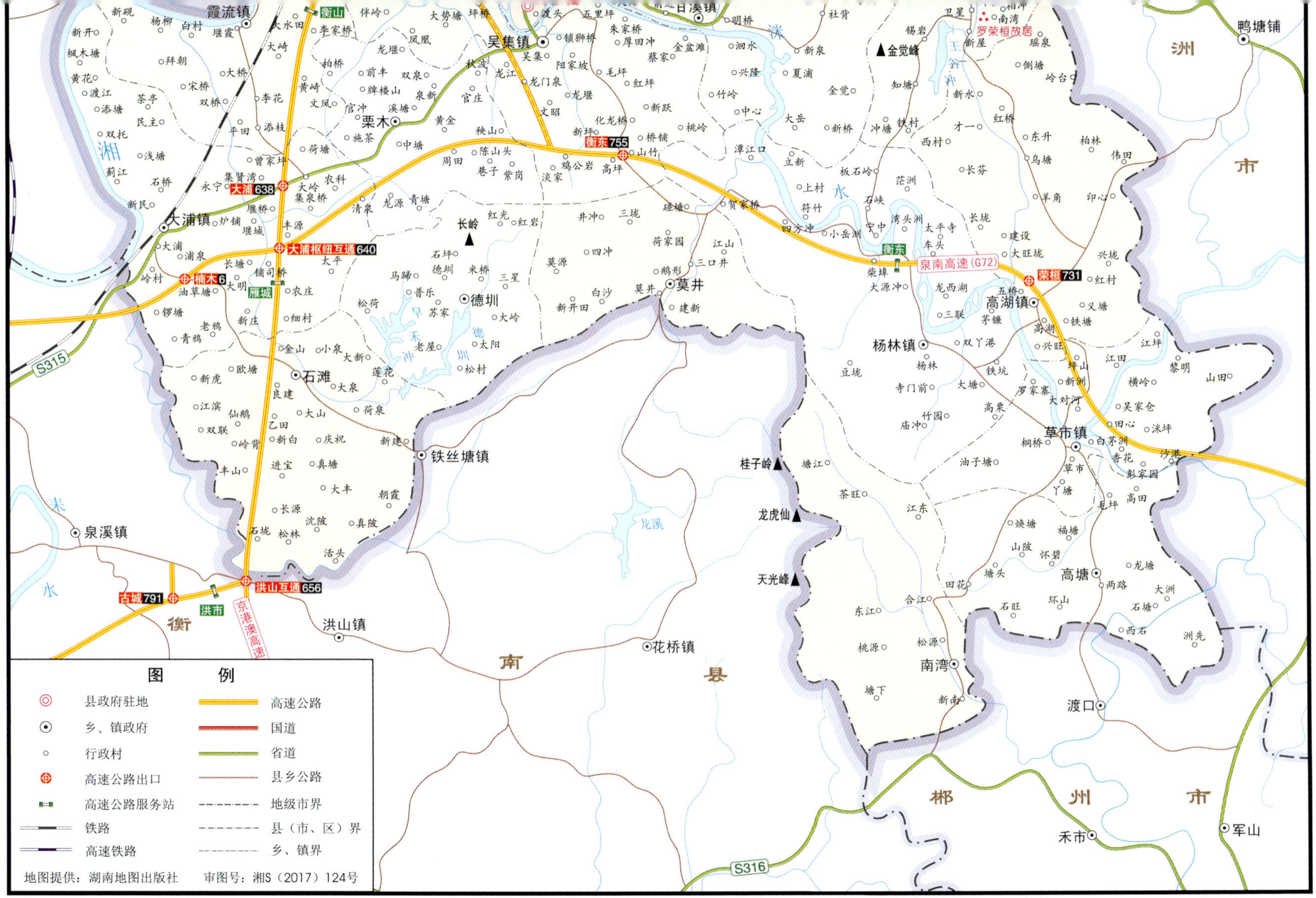

霞流镇
吴集镇
栗木
大浦镇
石滩
德圳
莫井
铁丝塘镇
杨林镇
高湖镇
草市镇
高塘
南湾
洪山镇
花桥镇
泉溪镇
渡口
禾市
军山
鸭塘铺
金觉峰
长岭
桂子岭
龙虎仙
天光峰
罗荣桓故居
衡山
衡东 755
大浦 638
大浦枢纽互通 640
楠木 6
雁城
衡东
荣桓 731
泉南高速（G72）
洪山互通 656
古城 791
洪市
京港澳高速
S315
S316
湘
耒
水
洣
水
龙溪
衡
南
县
郴
州
市
洲
市
图例
县政府驻地
乡、镇政府
行政村
高速公路出口
高速公路服务站
铁路
高速铁路
高速公路
国道
省道
县乡公路
地级市界
县（市、区）界
乡、镇界
地图提供：湖南地图出版社
审图号：湘S（2017）124号

衡东县地图

（乡镇区划调整前）

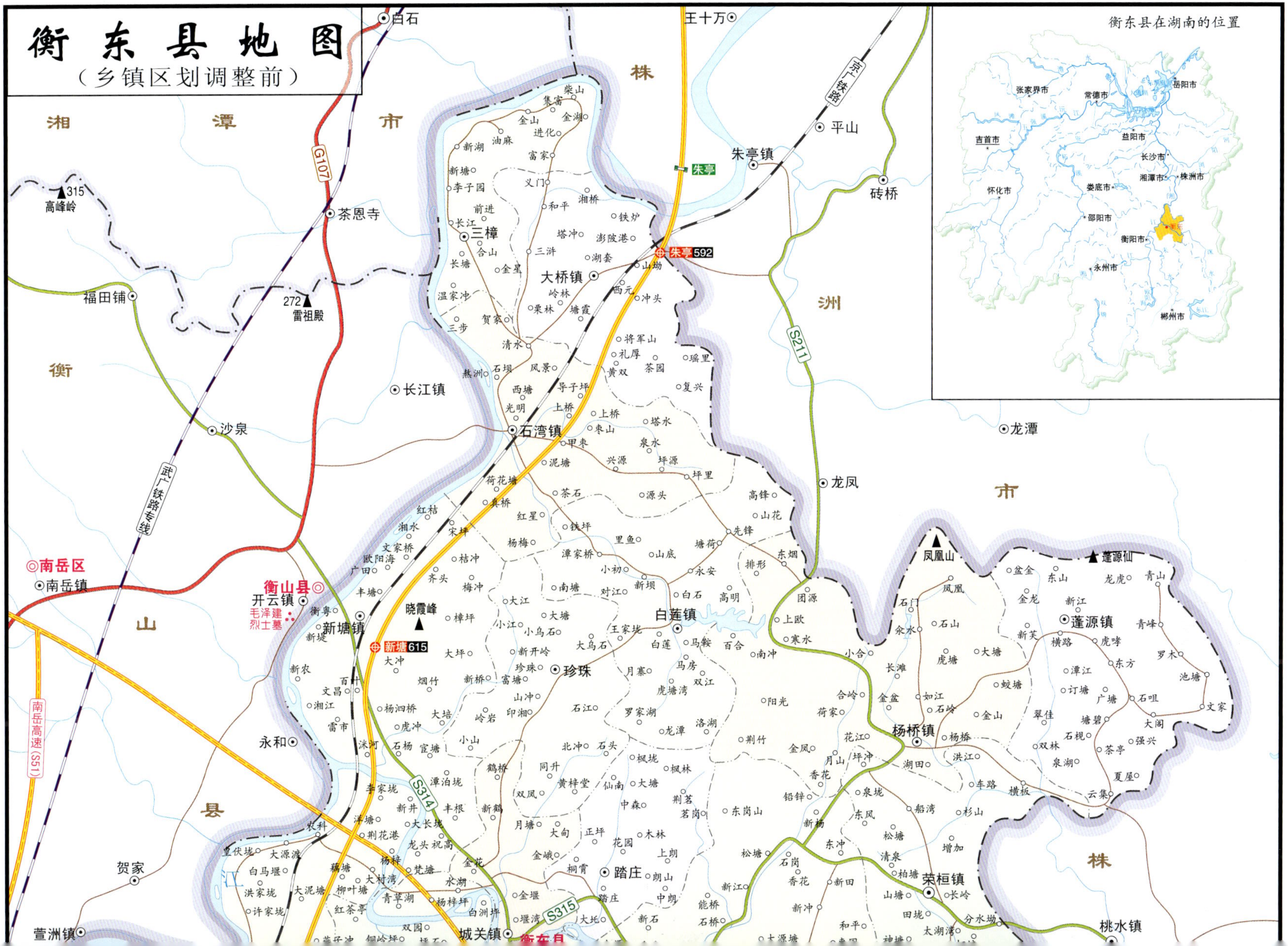

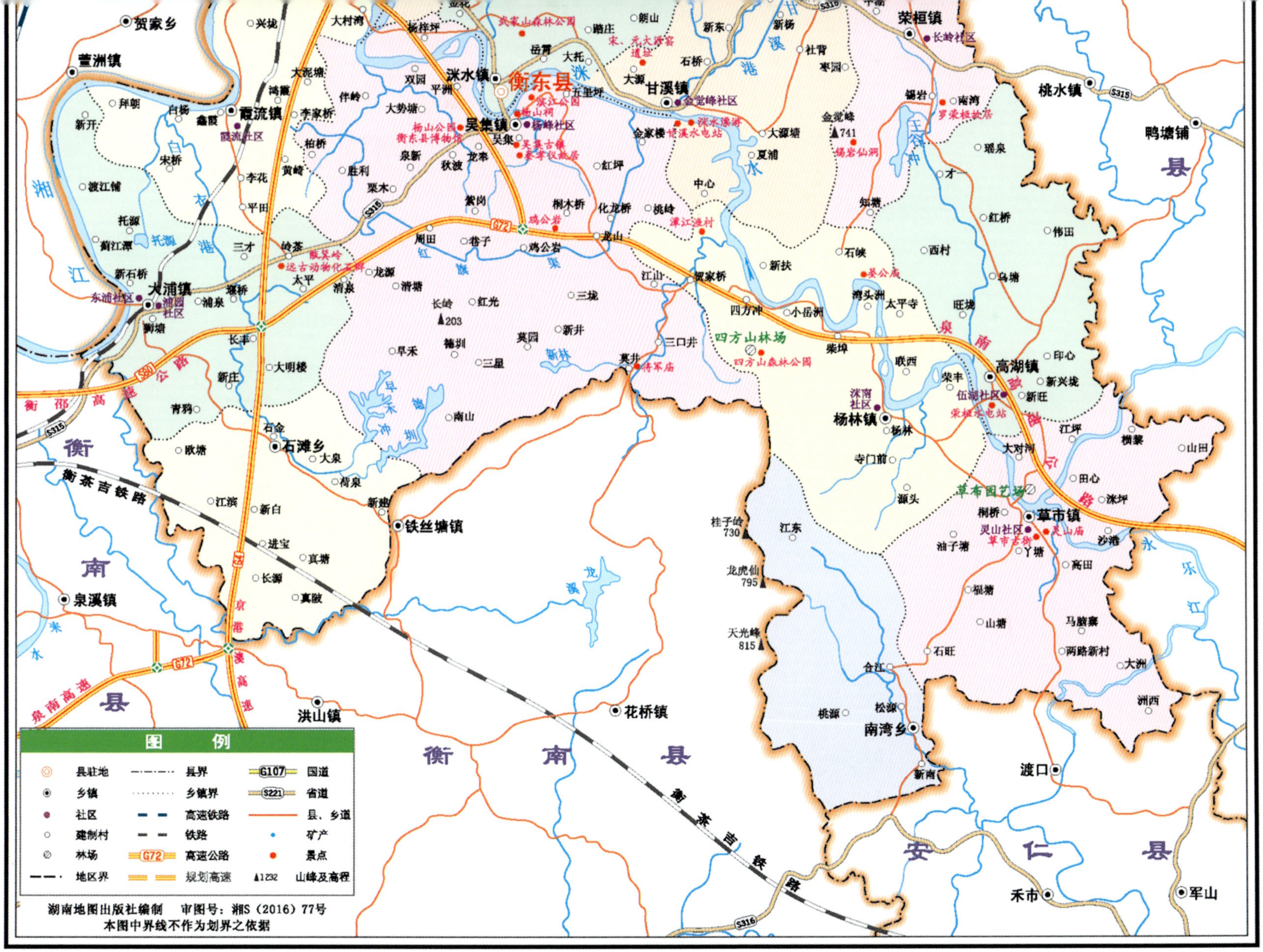

湖南地图出版社编制　审图号：湘S（2016）77号
本图中界线不作为划界之依据

衡东县概况

衡东县位于湖南省东部偏南，居湘江中游的衡阳盆地与醴攸盆地之间。东连攸县，南与安仁县、衡南县为邻，西濒湘江与衡山县隔水相望，北与湘潭、株洲接壤。地理坐标为北纬26°47′04″~27°26′41″，东经112°44′12″~113°17′48″。1966年2月，从衡山县析出新置，因位于南岳衡山之东而得名。辖区南北最大距离72.9千米，东西最大距离53.6千米，总面积1926平方千米，约占湖南省总面积的0.9%。总面积中陆地1795.5平方千米，占93.2%，水域130.5平方千米，占6.8%。是罗荣桓元帅的故乡，革命老区，中国土菜名县。

早在5500—6000年前的新石器时代龙山文化晚期，就有先民在湘江、洣水沿岸栖息定居，开创农耕文化。战国中期，衡东县地归入楚国版图。秦属长沙郡。南北朝梁武帝天监年间（502—519年），置湘潭县，县治设今石湾附近，衡东西北部从阴山县析出，并入湘潭县。唐玄宗天宝八年（749），湘潭县治北迁下摄司（今湘潭易俗河），衡东县地并入衡山县。1949年9月，衡东境域属衡山县第一区、第二区、第三区、第四区、第五区。1966年2月，析出衡山县湘江东岸的6个区、37个公社和2个镇建立衡东县，属衡阳专区。1983年5月，撤销衡阳地区，属衡阳市。1989年5月，撤区并乡，全县撤销大浦、新塘、石湾、杨桥、杨林、吴集6区，调整为9个镇和15个乡。2014年年末，辖城关、石湾、新塘、大浦、吴集、甘溪、杨林、草市、杨桥、霞流、荣桓、高湖、白莲、大桥、蓬源15个镇和莫井、踏庄、高塘、南湾、三樟、栗木、珍珠、石滩、德圳9个乡；下设20个居民委员会，561个村民委员会；共182个居民小组，6026个村民小组。2014年年末，全县年末常住人口为64.21万人，其中城镇人口22.55万人，乡村人口41.66万人。共有汉、回、苗、维、满、壮、侗、瑶、白、彝、藏、布衣、土家13个民族，其中汉族人口占99.98%。

衡东物产丰富。水能蕴藏量15万千瓦，水电发电装机总容量4.33万千瓦。

现已探明的矿藏有金、银、铜、铁、铅锌、钨、锰、铀、钴、镍、煤、瓷泥、萤石、石灰石、重铁石等30多种；境内有野生植物900多种，其中有水杉、银杏、杜仲、伞花木等珍贵树种；珍稀野生动物有獐、麂、兔、猴面鹰、云豹等20余种；主要大宗农副产品有粮食、生猪、禽蛋、柑橘、茶叶、油茶、松树、楠竹、中药材等。

衡东文化底蕴深厚。是著名的“皮影戏之乡”“花鼓戏之乡”“剪纸之乡”“印章之乡”，也是全国诗词之乡、湖南书画之乡，全国群众文化工作先进县、全国科技工作先进县、全国群众体育工作先进县。衡东人杰地灵，英才辈出。元代状元何克明，清代状元彭浚、探花谭鑫振、神医李纪方，共和国元帅罗荣桓，红军师长王光泽，抗日名将罗芳珪，新文化运动时期第一个用白话文写作的女作家陈衡哲，山水画家单剑锋，世界摄影家陈长芬，还有“兵工国宝”李待琛，煤气汽车创始人向德，新中国的“詹天佑”刘铁岩和中科院院士刘新垣等都诞生于衡东这片美丽神奇的土地。

衡东山川秀美，旅游资源丰富。全县森林覆盖率51.7%，是“全国造林绿化百佳县”。流经9个乡镇的洣河水质优良，达到国家二级水质标准。著名景点有罗荣桓故居、锡岩仙洞等，其中罗荣桓故居是全国文物保护单位、国家AAAA级景区、全国首批爱国主义教育基地、中国红色旅游市场游客满意十佳景区、湖南省全民国防教育基地。锡岩仙洞景致清奇，享有“楚南第一景”之誉；四方山省级森林公园万亩竹海四季常青。著名文化遗址有龙山文化遗址、大浦镇岭茶甑箕岭化石、柴山洲特别区第一农民银行旧址和清代状元彭浚状元第牌坊等。

衡东区位独特，交通优势明显。北面紧靠长株潭，南离粤港澳经济区不远。京广铁路从西部纵贯而过，境内全长59.7千米。京珠高速纵贯南北，衡大高速与衡炎高速横贯东西，与S211、S314、S315三条省道联为一体，南岳高速直通衡阳市和南岳风景区，构成密集的公路交通网络。全境设有5个高速公路互通口。

2014年，完成地区生产总值214.14亿元，增长9.6%，增幅在7个农村县市中并列第三。完成财政总收入11.08亿元，增长2.6%。完成固定资产投资112.36亿元，增长24.1%。完成社会消费品零售总额65.47亿元，增长12.8%。完成农业总产值67.12亿元，农业生产规模化、产业化、机械化程度不断提高，粮食总产量达40万吨以上，获全市先进；新增农民合作社89家，新发展注册登记家庭农场86个，国省市级农业龙头企业发展到38家。土菜产业链实现产值14.7亿元，创税收1170万元。旅游业实现综合收入18.2亿元。房地产业实现税收9268.26万元。完成规模工业总产值147.55亿元，上规模的工业品有钨化品、机油泵、铜阳极板、日用瓷等。全县已形成机械制造、有色冶金、轻工陶瓷、化工医药、建筑材料、农副产品加工等支柱产业。衡东还是国家商品粮基地县、全国水稻生产机械化示范县、全国初级农村电气化达标县和全国水利建设先进县。

2014年，全县高新技术产业增加值15.32亿元。占GDP 7.2%。全年专利授权50人。小学在校学生46087人；小学适龄儿童入学率99.99%。初中适龄人口入学率99.82%。中等职业教育在校学生2264人，普通高中在校学生37179人。全县拥有各类艺术表演团体3个，文化馆1个，公共图书馆1个，博物馆、纪念馆2个。有广播电台1座，中、短波广播发射台和转播台3个，广播综合人口覆盖率99.76%，电视台1个，电视综合人口覆盖率97.93%，有线电视用户14.89万户。放映农村公益电影0.86万场。有档案馆1个。2014年，全县拥有各类卫生机构48个，其中医院3个，妇幼保健院1个，疾病预防控制中心1个。医院、卫生院床位2177张，每千人拥有3.4张，增长16.4%。5岁以下儿童死亡率为7.2‰，低于国家12‰的控制标准。2014年，全县公共文化体育设施面积130.5万平方米，人均面积2.04平方米。2014年，全县城镇化率35.1%。县城污水处理率92%；县城建成区面积8.1平方千米。年末，全县有公交车路数7路，实有公共汽车营运车47辆，实有出租汽车100辆。2014年，衡东县全面小康实现程度为77.5%。城镇居民人均可支配收入23799元。农村居民人均可支配收入14415元。全县参加基本养老保险37.6万人；参加城乡医保人数65.01万人，覆盖率100%；全县已建立县乡两级农村居民生活保障制度，全县农村居民得到政府最低生活保障1802人，城乡低保覆盖率65.8%；年末，城镇登记失业人数792人，失业率1.2%。

（撰稿　胡青燕　颜知明）

城关镇

政区概况

地理位置 位于北纬27°04′33″~27°10′07″，东经112°55′21″~112°58′50″。东临踏庄乡，南接吴集镇，西邻洣水，北交珍珠乡。因镇政府驻地于县城而得名，是全县政治经济文化中心。镇政府驻迎宾社区。

自然环境 位于衡东县城中心，地势西高东低、南高北低，地形为丘陵地带。四面有洣水环绕，属湘江水系。南部有杨山依傍，为城关镇著名景点。处亚热带季风湿润气候区，四季分明，年均气温17.8℃。常年主导风为北风，夏季为东南风，春季常有梅雨天气。年均降水量约为1300毫米，降水日约130天。境内土壤资源丰富，有紫色土、水稻土地、河潮土等种类，10个自然村的土壤各不相同。主要自然灾害有旱灾、水灾、冰灾等。

建置沿革 1966年3月18日，衡东县设立时，从金花公社析出枧头、渡头2个大队和从吴集公社析出吴集居委会，设立衡东县城关镇。1973年，又从金花公社析出岳霄大队为城关镇区划，境内析出吴集居委会仍属吴集公社管辖。1981年，吴集居委会划入，城关镇下辖城关、吴集2个居委会及枧头、渡头、岳霄3个建制村。1989年5月，撤区并乡，金花乡与城关镇合并，组建城关镇。至2014年年末，无变更。

行政区划 1989年年末，辖东街、西街、南街、北街4个居委会；10个建制村；11个居民小组；99个村民小组。2014年年末，辖杨山、滨江、嘉兴、兴东、迎宾5个居委会；合桥、新鹤、金花、月塘、金峨、金堰、堰湾、岳霄、大甸、渡头10个建制村；32个居民小组、99个村民小组。

人口面积 1989年年末，辖区共2727户，总人口23066人，其中农业人口

9853 人。1999 年，辖区共 13333 户，总人口 36299 人，其中非农业人口 27148 人。2014 年年末，辖区常住户 17851 户，常住人口 67324 人，常住人口 58126 人，农业户籍人口 11469 人。常住人口中男性 33569 人，占 49.86%；女性 33755 人，占 50.14%。

2014 年，辖区东西最大距离 4.6 千米，南北最大距离 9 千米，总面积 31 平方千米。其中陆地 30.2 平方千米，占 97.4%；水域 0.8 平方千米，占 2.6%。

经济发展

农业 城关镇农业兴旺，物产丰富。农作物以水稻为主，盛产大豆、花生、棉花、芝麻、油菜籽、红薯等。20 世纪 50—60 年代，曾以水稻高产而闻名省内外。1970 年，水稻种植实现单季改双季，亩产平均 405 公斤。1989 年，有耕地面积 8029 亩，农作物播种面积 15270 亩，粮食作物播种面积 12853 亩，其中稻谷播种面积 12684 亩，总产 5771.22 吨，亩产 455 公斤。席草种植面积 24 亩，总产量 8.11 吨，亩产 338 公斤；蔬菜种植面积 767 亩，总产量 1523.26 吨。到 20 世纪 90 年代初，全镇实现双季稻生产过吨谷目标。1999 年，有耕地面积 7245 亩，农作物播种面积 16830 亩，其中粮食播种面积 12825 亩，粮食总产量 6629 吨。2014 年年末，有耕地面积 6022.95 亩，有效灌溉面积 4740 亩，农作物播种面积 8064.45 亩，粮食作物播种面积 6442.5 亩。

境内畜牧业以生猪养殖为主，还有养殖羊、牛、鸡、鸭、鱼等畜禽水产习惯。晚清和民国时期，大多是中农、富农饲养生猪，也有地主雇工饲养生猪的，传统的喂法是熟食。从 20 世纪 50 年代中期起，开始培植浮莲、水绣花等水生饲料，使用青、粗、精饲料搭配喂养。肥猪饲养期，一般为 7 个月，每头重 90 公斤左右。20 世纪 60 至 70 年代，改熟食为半生半熟食或生食。20 世纪 80 年代，养猪户开始用混合饲料喂猪，因含有多种营养成分，猪长得快，出栏快。1989 年，出栏生猪 4269 头，出笼家禽 12600 羽，禽蛋总产量 36.61 吨；年末，生猪存栏 3680 头，耕牛存栏 471 头，羊存栏 92 头；水产养殖面积 618 亩，总产量 100 吨。1994 年，全镇出栏生猪突破 1 万头，农业总产值 2808 万元。1999 年，年内生猪出栏 18300 头，年末大牲畜存栏 290 头；肉类总产量 1359 吨，其中猪肉 1207 吨；水产品产量 480 吨。2014 年，生猪饲养量 5.92 万头，年末，存栏

2.76 万头；羊饲养量 3400 头，年末，存栏 1793 头；家禽饲养量 19 万羽。生产肉 3140.1 吨，其中猪肉 2895 吨，牛肉 190 吨，羊肉 55.1 吨；禽蛋 395 吨，畜牧业总产值 176.5 万元。

明、清时期，境内山地 70%属天然林。山地的 60%以上为封建地主、富农及其所操纵的祠堂、庙宇所有。民国时期，军阀混战，林木受损。中华人民共和国成立初期，废除封建林权，农民分得了山林，由农户各自封山育林。1958 年，山林归公社所有，封山育林中止。是年秋，大炼钢铁，森林遭受破坏。1962 年，山林权固定到生产队，房前屋后零星山地划给社员作自留山，由生产队和社员封山育林。1966 年，取消自留山，出现滥砍滥伐现象，森林严重被毁。1979 年，重新落实林权，实行山林包干到户。1981 年，划定自留山（即林业"三定"）。到 1983 年，除社、队集体有的油茶、柑橘、茶叶等经济林和松、杉、竹等用材林承包给专业户或联户林场外，其余全部承包到户。同时分别发给林权证、自留山使用证。1989 年，人工造林 1296 亩。2000 年，有山地面积 18729 亩。2011 年，造林 960 亩，其中防护林 750 亩，经济林 210 亩，森林覆盖率 37.2%，活立木蓄积量 44499 立方米。林业总值 3050 万元。2014 年年末，林地面积 2.27 万亩。全年累计造林 2340 亩，其中防护林 1570 亩，经济林 770 亩，森林覆盖率 48.8%，活立木蓄积量 45372 立方米。林业总产值 3673 万元。

2014 年年末，有农业技术服务机构 2 个，农业技术服务机构从业人员 8 人；种植大户 2 户；养殖大户 9 户。

工业 1950 年冬，创办第一个全民所有制企业——民生工厂（城关大米厂前身）。

1971 年，衡东县农械厂迁至衡东县城，1981 年，改名县机油泵厂。1988 年，评为国家二级企业。1989 年，有职工 4378 人，年产 21 种型号的机油泵 28.57 万台，产值 471 万元，创利税 112.5 万元。产品销售 28 个省市，190 型和 195 型机油泵获省优、部优称号，随主机远销泰国、马来西亚、新加坡、加拿大，并有小批量机油泵直接出口。1994 年，改组成股份有限公司。1996 年，晋升国家中一型企业，是年，公司总资产 6200 万元，固定资产 4465 万元，员工 712 人。2012 年，机油泵有限公司的"湘江"机油泵商标被国家工商总局商标局评为"中国驰名商标"。2014 年，创利税 3809 万元。2016 年 6 月 1 日，湖南机油泵股份有限公司首发申请（IPO）成功过会，为衡阳市自 1999 年来第一家首发上市公司。

1980 年，大浦草席厂析出部分职工，在城关建立衡东县草席厂。1987 年，衡东草席厂引进日本自动织席机 30 台，生产榻榻米草席，年产各种草席 205 万条，其中榻榻米 50 万条，销往日本、西欧、西非、中东等地，年创外汇 70 万美元。

1990 年，镇办企业仅有饮食服务、旅社、一、二综合门市 4 个项目，年总产值 320 万元，村办企业几乎空白。1994 年，乡镇企业快速发展，个体私营企业发展到 2000 多户，总产值达 9224 万元。主要以建筑装潢为主，鸿城装潢公司拥有职工 120 多人，业务横跨衡阳、湘潭、衡山等县区，年上缴利税 40 多万元；城关建筑公司是一家四级建筑公司，年完成产值近 400 万元，上缴利税 36 万元。到 1996 年，全镇共有村、镇企业 45 个，个体私营企业 31 个，从业 1913 人，企业总产值 3.69 亿元，实现利税 1659 万元。1999 年，有乡镇企业 168 个，从业人员 7079 人，企业总产值 59997 万元，营业收入总额 57581 万元，利税总额 6160 万元。2007 年，有省、市级企业 3 家，职工 686 人，实现利润 4611 万元，上缴税金 3298 万元。安排农村剩余劳动力 654 个，占全镇总人口的 5%。2014 年，有工业企业 115 个，规模以上工业企业 12 家，企业从业人员 2568 人，工业总产值 390125 万元。

商贸服务 1969 年，衡东县城设于此，城关镇逐渐发展成为全县商业贸易中心。20 世纪 70 年代初，建百货、副食、粮油、饮食服务等商店 10 余家。20 世纪 70 年代中期，商店增加到 30 余家，西街始有早市；1974 年，兴建可容 500 余人的交易场；1975 年，全镇社会商品零售额 810 余万元。20 世纪 70 年代末，各类商店增加到近百家；西街的早市发展成为全日集贸市场，每日参加交易在 3000 人以上。1980 年，社会商品零售额为 1760 多万元。1985 年，西街“早市”扩建成 2240 平方米全覆盖农贸市场。1986—1989 年，以汽车站为中心，兴建第二个十字街口，接通老北街和新北街，商业大厦、鸿城大厦、副食大楼、物资中心和集贸市场相继落成，总面积 50000 多平方米。新建综合集贸市场，建筑面积 6732 平方米，摊位 340 个，日参加交易的 4000 余人，日成交额盛时达 50000 万多元。1989 年年底，境内有大小商店 616 家，其中个体商贩 498 户，从业人员 2175 人，有 12 家国有商店设置批发部，担负全县 20%的工业品批发业务。社会商品零售额 4964 万元。1999 年，有集贸市场 3 个，集市贸易成交额 6899 万元，社会消费品零售总额11960万元。2004年，“衡东首届土菜文化节”在城关镇举行，现场签约资金2.15亿元，逐步带动餐饮业的发展。2005年，商业系统改制，私营个体商业成为流通领域的主体。此后，商贸流通网络不断健全，洣蓝超市、人和百货、嘉汇超市、人和百货二店、好又多超市、商业步行街等大型超市渐次营业。2010年，衡东县获“中国土菜名县”国字金牌，随后，餐饮业和酒店宾馆迅猛发展。县城仅洣江大道一条街从原来的14家餐饮店发展到48家，形成衡东土菜一条街。2012年，恒瑞国际大酒店获国家四星级旅游饭店奖牌。先后建成嘉盛大酒店、豪友商务宾馆、金城大酒店等20余家酒店宾馆。同时，汽车业也逐渐发展起来，先后有王中王、坤泰、金马等6家汽车服务中心。2014年，有市场3个，50平方米以上的超市7个，住宿餐饮企业4个，社会消费品零售总额28329万元。

财政金融 1949—1979年，财政收支由秘书和粮油委员分管，农业税占较大比重，财政支出多为支援农业发展、行政管理费用和上缴县财政。1980年，全县建立区乡（镇）一级财政，设镇财税所，财政体制由单纯的收支型转向经营管理型。1989年，撤区并乡后，全面推行乡（镇）一级财政包干。1992年，全镇财政收入146万元，财政支出35万元。1999年，财政总收入903万元，财政支出903万元，农民人均纯收入2950元。2002年，农村税费改革，取消农林特产税和“五统三提留”（“五统”是指乡镇依照国家政策法规，为乡镇公益事业发展所收取的教育附加、军属优抚、民兵训练、计划生育、交通建设等费用；所谓“三提留”是指村合作经济组织提取的生产经营基金、公益福利事业基金和管理费），调低农业税税率。2006年，全镇取消征收农业税。2014年，镇公共财政收入897.67万元，公共财政支出878.17万元。

1949年10月，中国人民银行衡山县支行成立，于1969年12月迁入衡东县城，1985年1月，中国人民银行衡东县支行撤销，于1988年重新成立。1976年，中国人民建设银行衡阳地区分行设衡东县办事处。1981年，改设中国人民建设银行衡东县支行。1980年，建立中国农业银行衡东县支行。1984年，建立中国工商银行衡东县支行，经营工商信贷、结算、城镇储蓄、城市金融业务，并设城关、北街2个储蓄所。1981年，设立衡东县保险代理处。1984年11月，建立中国人民保险公司衡东县支公司。至2000年，有银行、保险等各类金融机构网点9个。2014年，有各类金融机构网点18个。

社会事业

教育科技 1969年，在向阳路兴建县直机关幼儿园，1984年，兴建2层楼房的教室、寝室各一栋，建筑面积1703平方米，游乐活动场地600平方米，设4个中、小幼儿班。1970年，设城关小学。1973年，衡东一中从衡山两路口迁至境内，1978年，首批定为市属重点中学。1996年年末，全镇有市重点中学1所，县办镇管中学1所（衡东十中），完小3所，村小学7所和1所投资50万元的农科教中心。在校高中生近2000人，初中生942人，小学生4560人。有教职员工489人，其中一中152人，十中69人。1998年，衡东一中挂牌为省级重点中学；2004年，更名为省示范性普通高中。2000年，开始先后撤销、合并岳霄、金峨、大甸、合桥、枧头等学校，到2005年上半年，撤校并点工作全部结束。2007年年底，全镇有5所学校，衡东一中、城关一小、城关二小、金花完小和城关中学（原衡东十中）。教师527人，高中生3842人。2008年，在县城北区中心，湘泵股份有限公司正南面设立城关镇第三小学。2011年，有幼儿园13所，在园幼儿2523人，专任教师218人；小学4所，在校生8921人，教师374人；初中1所，在校学生2039人，教师134人；高中1所。2014年9月，镇内一所纯民办、贵族式学校——衡东县育星小学正式招生。2014年年末，有幼儿园15所，在园幼儿5900人，专任教师350人；小学5所，在校生11800人，专任教师503人，小学适龄儿童入学率100%；初中1所，在校生1830人，专任教师135人；省示范性普通高中1所。小学升初中率100%，九年义务教育覆盖率100%。

1966年，在城关北郊刘家山建良种示范场，进行区域试验，良种示范。1972年，在金花乡金堰村的胡坳，建立林业科学研究所，研究林业生产和防护的新技术，以及选育油茶等林木新品种。在东街桐子岭建立农机具研究所。1982年，席草研究所建立；1985年，由县草席厂代管。1978—1989年，举办各种专门学术讲座158期，参加学习有9704人次；举办科普讲座156期，参加学习的10364人次；参加科普知识竞赛的1600人，写出有较高价值的科学技术专题论文140篇。1994年，县人民医院旷秋怀的《中西医结合胃肠透析法治疗慢性肾功能衰竭》项目获省三等奖。城关小学开设的“协同教学”实验项目1996年获省第四届教研成果三等奖。衡东一中德育课题《校园环境建设与育人关系的研究》于2002年获中央教科所九五重点科研课题成果二等奖。湖南机油泵股份有限公司研制的C9机油泵获2011年湖南科技进步三等奖。

文化体育 1966年3月，衡山县文化馆机构、人员、设备成建制转至衡东县文化馆，于1969年12月迁到境内，1973年兴建3层楼房的文化馆，建筑面积1253.2平方米，后在文化馆院内续建旱冰场、展览厅和画廊。1970年9月，电影院建成，放映厅建筑面积1783.4平方米，设882个座位。1970年，兴建人民礼堂（于1988年改为衡东剧院），建筑面积1751.1平方米，设999个座位。1984年，建4层楼房的工人文化宫，建筑面积1559.71平方米，设有娱乐室、录像室、舞厅、电视室。由邓小平题名的"荣桓图书馆"于1984年建成，馆舍建筑面积3138平方米，拥有藏书10多万册。1994年，被文化部评定为"二级图书馆"。于2005—2010年连续被评定为"国家一级图书馆"。1986年1月，衡东县电视台建成，为湖南省第二个县级电视台，电视发射覆盖率85%。1989年5月，县广播电台兴建调频广播发射台，发射功率300瓦，发射频率106.8兆周；12月县电视台修建卫星地面接收站，安设直径5米的板状天线，可收转中央电视台第一、二套节目。至1989年年末，境内文化馆、图书馆、档案馆、工人文化宫、广播电台、电视台、电影院、剧院等文化设施一应俱全，群众文化生活丰富。2011年，全镇有各类民间艺术表演团体15个，演职人员160人。乡镇综合文化站1个，已建村级农家书屋10个，总藏书16970册。2014年，有体育场馆2个；公园及休闲健身广场5个；各类民间艺术表演团体26个，演职人员1682人；乡镇综合文化站1个，已建村级农家书屋15个，总藏书24470册。

地方特色民间艺术有衡东山歌、碗筒表演、竹刻、根雕等，其中衡东山歌为市级非物质文化遗产保护项目。2013年，赵宏建的摄影作品《共商大计》获全国摄影艺术展优秀作品奖；衡东民间文艺家协会出版的《民俗衡东》获全省第一届民间文艺家·民间文艺新人三等奖；衡东剧团表演的《洣水排放》获省展演金奖。

民间体育活动，舞龙、舞狮、划龙船、游泳等体育项目早就盛行。20世纪70年代，县城修建水泥球场14个，灯光球场6个。20世纪80年代，实行群众体育群众办，体育社会化，每年定期举办乒乓球、篮球、田径、象棋、门球赛等。1984年，成立老年体育协会，有6个门球队，队员100多人。1989年，在县城修建一个3360平方米的体育场（含2个灯光球场、2个门球场、1个网球场）。20 世纪 90 年代后，衡东县第一中学体卫设施日臻完善，建有 3605 平方米的体育馆、50×22.5 米国际标准游泳池、400 米标准田径场、足球场。2014 年，境内有田径场 8 个，篮球场 28 个，羽毛球场 4 个，足球场 3 个。

1966—1989 年，衡东县体委会举办中小学体育教师训练班，培训学校体育师资；组织体育教师观摩省、市各种体育运动会。1972 年，县一中体育教师邓继高被评为全国特级教师，中华人民共和国成立以来，经邓继高培训过的学生，有运动健将 2 人，一级运动员 20 人，一级教练员 8 人。1984 年 12 月，衡东县第一中学田径队队员文军入选湖南省田径队；1986 年 10 月，获全国青年田径冠军赛高栏第一名；1987 年 11 月，在第六届全国运动会上破高栏纪录；1989 年 8 月，在新加坡第 51 届国际田径公开赛上，夺取高栏银牌（与金牌得主成绩相等）。自恢复高考到 1996 年，衡东县第一中学培养健将运动员 1 人，一级运动员 5 人，二级运动员每年 8—10 人；1987—1996 年，获省中学生运动会金牌 8 枚。2003 年，衡东县第一中学康慧在第五届中华人民共和国城市运动会上获 4×400 米接力赛金牌。2011 年 6 月，衡东县第一中学获“湖南省优秀省级体育传统项目学校”称号。在衡阳市九运会上，田径甲组比赛摘取 4 金 6 银 6 铜，位居全市前三甲。2014 年，衡东县第一中学陈露获湖南省第十三届全运会跳高第三名。

医疗卫生 中华人民共和国成立前，疾病以中草药治疗为主。中华人民共和国成立初期，民间中医、西医组织起来，成立诊所，防治疾病，推行新法接生。1952 年起，城乡开展爱国卫生运动，消灭鼠、蚊、蚤、虱、臭虫，降低各种疾病的发病率和死亡率，是年消灭天花、霍乱。1959 年，消灭斑疹伤寒病。1966 年 3 月，衡山县人民医院、中医院、防疫站、妇幼保健站、卫生学校等全部成建制转为衡东县卫生机构。1969 年，衡东县人民医院、中医院迁至城关镇。城区设立公共厕所 2 所。1969 年 10 月，全县推行合作医疗制度，培养训练亦农亦医的“赤脚医生”，大队建立医疗站和草药房，形成区、社、队医疗网。1982 年，街道两旁置铸铁和水泥制作的两种果皮箱，配洒水车、垃圾车各 1 辆。1983 年，建妇幼保健门诊部、住院部，开设病床 20 张。1989 年，境内公共厕所增至 5 所，面积 240 平方米。有县级医疗机构 3 所，病床 150 张，卫生技术人员 208 人；镇医疗卫生机构 4 所，卫生技术人员 82 人，病床 30 张，其中村卫生室 2 所。2000 年，有县级医疗机构 3 所，病床 540 张，卫生技术人员 519 人；镇医疗卫生机构 8 所，卫生技术人员 114 人，病床 318 张，其中村卫生室 4 所，诊所 1

所。2011 年，县人民医院新门诊综合大楼、住院楼扩建项目竣工，投资 1000 万元，楼高 12 层，建筑面积 1.71 万平方米；住院楼扩建 300 平方米。2014 年，有县级医疗机构 3 所，病床 808 张，卫生技术人员 808 人；镇医疗卫生机构 24 所，卫生技术人员 349 人，病床 559 张，其中村卫生室 6 所。诊所 8 所。

2013 年 11 月，境内第一家民营医院——衡东福诚骨科医院成立。之后，民营医疗迅速发展，至 2014 年年末，先后有衡东博爱医院、衡东民康医院、衡东仁德医院、衡东同济医院、衡东县湘泵职工医院、衡东县大众医院等 7 家民营医院开业，共有卫生技术人员 332 人，床位 460 张。

1995 年 6 月，县卫生防疫站对婴幼儿接种卡介苗等 4 种疫苗。1996 年，增加乙肝疫苗，实行“五苗”免疫计划。从 2005 年 6 月 1 日起，实施第一类疫苗全部免费接种。2007 年 1 月，启动新型农村合作医疗，当年参合人数 5748 人，参合率 81.5%。2014 年，新型农村合作医疗参保人数 9885 人，参合率 102.07%。受益补偿金额 482.16 万元。

社会保障 中华人民共和国成立初期，政府对农村生活困难又无依靠的孤寡老弱病残，在农历年底和夏荒时，发给衣物、粮食和现金，同时发动群众互助互济。农业合作化后，农业生产合作社和人民公社对鳏寡老人及孤儿实行五保（保吃、保穿、保住、保葬、保教）。五保户供养标准为：每人每年粮谷 250 公斤，20 世纪 70 年代提高到 300 公斤，20 世纪 80 年代又提高到 350 公斤，每人每年食油 3~4 公斤，零用钱和医药费 100 元左右。1987 年起，五保户生活费用实行乡镇统筹。从 2005 年开始，全镇农村“五保户”供养纳入财政转移支付。

1986 年，在东正街末端建光荣院、福利院，建筑面积 1800 平方米，收养无依靠的烈军属、革命残废军人及城镇无依靠的孤寡老人，1989 年，收养鳏寡老人共 45 人。是年，在西正街兴建特等残废军人住宅 1 栋，建筑面积 152 平方米。2006 年设县福利中心，集光荣院、社会福利院、儿童福利院、中心敬老院于一体。2002—2007 年，福利院累计收养孤残老人、儿童 563 人。2014 年，境内社会福利收养性单位 1 个，床位 32 个；有“五保”对象 71 人，其中集中供养 27 人，分散供养 42 人。月标准 450 元。

2006 年，实施城乡居民大病医疗救助。是年，救助 20 人次，救助住院医疗费 28200 元。2014 年，救助 23 人次，救助金额 69100 元。

2007 年 7 月，实行农村居民最低生活保障待遇。是年，境内有低保对象 22 户 49 人，总金额 5310 元。2014 年年末，有低保对象 219 户 444 人，月人均保障标准 165 元，总金额 46920 元。

2012 年，全县启动城乡居民社会养老保险，是年境内参保人数 4685 人，缴费人数 2528 人，参保率 98%；缴费金额 300600 元，发放 547030 元。2014 年，参保人数 5763 人，缴费人数 2422 人，参保率 76%；缴费金额 280200 元，发放 875262 元。

基础设施

水利 城关镇洣水四面环绕，沿岸地势低洼，有“洪水走廊”之称。中华人民共和国成立前，境内农田水利设施较差，抗御灾害的能力很弱，每逢雨季（3—6 月）都有多次超过警戒水位的洪峰出现。中华人民共和国建立后，1954 年、1968 年、1982 年曾出现过几次大的洪涝灾害，淹没田园、房屋、酿成水灾。1990—1996 年投资 185 万元，投入劳动工日 28 万个先后改造贯穿金峨、新合、金花、金堰等村长达 4 千米的金花港小流域；加固、加高、加宽维修城关 3 千米长的防洪堤；兴建金花龙王庙和大甸 2 处电灌站，基本实现旱涝保收。1998 年、2007 年等又多次发生特大水灾，洪水超过防洪堤冲入境内。2011 年，南起衡东大桥下游 660 米处，北至月亮湾，全长 3.07 千米，总用地面积 34958 平方米的县城洣水防洪堤暨沿江风光带竣工。工程施工等级为二级，设防标准为 20 年一遇，防洪标高 55.73 米，之后，境内洪涝无忧。2014 年，争取山平塘清淤项目资金 260 多万元，新挖井水 108 口，新增 60 千瓦电排 7 个，山平塘 106 口，堰坝 4 座，整修渠道 18 千米，全镇 7 个村受益。

交通邮电 境内水陆交通便利，于 1966 年建县前以水运为主，1969 年在岳霄村建岳霄渡口并通车，岳霄渡口是衡东县城跨越洣水的唯一汽车渡口。建渡初期年均日渡车不到 10 辆，1980 年发展到 237 辆（最大日渡车 368 辆），增长 22 倍多。工人逐年增至 11 人，分班作业，在 1979 年增加双车渡船 1 只，柴油机由 60 马力机型改为 80 马力机型。1981 年 5 月，衡东大桥通车后撤渡。公路桥梁众多。1981 年以后，建成衡东大桥、兴衡大桥、衡炎高速公路衡东连接线大桥 3 座跨洣水大桥，在衡阳市所有县城中，至 2014 年是绝无仅有的。

1965 年，省道 1820 线衡东至双峰衡东段城关至荆花段长 3.56 千米，按六级标准于 1966 年建成，有涵洞 10 处，无桥梁，2011 年改为 S314 线；省道 1843 线（2011 年改为 S315）在境内 1975 年建成通车。2003 年以后，全面改造村级公路，至 2009 年，境内 10 个村村村通水泥路。

2009 年，成立衡东中油金鸿燃气有限公司，至 2013 年年末城区铺设主干管网 42 千米，累计开发居民用户 8016 户，居民用户用气量为 10.52 万立方米/月。2014 年年末，天然气用气户数 6859 户。

20 世纪 90 年代初，始有出租车；2000 年后，城市出租迅速发展；2003 年，拍卖 100 块出租车号牌；2011 年，出租车经营权授予乔阳出租车公司（55 台）和顺和出租车公司（45 台）。1997 年，成立衡东县豪华交通客运有限公司，开通城市公交线路 4 条。2014 年，开通城市公交车线路 8 条，城市公交车发展到 47 辆 1720 座。10 个村村村通公共交通。

1989 年年末，有邮政代办所 4 个，公用电话点 35 个。电话交换机总容量 5400 门，其中自动交换机为 2800 门，电话机总数为 56 部，无住宅电话。市话以纵横为主，农村则清一色摇把子。1995 年，农村甩掉摇把子，全部开通程控电话。至 1999 年，10 个村全面实现村村通电话。2003 年，境内建小灵通基站 1 个，开通无线市话用户。2005 年后，邮电通信发展迅速，电信、联通、移动网络逐渐覆盖全镇。2014 年，有邮政网点 3 个，城关中心所营业面积 335 平方米，从业人员 11 人；城关西街所营业面积 270 平方米，从业人员 3 人；城关顺风所营业面积 270 平方米，从业人员 3 人。投递线单程总长度 85 千米，投递点 40 个，乡村通邮率 100%。有电信服务网点 3 个；固定电话用户 4650 户，普及率 26%；移动电话用户普及率 63%；互联网端口总数 1210 个，宽带接入用户 11050 户；10 村村村通宽带。

供水供电 中华人民共和国成立前，境内居民主要饮用塘水、河水和井水。1969 年年底，县城搬迁至城关镇。1970 年 7 月，建成日供水 3500 立方的自来水厂 1 座，从洣河取水供应，县城开始供应自来水。1980 年，新建直径 6 米，深 13 米的封闭式泉井，日产水 3500 立方米，1981 年 5 月 1 日正式供水。居民由饮用河水改为饮用井水。1989 年，兴建直径 8 米，日产水量 4000 余立方米的第二口泉井，供水范围由县城扩大至吴集镇街道。至 20 世纪 90 年代中期，两口井泉日供水量 8000~9000 立方米，不能满足城镇发展需求。1994 年年末，自来水受益人口3600余人。1996年3月，将原有水厂改造、扩建成日产水5万立方米的水厂。2003年后，兴建5万吨取水泵房，铺设直径100毫米以上管道9000多米，解决佳利工业园、县委党校等地段单位及居民饮用自来水问题。2008年，购买2台分别为150千伏安、200千伏安发电机，解除县城停电即停水之忧，至此，县城拥有一套日处理2.5万吨净化系统，5万吨取水泵房和加压泵房，铺设直径100毫米以上管道25680米，担负县城及吴集镇街道单位居民的供水任务。2014年年末，通自来水村6个，有自来水用户17531户。

1970年7月1日，县城开始用电照明，至1989年，县城架设0.22千瓦、0.38千瓦、10千瓦的供电线路，全长约12千米，变压器27台，其中有0.22千瓦路灯线路约3千米，4条正街设有高压汞灯182盏。全城年供电量740.34万千瓦时，其中生活用电246.78万千瓦时，生产用电493.56万千瓦时，照明普及率100%。1994年年末，通电村10个，农村用电量48.28万千瓦时，1998年，枧头村为境内第一个农电网改造村，至2012年年末，10个村全部完成农电网改造。2014年年末，全镇用电总量8192万千瓦时。

镇村建设 1966年，兴建衡东县城。到1969年年底，城关镇东西南北4条十字交叉主街基本形成，街宽30米，共长2761米。泥巴路面，街道无名，按方位称为东街、西街和南街、北街，20世纪70年代后，正式命名为兴衡东路、西路和衡岳南路、北路。1970年，四条泥巴路主街变为砂石路并配套下水道工程。1978年，街道铺成柏油路，中间有2米宽的条形花坛。1973年，开始兴建4层以上楼房。1985年，北正街延伸725米，再辟十字街口，新建商业区。1989年年末，城区建设初具规模，机关、银行、经济设施、文化卫生设施、服务设施齐全，总面积1.72平方千米，建筑面积48.26万平方米。

20世纪90年代后，镇村建设提速、提质。1996年，县城建筑面积达100多万平方米。2001年，基本建成三纵四横的洣江大道、集金北路、电力路、三房路、文冲路、步行街，总长度5860米，混凝土硬化面积87900平方米，供水、排水、路灯、绿化设施相应配套。商业城、江畔明居等4个住宅小区初具规模。2009年，城北开发领导小组成立，城北开发建设全面展开，涵盖金花、金堰、堰湾3个村，15个组，562户，征地面积1026亩。衡东汽车站、物流中心、建材市场、汽车4S店、博爱医院、育星小学、老年公寓等10多个项目相继建成，并投入使用。同年启动河西新区开发建设，规划面积919.16公顷，其中城市建设用地面积 896. 84 公顷。

2010 年，全面推进城镇化建设。投资 4. 5 亿元，新（改、扩）建道路 23 条，长 11. 8 千米；硬化（油化）路面 24. 2 万平方米；新修下水道 3500 米；续建、改造农贸市场 2 座，在建居民小区 7 个；新增绿地 14000 平方米。2014 年，县城建成城区面积 8. 1 平方千米，城镇化率 35. 1%，污水处理率 92%。

2014 年，开展创建国家卫生县城和城乡环境整治，取缔占道经营摊点 610 人次；纠正各类乱停乱放车辆 5420 台次；清除“牛皮癣”小广告 51000 处；对门店招牌进行规范；对城区 821275 平方米的清扫保洁区域，公开招标，实行社会化管理，城区市容整洁、市貌美观，通过省级文明县城第三轮复评验收。

特色地情

历史人文 王光泽（1903—1934），沱字鹤桥（今鹤桥村）人。幼时在私塾只念过一本《三字经》。9 岁，帮人看牛；11 岁，到攸县舅父家学木匠；19 岁，离开攸县到茶陵腰陂镇做工。1926 年，参加农民运动。1930 年，加入中国共产党。曾任乡赤卫队队长、区警卫连连长、茶陵独立团团长、红六军团十八师五十三团团长。1934 年，随红军团到湘西创建湘鄂川黔革命根据地，任黔东独立师师长，率部队在黔东地区坚持斗争。同年 11 月 28 日，在四川秀山被敌人逮捕；12 月 21 日，在四川酉阳被秘密杀害。

名优特产 城关角盒 早在明清时代，角盒加工发达，从业人员数十人，产品畅销全国各地。1949 年 10 月前，金花、踏庄、珍珠、甘溪一带有许多地主、民族资本家创办各类印章材料厂，选用当地的木材、牛角、玻璃加工成粗糙印章成品，然后销往湖南及周边省市。中华人民共和国成立后，政府采取合作化道路，把印章能人组织起来举办合作社，成立印章角盒材料厂，印章产品由政府统一收集，然后销往全国各地，印章材料制作水平得以显著提高，行业规模得以大幅扩张，仅金花公社印章从业人员达 200 多人，几乎每个大队都有印章小厂。经过长期的发展，于 20 世纪 90 年代达到鼎盛时期，生产规模不断扩大，花色品种增多。原料由原来的单一的牛角发展到有机玻璃、冲牙等，产品由原单一的角盒、图章发展到麻将、家具拉手以及各种工艺品等数十种，并形成产供销一体化的经营格局，从业人员 2000 多人，其中常年外销人员近 300 人。

1996 年，产值达到 100 万元以上，实现利润 57 万元。衡东也因其遍布天下的印章产品获“中国印章之乡”的美誉。

城关镇主要领导名录

(1989. 05—2014. 12)

一、中共城关镇委员会书记

城关镇工委第一书记

曹灵芝（1989. 05—1989. 12）

城关镇工委书记、主任

肖长河（1989. 05—1989. 10）

党委书记

曹灵芝（1989. 12—1992. 04）

向献国（1992. 12—1995. 10）

罗铁辉（1995. 10—1999. 08）

陈春泉（1999. 08—1999. 09）

彭青松（1999. 10—2003. 02）

肖　侃（2003. 02—2010. 01）

罗　敏（2010. 01—　　　）

二、城关镇人大主席团主席

陶长庚（1989. 12—1995. 12）

易国宣（1995. 12—2001. 11）

李植务（2001. 11—2007. 04）

谢正辉（2007. 04—2010. 01）

汤迪儒（2010. 03—2011. 09）

邓小杨（2012. 10—　　　）

三、城关镇人民政府镇长

罗铁辉（1989. 12—1995. 12）

陈春泉（1995. 12—1999. 08）

何岳龙（2001. 04—2003. 02）

赵衡辉（2003. 05—2008. 02）

陈　磊（2008. 03—　　　）

四、城关镇政协联络工委主任

穰立华（1998. 03—2001. 10）

刘红旗（2001. 10—2006. 03）

赵一兵（2006. 03—2009. 11）

文吉祥（2010. 05—　　　）

（撰稿　颜知明　刘琳）

新塘镇

政区概况

地理位置 位于北纬27°06′35″~27°16′39″，东经112°50′31″~112°56′39″，处衡东县域西北部，东与珍珠乡、城关镇接壤，南临洣水与吴集镇、霞流镇一衣带水，北连石湾镇，西濒湘江，与衡山县城隔河相望，一桥相通。东距县城17千米，南距衡阳市50千米，北距株洲市65千米。以京广铁路衡山站南头有一口新塘而得名。镇政府驻地晓霞路。是全国重点镇，湖南省诗词之乡，省级生态乡镇，京广铁路衡山站驻地。

自然环境 境内分布着低山丘陵。主要山脉属南岳衡山脉系，最高峰晓霞峰位于丰塘村，海拔492米。已探明的地下矿藏有白云石、石灰石、膨润土等非金属矿产资源。处亚热带季风湿润气候区，具有明显的季风气候特征，四季分明，雨热同期，年均气温17.9℃，年均降水量1340毫米。主要自然灾害有旱灾、水灾、低温、冰雹等。旱灾、水灾出现概率3%，最严重的一次水灾发生在1994年6月。境内河道属长江大流域，流域面积30平方千米。主要河道有幸福港、洪桥港2条，境内总长8千米；洣河1条，境内总长4千米；湘江1条，境内总长10千米，为最大河流，从洣河村流经雷市、湘江、新农、新堤、衡粤、广田、湘水、红橘、宋坪等村，流域面积20平方千米，年均流量1600立方米/秒。

建置沿革 中华人民共和国成立初期属衡山县第一区安石镇。1952年，属第八区百叶乡，后更名新义乡。1956年6月，撤区并乡，设新塘乡。1958年，属上游人民公社，后更名为新塘人民公社。为纪念欧阳海烈士，于1966年设立衡东县时，命名为欧阳海人民公社，属石湾区。1981年10月，从欧阳海公社划出欧阳海、衡粤2个大队，广田村2个生产队及欧阳海居委会，设立新塘镇。

1986 年 1 月，欧阳海乡与新塘镇合并为新塘镇。1989 年 5 月，撤区并乡，潭泊乡、新塘镇合并为新塘镇。至 2014 年年末无变更。

行政区划 1989 年，辖湘江、车站 2 个居委会、33 个建制村、347 个村民小组和 12 个居民小组。2014 年年末，辖文峰 1 个居委会；湘江、雷市、百叶、文昌、新农、新堤、衡粤、欧阳海、丰塘、广田、湘水、文家桥、红橘、宋坪、齐头、桔冲、梅冲、樟树坪、大坪、新桥、烟竹、大冲、大培、虎冲、杨泗桥、洣河、石杨、宦塘、潭泊垅、丰根、祝高、龙头、梵塘 33 个建制村；20 个居民小组、375 个村民小组。

人口面积 1989 年，境内共 11862 户，总人口 41596 人，其中农业人口 34964 人。1999 年，有 13301 户，总人口 45872 人，其中非农业人口 8022 人。2014 年年末，辖区共 13464 户，总人口 49532 人，其中城镇常住人口 25680 人。总人口中男性 25491 人，占 51.5%；女性 24041 人，占 48.5%。总人口中以汉族为主，达 49485 人，占 99.99%；有土家族、壮族、苗族 3 个少数民族，共 47 人，占 0.01%。

2014 年，辖区东西最大距离 6.7 千米，南北最大距离 8.1 千米，总面积 102 平方千米，其中陆地 96.8 平方千米，占 94.9%；水域 5.2 平方千米，占 5.1%。

经济发展

农业 境内主要种植稻谷、油茶、柑橘、大豆、油茶、席草等作物。中华人民共和国成立前，一年只种一季水稻，耕作粗放，产量低。从 1950 年开始，在丰塘（今丰塘村）等地进行单季改双季的试验。在早稻田里间种晚稻，亩产 60 多公斤，后逐步推广。1970 年，水稻种植实现单季改双季，亩均 405 公斤。1989 年，有耕地面积 26457 亩，农作物播种面积 58641 亩，粮食作物播种面积 43580 亩，其中稻谷播种面积 42395 亩，总产 21239.9 吨，亩产 501 公斤。席草种植面积 278 亩，总产量 139 吨，亩产 500 公斤；蔬菜种植面积 3005 亩，总产量 6184.3 吨，亩产 2058 公斤。1999 年，有耕地面积 23370 亩，农作物播种面积 68655 亩，其中粮食播种面积 44175 亩，粮食总产量 20734 吨。2014 年，耕地面积 20110 亩；水果种植面积 6000 亩，产量 78.3 吨，主要品种有柑橘、板栗、蜜枣、葡萄。

畜牧业以猪、牛、羊为主。1989 年，出栏生猪 18000 头，出笼家禽 65333

羽，禽蛋总产量93.7吨。年末，生猪存栏14597头，耕牛存栏1581头，羊存栏4头；水产养殖面积1932亩，总产量285吨。1999年，年内生猪出栏59800头。年末，大牲畜存栏1565头；肉类总产量4836吨，其中猪肉4535吨；水产品产量804吨。2014年，生猪年末存栏1.8万头；牛饲养量800头，年末存栏740头；羊饲养量2700头，年末存栏1500头；家禽饲养量25万羽。

1989年，人工造林778亩。2000年，有山地面积67816亩。从2002年起，开始落实培育生态公益林，并逐步实施退耕还林政策。2010年，换发林权证。2014年年末，境内林地面积79299亩，可利用草地面积2000亩；累计造林5740亩，其中防护林4850亩，经济林890亩；住宅四旁植树53.6万株，活立木蓄积量11.7万立方米；森林覆盖率51.83%。林业总产值3000万元，占农业总产值的30%。

2014年年末，有农业技术服务机构1个，农业技术服务机构从业人员3人；农民合作社9个，成员411人；种植大户15户；养殖大户15户。

工业 境内工业，在衡东县建县以后，从无到有，逐步发展。衡东酒厂、衡东印刷厂先后从衡山县城迁此，并办起汽车修配厂、化工厂、船舶修造厂、五金厂、农机修配厂、竹业加工厂等。1988年，在新衡路51号动工兴建湖南衡东阿胶厂，1989年12月正式成立。1990年，有职工50人，年产值40万元，销售额337.29万元，实现利税39.15万元。1992年，二期技改工作完成，扩大企业规模，增加生产品种，更名为衡阳中药二厂。2002年7月，公司实现资产重组，改制为东健药业有限公司。公司是衡阳市的优秀民营企业，占地39351平方米。2014年年末，公司总资产近10亿元，拥有管理人员30余人，各类技术人员100余人，市场销售人员200余人。可生产四个剂型17个品种，其中胶剂生产线是江南地区第一条不受气候影响可常年生产三胶的生产线，颗粒生产线依照GMP标准要求严格进行生产，产品质量稳定可靠。公司主导产品有复方阿胶补血颗粒、东健牌阿胶、龟甲胶、鹿角胶等。2015年，纳税1135万元，为衡东县2015年企业纳税大户，排名第10。

1993年，为湖南省乡镇企业产值过亿元的乡镇。1996年，有镇办、村办、联户办、个体私营企业2324个，拥有固定资产3800多万元，并兴建乡镇企业大楼。第三建筑公司为衡东县“十强企业”，衡粤村、欧阳海村为衡东县乡镇企业“十强村”，新塘镇列为衡阳市乡镇企业“十强镇”。1999年，有乡镇企业1115

个，从业人员20207人，企业总产值135610万元，营业收入总额112134万元，利税总额7686万元。2014年，有工业企业68个，规模以上工业企业15家，企业从业人员4261人，工业总产值453876万元。主要支柱产业陶瓷、化工、矿产、医药、鞋业、服装、食品等，京湘藤茶、金浩茶油、东健药业等产品打入国际市场。

新塘经济开发区是1992年6月经省人民政府批准正式挂牌成立的，规划开发面积8平方千米。2007年，规模以上企业发展到32家，实现产值6.62亿元，上缴税收2700万元，形成以土菜加工业、轻工医药业、化工业、金属冶炼业为主的产业格局。2005年，与大浦工业园、佳利工业园、双园工业园组建为衡东工业园。

商贸服务 民国24年（1935）以前，这里是一片荒山，粤汉铁路通车后，开始有商业活动。车站至湘江边陆续开设饮食店、旅店、南杂店。20世纪60年代始有早市，上市商品有蔬菜、鱼虾、禽蛋、豆制品等。随后，县百货、烟草、盐业、铅锌、药材、化工等部门设仓库、转运站和批发站于此，新塘逐渐成为全县工业品批发中心和农副产品转运中心。1988年，建农贸市场，主要上市农副产品有肉食、禽蛋、水产、蔬菜等100余种，日成交额约5000元。1989年，火车站客运量达85万人次，高峰期往来旅客日万余人次。饮食服务业和交通运输业相应发展，搬运和装卸由20世纪50年代的肩挑背负到使用板车、牛拉车、三轮车、汽车等机械运输。1989年，有搬运装卸队3个，从业人员522人，货车、三轮车、小四轮车、旅游车356台，饮食店、旅店69家。是年，有商店259家，其中国有7家，供销社15家，乡镇企业181家，个体56户。火车站全年货运量达63万吨。1992年，设立新塘经济开发区，投资700万元，建2个集贸市场，占地2万多平方米，新增摊位300多个。以衡山火车站为中心，新建7条街道和一个国际商贸城，增加店铺门面2000个。全镇个体工商户由1990年的202户发展到1996年的1520户。1999年，有集贸市场2个，集市贸易成交额3984万元，社会消费品零售总额6977万元。新塘镇为衡东土菜名镇。2004年，举办衡东县首届“土菜文化节”，餐饮业迅速发展，“吃在新塘”品牌迅速升温，至2007年，发展土菜餐馆98家，主要有味美斯、三樟土菜馆、东初等品牌。年营业额3000多万元，创税收126万元。2014年，有商业网点248个，市场2个，50平方米以上的超市5个，住宿餐饮企业1个，社会消费品零售总额342987

万元。

财政金融 1949—1979年，财政收支由秘书和粮油委员分管，农业税占较大比重，财政支出多为支援农业发展、行政管理费用和上缴县财政。1980年，全县建立区乡（镇）一级财政，设镇财税所，财政体制由单纯的收支型转向经营管理型。1989年，撤区并乡后，全面推行乡（镇）一级财政包干。1992年，财政收入233万元，财政支出32万元。1995年，新塘镇跨入衡阳市乡镇财政收入60强镇。1999年，财政总收入688万元，财政支出685万元，农民人均纯收入2802元。2002年，农村税费改革，取消农林特产税和“五统三提留”，调低农业税税率。2006年，取消征收农业税。2014年，公共财政收入1633万元，公共财政支出1633万元。

2014年年末，有信用合作社、邮政储蓄银行等4家金融服务机构。

社会事业

教育文化 清雍正八年（1730），白衣村（今百叶村2组）设有回龙精舍，民国28年（1939）改为罗氏尚新小学。1986年，由美籍华人黄彰任先生捐资兴建的一所涉外型中学——欧阳遇实验中学，在新塘镇动工。于1987年秋开始招生。1989年撤区并乡，有1所高中，2所初中，29所小学，1所农科教中心。在校学生6537人，教师325人。2011年年末，有幼儿园10所，在园幼儿1282人，专任教师79人；小学6所，在校生3162人，专任教师169人，小学适龄儿童入学率100%；初中2所，在校生543人，专任教师49人，小学升初中率100%，九年义务教育覆盖率100%；普通高中1所，27个班，在校生2345人，专任教师192人。2014年年末，有幼儿园10所，在园幼儿1578人，专任教师85人；小学8所，在校生3208人，专任教师178人，小学适龄儿童入学率100%；初中2所，在校生525人，专任教师54人，小学升初中率100%，九年义务教育覆盖达100%；普通高中1所，在校生2418人，专任教师214人。

1989年，撤区并乡，设镇文化站1个，负责文化行政管理和群众文化辅导工作。分布在湘江、洣水沿岸18个村，每年端午节前后，群众都会自觉筹集资金组织竞赛，招来远近数万名群众观看，有“龙舟之乡”的美誉。1990年6月，湘水村和广田村龙舟队参加衡阳市“庆丰杯”龙舟赛，分获冠军和亚军。1991

年湘水村龙舟队作为唯一的农民龙舟队赴岳阳参加“91’国际龙舟赛”，夺得第9名。至1996年，湘江、洣水沿岸群众共建造22艘龙舟。1994年，有有线电视差转台2个，文化站1个，有万册图书室1个，电影院和卡拉OK厅6所。2000年，成立文峰诗社，编辑的《文峰诗声》在县内外影响深远，并把诗词、书法文化与土菜文化相结合，让诗联书画进政府、进农家、进欧阳海烈士纪念馆、进观音禅寺等，于2010年获授“湖南省诗词之乡”称号。2011年，有各类民间艺术表演团体18个，演职人员238人；乡镇综合文化站1个；已建村级农家书屋17个，总藏书28849册；有线电视用户2384户，其中数字电视用户2180户，电视综合覆盖率98.5%。2014年，乡镇综合文化站1个，建筑面积300平方米；已建村级农家书屋34个，文化活动中心49个，体育场19个，影剧院1个；20个村通宽带；24个村通有线电视，有线电视用户2650户，其中数字电视用户2740户，电视综合覆盖率100%。地方特色民间艺术有皮影戏、花鼓戏、衡东土菜烹饪艺术等，其中衡东土菜烹饪艺术为市级非物质文化遗产保护项目。

新塘镇旅游资源丰富，有欧阳海烈士纪念碑纪念馆、观音禅寺、抗日名将罗芳珪墓、古衡山窑、怀素佛塔遗址、欧阳海山庄等旅游景区（点）。新塘南方格桑花海位于新堤村7组。格桑花海园区总面积约120亩，栽种格桑花、万寿菊、百日草、醉蝶花、孔雀花、马尾草、薰衣草、向日葵、茉莉花、木棉花、鸡冠花、玫瑰花、牵牛花、凤仙花、郁金香15种花卉。是衡阳市第一个以花卉为主题，进行科普教育、旅游观光、婚纱摄影、休闲度假于一体的综合型旅游景区。

医疗卫生 1989年，境内有镇卫生院1所和2所分院，20所村卫生室，加上衡东县第二人民医院坐落其间，共有医疗卫生机构24所，医疗卫生技术人员38人，病床20张。2000年，有县第二人民医院1所，卫生院1所，村卫生室22所，医疗床位40张，执业医师25人，卫生技术人员57人。2014年，有医疗卫生机构25所，其中村卫生室22所，共计医疗卫生技术人员81人，床位60张。

2007年1月，启动新型农村合作医疗；是年，参合人数24558人，参合率75.60%。2014年，新型农村合作医疗参保人数38592人，参合率106.29%。受益补偿金额1460.96万元。

社会保障 境内近60%的村处湘江、洣水沿岸，历来自然灾害较多。清宣统元年（1909），进士李子荣集资在雷溪市设救生局，有救生船4只，分泊洣水的大岳滩和洣河口的锯露滩。农业合作化后，农业生产合作社和人民公社对鳏寡老人及孤儿实行“五保”（保吃、保穿、保住、保葬、保教）。五保户供养标准为：每人每年粮谷250公斤，20世纪70年代提高到300公斤，20世纪80年代又提高到350公斤，每人每年食油3~4公斤，零用钱和医药费100元左右。从1987年起，“五保户”生活费用实行乡镇统筹。到1989年，“五保户”人均年供养标准300.28元。从2005年开始，全镇农村“五保户”供养纳入财政转移支付。2009年，在湘水村新建新塘镇敬老院，占地面积3亩，床位50张。2014年，有社会福利收养性机构1所，床位50张；有“五保”对象221人，其中集中供养38人，分散供养183人。月标准450元。

2006年，实施城乡居民大病医疗救助。是年，救助40人次，救助住院医疗费48750元。2014年，救助21人次，救助金额62500元。

2007年7月，实行农村居民最低生活保障待遇。是年，境内有低保对象88户221人，总金额23340元。2014年年末，有低保对象540户1036人，月人均保障标准165元，总金额113235元。

2012年，全县启动城乡居民社会养老保险。是年，境内参保人数20046人，缴费人数13642人，参保率95%；缴费金额1490700元，发放2478190元。2014年，参保人数21083人，缴费人数9887人，参保率68%；缴费金额1103800元，发放4055436元。

基础设施

水利 民国期间，窑头（今新堤村）一带，河岸筑有土埂，外坡植枣树护堤。中华人民共和国成立后，每年利用冬闲兴修水利。1954年，新塘区文义乡兴建小（二）型水库。1958年，动工修建石枧冲小（一）型水库。1964年，集中衡粤、文义、兴隆等大队的劳力兴建衡粤港防洪堤，实行堤闸配套，闸门自动启闭。1989年，红橘村橘场有190亩柑橘，村支书刘秋生带领全村群众自筹资金11700元，兴建一套移动式喷灌设施，开渠360米，建蓄水池1个、工作池3个、拦水闸6处、骨干塘1口，安装二级抽水机4台，共25.74千瓦。实行池、塘、港、闸结合，蓄、引、提、喷结合，保障灌溉，柑橘连年丰收。2000年，全镇新增山平塘90口，共计山平塘650口，改造堰坝75座，新增闸门65条，改造老水圳35条、7500米，新砌水圳85千米。2013年遇特大干旱，镇启动救灾抗旱，筹资恢复多台防汛抗旱机埠，解决10000余亩旱稻的灌溉问题，并整修骨干塘60多口，防洪堤7处。2014年，完成山塘清淤240口，新修水渠85千米，加固水渠180千米。投资160万元新增小（二）型水库除险加固水库。

交通邮电 境内已形成由铁路、公路、水路、管道4种运输方式构成的运输网络。铁路京广线过境，境内长12千米，设衡山站1个。京珠高速公路过境，境内长15千米，双向6车道，有互通口1个。S314线省道过境，境内长20千米，双向2车道通往衡山、衡东。境内通航河道2条，总长20千米，其中洣河为6级航道，湘江为3级航道，最大通航能力为2千吨级船舶。1995年，衡山湘江公路大桥建成前，境内设衡山渡口，是衡攸公路过湘江通衡东的重要渡口。1985年年末，有钢质拖轮3艘，共364马力。日均渡车653辆，最多日渡车1380辆。有县级公路3条，总长20千米。2011年，境内有客运汽车120辆，1938座，年客运量283万人次；有货运汽车138辆，720吨位，年货运量100万吨。2014年，33个村村村通公共交通。客运汽车125辆，2036座，年客运量359万人次；有货运汽车142辆，年货运量135万吨。2014年，开通公共汽车线路8条，运营总里程210千米，公交营运车辆122辆，万人拥有量为22台，年客运量165万人次；出租车79辆，万人拥有辆13辆，年客运量11万人次。

清光绪二十八年（1902），雷溪市设立邮政信柜。1953年，新塘设立邮电支局。1957年，新塘到衡山县城电话线架通。1988年，新塘镇各机关事业单位集资在新塘邮电支局安装500门全电子自动电话交换机。10月，新塘与县城开始实行电话直拨，实行复次微机计时计费。1974年7月，新塘到县城邮电局电报，改话传为音响机传送。1984年，县城到新塘电报改为电传收发电报。1990年，境内2000门程控电话陆续开通。2011年年末，有邮政网点1个，投递线单程总长度7千米，投递点2个，乡村通邮率100%，有电信服务网店2个；电话交换机总容量1200门，固定电话用户5400户，普及率42.8%；移动电话用户13400户，普及率46.8%；互联网端口总数4800个，宽带接入用户2100户。2014年年末，有邮政网点1个，营业面积200平方米，从业人员9人，投递线单程总长度7千米，投递点2个，乡村通邮率100%，有电信服务网店2个；电话交换机总容量1245门，固定电话用户5689户，普及率42.25%；移动电话用户普及率59.8%；互联网端口总数6801个，宽带接入用户4210户。

供水供电 村民饮水习惯多从湘江河、水井或山塘堰坝取水。20 世纪 80 年代以后，发展压水井和潜水泵井。1994 年年末，自来水受益人口 1397 人。2012 年，在衡粤村取湘江水建成新塘水厂，铺设供水管网 14 千余米，供水人口 20000 余人。

1976 年后，各村逐步通电。1977 年 5 月，洋塘水轮泵水电站右岸小电站 1、2 号机组投产发电。之后，总装机容量 10008 千瓦的机组陆续投产。1994 年年末，通电村 33 个，农村用电量 97.88 万千瓦时。1998 年，境内潭泊、杨泗桥村 2 个村第一批实现农电网改造，至 2012 年年末，33 个村全部完成农电网改造任务。2014 年年末，有变电所 1 座，主变压器 2 台，总容量 10600 兆伏安，全镇用电总量 1389 万千瓦时。

镇村建设 民国 24 年（1935）以前，这里是一片荒山，粤汉铁路通车后，衡山火车站设此，开始有了商业活动。由车站至湘江边陆续开设饮食店、旅店、南杂店，形成小集镇。1952 年，衡山县第八区供销合作社在新塘成立后，商店日渐增多，形成一条近 1 千米长的街道。之后，逐渐成为衡东县工业品批发中心和农副产品转运中心及通往南岳的交通门户，集镇面积不断扩大。1989 年至 1996 年年末，特别是新塘开发区设立后，城镇基础设施建设加快。至 1996 年年末，新建 5 条街道，计 6 千米水泥路面，7 千米排污管道，架设高压电线 7 千米，街区总面积 4 平方千米，商业区已初具规模。2005 年，道路铺装率 98%，人均居住面积 28 平方米，自来水普及率 98.5%，绿化率 32.4%，垃圾无害化处理率 100%，污水综合处理率 75%。并斥资 2850 余万元将东健路、晓霞路改建成高标准的示范街。2006 年，获衡阳市文明村镇。2009 年，结合“五新环境”建设，筹资 748 万元硬化路面。东健路非机动车道硬化 782 米，晓霞路非机动车道硬化 270 米，货场路非机动车道硬化 130 米，东健路车行道维修硬化 540 米，老城区建设路路面硬化 442 米，鸿达化工出口处路面硬化 371.3 米，高速公路出口道路硬化 335.08 米，衡汽出口道路硬化 229.6 米。同时，对东健路和晓霞路的人行道进行改造，铺火烧麻石板 4783.73 平方米，安装麻石条路缘石 811.3 米，晓霞路人行道铺广场砖 1491.12 平方米，安装路缘石 269 米，城区路面状况得到改观。投入 30 万对全镇的主干道路灯进行全面翻新。在晓霞路、东健路、建设路砌垃圾池 10 个，在东健路、晓霞路安装不锈钢果皮箱 24 个，并全面疏通城区的下水道，清理城区和公路沿线所有的垃圾死角，整修菜市场的公共厕所。

加大绿化力度，对衡山桥头、过磅房、三角坪地段进行集中绿化：东健路新增绿化面积 4180 平方米，晓霞路新增绿化面积 519 平方米，东健路新建两个绿化休闲岛，并在东健路、高速公路出口处新栽人行道树木 175 棵，投资 15 万元对全镇的绿化进行补植、整改和日常养护工作，并聘请专业养护人员对绿化带、行道树进行大型整枝、除虫以及各种绿化项目的正常养护。2014 年年末，城镇规划区面积 578 公顷，城镇建成区面积 218 公顷，城镇建成区总户数 5687 户、17895 人。镇驻地绿化面积 5.78 万平方米，绿化覆盖率 15.5%，人均绿地 2 平方米；城镇化率 51.8%。获“全国重点镇”和湖南省小城镇建设示范镇称号。全镇 33 个村 100%实现村村电改，100%全面完成通村水泥公路建设。

2012 年，宋坪村以新农村建设示范村为契机，加大修渠、通路、改电等基础设施建设；实施村庄绿化、亮化、美化工程：硬化公路旁栽树，新装太阳能路灯，成立村环卫队等。2014 年，被评为“湖南省新农村建设示范村”“湖南省美丽乡村”。

特色地情

历史人文 罗芳珪（1907—1938），号建唐。沱字百叶冲（今百叶村）人，牺牲于抗日战争初期震惊中外的台儿庄会战中。

1926 年春，罗芳珪考入黄埔军校第四期。1926 年冬毕业后，参加北伐军。1934 年，任国民革命军第八十九师五二九团团长。1936 年，驻防内蒙古绥东一带，英勇抗击入侵的日本军和投敌的蒙军，收复百灵庙。1937 年 7 月，卢沟桥事变发生；8 月 1 日，罗芳珪受命率全团自张家口挺进，扼守昌平县的南口。北平、天津相继沦陷，日本侵略军企图夺取南口，打通平绥线，敌主力坂垣第五师团蜂拥集结于昌平一带。8 月 12—15 日，侵略军以十倍于罗团的兵力，用 60 多门野炮、30 多辆坦克，向罗团扼守的阵地虎峪村、苏林口等处猛扑，且有 30 多架飞机轮番轰炸。罗芳珪率部沉着应战，坚守阵地，敌军伤亡惨重，罗团也损伤十之七八。南口一战，大振军威国魂，中外报章赞誉罗团是抗战初期英勇杀敌的中国“四大名团”之一。

1938 年春，津浦路北段告急。3 月 15 日，罗芳珪奉命开赴枣庄、峰县一带应援。4 月初，日本侵略军集中精锐部队，猛扑台儿庄，罗芳珪率全团官兵奔赴前沿，向敌军右翼突击，配合友军，夹击城内之敌。战前，罗芳珪庄严地誓师："今日之战，有进无退，有我无敌，男儿报国，此其时矣！"说毕，身先士卒，浴血奋战，经过肉搏，收复三个阵地，歼灭大量日本侵略军。4月4日，台儿庄会战大捷的消息传遍全国。4月6日，残敌作困兽斗，疯狂反扑。下午，罗芳珪亲临前沿阵地，观察敌情，准备夜袭，不料被猝然飞来的炮弹击中头部、胸部，壮烈牺牲。

罗芳珪的灵柩回乡后，衡山县各界隆重举行公祭，长沙《大公报》刊登了题为《扼守南口威震中外台庄会战为国捐躯》的悼念文章。国民政府军事委员会追谥罗芳珪为陆军少将军衔，国民政府军事委员会委员长蒋介石、国民政府主席林森、中共中央副主席周恩来送来挽联，称罗芳珪为"民族复兴英雄"。2015年8月，入选民政部第二批著名抗日英烈名录。罗芳珪墓位于杨泗桥村，为县级文物保护单位。

陈范（1860—1913），原名彝范，字叔柔，号梦坡，晚年号蜕庵，沱字第四区龙头湾（今龙头村）人。清光绪十五年（1889）中举，十七年（1891）任江西铅山县知县，后因教案落职，移居上海，购下苏报馆，聘章士钊为主笔，发表推荐邹容的《（革命军）自序》和章太炎的《驳康有为论革命书》等激进文章，鼓吹革命，惹怒清廷，《苏报》被封，逃往日本。返国后，任上海《太平洋报》编辑，并参加南社。后至北京，主办《民主报》，于1913年年初病逝于上海。

陈撷芬（1883—1923），陈范长女，笔名楚南女子，沱字第四区龙头湾（今龙头村）人，生于江苏阳湖（今常州），中国近代最早的女主笔。早年在上海中西女塾读书，接触了民主思想。1898年，其父亲在上海购下《苏报》，陈撷芬也参与报馆事务。对当时"女权不振，女学不讲"非常愤慨。1902年在上海创办我国近代最早的一份妇女刊物——《女报》，担任主笔。次年《女报》改名《女学报》，设立论说、演说、女界近史、尺素、词翰等栏目，讨论女权、女学等社会问题。起初，《女学报》随着《苏报》同时发行，又鼓吹革命时人称之为《女苏报》或《小苏报》。陈撷芬不懈地给《女学报》撰稿，而且措辞激烈。所撰的《独立篇》愤怒控诉旧社会对妇女的压迫，文章说："今中国二万万女子，盲其目，刖其足，樊笼其身体，束缚其智慧，方且不能识字，何论读书？方且不能读书，何论学与权？"大胆提出女子自立、独立的问题，并在《女学报》报馆内办自立女学塾，以自立精神培养新女性。1903 年 6 月底，轰动国内外的“苏报案”发生，陈撷芬随父避难逃往日本。在日本与秋瑾来往密切，秋瑾组织共爱会，陈撷芬被推选为会长。后与四川人杨隽结婚后，同赴美国留学。

名胜古迹 欧阳海烈士纪念碑 位于欧阳海村，在衡山火车站南面 1 千米处。1972 年 9 月 1 日，被公布为省级文物保护单位。

1963 年 11 月 18 日，中国人民解放军 6945 部队在野营训练途中，三连 7 班班长欧阳海在新塘欧阳海村与百叶村交界处的京广线上，为了推开受惊的战马救列车而英勇牺牲。欧阳海牺牲后，党和国家领导人董必武、叶剑英、聂荣臻等亲笔题词，号召全国人民全军将士向他学习。1966 年年底，湖南省民政局、衡阳专员公署和广州铁路局拨款，在其牺牲的地方修建欧阳海烈士纪念园，正前方由白玉石砌成的纪念碑座上，雕有欧阳海推马救列车像，高 10 米，占地 3000 平方米。两边青松翠柏，四季鲜花簇拥，纪念碑后建有陈列室，陈列欧阳海生平事迹与实物。

晓霞峰 南岳衡山 72 峰之一，位于丰塘村境内，距衡山火车站 2 千米，与衡山县城背后的巾紫峰隔江相望。明弘治《衡山县志》载：“在县东。日出衔山，丹霞掩映。故名。”从巾紫峰看晓霞峰，两座差不多一样高的狮形山如两只雄狮昂首对峙，人称“二狮滚球”。晓霞峰并不高，海拔 492 米，由于周围的山峰均在 100 米上下，大有鹤立鸡群之势。山中多奇石，多怪木。每当朝阳升起或夕阳西下，山中一片色彩斑斓，绚丽夺目。春日百花盛开，红霞紫雾，分外妖娆，故谓“晓霞晴岚”，明代学者王肇游衡山，归纳了“衡山八景”，“晓霞晴岚”就是其中之一。清代御史王大经曾赋诗赞曰：“轻烟缥缈弄朝光，狮子岩前浴影凉，风动翠微深似絮，却迷湘岸一峰苍。”

晓霞峰峰顶“狮子岩”下曾建有“海月寺”，是明万历中叶慈圣太后敕建。寺内供有铜佛、观音、韦驼、十八罗汉，还有古钟一口。1992 年版《衡东县志》记载，海月寺“明清鼎盛时期，住僧侣一二百人”。每逢大法会，四周庵寺的僧侣尼姑云集于此，香火缭绕，经声琅琅，钟鼓不断。清人李元度主修的《南岳志》载：“海月寺在晓霞峰，明万历中，慈圣太后敕建，赍献铜佛，施火香田九十六亩一分二厘。”是一栋两进两横的红墙砖瓦建筑，楼上楼下共有大小房屋 40 余间。墙体表面饰有纹理，檐下镂刻有民间故事图案，前后两殿，内外均挂有多块金字大匾。寺庙四周建有围墙，山门与前殿是一个开阔的大庭院，古樟、古柏、古枫、古松大都有三人合抱之围。寺院管理的田产直到中华人民共和国成立之初，仍然有96石租。可惜寺院在1958年“大跃进”被拆毁。在晓霞峰下南端有座“二童攻书山”，是唐三藏法师门人、千卷佛经之译者、草书大家唐人怀素舍利塔故址。从衡山县政府门口隔江相望，这里“有三峰，中峰稍低而平，似书案，左右两峰并峙，如二童向案而立”。故名二童攻书山。乾隆五十二年（1787）衡山知县徐绵，为崇尚文化和培植风水，倡众在“二童攻书山”的中峰建一“崇文”塔，又名文峰塔。在清理地基时，发现有旧基痕迹埋于深处，经考证是唐怀素窣堵坡故址。建成的文峰塔身七级，高24米，基础直径7米，砖石结构，共223级石阶旋而上至顶。登塔极目曰：“七十二峰罗布森列，湘潭一带舟楫往来，沙鸟翔集，城中庐舍参差，皆在指顾之下。”该塔于1967年被毁。现“二童攻书山”中峰复建怀素塔，在“二童攻书山”右下窝重建观音禅寺，塔寺相映。

文峰塔　又为崇文塔，据《衡山县志》记载：“乾隆五十二年（1787），知县徐绵倡众在怀素塔故址二童攻书山建塔，命曰：‘崇文’，以培风水。”按“培文风于千载，萃人才于一邦”的理念，衡山县修筑了崇文塔，又名文峰塔。该塔身7级，高24米，基础直径7米，砖石结构，每层四方皆置石窗；内有223级石阶，旋而上，可穷其顶。登塔极目：“七十二峰罗布森列，湘江一带舟楫往来，沙鸟翔集，（衡山）城中庐舍参差，皆有指顾之下。”该塔从倡建至1967年被摧毁的180年间，曾经三次维修。1957年“大跃进”时，被拆毁塔顶金属部件去土法炼铁；1967年年初，兴建欧阳海烈士纪念碑，借文峰塔不应高于烈士塔为由，用八炮轰毁，运走砖石。使这一倡导文风兴盛的标志，夷为平地。

观音禅寺　2004年5月，省宗教事务局正式批准修建衡东观音禅寺和怀素佛塔。2005年11月，在“二童攻书山”右下窝兴建观音禅寺，于2008年1月竣工。建筑面积近2000平方米，投资近600万元。

抛石岭　位于新塘镇省道S315线和京珠高速交汇处附近。明弘治《衡山县志》载：“抛石岭，在县东南十里，自晓霞峰分脉。世传昔有游仙过此，抛集乱石纪经行，故名。”站在抛石岭上举目四望，S315线连接县城，京珠高速穿境而过。

欧阳海山庄　位于欧阳海村石塘水库，规划占地634亩，是由湖南省现代休闲农业研究院规划设计，在保持水库生态的基础上，进行生态农业、生态旅游、休闲娱乐等一系列的绿色开发和建设。距衡山火车站1千米，距京广澳高速1千米，距省道S314线0.8千米，距高铁衡山西站15千米，交通十分便利。山庄周边景点众多，距欧阳海烈士纪念馆0.5千米，距观音禅寺0.4千米，距南岳景区20千米，距罗荣桓元帅故居40千米。项目拟投资1.1亿元，分三期滚动开发建设，现第一期已完成投资3000多万元。餐饮、客房服务项目已对外营业，拥有上规模的种植和养殖基地，餐饮以经营正宗土菜、特色野味为主，可承办600多人的大型宴席，并有装修风格独特的包厢。有高品质客房60余间（套）及装修豪华、设备精良的会议室。此外，健身、垂钓等休闲项目也已启动。为湖南省五星级休闲农庄，湖南省四星级旅游区（点）。

衡山火车站　坐落于文峰南路。建于1936年10月。离北京西站1722千米，离广州站572千米，隶属于广州铁路（集团）公司长沙车务段管辖。1996年1月，升格为三等站。可以停靠除特快列车以外的各种客货列车。客运：办理旅客乘降。货运：办理整车、零担货物发到。

1936年，刚建成时只有3股道，有水鹤及灰坑各2座。1959年，增加1股道。1969年，武衡第二线建成后有正线2股，到发线4股。1988年，又增加货物线、牵出线及专用线各1条。火车站在使用蒸汽机车牵引列车时，是株衡间的主要给水站，有水泵房、水鹤等。火车站与衡山县城隔江相望，距名山南岳20余千米，京珠高铁开通前，每年从铁路去南岳朝圣的旅客均在本站上下车，人数逐年增加。车站候车室及站房自20世纪50年代末至20世纪70年代初，曾扩建2次。1971年，新建地道及雨棚各1座。

雷溪（今湘江村）　旧称雷溪、雷家市、雷家埠，是湘江、洣水的汇合口，明清时设有巡检司、厘金局，港口繁荣，曾有“湖广通衢，湘东咽喉”之称。1935年，粤汉铁路通车后，逐渐萎缩。明代尚书茹瑺的《七律·游雷家市》就描绘了当时雷溪市的繁荣。雷溪最美之处为雷溪双月。由于湘江、洣水在此交汇，两河河床高低不一，水面形成一定的夹角，仿佛一面很大的折叠镜。每当风平浪静，月明星稀之夜，一轮皎洁的明月，如玉盘悬挂天空，湘江、洣河银光闪烁，月影落映在“折叠镜”两边，两河水面上，便同时出现月落江心的双月奇观。雷溪街依湘江而建，仍保留部分古建筑和古街道，石街旁的金龙山上有宋朝指挥使雷千一墓。

文献辑存

三修崇文塔记

［清　龚珊］

湘江之东三里许，有山焉，与县署相对，俗名二童攻书山。有三峰，中峰稍低而平，似书案，左右两峰并峙，如二童向案拱立。乾隆五十二年（1787），知县徐公绵倡众建塔中峰，命曰“崇文”，培风水也。先是掘地，下有旧基，相传唐怀素窣堵坡故址，其信然耶？塔立峰上，地势既峻，烈风震撼，甚雨严冻，互相摧残，不数稔遂圮。嘉庆十四年（1809），知县龚公志曾纠费修复。塔七级，高六丈馀，岁暮落成，完顶处少耸拔之观，日久，塔身亦渐崩毁。今年春，仪部聂心如谋所以补之崇之，适抚军改建城南书院，邑宰奉檄方传都人士输金解省，余董修县志，与孝廉赵子砥斋汇辑成帙，凡五十五卷，工多费繁，亦正需众擎始蒇，当此而欲于塔继长增高，熟无难色？太学生谭子逵轩引为已任，未敢骤之卦也。物大然后可观，其兹塔之谓乎！塔修而吾邑观国之光，利用宾于王者，愈踵相接也。即于是月诹吉鸠工督修，九月告竣，耸拔凌霄，遥而望之，状若文笔。尝试登览其上，七十二峰，罗布森列；湘江一带，舟楫往来，沙鸟翔集；城中庐舍参差，皆在指顾之下。萃人才于一邦，培文风于千载，岂徒资骚人逸士游目骋怀，歌风啸月之助已哉？昌黎有言曰：“莫为之前，虽美不彰；莫为之后，虽盛不传。”余嘉谭子慷慨捐金，补敝崇顶，独成斯功，堪与兹塔并垂不朽也，故为之记，以勒诸石。

挽罗芳珪

［周恩来］

为国家合作抗日，南口防守决死战，声震中外；
作民族复兴英雄，台庄大捷成壮烈，独有千秋。

挽罗芳珪

［蒋介石］

善战久知名，讵冀妖氛摧猛士；
临危能受命，好将浩气振军魂。

晓霞峰

[宋　无名氏]

晓霞日上影曈曈，和气熏蒸六合中，自是阳春敷德泽，万方民物乐时雍。

游雷家市

[明　茹　瑺]

晓入雷家访旧游，雷家市上住人稠。酒旗拂拂招人饮，帆影翩翩背夕收；兜率寺连通济寺，茶陵水合大源流。观来不尽江山景，收拾归吟月上钩。

新塘镇主要领导名录

(1989.05—2014.12)

一、中共新塘镇委员会书记

新塘镇工委书记、主任

符安泽（1989.05—1989.12）

党委书记

符安泽（1989.12—1990.04）

胡松生（1990.04—1992.12）

赵湘平（1992.12—1995.10）

文乾坤（1995.10—1998.02）

许会云（1998.02—2001.01）

杨太交（2001.01—2003.04）

武柏稳（2003.04—2005.02）

罗剑伟（2005.02—2008.02）

彭丽堂（2008.02—2010.01）

钱永明（2010.01—2011.08）

颜亚华（2011.08—2013.06）

周　黎（2013.06—　　　）

二、新塘镇人大主席团主席

陈太仁（1989. 12—1995. 11）

曾知生（1995. 11—2001. 11）

彭友林（2001. 11—2003. 02）

赵伟生（2003. 05—2006. 03）

阳炳寿（2006. 05—2007. 11）

苏根林（2007. 11—2010. 05）

文忆祥（2010. 07—2011. 03）

刘术华（2011. 04—　　　）

三、新塘镇人民政府镇长

赵湘平（1989. 12—1992. 12）

文乾坤（1992. 12—1995. 11）

许会云（1995. 11—1998. 02）

何岳龙（1998. 04—2001. 01）

武柏稳（2001. 04—2003. 04）

李明芝（2003. 05—2007. 02）

刘少雄（2007. 04—2010. 01）

向　前（2010. 03—2013. 06）

赵　键（2013. 09—　　　）

四、新塘镇政协联络工委主任

戴炳荣（1998. 03—2001. 10）

阳炳寿（2001. 10—2006. 03）

刘新华（2006. 03—2012. 12）

王　华（2012. 12—　　　）

（撰稿　颜知明　刘湘）

大浦镇

政区概况

地理位置 位于衡东西南部，北纬 26°56′30″~27°05′39″，东经 112°44′12″~112°53′02″，东临栗木乡，南接石滩乡、衡南县咸塘镇，西与衡山县萱洲镇隔湘江为界，北交霞流镇，距衡阳市 21 千米，距县城 23 千米。是衡东的南大门，衡阳市的卫星镇，衡东县第一大镇。因沿江设有狮塘、大堡、蓟江潭、新开港、渡江浦等埠头，故旧称大堡埠。1935 年，粤汉铁路通车，因沿线有两个大堡车站，为避免重名，改称大浦街。镇政府驻浦园东街 58 号。

自然环境 丘陵地貌，地势为东面以山地平缓趋向西面河流，地形以平原、凹地相辅。最高峰板栗神峰，位于清泉村，海拔 420 米。处亚热带季风湿润气候区，四季分明，年均气温 17. 6℃，最高月均气温 36. 2℃，最低月均气温-8. 4℃。年均降水量约为 1350 毫米，降水多集中于春、夏两季。春、夏多发强雷电气象。最大的河流为湘江，从狮塘村至新开村流经境内，长 18 千米，流域面积 9 平方千米，年均流量 200 立方米/秒。已探明的地下矿藏有铀、镁等。

建置沿革 大浦街历来是衡东县域西南面的基层政治活动中心，明代的义城乡太平里、清代的江字、民国时期的堡霞乡等基层政权机关，大革命时期的江字农民协会都设在这里。中华人民共和国成立初期，大浦街属衡山县第五区堡霞乡；1952 年，属第六区浦泉乡；1956 年，与青鸦、双托、托源、新开等乡合并为大浦乡；1958 年，从浦泉乡划出设立大浦镇，属火箭人民公社；1964 年，成立大浦镇人民公社；1966 年，设立衡东县，境内设大浦镇公社、大浦公社、岭茶公社，属大浦区；1984 年，政社分设，设大浦镇、大浦乡、岭茶乡。1987 年，大浦镇和大浦乡合并为大浦镇。1989 年，岭茶乡并入大浦镇。至 2014 年年末无变更。

行政区划 1989年，辖39个建制村、420个村民小组、3个居委会、8个居民小组。2000年，辖39个村、425个村民小组、2个居委会、10个居民小组。2014年年末，辖东浦1个居委会；蓟江潭、双托、添塘、渡江、黄花、新开、枫木塘、茶亭、民主、浅塘、石桥、新民、炉铺、浦泉、岭村、大浦、狮塘、锣塘、青鸦、老鸦、油草塘、永宁、东风、集贤湾、堰桥、大明、新庄、细村、铺司桥、丰源、太平、集泉桥、清泉、农科、农庄、荷塘、大岭、堰城、长塘39个建制村；5个居民小组、425个村民小组。

人口面积 1989年，共12472户，总人口53451人，其中农业人口40324人。1999年，共有14314户，总人口54213人，其中非农业人口13184人。2014年年末，辖区常住户12412户，常住人口54512人，户籍人口63295人，农业户籍人口46108人。户籍人口中男性32629人，占51.55%；女性30666人，占48.45%。

2014年，辖区总面积121平方千米，其中陆地面积110平方千米，占90.9%；水域面积11平方千米，占9.1%。

经济发展

农业 境内粮食作物以水稻、玉米为主。1950年，在渡江浦（今渡江村）等地进行单季改双季的试验。在早稻田里间种晚稻，亩产60多公斤，后逐步推广。1964年，从外地引进3000公斤矮脚南特号，由大浦区农业技术推广站在石桥大队试种313.9亩，试验田亩产250公斤，比当地常规早稻品种每亩高40多公斤，生长期缩短8~10天，提早了晚稻种植季节，晚稻亩产平均185公斤，早晚两季亩产435公斤。从1970年代中期起，改单纯的两季水稻、一季绿肥三季套种为两季水稻、一季油菜或两季水稻、一季蔬菜三季连作。1989年，有耕地面积45637亩，农作物播种面积113300亩，粮食作物播种面积80653亩，其中稻谷播种面积77980亩，总产37664.34吨，亩产483公斤。席草种植面积378亩，总产量378吨，亩产1000公斤；蔬菜种植面积5820亩，总产量7164.42吨，亩产1231公斤。1999年，有耕地面积43125亩，农作物播种面积115035亩，其中粮食播种面积36862亩，粮食总产量30994吨。2014年年末，有耕地面积58140亩，有效灌溉面积46950亩，农作物播种面积145815亩，粮食作物播种面积85080亩。

境内畜牧业以养猪、养鸡、养鱼为主。1989年，家庭规模养殖在大浦镇迅速发展，逐步形成以岭茶为中心的禽蛋生产基地，以堰桥为中心的良种猪养殖基地，以双托为中心的水产养殖基地。1996年，规模养殖户发展到4500户，占总户数的42%。出栏生猪5.4万头，人均1.3头，出笼家禽960万羽。养殖业收入占农民人均纯收入的58%。养猪3000头以上大户1户，2000头以上4户，1000头以上13户，形成以清泉、堰桥、堰城、丰源等10个村为中心的养殖业基地。并投资2万余元在老鸦和太平村开发椪柑1000余亩。堰桥村主任汤小奇，建猪栏72间，计1300平方米，养母猪49头，实行养殖、加工、销售"一条龙"，年出栏生猪1500头，利润20多万元。2014年，大浦镇以省级新农村建设示范村堰桥村为中心成立大霞新农村示范片，重点发展农村经济合作组织，以堰桥休闲生态葡萄园、隆平高科、小奇生猪养殖、丰林油茶开发、永笑花卉苗木、堰城草莓种植、蓟江水面养殖等8个农业专业合作社为中心，带动周边25个村4816农户平均增收270元。生猪饲养量15.4万头，年末存栏6.98万头；牛饲养量0.6万头，年末存栏0.23万头；羊饲养量0.8万头，年末存栏0.38万头；家禽饲养量68.66万羽；鱼养殖面积1060亩，产量6000吨，总产值12738万元，占农业总产值的15%。

1989年，人工造林720亩。从2002年起，境内开始落实培育生态公益林，并逐步实施退耕还林政策。2014年，累计造林3224亩，森林覆盖率36.9%，活立木蓄积量19.55万立方米，林业总产值21400万元，占农业总产值的25.2%。

2014年年末，有农业技术服务机构2个，农业技术服务机构从业人员14人；农民合作社5个，成员421人；种植大户475户；养殖大户32户。

工业 境内水陆交通便利，地理位置优越，工业发展较快。1964年，衡山县综合生产合作社草席车间迁往大浦镇，建立大浦草席厂，有8台木质织席机，从业者32人，当年生产草席4万条。1990年，原大浦区建筑队、岭茶乡建筑队、大浦镇建筑队，大浦乡建筑运输队合并成立大浦建筑公司，到1996年，公司有各类工程技术人员21人，工程师5人，助理工作师7人，中级施工员、预结算员9人，职工216人，固定资产160万元，年产值2000万元。1994年，境内拥有一定规模的化工厂5家，年产值8000万元，其中大浦化工厂经过技术改造，形成年产2万吨立德粉、创产值6000万元的规模。1999年，有乡镇企业180个，从业人员16445人，企业总产值83301万元，营业收入总额79978万元，利税总额7158万元。2014年，有工业企业85个，规模以上工业企业28家，企业从业人员9120人，工业总产值765000万元。

衡东经济开发区　坐落于大浦镇，于2003年8月经衡阳市人民政府批准设立大浦工业园，规划面积19.82平方千米。2005年，升格为副处级，称衡东工业园，由新塘经济开发区、大浦工业园、佳利工业园、双园工业园4个园区组成，实行“一园四区”的管理模式。2012年，更名为湖南衡东经济开发区。园区地处衡阳市区和衡东县城中间，距衡阳市区20千米，衡东县城22千米，京珠、炎邵、衡枣、衡大高速公路和S315交汇于此，湘江千吨级船舶可直达上海，京广铁路、武广高速铁路在园区周边设有客运和货运站。园区成立以来，实现通路、通水、通电、通信、通网络和场地平整“五通一平”。已形成以宁国路、浦宁路、永旺路、旺园路等主干道为骨架的道路交通网络，建成道路总长约5千米，投入1.15亿元综合开发建设宁国路南延到衡大高速楠木口8千米市政道路。投入0.52亿元建设40000平方米标准厂房。区内完成铺设自来水主水管2695米，日供水能力达2.5万吨。投入0.9亿元建设日处理2万吨污水处理厂1座。新建的11万伏变电站已投入使用，完成园区2620米1万伏线路改造，新建3.5万伏双回和2条1万伏供电线路，可保证园区生产、生活用电。已初步形成以化工、冶炼、机械制造为主导的产业发展格局。2013年，重点引进再生资源项目、华亚玻璃、风电项目、申通快递等9个有实力、无污染的企业落户园区，引资9亿元，全年完成工业总产值70.8亿元，税收3.59亿元。2014年，已开发面积4平方千米，有工业企业46家，已形成机械机电制造、有色金属冶炼加工、化工和轻工4大支柱产业。园区完成工业生产总值102.2亿元，实现工业增加值23亿元，实现工业税收2.96亿元。

商贸服务　大浦镇商业发达，早在西晋时就已形成墟场。清代，镇上有各类商店70多家。民国年间，商业店铺增加到200多家，大多主营或兼营谷米，其次经营南货、棉花等。粤汉铁路通车后，广东、广西及衡阳等地粮商在此设粮行70余家，年集散大米由40万石增至80万石，成为湘米销粤的重要埠头。中华人民共和国建立初期，有私营商店170多家。1951年，大浦供销合作社建立，大浦成为县境西南5个乡镇工业品销售中心和农副产品集散地。1956年，

156户私营工商业接受社会主义改造，建立公私合营商店8个，合作商店和合作小组7个，经销代销户6户，形成社会主义统一市场。1979年后，恢复多种经济成分并存体制，市场活跃。1989年，有商店345家，其中国有2家，供销社门市42个，个体89家，乡镇经营212家，社会商品零售总额2660万元。农贸市场由原来的3400平方米扩建为8000平方米，每次逢墟上市达万人，有谷米、生猪、肉类、蛋品、萝卜等400余种，成交额约35000元。1996年，投资2400多万元，兴建大浦综合贸易市场，占地61万平方米，建筑面积5.4万平方米。市场内有农副产品交易市场5600平方米，生猪交易市场2396平方米，为全县最大生猪交易市场，停车场6236平方米，营业间125套，固定摊位630个。市场设有4条街道，可供3万人赶集交易。1999年，有集贸市场4个，集市贸易成交额2645万元，社会消费品零售总额3906万元。2014年，有市场3个，50平方米以上的超市7个，住宿餐饮企业1个，有商业网点565个，从业人员3500余人，社会消费品零售总额120550万元。

财政金融 1949—1979年，财政收支由秘书和粮油委员分管，农业税占较大比重，财政支出多为支援农业发展、行政管理费用和上缴县财政。1980年，全县建立区乡（镇）一级财政，设镇财税所，财政体制由单纯的收支型转向经营管理型。1989年，撤区并乡后，全面推行乡（镇）一级财政包干。1992年，财政收入212万元，财政支出38万元。1999年，财政总收入320万元，财政支出350万元，农民人均纯收入2430元。2002年，农村税费改革，取消农林特产税和“五统三提留”，调低农业税税率。于2006年取消征收农业税。2014年，公共财政收入1352万元，公共财政支出1352万元。

2014年年末，境内有信用合作社、邮政储蓄银行等6家金融服务机构。

社会事业

教育科技 大浦是基层文化活动中心。民国时期，设有大堡乡（后扩展为堡霞乡）国民中心小学，中华人民共和国成立后，改建为大浦完小。20世纪60年代初，大浦完小附设初中班，后改建为大浦中学，1981年8月改名为衡东县五中。1995年，全县争创教育“两基”合格县，大浦镇发动群众集资办学，共筹集资金500多万元，征地27亩，建大浦镇中学，兴建校舍1万多平方米，围墙4000多米，新修田径场，场内有250米长的环形跑道。1996年，大浦中学有36个班，在校学生6145人。2003年，衡东五中升格为衡阳市示范性中学，有教职工186人，42个教学班，2836名学生。2003年，五中的“多起点、分层次教学研究”课题获省课题研究一等奖。2011年，五中教师刘罗文、陈江生的研究性论文《德圳油茶林的现状与开发》被市教育局编入高中综合实践教材。2014年年末，有幼儿园17所，在园幼儿1489人，专任教师85人；小学12所，在校学生3964人，专任教师176人，小学适龄儿童入学率100%；初中2所，在校学生1984人，专任教师133人，小学升初中率100%，九年义务教育覆盖率100%；有县办普通高中1所，在校学生1690人，专任教师151人。

清代嘉庆年间，名医李纪方所著的《白喉全生集》，填补了中医史上关于诊治白喉的理论著作空白。1958年，衡东境内有多处研制水稻插秧机，后确定在大浦农具厂试制，以木工周冬生为主。周冬生坚持试制10多年，制成可插6蔸秧宽的铁木混合插秧机。后因经费问题终止改进，未能推广。1978年，衡东县科协恢复后，设科协委员会1个。

文化 1954年，开始发展乡办文化站，设文化站1个。1979年，普及公社社办放映队，撤销县办放映队，同时发展民办电影放映事业，建立农户放映队。到1989年，有农户放映队1个，七一二矿放映队1个。于1989年撤区并乡，成立1个文化站，配文化辅导员1人，负责文化行政管理和群众文化辅导工作。有图书馆1个，藏书1万余册。1989年5月，开通有线广播站。1992年5月，建电视台，发射（转播）塔高10米，覆盖半径11千米，并开通有线电视。1996年，有线电视差转台1个，有线、无线广播站各1个，文化站1个，图书馆2个，影剧院2家，录像厅4处。2011年，电视台开通75频道，有线电视用户1380户，电视综合覆盖率100%。有各类民间艺术表演团体6个，演职人员85人。乡镇综合文化站1个，村级农家书屋39个，总藏书66183册。地方特色民间艺术有花鼓戏等。2014年，有体育场馆2个；公园及休闲健身广场1个；乡镇综合文化站1个；影剧院1个；39个村通宽带；26个村通有线电视。

医疗卫生 1989年，有县属地区医院（衡东县第三人民医院）1所，镇卫生院1所，村卫生室17所，共计病床20张，卫生技术人员29人。2000年，有医疗卫生机构38所，其中村卫生室36所，共计卫生技术人员68人，床位50张。2007年，筹资260万元，修建高规格的5层欧式建筑风格的第三人民医院，并对住院楼进行改造、装修，改善医疗条件。2014 年，有医疗卫生机构 42 所，其中村卫生室 40 所，医疗诊所 1 所，共计卫生技术人员 82 人，床位 110 张。农村安全饮水普及率 30%。农村卫生厕所普及率 100%。

2007 年 1 月，启动新型农村合作医疗，当年参合人数 31096 人，参合率 79%。2014 年，新型农村合作医疗参保人数 43365 人，参合率 105. 32%，受益补偿金额 1626. 31 万元。

社会保障 清光绪元年（1875），旷涵一等人捐款建救婴局于江定大堡桥头（今大浦镇）。农业合作化后，农业生产合作社和人民公社对鳏寡老人及孤儿实行“五保”。“五保户”供养标准为：每人每年粮谷 250 公斤，20 世纪 70 年代提高到 300 公斤，20 世纪 80 年代又提高到 350 公斤，每人每年食油 3~4 公斤，零用钱和医药费 100 元左右。1987 年起，“五保户”生活费用实行乡镇统筹。从 2005 年开始，全镇农村“五保户”供养纳入财政转移支付。2014 年，在浅塘村修建大浦镇敬老院，占地面积 5 亩，床位 50 张。是年，有“五保”对象 302 人，其中集中供养 32 人，分散供养 270 人。月标准 450 元。

2006 年，实施城乡居民大病医疗救助。是年，救助 56 人次，救助住院医疗费 65100 元。2011 年，农村医疗救助 880 人次；农村临时救济 1250 人次，支出 23. 45 万元；落实危房改造工程 39 户；困难就业人员 119 人，完成新增就业人员 674 人，下岗失业再就业人员 325 人。2014 年，城乡居民大病医疗救助 29 人次，救助金额 77400 元。

2007 年 7 月，实行农村居民最低生活保障待遇。是年，境内有低保对象 98 户 230 人，总金额 25170 元。2014 年年末，有低保对象 756 户 1473 人，月人均保障标准 165 元，总金额 162195 元。

2012 年，全县启动城乡居民社会养老保险，是年境内参保人数 24303 人，缴费人数 17415 人，参保率 90%；缴费金额 2012800 元，发放 2756160 元。2014 年，参保人数 25890 人，缴费人数 11567 人，参保率 63%；缴费金额 1320900 元，发放 4604280 元。

基础设施

水利 1965 年，大浦公社新开大队在祖家园兴建防洪堤闸，挖出清朝的陶质涵管，相传清乾隆年间在此筑堤防洪。1992 年，集资 300 多万元，新修水利工程 203 处，渠道 2.2 万米。1996 年，投资 400 多万元，完成水利工程 2016 处，水泥硬化山平塘 580 口，维修渠道 5000 米，完成土石方 70 万立方米，改善灌溉面积 1.1 万亩。至 1996 年年底，有水利工程 3080 处，其中小一、二型水库 8 座，骨干塘 165 口，山平塘 2907 口，东、西、低干渠长 2.25 万米，旱涝保收面积 3.5 万亩。2006 年，筹资近 100 万元，完成新开、大浦防洪堤等一批水毁工程的维修；修复湘江堤岸 5 处险堤；对农庄、荷塘、永宁、石桥等村的水利设施进行疏浚、加固、维修，砌排灌渠 1.4 万米；新建电排 6 座。2011 年，争取"一事一议"和山平塘清淤项目资金 160 多万元，新挖水井 88 口，新增 60 千瓦电排 9 个，山平塘 106 口，堰坝 4 座，天桥 2 座，U 形槽 16 千米，整修渠道 18 千米，全镇 23 个村受益。2014 年，完成人畜饮水工程 20 处，解决农村饮水不安全人数 4300 多人，新增电排 127 个，新挖水井 165 口，山平塘清淤 66 口、220 亩，新修水渠 65 千米，加固水渠 80 千米。

交通邮电 境内水陆交通都很便利。至 20 世纪 90 年代初，水运有蜿蜒于镇西的湘江 2 级航道，最大通航能力为 500 吨级船舶，设狮塘、大浦街、蓟江潭、渡江浦、新开港 5 处水运码头。陆运有京广铁路穿过，设有大浦街车站；有衡东至衡阳的公路（省道 1843）贯穿其间，设有大浦街、甑箕岭 2 处车站。于 2000 年 12 月全线通车的京珠高速、2005 年 12 月竣工通车的衡大高速、2009 年竣工通车的衡炎高速均途经境内，在此交汇，并设有大浦、楠木 2 个互通口。至 2014 年年底，已形成由京广铁路、京珠高速、衡大高速、衡炎高速、S315（原 1843 线）、湘江河运 5 种运输方式（铁路、公路、水路、管道）构成的运输网络。有县乡（镇）级公路 3 条，总长 23 千米。有农村客运站 1 座，客运招呼站 6 座，客运汽车 51 辆，年客运量 146 万人次；开通公共汽车线路 4 条，运营总里程 80 千米，公交营运车辆 35 辆，万人拥有量 0.0035 台，年客运量 32 万人次；有货运汽车 560 辆，年货运量 110 万吨；有客运船舶 12 艘，300 座，年客运量 3.2 万人，有货运船舶 5 艘，500 吨位，年货运量 15 万吨。

清光绪二十八年（1902），在大堡设立邮政信柜，开始收寄民间书信。宣统二年（1910），信柜改称邮政代办所。民国 26 年（1937），在大堡、霞流市架电话线，始通电话。1951 年 6 月，邮政局与电信营业所合并为邮电局，设邮电支局 1 个。1954 年，大浦至衡山县城的电话线路架通，并增设交换机，1958 年，安装总机，电话线路通大队，并开始用电话会议传达上级方针、政策、精神和向上汇报、向下布置工作。1963 年，电话线路由木电杆换成水泥电杆。2014 年年末，有邮政网点 2 个，大浦支局营业面积 547 平方米，从业人员 9 人；大浦迎宾所营业面积 210 平方米，从业人员 3 人。投递线单程总长度 98 千米，投递点 113 个，乡村通邮率 100%，有电信服务网点 1 个；电话交换机总容量 4000 门，固定电话用户 3400 多户，普及率 27.4%；移动电话用户普及率 67%；互联网端口总数 2000 个，宽带接入用户 2151 户。

供水供电 村民饮水习惯多从湘江河、水井或山塘堰坝取水。20 世纪 80 年代以后，发展压水井和潜水泵井。1995 年年末，建成日供水 2 万吨的大浦自来水厂，受益人口 1800 人。2010 年，在丰源村建成丰源水厂。2012 年，在大浦村取湘江水建成大浦水厂，铺设供水管网 80 千余米，供水人口 40000 余人。

1963 年，架设大浦到茶山坳 35 千伏输电线路，长 14.2 千米，接通湘南电网，这是衡东县第一条地方线路，结束衡东电力空白历史。是年，建大浦新民电灌站，供大浦公社新民、石桥、浅塘、民主、茶亭和霞流公社白村等大队农业灌溉用电，为全县试建的第一个电灌站。1976 年后，各村逐步通电。1978 年，狮塘防洪堤闸增建水电站，于 1980 年 5 月建成投产，装机 2×55 千瓦。1994 年年末，通电村 39 个，农村用电量 71.04 万千瓦时。1998 年，境内 1 个村实现农电网改造，至 2012 年年末，42 个村全部完成农电网改造任务。2014 年年末，全镇用电总量 2812 万千瓦时。

镇村建设 1990—1996 年，加大基础设施建设力度，先后筹资 187 万元，对 7 条街道进行水泥路面硬化，街道面积由 1990 年的 2.6 平方千米扩大到 1996 年的 6 平方千米，同时铺设下水道，共计 3.6 千米；投资 2400 多万元兴建大浦综合贸易市场 1 处；成立城镇管理监察队，购置垃圾车 1 台，增加环卫工人 4 人。2003 年，制定城镇发展规划，定位成湘南地区的中心城镇，到 2007 年年底，城镇规划面积 17.5 平方千米，城区面积扩大到 6 平方千米，城镇绿化率 23.5%。对迎宾路和民主街实施道路改造，水泥硬化主要街道 3000 余米，投资近百万元，完成从狮塘桥到工业园 6.5 千米的路灯建设。2011 年，城区面积 6.8 平方千米，城区道路总长度 3.2 千米，人均拥有道路长度 0.25 米。2014 年，城镇规划区面积 350 公顷，城镇建成区面积 280 公顷，城镇建成区总户数 5012 户 21506 人，城镇建成区绿化面积 4 公顷。

特色地情

历史人文 李纪方（1815—1885），字伦青，江字托源（今大浦镇）人，清代诊治白喉的名医。自幼随外祖父读书，吟诵之余，也钻研医书，颇有领悟，为外祖父所喜爱。后师从外祖父专心学医，潜心研究内外科，特别是喉科肿症。道光中叶，白喉病开始在国内流行。湖南因“地气卑湿”，患白喉病的人更多。于是，开始试用他外祖父所传治白喉的一些方法，为患者处方用药。后被称颂为诊治白喉的神医。光绪八年（1882），在长沙汪铁珊司马家做幕僚。时，白喉病患者接踵而来，以致门庭若市。于是，李纪方把外祖父所传治白喉的方法和自己屡试屡验的成功经验向社会公开，编纂成书，名叫《白喉全生集》。在中医发展史上，《白喉全生集》填补了关于诊治白喉的理论著作的空白。光绪九年（1883），清廷采用这个专集，印上千本，发行至全国各地。李纪方逝世后，后人为他雕刻石像，陈列在河南南阳的医圣（张仲景）祠。民国10年（1921）出版的《中国医学大辞典》记载了其行医生涯。

名胜古迹 堰城城址 位于堰城村，地处衡阳盆地东北边沿，属丘陵山间平原，为汉代圆城遗址。城址略呈圆形，面积约12万平方米。城四周保存有高1米至3米、宽7米至10米的夯土城墙，东北、西南、东南、西北各有一个豁口，推断可能是当时的城门所在。护城河即小溪自城址东南面流入，绕城址东面流过，蜿蜒汇入湘江。城址内中部偏北及西北台地为民居住宅，余为阡陌交错的稻田和菜地。

2009年10月，第三次全国文物普查时发现并采集较多的陶片标本，主要有夹砂灰白陶、夹砂红陶、夹砂黑皮陶、泥质灰陶和泥质红陶，纹饰主要有方格纹；可辨器型有釜、罐等。于2012年2月对城址进行试掘，地层堆积共分10层：一层现代耕土层；二层扰乱层；三层至五层为晚期文化堆积，包含文化遗物以明清陶瓷残片为主；六层至九层为唐宋时期文化层；十层为早期文化堆积；十层距地表深1.8米，发现有灰白色夹砂陶和青灰色泥质方格文陶片，从陶胎质地和纹饰特征分析，时代不晚于汉代，或可能早于汉代；十层下为砾石河砂层。

试掘资料表明，堰城城址不晚于汉代。同时，堰城城址不见于正史及地方志书记载，堰城城址的发现填补了史志记载的空白，为研究衡阳市古代城址的发展演变提供了珍贵的实物资料。

甑箕岭古动物化石 1938 年，古生物学家杨钟健教授首次在大浦镇岭茶荷塘村甑箕岭发现古动物下颌骨化石。1986 年，中国科学院教授及法国考古动物学专家、博士多人先后 6 次到甑箕岭考察，发现原古马、小白鼠、宽臼齿兽、冠齿兽、食虫类等 10 多种哺乳动物和蜥蜴、鳄 2 种爬行动物化石，其中有 5 种为国内首次发现。甑箕岭古动物的年代距今 5200 万—5000 万年。2004 年，一农民在这里挖出古类人猿头盖骨，中科院学者考证为 55 万年前的化石，在亚洲属首次发现。

通过对化石及其地层的初步观察表明：5000 万年前的衡东，正处于一个相当大的湖泊之中。在这些化石沉积之后，湖泊逐渐干涸，地壳上升，把湖的底层抬到地表，今天埋藏化石的地方，也正是当年的湖底。

“岭茶化石”种类之多、保存程度之完好，不但在我国绝无仅有，而且在整个欧亚大陆都十分罕见。“岭茶化石”无论在生物进化还是古地理复原方面都有相当高的科学价值。

七一二矿 中国核工业总公司七一二矿坐落在湖南衡东县大浦一片褐色丘陵之中，于 1958 年 5 月建矿，矿区地势平坦宽阔，东西长 5 千米，南北宽 2 千米，方圆约 10 千米，号称十里矿山，有 5 个工区，地师级，属中国核工业总公司所辖大型企业。矿区距离京广铁路 5 千米左右。1964 年 10 月，由中国自行研究、设计、制造的第一颗原子弹试炸成功，而这颗原子弹必需的核能铀，就是在这片土地开采提炼出来的。从建矿到 1985 年终止军品生产，累计固定资产投入 1.5 亿元，共生产铀矿石 327 万吨。于 2003 年破产。2014 年，七一二矿被公布为县级文物保护单位。

大浦镇主要领导名录

（1989.05—2014.12）

一、中共大浦镇委员会书记

大浦镇工委第一书记

文玉生（1989.05—1989.12）

大浦镇工委书记、主任

谭水保（1989.05—1989.12）

党委第一书记（2010—2015 年期间大浦镇设党委第一书记）

谭向勤（2010. 02—2011. 08）

谭建华（2013. 09—2015. 07）

党委书记

谭水保（1989. 12—1992. 02）

徐水程（1992. 02—1992. 12）

王玉林（1992. 12—1993. 03）

彭正文（1993. 03—1994. 08）

廖初伏（1994. 08—1998. 02）

杨龙金（1998. 02—2001. 07）

谭泽民（2001. 07—2003. 02）

罗　敏（2003. 02—2010. 01）

谭水光（2010. 01—　　　）

二、大浦镇人大主席团主席

文正中（1989. 12—1995. 11）

李金山（1995. 11—1998. 03）

王友生（1998. 04—2003. 02）

陈雨生（2003. 05—2005. 01）

徐冬云（2005. 05—2007. 11）

宋迪云（2007. 11—2010. 01）

袁亚平（2010. 06—　　　）

三、大浦镇人民政府镇长

李枫秋（1989. 12—1992. 12）

周水涛（1992. 12—1997. 01）

杨龙金（1997. 04—1998. 02）

赵庚平（1998. 04—1998. 09）

赵智平（1998. 11—2001. 01）

黄小林（2001. 04—2003. 02）

陈检春（2003. 05—2008. 02）

谭水光（2008. 03—2010. 05）

苏根林（2010. 06—2014. 09）

四、大浦镇政协联络工委主任

陈雨生（1998. 03—2003. 02）

徐冬云（2003. 02—2005. 02）

刘少雄（2005. 02—2006. 03）

宋迪云（2006. 03—2007. 10）

袁亚平（2007. 10—2010. 01）

罗冬芝（2010. 01—2012. 10）

邓新文（2012. 10—　　　）

（撰稿　颜知明）

吴集镇

政区概况

地理位置 位于北纬27°00′16″～27°09′39″，东经112°51′29″～113°02′03″。处衡东县中部，东与甘溪镇相邻，南与莫井乡毗连，西与栗木乡接壤，北与城关镇、踏庄乡交界。据清光绪《衡山县志》载："吴集市后，广袤五里，为吴三桂集兵之处。"因而得名。镇政府驻龙江村，距县城2千米。

自然环境 辖区大部分属典型的江南丘陵地貌。三面环山，东南西为杨梓岭、狮形山、鹅形山、猴形山环抱，北面濒临洣水，历为古老驿道要冲和军事重地。属亚热带季风湿润气候，年均气温17.8℃。1月份气温最低，平均气温5.3℃；7月份气温最高，平均气温30.1℃。年均降水量1371.3毫米。境内属湘江水系洣水流域，自东向西流经金盆、蔡家、朱家桥、五里坪、锁狮、吴集、白洲、水湖、杨梓坪、双园、铜铃坪、伴岭、坪桥、坪石、大势塘、凤凰、青草湖、红茶亭18个村。境内主要有硅石和紫色页岩。

建置沿革 历为基层政治活动中心，明代的武阳乡阳山里、清代的道字、民国的吴集乡、紫岗乡等基层行政机关均设于此。中华人民共和国初期，属衡山县第二区，1952年属十区，包括吴集镇和吴集乡，1958年属英雄人民公社，1959年更名为吴集人民公社，1966年析置衡东县，境内设吴集公社、双园公社，属吴集区，1983年，恢复乡建制，设吴集镇、双园乡、红坪乡。1989年撤区并乡，将吴集、红坪、双园合并为吴集镇，至2014年年末无变化。

行政区划 1989年年末，辖35个建制村，368个村民小组，2个居委会，9个居民小组。2014年年末，辖杨峰1个居委会；水湖、杨梓坪、青草湖、红茶亭、伴岭、凤凰、铜铃坪、双园、大势塘、坪石、坪桥、白洲、龙江、龙门前、文昭、淡家、鸡公岩、新坪、高坪、山竹、龙塘、桥铺、新跃、桃岭、蔡家、金盆、朱家桥、厚田冲、红坪、旄坪、龙堰、阳家坡、锁狮、五里坪、吴集35个建制村；5个居民小组、369个村民小组。

人口面积 1989年年末，总人口37313人，其中农业人口34801人。1999年年末，总人口39656人，其中农业人口37736人。2014年年末，总人口47458人，其中：农业人口45132人，占95.1%；男性24493人，占51.6%，女性22965人，占48.4%。2014年，辖区总面积105平方千米。

经济发展

农业 农产品以稻谷为主，盛产大豆、花生、西瓜、芝麻、蔬菜等。1989年年末，有耕地面积33197亩，水田27281亩，旱地5916亩。农作物总播种面积56961亩，其中，粮食作物播种面积37408亩，亩产456公斤，经济作物播种面积698亩，其他农作物播种面积15855亩。1999年，有耕地面积30975亩，农作物总播种面积91500亩，其中粮食播种面积53700亩，粮食总产量25344吨。2014年年末，有耕地面积54450亩。农作物总播种面积113025亩，其中粮食作物播种面积68250亩。绿色大米生产基地1万亩。杨梓坪、水湖、青草湖、五里坪、锁狮、白洲等村为绿色蔬菜生产基地，先后成立兴薇公司、庆云牲畜养殖专业合作社、衡东五农渔业养殖专业合作社、衡东华源经济林木种植专业合作社、衡东艳阳天油茶花卉种植专业合作社、衡东兴益达黄贡椒种植专业合作社等农副加工企业。

畜牧业以猪、牛、羊、家禽为主。1989年年末，生猪存栏14836头，出栏生猪19421头，家禽存笼数为41365羽，出笼家禽54235羽，水产品产量为325吨，水产养殖面积为2350亩。1999年，生猪出栏50980头，水产品产量605吨。2014年年末，生猪存栏量3.4万头，牛存栏量186头，羊存栏量1351只，家禽存笼3.2万羽。

1989年，造林面积6554亩，其中人工造林4690亩。1999年，林地面积15135亩。2014年，县恒建农业开发有限公司在五里坪村、厚田冲村征地500多亩，投资建设集育种、育苗、种植、加工于一体的衡东县中国油茶庄园。衡阳市中联天地有限公司在山竹村租山1200亩发展油茶种植，2014年，已栽种幼苗700亩。

2014 年年末，有农业技术服务机构 1 个、农业技术服务机构从业人员 8 人；农民合作社 6 个、成员 30 户；种植大户 3 户。

工业 1996 年年末，有镇、村、个体企业 869 个，从业人员 8642 人，占全镇劳动力 39.2%。完成乡镇企业总产值 10357 万元，实现利税 1123 万元。2000 年后，民营经济迅猛发展，先后引进南东钨业、创大冶金集团、金虎粮油贸易公司、创大钨业、祥盛电器有限公司、恒鑫建材厂、新型胶合板厂、永祥竹木加工厂、星宇驾校、吴集砂石厂、乔阳建材、泽鑫源建材厂、贝页岩砖集团、恒建农林油茶山庄、汇富房地产开发公司、风云房地产公司等企业。钨业、纺织、粮油、电器、建材、页岩砖、砂石、胶合板、竹木加工、蔬菜、花卉、草席等支柱产业已初具规模。2014 年年末，有工业企业 40 家，工业企业总产值 236875 万元。

商贸服务 公元 317—420 年的东晋时，吴集就已成市，为衡山通往攸县、茶陵、安仁的驿道要冲，是湘南的商贸、手工业发迹最早也最为发达的重镇。至 1944 年衡山沦陷前，店铺、作坊尚有 180 余家，可以说是“人人有行业，户户开店铺”，计有木器店 22 家、专事航船纤索生产的篾铺 6 家、铁铺 8 家、棉花铺 5 家、粮行 2 家、盐行 1 家、南货铺 14 家、绸缎铺 8 家、豆腐作坊 12 家、酒店 7 家、伙铺 14 家。此外，还有陶瓷、屠宰、日杂、缝纫等行业铺面 60 余家。在诸多的商贸、手工业等行业中，名冠衡州、饮誉三湘者有：一是铸铁制品。清光绪十年彭致中创办的“老合盛冶坊”生产的犁头、犁壁，名噪长、衡、株、潭。民国十九年（1930）作坊更名为“彭祥太锅铸厂”，更是声名远播，所生产的铁锅，衡阳有 18 家铁商坐镇要货，茶陵、攸县、耒阳、湘潭、江西萍乡等地也纷纷来人洽商订货。二是油纸雨伞。自清宣统年间赵春庭开设的“赵祥盛伞铺”起，继而有“阳万和伞铺”“赵子求伞铺”“朱老四伞铺”“易丙初伞铺”等问世，因其制品做工精巧、伞骨结实、伞衣透亮、经济适用而声誉鹊起，年产五万余把还是供不应求。三是茶油销售。时与夏浦并称洣河流域两大油市，先后开设的油行有“刘集祥油行”“阳万和油行”“谦和油行”“鼎丰油行”“鼎盛油行”“鸿记油行”等，单“阳万和油行”一家的年购销量就达 8000 担以上，长、衡、株、潭和汉口等地的客商成为常年主顾。四是土棉布、棉花销售。20 世纪 30 年代左右，吴集每逢五、十圩期，土棉布成交量 300 多匹，总成交额 3000 元（银洋）左右，产品主要销茶陵、攸县、安仁、衡阳、资兴、永兴各地。

棉花的年销量均在千担以上。五是木制家县，吴集开设的木器店就有22家，“三生”——阳秋生、黄初生、陈知生的木雕时称衡岳“三绝”，给木制品注入了无限生命力。六是小吃包点。吴集有赵其大、袁振昌、曹友才等十家包面铺，所做的包子原料精选、佐料精配、工艺精细、松甜可口，时堪称湘南小吃“一绝”。当时，三湘大地流传着一句民谚：“吴集包子石湾饼，湘潭屐子吴集伞。”足以证明吴集的手工业是很有名望的。抗日战争后，商业逐渐萧条。

1999年，有集贸市场1个，集市贸易成交额2238万元，社会消费品零售总额2874万元。2009年年末，有商业网点170个，职工473人。2014年，社会消费品零售总额1870万元，城乡集贸市场2个，50平方米以上超市1个。主要产品有建筑材料、农资、食品、烟花、五金交电等，销往全省各地。

财政金融 1949—1979年，乡镇财政收支由秘书或粮油委员分管，1980年，区乡镇设财税所，1989年，推行乡镇一级财政包干。1992年，财政收入215万元，财政支出31万元。1999年，财政收入325万元，财政支出262万元。2002年，取消农林特产税和“五统三提留”。2006年，取消农业税。2014年，公共财政收入1069万元，财政支出1069万元。2014年年末，有金融机构网点1个。

社会事业

教育文化 1990—1996年，全镇筹集资金800多万元，新建、改造校舍2.7万平方米，其中1995年投资140万元，易地重建占地2000平方米，建筑面积3650平方米的吴集中学。1996年年末，有初级中学3所，在校学生1197人；小学31所，在校学生5532人；共有教职员工307人。2014年年末，有幼儿园13所，在园幼儿1010人，专任教师39人；小学9所，在校学生1751人，专任教师137人，小学适龄儿童入学率100%；初中3所，初中在校学生571人，专任教师45人。初中适龄人口入学率、小升初升学率、九年义务教育覆盖率均达99.8%。2014年财政预算内教育经费2100万元，比上年增长4%。

2014年，境内有各类民间艺术表演团体30个，演职人员700人。乡镇综合文化站1个；已建村级农家书屋35个，总藏书70000册；地方特色民间艺术有龙舟、杨山庙会、天府庙会。

医疗卫生 1989年，有医疗卫生机构27所，卫生技术人员35人，床位15

张，其中村卫生室24所；2000年，有医疗卫生机构27所，卫生技术人员46人，床位30张，其中村卫生室24所；2014年，有医疗卫生机构28所，卫生技术人员56人，床位50张，其中村卫生室25所。

2007年1月1日，衡东县正式启动新型农村合作医疗。是年，参合人数30532人，参合率85.1%；2014年，参合人数40251人，参合率105.43%，补偿金额1681.28万元。

社会保障 2006年，实施城乡居民大病医疗救助。是年，救助26人次，救助住院医疗费45900元。2014年，救助23人次，救助金额58790元。

2007年，实行农村居民最低生活保障待遇。是年，境内有低保对象93户187人，总金额20880元。2014年年末，有低保对象642户1259人，月人均保障标准165元，总金额140790元。

2004年，修建吴集敬老院，占地面积2亩，床位40张。2014年，有社会福利收养性机构1所，床位40张；有“五保”对象243人，其中集中供养22人，分散供养221人。月标准450元。

2012年，全县启动城乡居民社会养老保险，是年境内参保人数18843人，缴费人数12462人，参保率98%。缴费金额1338400元，发放2472085元。2014年，参保人数20359人，缴费人数10419人，参保率74%。缴费金额1074900元，发放4083324元。

基础设施

水利 境内大部分属湘江水系洣水流域。分洋塘灌溉区、甘溪灌溉区两大灌溉区。有主干渠35千米，支渠50多千米。有8座小（二）型水库，1100多口山平塘，大型电灌站3处。

交通邮电 1958年，“大跃进”期间开展全民办交通，以“民工建勤”方式，修建吴集至草市简易公路。1964年，省林业厅投资4万元，交衡山县包干修建南湾至草市10千米的林业公路，吴集至草市段近30千米路同时动工。于1968年下半年基本修通。1970年，岳霄汽车渡口码头竣工。1977年，衡东大桥动工兴建，1981年竣工通车。2014年，吴集至南湾公路升级改造完成。境内有衡炎高速、S315、衡岳东延连接线3条公路干线交汇。2014年年末，有县道

5.48 千米，乡道 25.85 千米。

1949 年 10 月，境内通往县城的邮路属吴集、将军庙线。邮件靠人工步行肩挑。1961 年，设吴集区邮政支局。1990 年后，邮件实现自办汽车邮运。2014 年，有邮政所 1 处。

民国 26 年（1937），衡山县城至吴集架通电话线，始通电话。1954 年，吴集至城关电话单线改双线，1957 年，在此设交换机。1959 年，公社安装总机，电话线路通大队。1989 年，电话线路属吴集至莫井线。1993 年后，开通程控电话。2014 年年末，宽带用户 2036 户，固定电话 2136 户，手机移动用户普及率 62%。

供水供电 村民饮水习惯多从洣水、水井或山塘堰坝取水。20 世纪 80 年代以后，发展压水井和潜水泵井。1994 年年末，自来水受益人口 510 人。2012 年，在龙江村取地下水建成吴集水厂，铺设供水管网 8000 余米，供水用户 600 余户。2014 年，在杨梓坪村取地下水建成杨梓坪水厂，铺设供水管网 1～2 千米，供水用户 200 余户。

1976 年后，各村逐步通电。1994 年年末，通电村 35 个，农村用电量 24.7 万千瓦时。1998 年，境内高坪、铜铃坪 2 个村第一批实现农电网改造，至 2012 年年末，34 个村全部完成农电网改造任务。2014 年年末，全镇用电总量 1241 万千瓦时。

镇村建设 吴集处古老驿道要冲，西晋成市，为衡东县中心腹地的一个古老重镇。房屋建筑主要是濒临洣水，为清一色的江南民间古典建筑，青砖青瓦，飞檐翘角，雕梁画栋，纵横有文星街、河清街、中正街、升平街、福寿街等。1981 年，衡东大桥通车及 S35、吴南公路的拉通，居民便开始在交通便利的沿线，兴建房屋，形成吴集新街。1994 年年末，人均居住面积 36 平方米，2014 年年末，城镇规划区面积 1202 公顷，城镇建成区面积 151 公顷，城镇建成区总户数 885 户，2867 人。建成区绿化面积 3.5 公顷

明清民国时期，农村建房多以屋场为单位聚族而居，主要建在沿河、驿道、山旁和田园一带。民房一般是一室一厅的土砖茅屋或斗墙屋；沿河一线的民房大多为竹架或木架屋，冷泥墙壁。中华人民共和国建立后，农村民房建设，从 20 世纪 50 年代起，旧屋换新屋，改建的房子一般按小家庭结构，采用“三间六”或“三厢间”。从 20 世纪 60 年代起，茅屋换瓦屋。20 世纪 70 年代后，土砖换红砖。20 世纪 80 年代，农村建房由平房改建楼房，单门独户，外加小院落。20 世纪 90 年代后期，村民主要是对房屋进行内外装修，配套完善生活设

施，间或建有小洋楼、别墅。2006 年，实施社会主义新农村建设，镇村建设步伐加快，主要是通过搞好乡村建设规划和人居环境治理，加强农村基础设施建设，实现农村道路硬化、卫生洁化、家庭美化、设施完备化，营造出整洁、优美、舒适的生活环境。

特色地情

历史人文 欧阳正焕（1709—1760）字瑶冈，号慕耕，别号竹沧，厚田冲人。家有薄田，边耕边读。32 岁乡试中解元，36 岁中进士，授翰林院编修，之后历任乡试考官、监察御史等职。乾隆二十二年（1757），应聘为岳麓书院山长，讲学于静一堂，提倡治经史与时文相表里，尝书“整齐严肃”为院训，至今犹存讲堂。在岳麓山修葺自卑亭，作记勉励学子：欲登高，必自卑。摆脱世俗罗网，敢于整顿文风，在当时实属难得。并重修贾太傅祠。乾隆二十五年（1760），父丧，从岳麓书院归乡，因身体孱弱，悲伤过度，亦于同年病故。遗留诗文尚存《静一堂会课小叙》《重修自卑亭记》《竹沧诗文稿》等。

秦孝仪（1921—2007），1921 年 2 月生，吴集人。毕业于上海法商学院法律系，美国俄克拉荷马大学人文科学博士。1949 年，到台湾，先后任“总统府”秘书、国民党中央委员会文宣组副组长、“中央设计考核委员会委员”。1961 年 4 月任台湾国民党中央秘书长。曾任蒋介石文学侍从 20 多年。从 1976 年起，历任台湾国民党中央党史委员会主任委员、台湾大学三民主义研究所教授、“中国历史学会”理事长、台湾“国家安全会议顾问委员会委员”、“国家总动员会委员”。1983 年 1 月起，担任“台湾故宫博物院”管理委员会常委兼院长。从 1963 年起，秦孝仪连续为国民党第九至十三届中央委员。主要著作有《进德录》《儒学索微》《三民主义基本教材》等 7 部。作有《名云词》《我故乡》《大忠大勇》《海狱中兴颂》等歌词。吴集古街现存秦孝仪故居。

宗教祭祀文化 吴集是湘南特有的宗教重镇。由于有了炎帝留下的南巡芳迹芳踪，自明代建立杨山灵侯行祠以后，三教九流都纷至沓来，在这里建寺立庙，供奉烟火。先后建有杨山观、杨山祠、朝圣庵、财神殿、观音堂、玄帝庙、灵官庙、万寿殿、寿福殿、玉皇殿、天符庙、痘母殿、大王庙、大寿廷、祖师殿、大善林寺、永福林寺、五显祠、佛善祠等庵堂庙宇，在湘南除了南岳之外，是独一无二的。在诸寺庙中，尤以杨山祠香火最甚。据称农历八月三十日，是炎帝荩臣杨山侯的生辰，“杨山会”都要请戏班子唱戏，少则唱三、五天，多则唱八、十天。此外，玉皇殿、大王庙、天符庙、祖师殿、万寿殿等大的寺庙，都建有戏台，每年都要唱戏。一年四季，吴集古镇鼓乐之声不绝于耳，别有一方风韵。过去，人们齐称杨山侯为“福主”，吴集古镇自然也便成了福地，借福地以生财、增寿、纳福，于是聚居古镇的各姓子民，争相集资鸠工建造宗祠，不足五平方公里的弹丸之地，竟建有宗祠十余处，规模大的有秦氏大祠堂、尹氏宗祠、杨氏祠堂、曹氏宗祠、彭氏宗祠、阳氏宗祠、赵氏宗祠等，而且赵氏一姓在镇上就建有三座祠堂。遵行旧制，过去，春、夏、秋、冬四季，都择吉开祠祭祖，铳炮连天，热闹异常。杨山祠、天符庙、财神殿、观音殿等寺庙，如今依旧香火盛行。

名胜古迹 吴集老街 吴集镇三面环山，一面临水，地势险要。东晋时期，吴集已形成集市，到民国时期，各类中小商店发展到180余家。在以水上交通为主要运输手段的年代，这里大小舟楫，往返如织，是洣河汇入湘江前的最后一个大的集市，关于吴集的来历，当地人有鱼集和吴集两种说法。吴集老街还有炎帝的荩臣杨山长眠于此的传说，保存完好、建于300多年前的杨山古祠，历经千年风霜至今仍枝繁叶茂的古罗汉松，以及为纪念“天符老爷”生辰于每年旧历5月连续举行四天的庆典庙会。

杨山古祠 相传炎帝的大臣杨山侯为完成炎帝根治洣河之未竟事业，到吴集一带，发动民众治理洣水。杨山侯身先士卒，呕心沥血，奋力治水，不幸殉职。人们将其安葬在洣水南岸的一座青山上，并修寺建庙，世世代代供奉香火。后人将其长眠之地称之为“杨山”，将其寺庙命名为“杨山祠”。

杨山祠始建于半山。明嘉靖（1552年）迁址于山下重建“杨山灵侯行祠”，清道光年间二度重修。1992年，被评为县级文物保护单位。1998年，再度修葺一新。建筑面积约300平方米，坐南朝北，砖木结构，悬山顶。正面为牌坊式大门，上方书写“德扬恩溥”四个大字，两边有浮雕与壁画。祠为一长方形大厅，前低后高，中由石阶相连，分成两殿，前殿两边各有一长方形天井，前后两殿檐柱为花岗岩石材，上刻两副楹联：

其一：

明德超千古，补天地化育之穷，不但为伊春一代良弼；

大泽沛三湘，应民物呼吁之急，岂徒作吴集万姓福神。

（清　葛名亭）

其二：

溯故老遗闻，令人思上古荩臣，勤扈跸，怅攀髯，生死望炎陵，真气一脉通洣水；

缅灵侯显佑，随地作斯民福主，助神风，怡逆浪，姓名昭泽国，化身千仞托杨山。

（清　聂铣敏）

传说当年清朝名将左宗棠西征收复伊犁，在与俄侵略军的激战中被困，梦得金甲神——杨山侯的指点，于险象环生中胜利突围。凯旋后，念杨山侯护国佑民之恩，左宗棠奏明皇上封杨山为“太古灵侯”，并带着皇上亲题的“太古灵侯”金匾，专程到吴集杨山上拜祭杨山侯，为杨山侯神像塑金挂袍。

千百年来，吴集市民都说农历八月三十日是杨山生日。每年这一天，大家纷纷到杨山祠进香祭祀。

五里坪　五里坪地形险要，历来为兵家必争之地。历史上有三位将军曾在此驻足，为五里坪平添了几分神奇。

清道光年间编修的《衡山县志》载：“吴集五里坪，为吴三桂集兵之处。”传说当年吴三桂在五里坪安营扎寨，集兵、练兵、阅兵，留有多处遗迹，至今依稀可辨。尤其是那几处高丈余、长宽各三五丈的黄土墩——吴三桂发号施令的检阅台，保持300年一直原封未动，直到“农业学大寨”年代开荒造田，才被推平。

抗日战争初期的1938年5月，国民党湖南省政府在五里坪举办500余人的“保训班”。时任省政府主席张治中亲临此地，在“保训班”开学典礼上发表过演说。肩负衡阳会战重任的国民党军第10军军长方先觉曾几次到五里坪检阅所属部队。当时地方上一位志士赠诗云：“治兵抗战将登坛，此日息机暂解鞍。五里屯营明纪律，十年尝胆共艰难。桓侯忠武名犹壮，羊叔诗文敌亦寒。不敢攀车因事谒，一心遥为识荆韩。”方将军步原韵回敬了一首诗：“几曾轻足步骚坛，了却银鞍换战鞍。摘句传筒君意盛，泐功刻石自知难。疮痍满目山河碎，潦倒忠心岁月寒。亿万生灵悲苦甚，人前惭愧说萧韩。”（传筒，指邮寄，笔者注）。表达了其忧国忧民之心，忠精报国之志

龙门泉奉公祠　始建于明代天启元年（1621），民国三十年（1941）重修。

坐西朝东65度，四合院布局，三进两边出厢房，砖木结构，硬山顶，小青瓦，施封火山墙。爪角飞翘，墀头施堆塑。大门为三重楼阁式牌坊，牌坊上彩色堆塑工艺精美。2003年，被公布为县级文物保护单位。

文昌书院　清初，吴集有文昌会，后士绅们在文星街建文昌阁，捐租设义学，但无额定馆俸，难以为继。乾隆十年（1745），知县德贵“遂集各书院经管绅士会议，拨观湘余租三十四石，明道山房十六石，集贤书院十六石，共拨六十石为每岁馆师脩金，余六石杂用。又移南门外，改文昌书院之名以名之。乾隆二十一年（1756），租谷归并文峰书院，义学废”（清道光《衡山县志》卷十五）。

文昭中学　衡东境内创建最早的中学。1942年3月，由曹馥等曹姓祠堂按祠产20%捐租而建，以《左传》“文之昭也”及曹氏特祠对联“四千载，华胄遥遥，文昭自西岐衍起；七二峰，祥云冉冉，英灵从南岳飞来”得名。校址设于吴集镇侧的曹仁公祠。于1946年3月正式招生，设2个班130余人。1948年下学期，中共地下党员胡杨俊利用教师身份在校内秘密发展党员，成为衡东境内发展中共党员的所在地之一。1950年9月，文昭中学与务本中学、好善中学合并为洣江中学，校址设文昭中学。1952年秋，洣江中学并入衡山县立初级中学。之后易名为衡山七中、衡山四中。于1966年析置衡东县，为衡东县第四中学，1972年更名衡东三中，1983年改制为衡东农业职业中学，1988年更名为衡东县第一职业中学，1995年成为衡阳市第一所经国家教委批准由湖南省人民政府授牌的省重点中等职业学校。

文献辑存

由城南遂晤雨泉陈大参

［清　欧阳正焕］

才扳绿柳回芳径，便欲青皋踏晚曛。湖面人来常伴鹤，楼头客去尚留云（山庄名云鹤）。何时拾得东山屐？许我同烹左相芹（魏征为左相喜醋芹）。郭外城南春似否？东君有意为平分。

过洞庭

［清　欧阳正焕］

那信凌波更有仙，分明一发似离弦。山归缥缈曾无地，水极微茫直接天。

自昔东南多泽国，可能早晚变桑田。太平黎庶皆耕凿，不纳渔租纳稻钱。

咏白桃花

［清　欧阳正焕］

浪暖春溪泛晓霞，一丛香玉绽琼花。情腮未厌新妆淡，笑靥偏从靓服赊。娇埒海棠春不醉，艳欺秾李月初斜。玉棠隐隐疑残雪，粉蝶几回到碧纱。

吴集镇主要领导名录

(1989.05—2014.12)

一、中共吴集镇委员会书记

吴集镇工委书记、主任

肖孝义（1989.05—1989.12）

党委书记

肖孝义（1989.12—1990.04）

穰怡佳（1990.04—1992.02）

谭金生（1992.02—1995.01）

赵长水（1995.01—1998.02）

周水涛（1998.02—2001.01）

刘石林（2001.01—2003.02）

李上峰（2003.02—2007.02）

丁昭泉（2007.02—2008.02）

陈检春（2008.02—2010.01）

彭剑飞（2010.01—2013.06）

谢正辉（2013.06—　　　）

二、吴集镇人大主席团主席

杨汉国（1990.01—1992.10）

眭其祥（1992.12—1995.11）

雷荣主（1995.11—2001.10）

徐冬云（2001.11—2003.02）

蒋武军（2003.05—2003.08）

李飞云（2004.03—2005.02）

林长华（2005.05—2007.11）

颜美东（2007.11— ）

三、吴集镇人民政府镇长

谭金生（1990.01—1992.02）

赵长水（1992.03—1995.11）

刘华良（1995.11—1999.07）

罗　敏（2000.04—2001.01）

赵智平（2001.04—2001.11）

李上峰（2001.11—2003.02）

丁昭泉（2003.05—2007.02）

陈陆平（2007.04—2010.01）

谢正辉（2010.04—2013.06）

彭宏平（2013.07— ）

四、吴集镇政协联络工委主任

刘雪林（1998.03—2001.02）

彭春华（2001.02—2001.10）

蒋武军（2001.10—2003.02）

周水书（2003.02—2009.11）

贺凤生（2010.01—2011.12）

谭海波（2012.10— ）

（撰稿　文君莉　向颂）

甘溪镇

政区概况

地理位置 位于北纬 27°01′10″~27°09′34″，东经 112°59′12″~113°07′08″。处衡东县中部，东临荣桓镇，南接杨林镇，西邻吴集镇，北交踏庄乡。古时该地有一溪港，出自武阳山，流入洣水，因溪水清凉甘甜而得名。镇政府驻甘溪村，距县城 13 千米。

自然环境 辖区地势以丘陵为主，低山高岗为辅，地形为丘陵岗地。主要山脉有金觉峰，位于金觉村，是境内最高峰，海拔 740.8 米，最低点位于大源村 1 组，海拔 139 米。辖区属亚热带季风湿润气候，年均气温 17.8℃，年均降水量 1371.3 毫米，降水集中在每年 4~6 月，5 月最多。境内河道属洣河流域，最大河流为洣河，流经大岳、夏浦、中心、兴隆、新泉、洄水、明桥、甘溪、前进、大源等 10 个村，长 15 千米，流域面积 4 平方千米。已探明的地下矿藏有石灰石、萤石、铅、锌、砂石等。已开发有云母矿、铅锌矿，位于东岗山村、石岗村、铅锌村、松塘村、新江村。

建置沿革 中华人民共和国成立初期，属衡山县第二区，1952 年属第十一区。1956 年 6 月，与夏浦、东冲、社背合并为夏浦乡。1958 年，属于东方红人民公社，1959 年，更名夏浦人民公社。1961 年，公社体制调整，设甘溪公社、夏浦公社。1966 年，析置衡东县，境内设甘溪公社、夏浦公社，属吴集区。1984 年 2 月，恢复乡建制，设甘溪镇、夏浦乡。1989 年 5 月，撤区并乡，甘溪、夏浦合并称甘溪镇。至 2014 年无变化。

行政区划 1989 年年末，辖 31 个建制村，308 个村民小组，1 个居委会，3 个居民小组。1999 年年末，辖 31 个建制村，2 个居委会。2014 年年末，辖甘溪居委会，6个居民小组；辖新桥、大岳、金觉、中心、竹岭、兴隆、洄水、夏浦、新泉、大源塘、社背、枣园、和平、新冲、新田、东冲、香花、新杨、铅锌、石岗、松塘、东岗山、新江、石桥、能桥、明桥、甘溪、前进、大源、新石、农林场31个建制村，315个村民小组。

人口面积 1989年年末，总人口22734人，其中农业人口21944人。1999年年末，总人口29792人，其中农业人口28075人。2014年年末，总人口34586人，其中：农业人口33435人，占96.6%；男性17789人，占51.4%，女性16797人，占48.6%。2014年，辖区总面积111平方千米。

经济发展

农业 境内主要种植水稻、花生、黄豆、红枣、板栗、油茶、蔬菜、红薯等作物。中华人民共和国成立后，政府鼓励农民种水稻，以一季稻为主，间植双季稻。1954年，试种双季稻。旱地一般种植蔬菜、红薯、棉花及麻类等经济作物。1958年成立人民公社，后连遇三年自然灾害，粮食减产。1962年，人民公社实行“三级所有、队为基础”制度。改进耕作技术，加强病虫害防治，粮食产量单产提高到240公斤。1967年，扩大双季稻种植面积，间作三熟制，采用温室育秧技术，粮食亩产400公斤。1977年，试种杂交水稻，至1984年，粮食亩产提高到742公斤。1986年，被确定为国家商品粮生产基地、吨粮田开发基地和优质稻生产基地。1989年年末，有耕地面积15458亩，水田13792亩，旱地1666亩，农作物总播种面积40845亩，其中，粮食作物播种面积29032亩，亩产413公斤，经济作物播种面积1794亩，其他农作物播种面积10019亩。1999年年末，有耕地面积14910亩，农作物总播种面积43350亩，其中粮食播种面积26085亩，粮食总产量12075吨。2000年后，兴建东冲葡萄基地、大源蔬菜基地、万亩连片双季稻种植基地。投资100万元的和平村核桃种植基地初具规模。2014年年末，有耕地面积19470亩，农作物总播种面积53475亩，其中粮食作物播种面积32715亩。

境内素有养殖生猪、牛羊、鸡鸭、鱼等畜禽水产习惯。民国时期，有农户圈养生猪。鸡鸭多自繁自养，所产鸡鸭蛋除食用外，皆出售或兑换油、盐等，俗称“油盐坛子”。养鱼则主要靠自然孵化鱼苗，自生自长，产量低。中华人民共和国成立后，政府鼓励农民养猪养鸡鸭。1951 年，开始发展池塘养鱼。1989 年年末，生猪存栏 10851 头，出栏生猪 14282 头；家禽存笼 27732 羽，出笼家禽 21753 羽；水产品产量 136 吨，水产养殖面积 723 亩。1999 年，年内生猪出栏 29118 头，水产品产量 217 吨。2014 年，新发展年出栏 500 头以上的养猪专业户 3 户，其中：松塘村穰其辉 516 头，新杨村刘华中 527 头，大源村陈青枚 503 头。新发展年产 10000 羽的“衡东土鸡”养殖户 3 户，其中：能桥村江冬根 11467 羽，香花村康云龙 10664 羽，石岗村王春林 10966 羽，年产 5000 羽的养殖户 10 户。

1949 年以前，林地归私人所有，多自生自繁，树种有松、杉、樟、枫等。1951 年，成立农林互助组、合作社。1958 年，林地收归公社所有，由于“大办钢铁”，树木被砍伐殆尽。1963 年，贯彻中央政策，山林权固定在生产队。1981 年，确定山林权属，种植橘、油茶等。1989 年，造林面积 18813 亩，其中人工造林 1946 亩。1999 年，林地面积 29490 亩。2004 年，换发全国统一的林权证，承包期至 2052 年。2013 年，先后兴建万亩油茶基地、东冲苗木基地等。新造油茶林 220 亩，油茶抚育 840 亩，荒山造林面积 2990 亩，森林抚育面积 2500 亩，新造桉树林 1100 亩，石岗在火烧迹地更新冬季地 3000 多亩。2014 年，完成油茶垦复面积 3500 亩，中林公司在洄水、兴隆造林 1100 亩，森林抚育面积 300 亩（其中金觉 100 亩、甘溪 50 亩、前进 150 亩）。绿丰源公司在甘溪、新石栽种桉树 1200 亩。新桥、大岳火烧迹地更新挖防火带整地面积各 5000 亩，东冲、金觉、甘溪、夏浦冬季整地 900 亩。开展 30000 亩桉树速生林基地建设工作。通过与衡阳林业公司的合作，以“公司+农户”的发展模式，已进驻施工 5000 亩，完成勾图 9000 亩，签订合作意向合同 15000 亩。

工业 唐宋时期，境内有酿酒和皮革作坊。明、清时，有生产铁器、木器、纸伞、油鞋、木屐等手工作坊多家。因“米市”繁荣，大米加工业兴旺。中华人民共和国成立后，相继创办电厂、氮肥厂、大米厂等一批企业。20 世纪 80 年代初期夏浦形成皮革生产一条街，品种多样，皮革制品有皮鞋、皮包、皮衣以及各种机用皮碗系列，式样新颖，质量上乘，畅销国内。至 1996 年，全镇从事皮革加工的个体户发展到 141 户，从业人员 840 多人，还涌现一批皮革加工大户，年产值 50 万元以上的有 39 家。除皮革加工外，钨品、采矿、采石、食品加工、铸造、建材、运输、家具等行业产业发展较快。1996 年有镇、村、组、个体企业834个，从业人员4348人，占总劳力的26%；完成乡镇企业总产值1.09亿元，实现利税3465万元。镇内石灰岩资源较丰富，占全县石灰岩资源总储量（约百亿吨）的40%。20世纪90年代，新泉、和平、大源塘、社背、新冲、夏浦、新田、东冲等村有石灰窑31座，日产石灰600余吨。2014年，有民生、磊鑫、和平、大湖、新冲、鑫安6家采石场，年生产规模设置为15至20万吨。戴家矿区水泥灰岩矿为衡东红狮水泥原料基地，年生产规模设置为200万吨。2014年年末，有工业企业12家，工业企业总产值65790万元。较大项目和企业有湘衡盐化、启泰石料、神州化工、衡阳裕华、金龙矿业、春蕾化工、甘溪水轮泵水电站、佳敏印刷厂、氟化盐矿区等。

商贸服务 1999年，有集贸市场2个，集市贸易成交额1988万元，社会消费品零售总额5962万元。2014年年末，社会消费品零售总额76938万元，市场2个，50平方米以上超市4个。

财政金融 1949—1979年，乡镇财政收支由秘书或粮油委员分管，1980年，区乡镇设财税所，1989年，推行乡镇一级财政包干。1992年，财政收入173万元，财政支出24万元。1999年，财政收入206万元，财政支出105万元。2002年，取消农林特产税和“五统三提留”。2006年，取消农业税。2014年，公共财政收入693万元，财政支出693万元。2014年年末，有金融机构网点2个。

社会事业

教育文化 1996年年末，有小学26所，在校学生4112人；初级中学2所，在校学生933人；教职员工260人。1999年至2001年，全镇各学校财、权、物、事由甘溪镇政府直接管理。2014年，有甘溪中学、前进完小、石岗完小、夏浦完小、东冲联校、社背联校共6所学校，县批准民办幼儿园5所。有学生2065人，在职教师159人，退休教师71人。

2012年，投资180余万元对夏浦完小改造，创建为义务教育阶段合格学校；投资72余万元新建夏浦中心幼儿园，是一所由政府全额投资兴办的公立幼儿园，服务周边夏浦、新泉、中心、大岳等13个村，服务区人口约1万余人。投入60余万元改造石岗完小的教学楼。投资15余万元改造东冲联校的食堂餐厅。同时教学质量大幅提升，小学适龄儿童入学率100%，毕业率100%；初中巩固率

98%；青壮年非文盲率99.2%。2014年，中考甘溪中学137班46人毕业，考入省市重点中学31人。

2012年，建设农家书屋11个；年底，全镇31个村完成农家书屋建设；2014年，镇文化站举办广场舞培训班，农家书屋藏书39580册。加强体育教育，各学校篮球场、乒乓球场，田径场一应俱全，为学生锻炼身体提供了场所。提高学生竞技意识，在全县中小学田径运动会，初中学生篮球赛均取得好名次。甘溪中学93班学生吴奇虎以打篮球的特长考入湖南大学体育系。为湖南省省篮球队主力队员。

医疗卫生 1989年，有医疗卫生机构22所，卫生技术人员31人，床位15张，其中村卫生室20所；2000年，有医疗卫生机构26所，卫生技术人员29人，床位16张，其中村卫生室24所；2014年，有医疗卫生机构28所，卫生技术人员24人，床位20张，其中村卫生室25所。

2007年1月1日，衡东县正式启动新型农村合作医疗。是年，参合人数23235人，参合率87%；2014年，参合人数29183人，参合率103.88%，补偿金额1182.32万元。

社会保障 2006年，实施城乡居民大病医疗救助。是年，救助16人次，救助住院医疗费29400元。2014年，救助11人次，救助金额35600元。

2007年，实行农村居民最低生活保障待遇。是年，境内有低保对象74户160人，总金额17790元。2014年年末，有低保对象482户861人，月人均保障标准165元，总金额93015元。

2008年，修建甘溪敬老院，占地面积1.2亩，床位40张。2014年，有社会福利收养性机构1所，床位40张；有“五保”对象136人，其中集中供养22人，分散供养114人。月标准450元。

2012年，全县启动城乡居民社会养老保险；是年，境内参保人数14412人，缴费人数9459人，参保率100%。缴费金额1042800元，发放1825065元。2014年，参保人数15612人，缴费人数8319人，参保率78%。缴费金额906200元，发放4369500元。

基础设施

交通邮电 清代，有1条过境驿道。另有洣河水路，设老夏浦、甘溪2处码头，四季通航。1999年年末，有公路里程56千米。2014年年末，省道315线和211线穿境而过，洣河由南向北流经境内10余千米。有县道758千米，乡道26.13千米；农村客运招呼站5座。

1949年10月，境内通往县城的邮路属吴集、将军庙线。邮件靠人工步行肩挑。1961年，公社驻地设邮电所。1990年后，邮件实现自办汽车邮运。2014年，邮政支局营业面积408平方米，从业人员5人。投递点47个，乡村通邮率100%。

1959年，公社安装总机，电话线路通大队。1989年，电话线路属甘溪至踏庄线。1993年后，开通程控电话。2014年年末，电信服务网点1个，固定电话和移动电话普及率50%以上。

供水供电 村民饮水习惯多从洣水、水井或山塘堰坝取水。20世纪80年代以后，发展压水井和潜水泵井。2010年，在东冲村取井水建成东冲水厂，铺设供水管网5000余米，供水用户800余户。2012年，在镇政府驻地建成甘溪水厂，铺设供水管网2000余米，供水人口10000余人。1994年年末，自来水受益人口510余人2014年在夏浦村取山泉水建成夏浦水厂，铺设供水管网3000余米，供水用户240余户。

1969年10月，甘溪水轮泵水电站两台252千瓦的小机组投产发电。1972年10月后，甘溪水轮泵水电站1250千瓦机组陆续投产发电。甘溪装机总容量13004千瓦。1976年后，各村逐步通电。1980年，兴建2×3000千瓦火力发电站，于1981年建成投产。1994年年末，通电村35个，农村用电量88.59万千瓦时。1998年，境内大源村第一个实现农电网改造，至2012年年末，31个村全部完成农电网改造任务。2014年年末，全镇用电总量2019万千瓦时。

镇村建设 明清时，夏浦老街、石岗老街形成集镇，各类商铺遍布街巷。20世纪60年代，为安置甘溪水电站淹没区村民，在镇政府侧的山坡上新建一条长300米、宽10米的街道，两旁为移民新居。供销社、邮政局、卫生院、汽车站、银行等在此设立办公营业场所，形成甘溪街。1993年，镇党委政府发动群众自筹资金200余万元，在省道1820线两旁征地，于1996年建成一条长750米、宽32米的街道，甘溪街道中心转移至此。2011年，硬化夏浦至甘溪的水泥路面，新修水泥路3.5千米。2014年年末，城镇规划区面积252公顷，城镇建成区面积95公顷，城镇建成区总人口5860人，1246户，城镇建成区绿化面积1

公顷。

2012年起，镇启动社会主义新农村建设，以中心村、东冲村等为试点，重点改造农村水利、电力、道路等基础设施，积极发展村级集体经济，大力整治村容环境。2013年，突出以东冲、石岗、中心三个村为全镇的样板点，每村投入2万元示范建设资金。投资30余万元在东冲村公路两旁安装了30盏太阳能环保路灯，栽种桂花树、红叶石楠等名贵苗木2000多棵，村貌焕然一新。

进一步完善农村环境综合整治的设施，重点抓好沿S315线重点村的环境卫生整治，实现沿马路线路段的美化亮化绿化。投入13.5万元修建30个高标准的垃圾房，投入30多万元建成高标准的垃圾中转站，投入15万元在新杨村建设垃圾焚烧炉，添置160个垃圾箱。在公路沿线设立大型永久性宣传牌6块。对沿S315实行分段管理，安排保洁队伍搞好垃圾清理，对各村鱼塘实行无化肥养殖，明确每一名养殖户的责任。对沿S315线东冲、石岗、甘溪街道以及甘溪至大源一带实施全面亮化，安装路灯260盏，总投资100万余元。2014年5月，投资50万元对甘溪街道人行道进行美化、绿化建设，种植景观树，硬化路面，同时高标准添置垃圾箱。

至2014年12月，农电改造已完成22个村，村级活动中心完成12村，21个村建设农家书屋。

特色地情

历史人文 成普（1919—1998）原名穰澄浦，松塘村人。1938年，入抗日军政大学学习，同年加入中国共产党。历任抗日军政大学学员、连指导员，军委直属政治部组织干事、军委总政治部组织部秘书，人民解放军总参谋部作战室参谋、参谋组长、作战室科长、主任。中华人民共和国成立后，任参谋部作战部军务处处长，中国人民志愿军总司令部作战指挥所负责人、志愿军司令部作战室主任。回国后，历任解放军军事科学院战史研究部研究员、研究室主任、副部长，陕西省军区参谋长、副司令员等职。1955年，被授予大校军衔，获三级独立自由勋章、二级解放勋章、抗美援朝纪念章一枚和独立功勋章一枚。1976年，被中国人民解放军总政治部恢复正军级干部待遇。著有《战时统帅部参谋军机的回忆》等。于1998年9月6日逝世。

名胜古迹 *龙岩洞* 在距县城17千米的甘溪镇新泉村。长2700多米，入口两洞，上为风洞，下为水洞，上、下洞相距百米。游览只能从风洞进，由社背村出。

清《衡山县志》载："龙岩在斐岭下，岩前地势颇高，口圆大如簸箕。相传，中有潜龙，故名。石洞间灵源汩汩，横过岩内，下出岩底，流为溪，汇为涧，会于洣。中岩有石观音，其前有石净瓶，瓶中水如甘露，亘古不竭，或满而溢，是年甘雨必多，水少则旱。撑岩双柱挺然，左右深井各一，投石井口，滚滚而下，半晌方坠水面，声如鸣球，戛击清越，以长岩之深约一里，入及半，阻于横流，勇者或跳而进怯者止焉。士人非固干旱祈雨，罕有入者。暑月憩岩口，冷风射人，不敢久坐。"

相传，黄泥坪有一潜龙，因难耐百年寂寞，穿过岩石来游玩，一看，正是稻谷金黄，河塘鱼跃的金秋时节，为不加害于民，转道右拐，进入洣河。从此，黄泥坪"龙抽眼"的水，便从斐岭不断流入洣河，龙岩因而得名。

水洞洞口大，形似张开的龙口，高3米，宽6米，深约4米。内有深潭，已堆满乱石，水从石底涌出。风洞洞口小，往里渐大，深无底。洞内石笋林立，景色奇特。洞中上下，层层有洞，人在上洞走，水在涧底流，潺潺流水，清脆入耳。水洞有锦鳞浅游。入洞约2000米处，有一巨厅，可容千人。洞前百米处，有星泉湖，水面300余亩。莲红水绿，美景如画。

甘溪水电站 甘溪水轮泵水电站坐落在湘江一级支流——洣水下游甘溪镇明桥村三钵花，控制流域面积9869平方千米，多年平均流量每秒254立方米，设计水头10.5米，上游正常蓄水位60.5米，上游总库容8500万立方米，死库容1050万立方米，正常蓄水位库容4820万立方米。安装容量为1250千瓦的水轮泵发电机组10台，252千瓦的水轮发电机组2台，总装机容量为13004千瓦，多年平均发电量7680万千瓦时，年利用小时6150小时，保证出力2900千瓦。甘溪水轮泵水电站1966年动工兴建，于1968年运行投产发电，是一座以发电、灌溉为主，兼顾通航、通车的综合性水利水电工程，也是衡东县最大的国有骨干企业之一。枢纽工程包括泵站、电厂、船闸、溢流坝、非溢流坝、公路桥等。甘溪灌区包括右、左岸两大灌区，设计灌溉面积12.64万亩，实际灌溉面积7.6万亩，右岸为东风灌区，受益乡镇为甘溪、踏庄、珍珠、城关、新塘5个乡镇，左岸为红旗灌区，包括吴集、栗木、霞流3个乡镇。

全站下设水电厂、水轮泵站、水利机械厂、综合经营服务站、东风渠道管理所、红旗渠道管理所6个单位。建站以来，年平均发电量在8000万千瓦时以上，灌溉提水1700万立方米，年创产值2000余万元，上缴利税250万元以上，共为国家提供税金7000余万元。先后获省水利经济先进单位、省水利文明单位、省地方电力安全生产先进单位、省优秀电站、市水利水电十佳单位等荣誉称号。

大源古窑址　位于大源村，属衡山窑系，时代宋、元。湖南省重点文物保护单位。窑址分布在桂公祠、窑背岭等9个台地上，有4处发现马蹄形窑。文化堆积厚1~8米。各窑的产品有分工，有的以烧碗、碟、杯、壶为主，有的以烧罐、壶、黑釉盏为主，有的以烧大件缸类为主。

该窑产品有碗、杯、碟、壶、盏、盏托、罐、坛、瓶、炉、缸、网坠等。胎色有砖红、青灰、瓦灰、深灰等。釉色有酱、褐、绿、青、黄、米黄、淡黄、黑、棕红等。装饰工艺有粉地彩釉绘花、釉下彩绘花、釉下粉彩绘花、印花、刻画等。粉地彩釉绘花习见于壶、炉、坛腹部，有牡丹、菊花、草叶纹等。印花有菊瓣、牡丹、梅花、水波纹地莲花鱼纹等，吉祥语有“福”“福寿嘉庆”等，主要见于碗内壁器心。刻画有花卉、大莲瓣纹、竹叶纹等，习见于碗、炉外壁及壶錾等。

夏浦古村　位于甘溪镇内，村落以萧家大屋为中心，坐东朝西，四进七横，占地约20亩。于清道光二年（1822）建造，建筑采用砖木结构，青灰色瓦顶，前低后高院落式布局。另在大屋北侧吴家屋场尚存，大屋后山上谭公庙仍在。

萧家大屋为三进三横院落式普通宅第建筑，衡东地方民间建筑设施。砖、石、木结构，前低后高，大屋通面阔七间，深三进，高二层，地面台基素土夯筑，铺方形金砖，其他各进以梯级分别向后抬高。第一进外锁头屋，由前檐廊、大门、过厅组成。面阔三间，高一层，硬山顶，三字山墙。屋正面锁头形结构，前出宽大檐廊，檐廊台阶高出地面80厘米。檐内立檐柱两根支撑屋檐，大门居中，门内为过厅，厅后设屏风门；第一进后为下天井，周设回廊。第二进为中厅，面阔三间，高一层，前立檐柱两根，中立金柱四根，柱上出“華”字架支撑屋顶。天棚正中饰藻井，屋顶正脊木下皮书有“清道光二年”字样。硬山顶，三字山墙。第三进为祖堂，面阔三间，高二层，硬山顶，三字山墙，屋上无梁架，山墙搁檩，双坡屋顶。祖堂设中屋，堂后设神龛，左右为次间。大屋厢房分布于中轴线两侧，面对中轴线，各厢之间以小天井相隔，各厢房面阔一间，高一层，厢房通长与大屋进深一致。整座建筑样式和营造技术表现出衡东地方特征，色彩以青、黛、粉白、朱红为主色调。装饰主要在梁架和石构件上，以绘画和雕刻形式表现。

2013 年 8 月，住房和城乡建设部、文化部、财政部联合公布第二批中国传统村落名录村落名单，夏浦古村入选。

名优特产 *夏浦板栗* 板栗，衡东人亦称“惰粒”，种植面积 4000 多亩，沿河岸边、山坡上、房前屋后，到处可见枝繁叶茂的板栗树，就像走入了一个“板栗王国”，年均产量 1 万担以上。夏浦板栗，果实大，皮薄肉厚，水分适中，味道鲜美，脆爽甘甜，且营养丰富，还有滋补治病之功效。是衡东人送人待客的礼品，经过加工的油炒栗子和用板栗肉炖熬的各式汤羹，更是衡东人餐桌上的美味佳肴。

夏浦红枣 红枣原名山枣，属鼠李科。这里的干红枣一般年产量为 700 担以上，其主要品种有金沙枣、猪婆枣、鸭蛋枣、河南枣等。各有特色，如金沙枣，颗粒短，圆壮，味道鲜甜，品质最优，在湖南小有名气；猪婆枣，颗粒大而长，皮薄肉厚，味道甜美。

藤茶 藤茶，为衡东境内天然野生植物之一，生长在县境中部的凤凰山、金觉峰、艳阳峰、天光峰等 33 座海拔 500 米以上的中低峰的山坡、山谷林下灌木丛中。藤茶外形纤细修长，加工后色绿起霜，经水泡汤色黄亮，喝起来滋味厚实，微苦回甘，生津止渴。藤茶全株入药，有清热解毒之效。衡东人常以藤茶防治感冒风热、咽喉神痛、痛疖及结膜炎、肝炎等疾病，常饮多饮均无副作用。

1994 年，“天然藤茶”获国家发明专利；1995 年，获中国国际新产品新技术博览会和湖南新产品新技术科技创新金质奖。农业部茶叶质量监督检验测试中心评审认为：藤茶优于一般茶叶，可与我国名茶，即绿茶、红茶、花茶相类似，而硒元素含量高于红、绿、花茶，是绿色饮品中之佳品。中国预防医学科学院营养与食品卫生研究所测试认定：藤茶所含各种微量元素齐全，特别富含钾、钙、镁、磷、铁、锰、硒等元素，是一种新型的保健饮品。

从 1997 年起，衡东县开始藤茶品种选育和无性繁育技术攻关；2000 年 6 月，藤茶无性繁育实验成功；2001 年，申请藤茶无性定向繁育技术专利；到 2004 年年底，全县藤茶栽种面积达 4.37 万亩，被湖南省农业厅认定为湖南省

"无公害农产品产地"。衡东藤茶拥有现代化的制茶生产流水线，年生产能力1000吨，成为衡东农业产业化品牌之一。

衡东县洣水水利风景区　于2003年评为省级水利风景区。2004年，经水利部评定为国家级水利风景区。主要景点有广柑基地白茅洲、灵山胜景、太平寺、晏光庙、秀才看榜、雄狮戏金蟾、笔架峰、将军庙、杨山祠、雷溪双月等。

甘溪镇主要领导名录

(1989.05—2014.12)

一、中共甘溪镇委员会书记

甘溪镇工委书记、主任

罗爱泉（1989.05—1989.12）

党委书记

罗爱泉（1989.12—1992.02）

王旭民（1992.02—1994.04）

王玉林（1994.04—1998.02）

邓建荣（1998.02—2001.01）

肖　侃（2001.01—2003.02）

何岳龙（2003.02—2006.03）

陈志伟（2006.03—2012.10）

陈陆平（2012.10—　　　）

二、甘溪镇人大主席团主席

陈秋生（1989.12—1992.12）

宋建庄（1992.12—1995.11）

文冬展（1995.11—2001.11）

陈志伟（2001.11—2003.02）

丁云华（2003.05—2010.01）

尹建新（2010.04—2012.10）

廖吉献（2012.11—　　　）

三、甘溪镇人民政府镇长

王旭民（1989.12—1992.04）

谭伟平（1992.04—1995.02）

颜志刚（1995.11—1998.02）

周谷湘（1998.02—2000.06）

林岳生（2001.04—2003.02）

陈志伟（2003.05—2006.03）

颜亚华（2006.05—2008.02）

周志波（2008.04—2012.10）

尹建新（2012.11—　　　）

四、甘溪镇政协联络工委主任

林岳生（1998.03—2001.01）

穰春林（2001.02—2003.02）

阳国成（2003.02—2007.04）

刘　科（2007.04—2010.01）

谭社华（2010.01—　　　）

（撰稿　文君莉　唐水娥）

杨林镇

政区概况

地理位置 位于衡东县东南部，东临高湖、荣桓两镇，南接草市镇；西与南湾乡、莫井乡、衡南县花桥镇等接壤，北靠吴集、甘溪两镇。位于北纬26°50′46″~27°02′26″，东经113°01′00″~113°10′01″。唐时名杨林埠，以当时河岸杨柳成林，青翠葱郁而得名。镇政府驻杨林村，距县城31千米。

自然环境 境内为典型丘陵地区，最高峰四方山位于四方冲村境内。西、南两面属山地及丘陵，分布着众多大小不一、形状各异的水塘。洣水穿境而过，自茅镰洲村入境，由南而北，境内河道长18千米。全镇27个村就有20个村沿洣水两岸分布。河流沿岸平坦开阔，良田沃土，阡陌纵横。区域处亚热带季风湿润气候，年均气温17.8℃，年均降水量1371.3毫米，年均降水日数160天，降水集中在每年的4—6月，6月最多。境内自然资源丰富，矿产资源有：钨、金、汞、硫、石灰石、砂砾石等。

建置沿革 西晋年间杨林就已开埠，明代，分属衡山县武阳乡阳山里以及兴乐乡的永寿里、永平里和新兴里。清代分别属道字28区，以及土字34区、梦字26区和作字27区。民国时期属衡山县第四区，称高水乡；1952年，属第十二区；1956年，将杨林、柴埠、大塘、太平寺4个乡合并设杨林乡；1958年，更名为先锋人民公社；1959年1月，更名为杨林人民公社；1966年，析置衡东县后属杨林区。1984年年初，政社分设，设杨林乡；1986年1月，撤乡设镇；1989年，杨林镇、青山乡合并称杨林镇。至2014年年底无变化。

行政区划 1989年年末，辖27个建制村，223个村民小组，2个居委会，7个居民小组。2014年年末，辖洣南1个居委会；杨林、寺门前、庙冲、竹园、高粟、大塘、铁坑、茅镰洲、双丫港、三联、龙西湖、车头、太平寺、茫洲、宁中、石峡、板石、符竹、上村、立新、潭江口、贺家桥、小岳洲、柴埠、豆垅、湾头洲、大源冲、四方冲28个建制村；5个居民小组，232个村民小组。

人口面积 1989年，全镇总人口27440人，其中农业人口24603人。1996年年末6989户28104人。2014年年末，辖区常住户数8100户，常住人口35087人，户籍人口31697人，其中农业户籍人口26093人。总人口中，男性15760人，占49.72%；女性15937人，占50.28%。人口以汉族为主，占99.76%，另有苗族、土家族、壮族、黎族、布依族、侗族、瑶族、回族、白族、畲族、仡佬族11个少数民族。

2014年，辖区东西最大距离18千米，南北最大距离22千米，总面积121平方千米。其中陆地113.59平方千米，占93.88%。水域7.41平方千米，占6.12%。

经济发展

农业 境内农产品以稻谷为主，是全县早期亩产过吨粮的乡镇之一。20世纪50年代中期，开始种植双季稻；20世纪70年代中期，杂交水稻开始得到推广。1989年，有耕地面积18320亩。其中水田14649亩，旱地3671亩。农作物播种总面积45495亩，其中粮食作物播种面积30585亩，亩产428公斤，总产13090吨。1999年，有耕地面积18090亩。农作物播种面积54225亩，其中粮食播种面积27375亩，粮食总产量12286吨。2014年，农作物总播种面积24780亩，其中粮食作物播种面积24750亩，粮食产量22658吨，其中稻谷14522吨。

境内沿洣河两岸农业耕作水平较高，盛产柑橘、油菜、竹木、红枣、芝麻、花生、瓜菜等。柑橘以产量大、味道甜而闻名省内外。油菜种植历史悠久，种植面积广，多年居全县之首。2000年后，利用晚稻秧田套种黄瓜，是一大特色，变一年两熟为三熟，耕地资源得到有效而合理的利用。2011年，油菜、西瓜、柑橘种植面积分别为13600亩、192亩、2230亩，柑橘产量1761吨。2014年，以湾头洲村为中心，投资10余万元购买良种柑橘种苗4万多株，品改800多亩；以寺门前、庙冲村为中心连片种植无籽西瓜3000多亩；以宁中村为中心连片种植双低油菜4000亩，大棚蔬菜种植发展到3个，建立宁中村、车头村和湾头洲村 3 个油菜种植示范片，全镇油菜种植面积 12000 多亩；潭江口村休闲农业有农家乐、洣水赏莲、洣水漂流等特色休闲农业项目。

境内养殖业以饲养生猪、家禽、耕牛、鱼等畜禽水产为主。20 世纪 50 年代，畜禽水产的养殖主要是自繁自养，产量比较低，到 20 世纪 80 年代，政府鼓励农民发展养殖业，家禽家畜饲养数量逐渐增多，渔业以水库、池塘养殖为主，鱼类产量逐渐增高。1989 年年末，年生猪存栏 10073 头，出栏生猪 10066 头，出售肉用牛 4 头，耕牛存栏 2248 头。家禽存栏 28866 羽，出笼家禽 17900 羽，禽蛋产量 77. 13 吨。水产品产量 232 吨。水产养殖面积 1426 亩。1999 年年末，出栏生猪 21793 头，大牲畜存栏 1654 头，肉类总产量 2167 吨，水产品 166 吨。2014 年，生猪饲养量 41700 头，年末，存栏 19800 头；家禽饲养量 52 万羽。产肉 2290 吨，其中猪肉 2150 吨，牛肉 84 吨，羊肉 56 吨；禽蛋 600 吨，渔业养殖面积 894 亩，产量 490 吨。

1949 年前，林地为私人所有，以杉木林为主，1951 年土地改革，重新确定山林权属。1958 年成立人民公社后，山林收归集体所有。1982 年，林权确定到农户。1989 年，造林面积达 4431 亩，其中用材林 4257 亩，经济林 174 亩。植树 2. 5 万株，育苗面积 113 亩。茶油产量 46 吨，桐油产量 3 吨，竹木采伐 479 立方米。1999 年有林地面积 30915 亩。2014 年，全镇荒山改造 2641 亩，迹地更新 1235 亩，油茶改造 978 亩。

2014 年年末，有农业技术服务机构 2 个，农民合作社 7 个，成员 36 户；种植大户 2 户。

工业 明代已有采矿、冶炼、造纸、烧石灰等多种工业。但长期处于手工操作的落后状态，发展缓慢。明永乐年间（1403—1424 年），杨林、青山冲等地开始用嫩竹造纸，办季节性的手工工厂，生产方连纸、香包纸等。杨林石峡石灰生产始于元末，以黏性强、色白而出名，明永乐二年（1404）开始大量生产，清末曾盛极一时。民国时期销往滨湖及茶陵、安仁、攸县等地。1952 年，以杨林石峡的 42 名石灰生产者组成第一个石灰生产合作社，当年生产石灰 2100 多吨。1954 年，国营川口（在衡南县）钨矿在杨林豆垅设工区。1958 年，县社联合组织 88 人建立衡山县钨矿，在豆垅用土法开采，三年获钨精砂不到 30 吨，于 1962 年停办。1970 年，在县杨林石峡石灰厂基础上创办县水泥厂，当年建成投产。1985 年，新办杨林镇钨矿选厂。1990 年后，镇、村个体企业发展迅速。至

1996年年底，有镇、村个体企业1424个，从业人员4625人，占全镇劳动力31%，形成了钨制产品、石灰水泥、竹木加工、建筑建材、农机铸造、手工艺品、食品加工等行业和产业。1996年，完成乡镇企业总产值2.81亿元，实现利税260万元。2011年，工业生产总值108万元；工业企业6家，职工312人；实现工业增加值4万元。2014年年末，有工业企业12个，其中规模以上工业企业1个。大源冲村至大塘村沿吴南公路3千米长的工业走廊已初具规模。廊内已聚集湖南荣桓科技有限公司、衡东县洣河水泥有限公司、衡东县三和化工有限公司、衡东县金源铝银粉有限公司、源祥有色金属公司等多家企业。形成冶金、化工、建材、旅游4大支柱产业。工业企业总产值6500万元，其中规模以上工业企业总产值1850万元。

商贸服务 西晋年间，杨林埠就成为县境内最早的墟场集市之一。隋唐逐渐形成逢阴历一、四、八固定墟期。1992年，商业饮食业总额111万元。1999年，有集贸市场2个，集市贸易成交额2765万元，社会消费品零售总额2446万元。2011年，有商业网点241个，城乡集贸市场3个，年成交额10500万元。社会商品零售总额13460万元。2014年，有集贸市场3个，50平方米以上的超市2个。社会商品零售总额16580万元。

财政金融 1949—1979年，镇财政收支由秘书或粮油委员兼管。1980年，全县建立区乡（镇）一级财政，设杨林区财税所。1989年，撤区并乡后，设杨林镇财税所。1992年，财政收入201万元，财政支出27万元。1999年，财政收入247万元，财政支出247万元。2002年，取消农林特产税和“五统三提留”。2006年，取消农业税。2011年，财政总收入655.5万元，比上年增长15%。其中地方财政收入400万元，比上年增长20%。2014年公共财政收入650万元，财政支出650万元。

2014年年末，有金融机构网点1个。

社会事业

教育文化 杨林人历来崇尚读书，重视科举，境内私塾盛行，号称衡东“秀才之乡”。清末光绪三十一年（1905）废科举，民国时境内学堂兴起。衡东县第二中学创办于1956年，1996年，校园占地面积96.3亩，建筑面积6650平方米。有 21 个教学班，1145 名学生，其中高中 12 个班 625 人，初中 9 个班 520 人，共有教职员工 91 人。1999 年，成为衡阳市首批挂牌示范性重点中学；2002 年，被评为湖南省文明单位。2002—2010 年后，学校先后投入资金 3000 余万元，兴建科技图书馆、教学大楼、生活服务大楼、三栋学生公寓、多功能报告厅等，学校占地面积增至 66667 平方米，建筑面积增至 14851 平方米。2014 年年末，学校有教学班 50 个，学生 3245 人，教职工 194 人。

1990—1996 年，全镇集资 857 万元，新建 13 所中小学教学楼，总建筑面积 1.18 万平方米，改造修缮校舍 4600 平方米，扩展校园面积 1.4 万平方米。1995 年，投资 140 万元新建杨林中学教学综合大楼，总建筑面积 3900 平方米，集教学、科研、实验、电教、阅读、办公、娱乐于一体。1993 年，获市“实验教学达标镇”和省“扫盲”先进单位称号；1995 年，为县教育“两基达标”先进单位；1996 年，获市“教育两基合格”先进单位称号。1996 年年末，全镇有教职员工 203 人，中学在校学生 733 人；小学 28 所，在校学生 3680 人。2010 年，筹措资金 200 万元，兴建镇中学、镇中心小学的综合大楼和学生宿舍。在石峡村引进投资 100 万元，兴建香港陈广南希望小学，方便周边五六个村的孩子上学。2014 年年末，有幼儿园 5 所，在园幼儿 747 人，专任教师 31 人；小学 6 所，在校生 2547 人，专任教师 89 人，小学适龄儿童入学率 100%；初中 1 所，在校生 660 人，专任教师 48 人，小学升初中率 99%，九年义务教育覆盖率 100%。

1954 年，开始发展乡办文化站，境内设文化站 1 个。1979 年，普及公社社办放映队，撤销县办放映队，同时发展民办电影放映事业，建立农户放映队。到 1989 年，有农户放映队 1 个。1989 年，撤区并乡，全镇成立 1 个文化站，配文化辅导员 1 人，负责文化行政管理和群众文化辅导工作。有图书馆 2 个，藏书 1 万余册。2010 年 7 月，开通农村数字电视。2011 年，农村数字电视用户 1000 余户；各类民间艺术表演团体 3 个，演职人员 42 人；文化站 1 个；农家书屋 19 个，总藏书 32200 册。2012 年，茫洲村颜庚文获省农家书屋优秀管理员称号。2014 年，有图书馆 1 个，村级农家书屋 19 个，总藏书 52243 册；镇综合文化站 1 个；12 个村通宽带；12 个村通有线电视。地方特色民间艺术有百福神庙会、茫洲晏公庙会、石峡晏公庙会等。

2014 年，有标准化田径运动场 1 个，篮球场 12 个，乒乓球台 30 张，排球场 2 个，羽毛球场 5 个；3 个村安装了健身器材，经常参加体育活动的人员占常住人口的31%。

医疗卫生 1976年，成立杨林公社卫生院。1989年，撤区并乡，建杨林镇卫生院。是年，有医疗卫生机构30所，卫生技术人员12人，床位10张，其中村卫生室28所。2000年，有医疗卫生机构30所，卫生技术人员24人，床位17张，其中村卫生室28所。2011年，开始实行基本药物零利润。2014年，镇卫生院添置一批先进的医疗设备，包括200毫安X光机，超声诊断仪、全自动生化仪、心电图机、多普勒脑彩超、心电监护仪、牙科综合治疗椅、全自动牵引床。是年，有医疗卫生机构30所，卫生技术人员32人，床位25张，其中村卫生室28所。

2007年1月，启动新型农村合作医疗，参合人数21502人，参合率86.40%。2014年，新型农村合作医疗参保人数24991人，参合率94.67%。受益补偿金额756.34万元。

社会保障 农业合作化后，农业生产合作社和人民公社对鳏寡老人及孤儿实行“五保”。“五保户”供养标准为：每人每年粮谷250公斤，于20世纪70年代提高到300公斤，20世纪80年代又提高到350公斤，每人每年食油3~4公斤，零用钱和医药费100元左右。1987年起，五保户生活费用实行乡镇统筹。从2005年开始，全镇农村五保户供养纳入财政转移支付。2014年，在铁坑村修建杨林镇敬老院，占地面积20亩，床位30张。是年，有“五保”对象148人，其中集中供养13人，分散供养135人。月标准450元。

2006年，实施城乡居民大病医疗救助。是年，救助14人次，救助住院医疗费19600元。2014年，救助8人次，救助金额26900元。

2007年7月，实行农村居民最低生活保障待遇。是年，境内有低保对象58户102人，总金额11640元。2014年年末，有低保对象647户1109人，月人均保障标准165元，总金额121380元。

2012年，全县启动城乡居民社会养老保险，是年境内参保人数15123人，缴费人数9918人，参保率98%；缴费金额1087800元，发放1675575元。2014年，参保人数15637人，缴费人数8333人，参保率77%；缴费金额910700元，发放2802372元。

基础设施

水利 1956年，寺门前村新建荒田垅小（二）型水库，高26米，库容47.3

万立方米，积雨面积3.2平方千米，灌溉面积1800亩，受益人口1200人；大塘村6组新建深井塘水库，库容13万立方米，灌溉面积700亩。1958年，车头村10组兴建东塘水库，库容14.5万立方米，积雨面积0.5平方千米，受益人口1000余人，灌溉面积650亩。1964年，大源冲村1组兴建正港冲水库，占地面积15亩，库容10万立方米，积雨面积0.3平方千米，灌溉面积350亩。1977年，兴建柴埠村蛇形小（二）型水库，库容11万立方米，灌溉柴埠村8个组，共计400多亩水田。1989年，兴建杨林村正冲港水库，1990年正式蓄水，蓄水量10万立方米，受益面积260亩。1990—2000年，以湘南开发为契机，大搞农田水利基础设施建设，架设渡槽6处，修电力排灌站44处，新修水泥灌溉渠3.6万米，整修水库、山平塘89口，扩大灌溉面积4700亩，修筑防洪堤6600米。2014年年末，全镇有1座小（一）型水库，4座小（二）型水库，水塘534口，电排56处。

交通邮电 中华人民共和国成立前，境内水运靠船舶装载，由洣水运往湘南、湘东及湘北各地。陆运靠人肩挑和土车运载。杨林老街设有码头，设“箩行”搬运货物，渡口设有义渡和凉亭；新塘至草市全长70千米的古驿道，宽1米至2.3米，经贺家桥、青山冲、杨林穿境而过。1958年，全民办交通，动工修建吴集至草市简易公路，境内长22千米，于1967年建成通车。2008—2009年，筹措资金380多万元，先后新修51.5千米的通村水泥公路。衡炎高速公路横穿境内8个村，镇中心距高湖互通口仅5千米，50分钟即可到达衡阳市区；2013年，吴南公路改建，公路采用二级公路标准，设计时速60千米，路基宽10米，行车路面7米，沥青砼路面。2014年，筹集资金200多万元，全力推进豆垅村7.5千米长的村级公路水泥硬化建设，消除镇内最后一个不通水泥路的村。

2014年年末，境内有客运汽车14辆，238座，年客运量4万人次；有货运汽车46辆，320吨位，年货运量30万吨。有农村客运站1座。

1951年6月，县邮电局在杨林设立四等邮局。1953年，改称杨林邮电支局。1959年2月，下放到杨林人民公社管辖。1961年，设立杨林区邮电支局。1957年7月，杨林区至衡山县城的电话线架通，1958年，电话线路通大队。1963年12月起，逐渐将木电杆换成水泥电杆。2000年，以后邮电通信发展迅速，服务设施齐全，宽带网连接方便、流畅，电信、联通、移动通信网络覆盖全镇。2014年年末，有邮政局1处，营业面积378平方米，从业人员7人，邮路6条，邮政业务总量236万元。电信企业1家，电话用户数3600多户，互联网用户913户，行政村互联网宽带覆盖率98%。寺门前村和高栗村光纤到户，使用20兆及以上接入速率和网络数字电视的用户占比达到90%。

供水供电 村民饮水习惯多从洣水、水井或山塘堰坝取水。20世纪80年代以后，发展压水井和潜水泵井。2009年，在石峡村建成石峡水厂。2012年，在杨林村建成杨林水厂。2013年，在四方山村取地下水建成四方山水厂，铺设供水管网3000余米，供水用户300余户。2014年，在高栗村取山泉水建高栗水厂，铺设供水管网4000余米，供水用户600余户。

1976年后，各村逐步通电。1994年年末，通电村27个，农村用电量72.66万千瓦时。1998年，境内石峡、潭江口村第一批实现农电网改造，至2012年年末，28个村全部完成农电网改造任务。2014年年末，全镇用电总量989万千瓦时。

镇村建设 中华人民共和国成立前，境内就形成一条傍洣水而建的宽3米，长200米的青石板街道——杨林老街，街道两旁为青砖青瓦土木式结构建筑，有酿酒的小作坊，做衣服的裁缝铺，买日用品的杂货店，还有包子店、照相馆、理发店，街尾搭建有戏台，临水的一面设有码头，船来人往，整条街热热闹闹。杨林老街是洣水河畔一个重要小镇和重要的农产品汇集地，距今已有200多年历史，是湖南省为数不多、保存较为完整的一条由清一色青砖青瓦土木结构建筑组成的具有晚清风格的街道，街口现存古戏台，街旁有谭氏宗祠等古建筑。古街所在村杨林村已列入国家“传统村落”名单。因位于洣水之滨，地势较低，易遭洪涝，老街居民绝大多数已搬离，仅留下一片老房子。中华人民共和国建立后，镇村建设发展迅速。1971年，建成杨林镇供电站。1986年，新建一条宽15米、长约2000米的农民街。新街两旁多为3~4层楼房，至1989年年底基本建成。镇区主要道路两侧铺设排水管道5000米。2014年年末，城镇规划区面积102公顷，建成区面积89公顷，城镇总户数1246户、5860人，城镇建成区绿化面积1公顷。2014年，成立镇便民服务中心，财政、计生、国土、民政、劳动保障、经管等窗口部门全部搬入，为村民提供“一站式”服务，更方便为群众办事；投资32万元新建一处垃圾焚化炉。

特色地情

名胜古迹 四方山 旧时称四峰山，主峰艳阳峰，为四方山脉主峰，海拔

698 米，为衡东境内第三高峰，与金觉峰隔水相望。位于洣水南岸，地跨杨林、南湾、莫井、吴集 4 个乡镇。清代进士周星撰《修复四峰山滴翠庵碑记》称："四峰，洣水名胜之区也，旧石载'飞来石'、'试心桥'、'望日月'二台及风仙十王、龙王等庙。"寺庙楼宇均毁于中华人民共和国建立后的历次运动中。四方山重峦叠嶂，流泉潺潺、竹木葱郁，风光迷人。中心地段为占地 2 万多亩的四方山国有林场，山上珍稀动植物品种丰富，有国家一级保护树种白玉兰，二级保护树种阔叶楠，最大一棵已有千年树龄，树干高 21 米，直径 1.4 米，树冠覆盖面积 200 多平方米，并有成片的楠竹林 4500 亩，立竹 110 多万根，壮观秀丽，在湖南省属于独一无二。四峰山另有二级保护动物云豹、水鹿、毛冠鹿、花面狸、虎纹蛙等数十种，三级保护动物环颈雉、华南龟、獾及各种蛇类。这里的岩景观亦为奇特，有狮子岩、滴水岩、龙凤岩、仙妃岩、玉壶岩等。相传是玉皇大帝一位漂亮妃子的化身。玉壶岩，是四方山的一大奇观，又称浴佛岩，是一处别有风情的洞天福地。山上的石、岩、泉也构成了一种奇景，到处是小溪、绝洞、小飞瀑，别有一番情趣，是休闲度假、探险、健身养性的好地方。

玉壶岩　又名浴佛岩，位于县城东南 36 千米的杨林镇寺门前境内。清《衡山县志》载："浴佛岩在邑作字，深里许，中有二洼、二坡、一坪、一坂、四小洞。入岩右行数十步，即得一洼，深丈余，广半亩。中央有石正立如碑，旁三石并悬，如虎首，如牛头，如象鼻。洼尽得一坡，中坡有大石龟，背负小龟，坡上有坪，坪有石鼓，形不似鼓，而声似之。鼓旁有池，洼畔有石柱四，皆在坪右，坪下有斜坡，坂有悬石，巨且长。下坂又得一洼，大于前洼十数倍。中可摆百席。其右有大石龛，龛旁有石门，前有立石高丈余，形如敛盖，其左多种钟乳悬缀，如莲萼，如玉笋者，不一而足。旁一石形长而垒，重击之声似钟。大洼之后又有坡，颇陡峻，坡有立石，高与人齐，上有珠伞覆之。坡上有一小洞，中有石桌。缘坡而右复得三个小洞，各八十余步路遂塞。自前岩至后洞仰视皆有龙迹，深浅不一，首尾鳞爪，宛然活现，蜿蜒数十丈。岩以外，前有二龙湫，大一亩许，深皆十余丈，岁旱水不竭。"

五狮滚球　距浴佛岩里许，在庙冲、寺门前、竹园 3 村交界之处，有一石山，状如狮，石前有一山包，形似绣球。其左右均有五座山峰向之，远视，似见五只不同形态的狮子昂首扑向"绣球"，俗名"五狮滚球"。

大平寺　位于境内太平寺村，寺庙已毁。以水路作为交通的古代，曾为商贾旅人云集的码头。寺庙楼宇鳞次栉比，酒楼商号十分鼎盛。《衡州府志》载，北宋著名文学家、书法家黄庭坚在太平寺慈氏阁留有诗句：“青玻璃盆插千岑，湘江水清无古今。何处拭目穷表里？大平飞阁暂登临。朝阳不闻皂盖下，愚溪但见古木阴。谁与洗涤怀古恨？坐有佳客非孤斟！”

崇祯十年（1637），明末大地理学家、文学家徐霞客由江西入湖南，经茶陵、攸县、（衡东）、衡山、南岳、衡阳、衡南、常宁、祁东、耒阳三进衡州府。为期 55 天，写下了 15000 余字的衡游日记。《徐霞客游记》第 187 页记载：“二十日，先晚候舟大平寺涯上，夜宿泊舟间……二十五里，大鹅滩；十五里，过下埠，下回乡滩，险甚。过此始开，江乃西向。行二十五里，北下横道滩，又十五里，暮宿于杨子坪之民舍……至雷家埠，出湘江……抵衡山县。”

杨林老街　杨林老街位于四方山东麓，省道 903 线旁，县级文物保护单位。老街依洣水而建，已有 200 多年历史，是湖南省内为数不多、保存较为完整的一条由清一色青砖青瓦土木结构建筑组成的具有晚清风格的街道，街口存有古戏台，街旁有谭家宗祠等古建筑。

谭家宗祠　位于杨林村万泉坳，始建于万历十六年（1589），该祠坐西朝东 85 度，三进两厢，棋盘式四合院布局。院落由半月塘、屋宇式槽门、前坪、大门、正厅、后堂和左右厢房组成。砖木结构，硬山顶，盖小青瓦，封火墙、金砖铺地。建筑构件施木雕、堆塑等装饰。

晏公庙　位于石峡村。相传乾隆皇帝下江南，在洞庭湖遇狂风巨浪，几乎船翻人亡。危急关头，忽见一黄衣童子乘风破浪而来。童子过后，风住了，浪静了，乾隆皇帝也安然无恙。回到金銮殿，皇上布告天下，寻访那位平浪童子。各地差人遍访天下，不见此人，最后在衡山东麓的水北岸，访得乃为杨林镇石峡村晏公庙的晏老爷。于是龙心大悦，御笔为晏公庙题写“平浪侯王”，并镌刻成匾遣人送到晏公庙。从此，晏公庙里香火不断，愈发兴旺。

潭江渔村　位于洣水南岸四方山脚下、杨林镇西北端的一个不足千人的小渔村。20 世纪 60 年代中期，甘溪水电站建成后，形成了一个人工湖。因为这里遍种莲花，人称莲花湖。莲花湖的景致，四时晴雨皆宜。春花秋月，夏树冬雪，桑荫竹秀，荷清桂香。莲花盛开之时，满湖锦云烂漫，红花映日，绿荷撑伞，清香四溢，小舟荡桨采莲、渔歌互答，胜似人间仙境。两岸青山峰奇石秀，林泉幽美，农舍、小屋掩映其中，还有静谧幽深的小径、倚山而筑的凉亭以及在山林间小松鼠、野兔子、野鸡等，给湖山平添了许多风韵，吸引着游人前往寻幽探胜。开辟了“渔家乐”“洣水垂钓”“荡浆采莲”等游乐项目。

名优特产 杨林竹制品 杨林竹制品有竹凉席、轿车座席、沙发凉席、竹壁挂、竹屏风、竹窗帘、竹骨绢扇、竹床、竹椅、竹凳、竹桌、篮子、筛子、捞箕、粪箕、谷箩、烤火笼子、背篓等日常生产和生活用品。竹制品具有遮阳透风、舒适凉爽、安装方便、清洁卫生等优点。

杨林镇主要领导名录

一、中共杨林镇委员会书记

杨林镇工委书记、主任

王光鹏（1989.05—1989.12）

党委书记

王光鹏（1989.12—1990.04）

罗泽湘（1990.04—1991.02）

段余根（1991.02—1995.01）

谭伟平（1995.01—1998.02）

胡春桃（1998.02—2002.02）

文广平（2002.02—2005.02）

侯锟鹏（2005.02—2008.02）

李飞云（2008.02—2011.03）

谭志兴（2011.03—2013.04）

谭作仁（2013.04— ）

二、杨林镇人大主席团主席

罗泽湘（1989.12—1991.04）

金秋洋（1991.04—1998.02）

罗泽湘（1998.04—1998.09）

段福泉（1998.11—2001.11）

阳民宪（2001.11—2006.03）

彭建平（2006. 05—2007. 11）
阳金祥（2008. 04—2012. 10）
尹冬斌（2012. 10—　　）

三、杨林镇人民政府镇长

阳增华（1989. 12—1992. 12）
陈化凡（1992. 12—1997. 04）
胡春桃（1997. 04—1998. 04）
胡金明（1998. 04—1999. 08）
贺龙华（2000. 04—2000. 11）
文广平（2001. 04—2002. 02）
许合连（2002. 04—2005. 05）
尹友平（2007. 04—2010. 01）
谭作仁（2010. 04—2013. 06）
刘雄建（2013. 12—　　）

四、杨林镇政协联络工委主任

段福泉（1998. 02—1998. 09）
穰春林（1998. 09—2001. 02）
阳民宪（2001. 02—2001. 10）
胡年保（2001. 10—2003. 02）
晏秋发（2003. 02—2005. 01）
彭建平（2005. 02—2006. 03）
阳金祥（2006. 03—2008. 02）
陈石恩（2008. 02—2012. 10）
刘雄建（2012. 10—　　）

（撰稿　向立立　谭芝花）

高湖镇

政区概况

地理位置 位于衡东县东南洣水之滨，东邻攸县鸭塘铺镇，北接荣桓镇，南壤草市镇，西与杨林镇隔河相望。地理坐标为北纬 26°56′16″~27°05′04″，东经 113°06′49″~113°12′24″。相传古代这里系一小湖，四周低洼，仅街道所在地地势较高而得名。镇政府驻高湖村，距县城 48 千米。

自然环境 处金觉峰东南部，北高南低，地形起伏复杂，少数为山区，大部分为丘陵区。地貌以丘陵、岗地、平原为主，总体格局：五山一水三分田，一分道路与庄园。整个地势西北高，东南低，由西北向东南呈阶梯逐渐下降。洣水由南至北纵贯全境。从金觉峰发源的一股山溪直入荣桓水库（原名王谷冲水库），经荣桓镇鱼形长岭港，途经寒水垅、龙王桥、羊角湾、大旺垅村自北向南流入洣河，堪称湖南三条倒流水之一，是高湖一大胜景。高湖属亚热带季风性湿润气候，气候温和，年均气温 18℃。年均降水量 1400 毫米，降水量集中在每年的 4—5 月。无霜期年平均在 280 天以上。已探明的地下矿藏有煤、锰、铁等。其中煤储量 400 万吨，主要位于高湖伟田村，地质储量 400 万吨，可开采 300 万吨。

建置沿革 1950 年 3 月，属衡山县第四区高水乡。1952 年 6 月，属第十二区，包括大羊、印下、高新三个乡。1956 年 6 月，与梅洲乡合并为高新乡。1958 年 10 月，属先锋人民公社，后改称杨林公社。1961 年 3 月，设高湖公社。1966 年，析置衡东县后属杨林区。1984 年 4 月，改称高湖乡；1989 年 5 月，红桥乡与高湖乡合并称高湖乡。2001 年 3 月，撤乡建镇；至 2014 年无变化。

行政区划 1989 年，辖 24 个建制村，237 个村民小组。2014 年年末，辖坪田1个居委会；五桥村、高湖村、兴旺村、铁塘村、大旺垅村、建设村、长垅村、长丰村、西村村、才一村、新水村、侧塘村、瑶泉村、岭台村、红桥村、东升村、乌塘村、羊角村、红村、柏林村、伟田村、印心村、义塘村、兴垅村24个建制村；248个村民小组，2个居民小组。

人口面积 1989年5月，辖区总人口26215人，其中农业人口25252人。2011年年末，总人口22086人，其中城镇常住人口4757人。2014年，常住户数9100户，常住人口32310人，户籍人口31669人，其中农业户籍人口31000人。户籍人口中，男性15774人，占49.81%，女性15895个，占50.19%。人口以汉族为主，占99.3%，另有布依族、瑶族、苗族、土家族4个少数民族，占0.7%。

2014年，辖区东西最大距离18千米，南北最大距离20千米，总面积71平方千米。其中陆地54.03平方千米，占76.1%，水域16.97平方千米，占23.9%。

经济发展

农业 境内主要种植水稻、红薯、油菜、花生、大豆。20世纪50年代中期，开始种植双季稻。20世纪70年代中期，杂交水稻开始得到推广。1989年，有耕地面积25414亩，其中水田23263亩，旱地2151亩。农作物播种总面积64372亩，其中粮食作物播种面积44539亩，亩产457公斤，总产20354吨。1999年，农作物播种面积70560亩，其中粮食播种面积48990亩，粮食总产量18930吨。2014年，农作物总播种面积89850亩，其中粮食作物播种面积54660亩。种植油菜20000亩，并在衡炎高速沿线的高湖、铁塘、五桥、大旺垅、兴旺等村连片种植，面积5000多亩。引进湖南恒建油茶农林综合开发公司在红桥、新水等村进行油茶开发，投入1000多万元，种植“衡东大桃”5000多亩。成立高湖洣江农林生态专业合作社，投资200多万元开发土地和万亩白枇杷种植项目。项目结合韶山—罗帅故里—井冈山红色旅游，建成集生态观光、水果采摘、品尝土菜、军事拓展和汽车定向越野为一体的湘南生态水果公园，项目主片区5000亩，种植白枇杷2万亩，总投资2.95亿元。

境内养殖业以饲养生猪、牛、羊、鱼等畜禽水产为主。1989年年末，生猪存栏10450头，出栏生猪10344头，出售肉用牛43头，耕牛存栏2682头。家禽存栏31400羽，出笼家禽25400羽，禽蛋产量99.4吨。水产品产量167吨。渔业以水库、山塘养鱼为主，水产养殖面积1833亩。1999年年末，出栏生猪26777头，大牲畜存栏1443头，肉类总产量2167吨，水产品102吨。2014年，生猪饲养量39000头，年末存栏19000头；牛饲养量1400头，年末存栏1100头；羊饲养量4300头，年末存栏2200头；家禽饲养量28万羽，生产肉类3330吨，其中猪肉2925吨，牛肉82吨，羊肉73吨，禽肉250吨。畜牧业总产值9800万元，占农业总产值的14%。有麻鸭、天鹅、山羊、野猪等特种养殖户200余户，年出售肉鸭近500万羽，孵小鸭1500万羽，创利润800余万元。同时大力发展环保型养殖，实现养殖和环境保护两不误、两促进。27个规模养殖场均建设150立方米左右的沼气池，实现污水达标排放。盛冠园养殖场新改扩建规模化养殖场，大力推广湘黄鸡山地围养、高产蛋鸭圈养、蔬菜等无公害环保型养殖、种植技术。

1949年前，林地为私人所有，以杉木林为主，1951年土地改革，重新确定山林权属。1958年成立人民公社后，境内山林收归集体所有。1982年，林权确定到农户。1989年，造林面积775亩，其中用材林775亩，植树8.5万株，育苗面积28亩。茶油产量11.5吨，板栗1.5吨，竹木采伐47立方米。1999年，有林地面积17760亩。2014年年末，累计造林6094万亩，其中防护林3849亩，经济林2245亩，住宅四旁植树79万株。有林地面积93720亩，森林覆盖率88%，活立木蓄积量97.8万立方米。

2014年年末，有农业技术服务机构1个，农民合作社2个，成员98户；种植大户35户。

工业 1992年年末，境内有乡镇企业292个，从业人员686人，总产值813万元，乡镇企业总收入805万元。1999年，有乡镇企业238个，企业从业人员1005人，总产值14430万元，利税总额924万元。2011年，有工业企业7家，职工470人，工业总产值3000万元。2014年，有工业企业35个，其中规模以上工业企业1个。工业企业总产值6760万元，其中规模以上工业企业总产值5800万元。

商贸服务 1992年，商业饮食业总额59万元。1997年年末，高湖新街有店面152个，临时摊位240个，地摊80多个，年商品成交额2400万元，初步形成木材、家具、小商品、农产品、家用电器五大市场。1999年，有集贸市场2个，集市贸易成交额 2800 万元，社会消费品零售总额 2580 万元。2011 年，社会商品销售总额 1650 万元；城乡集市贸易成交额 8400 万元。2014 年年末，有集贸市场 1 个，50 平方米以上的超市 1 个，社会商品零售总额 12740 万元。

财政金融 1949—1979 年，乡镇财政收支由秘书或粮油委员分管，1980 年，区乡镇设财税所，1989 年，推行乡镇一级财政包干。1992 年，财政收入 76 万元，财政支出 56 万元。1999 年，财政收入 458 万元，财政支出 450 万元。2002 年，取消农林特产税和“五统三提留”。2006 年，取消农业税。2014 年，公共财政收入 450 万元，财政支出 410 万元。

2014 年年末，有金融机构网点 2 个。

社会事业

教育文化 1994 年，高湖乡园艺场更名为农科教中心。投资 13.5 万元，扩建教室 3 间，计 262 平方米，建猪舍 12 间，计 320 平方米，新添桌椅 80 套。办培训班 67 期，培训 5287 人次，开设水稻栽培、生猪鸡鸭饲养、病害防治、柑橘培管、油菜栽培等课程。1995 年，被省教委评为“示范乡农校”。1996 年年末，境内有初级中学 2 所，在校学生 839 人；小学 24 所，在校学生 3319 人；学前班 24 个、617 人；有教职工员工 238 人。1990—1996 年，全乡筹集资金 550 多万元，新建改建校舍 2.2 万多平方米。其中 1995 年投资 165.6 万元，为中、小学新建维修校舍 7886 平方米。2014 年年末，有幼儿园 9 所，在园幼儿 769 人，专任教师 30 人；小学 5 所，在校生 2562 人，专任教师 78 人，小学适龄儿童入学率 100%；初中 2 所，在校生 772 人，专任教师 55 人，小学升初中率 100%。

1954 年，开始发展乡办文化站，境内设文化站 1 个。1979 年，普及公社社办放映队，撤销县办放映队，同时发展民办电影放映事业，建立农户放映队。到 1989 年，有农户放映队 1 个。1989 年，撤区并乡，全乡成立 1 个文化站，配文化辅导员 1 人，负责文化行政管理和群众文化辅导工作。有图书馆 1 个，藏书 7600 册。2014 年，有各类民间艺术表演团体 3 个，演职人员 50 人；镇综合文化站 1 个；农家书屋 24 个，藏书 37200 册；24 个村，村村通宽带；24 个村，村村通有线电视。

医疗卫生 1989 年，境内有医疗卫生机构 25 所，卫生技术人员 22 人，床位10张，其中村卫生室24所。1996年，镇卫生院改造门诊部，添置100毫安X光机、心电图机、理疗机、洗胃机、腹部手术器械和生化化验设备，同时选送一批人员进修放射、检验、内外科、骨伤科等。2000年，有医疗卫生机构25所，卫生技术人员23人，床位10张，其中村卫生室24所。2011年，开始实行基本药物零利润。2014年，有医疗卫生机构25所，卫生技术人员27人，床位15张，其中村卫生室24所。

2007年1月，启动新型农村合作医疗，当年参合人数15459人，参合率62%。2014年，新型农村合作医疗参保人数28102人，参合率102.46%。受益补偿金额823.19万元。

社会保障 2006年，实施城乡居民大病医疗救助。是年，救助23人次，救助住院医疗费32000元。2014年，救助6人次，救助金额17500元。

2007年7月，实行农村居民最低生活保障待遇。是年，境内有低保对象48户96人，总金额11010元。2014年年末，有低保对象634户1281人，月人均保障标准165元，总金额139350元。

2009年，在红村修建高湖镇敬老院，占地面积3亩，床位40张。2014年，有社会福利收养性机构1所，床位40张；有"五保"对象145人，其中集中供养28人，分散供养117人。月标准450元。

2012年，全县启动城乡居民社会养老保险，是年境内参保人数16312人，缴费人数11350人，参保率95%；缴费金额1208500元，发放1687125元。2014年，参保人数16997人，缴费人数8328人，参保率71%；缴费金额301400元，发放877300元。

基础设施

水利 涞水自南向北贯穿全境，境内水资源丰富。中华人民共和国成立前，农田水利设施较差，农民靠天吃饭。"大跃进"时期兴修水利，1967—1976年，新建荣桓水库（原名王谷冲水库），水库坐落荣桓镇鱼形长岭港，境内龙王桥、羊角湾、大旺垅等村农田得到有效灌溉；共修山平塘850口，堰坝25座。1990年，在高湖渡口修建荣桓水电站，1996年竣工。电站具有调洪、发电、通航、改善航道与灌溉条件等综合效能，坝址控制流域面积9446平方千米，占涞水流域面积的91.6%。1990—1996年，以湘南开发为契机，抓紧进行农田水利基础设施建设，筹集资金420万元，投入劳动工日24.2万个，完成水利工程217处，扩大灌溉面积9500亩，有效灌溉面积95%。2000年，耗资300多万元维修紫丰楼水库；投资100多万元，除险加固大星塘及印塘水库，使其恢复正常蓄水；硬化渠道2000米，开挖、清淤山塘85处。2014年，境内有小（二）型水库24座，有龙虎塘、紫丰楼2座小（一）型水库，山塘1185口，电排170处，堰坝27座；修复山塘80多口，防渗、疏浚渠道5万米，新建堰坝1座；投资120多万元清淤紫丰楼水库渠道10千米。

交通邮电 洣水经东南至西北贯兴旺、高湖、五桥、铁塘、大旺垅5个村，县道002公路纵贯南北，境内长48千米；杨林通往攸县的公路X003横穿东西，境内长12千米，便利的水、陆交通线把全镇与外地联为一体。2000年后，陆续开通高湖至县城衡东、市区衡阳的直通客运班车。2010年，开通的衡炎高速公路贯穿其中，途经6个村，长5千米，设高湖互通口，使其交通更为便利，成为周围几个乡镇的交通中心。2011年，对义塘公路和西村公路进行水泥硬化，完成“村村通”工程，实现通村公路清零的乡镇。2014年，境内有客运汽车12辆，240座，年客运量21.8万人次，农村客运招呼站12座；货运汽车150辆，1500吨位，年货运量1800万吨；通航河道1条，总长5千米，最大通航能力为50吨级船舶；货运船舶40艘，800吨位，年货运量24万吨。

2000年，开通高湖街、红桥街有线电视，2011年，高湖电视台开通21频道，数字电视用户6300户，电视综合覆盖率99.8%。

2014年年末，邮政网点1个，营业面积430平方米，从业人员5人。投递线单程总长度11.5千米，投递点1个，乡村通邮率100%；电信服务网点3个，电话交换机总容量2800门，固定电话普及率47%；移动电话普及率85%；宽带接入用户300户。

供水供电 村民饮水习惯多从洣水、水井或山塘堰坝取水。20世纪80年代以后，发展压水井和潜水泵井。1994年年末，自来水受益人口180人，2011年，建成高湖水厂。2014年，在龙王桥村取地下水建成龙王桥水厂，铺设供水管网3~4千米，供水用户600余户。

1976年后，各村逐步通电。1990年，兴建荣桓水电站；1992年12月，1号机组投产发电；1995年，4台机组1万千瓦机组全部投产发电。1994年年末，通电村24个，农村用电量72.9万千瓦时。2004年，境内伟田、乌塘等5个村第一批实现农电网改造，至2012年年末，24个村全部完成农电网改造任务。2014年年末，全镇用电总量923万千瓦时。

镇村建设 高湖街始建于1987年，街道成一纵一横十字形。1994年后发展速度加快，横街延长700米，建房120多栋，总建筑面积29650平方米，总投资近千万元。1995年，县乡投入15.2万元用于纵街砂改油路，乡政府投资5.6万元将横街建成水泥路面。1996年，投资42万元，在南端新建乡信用社营业大楼，建筑面积1100多平方米，楼高5层，装饰古典；街北新建邮电大楼，高5层。2001年撤乡建镇，老街已不能适应社会的发展。2012年后，镇党委、政府拍卖土地100多宗，新建高标准“一纵五横”镇区新街，并成立镇环卫所，组建专门的保洁队伍，购置洒水车、垃圾运输车等大型环卫设施，2014年，城镇规划区面积97公顷，建成区面积97公顷，城镇总户数600户3510人。投资600多万元配套资金对贯穿高湖镇东西南北的X002、X003线两条主要公路维修和绿化，城镇建成区绿化面积4公顷；投资90万元建成垃圾中转站，新装太阳能路灯157盏，切实改善城区居民的生活环境，提升了小城镇品位。

特色地情

名胜古迹 才一公祠 位于才一村，建于清早期，坐南朝北，砖木结构，四合院布局，山墙搁檩。主体建筑为抬梁式构架，左右厢房无梁架，均悬山顶、盖小青瓦，木雕等装饰工艺精美。为县级文物保护单位。

荣桓水电站 荣桓水电站是以罗荣桓元帅名字命名的中一型企业，位于湘江一级支流洣河的高湖渡口，被誉为“洣水上一颗璀璨的明珠”。于1990年9月动工修建，两年多时间完成了枢纽工程建设，1992年12月5日，第一台机组投产发电，工程开始发挥效益。1996年年初，四台机组全部安装到位，库区工程建设基本扫尾，电站工程全面竣工。工程枢纽由发电厂、溢流闸坝、船闸、公路桥等主要建筑组成，电厂总装机容量1万千瓦，安装四台2500千瓦的灯泡贯流式发电机组，年设计发电量5059万千瓦时，具有调洪、发电、通车、通航、改善航道与灌溉条件等综合工程效能。工程总投资为7469万元，坝址控制流域面积9446平方千米，占洣水流域面积的91.6%。

高湖镇（乡）主要领导名录

一、中共高湖镇（乡）委员会书记

高湖乡工委书记、主任

许树生（1989.05—1989.12）

党委书记

邓海清（1989.12—1994.01）

罗宗明（1994.04—1997.01）

周水涛（1997.01—1998.02）

谢云福（1998.02—2002.02）

杨晓林（2002.02—2005.02）

李建芸（2005.02—2008.02）

文和平（2008.02—2012.10）

周志波（2012.10—　　　）

二、高湖镇（乡）人大主席团主席

阳普宗（1989.12—1995.11）

陈日生（1995.11—2001.11）

李建芸（2001.11—2002.01）

阳其祥（2002.04—2005.02）

谭双云（2005.05—　　　）

三、高湖镇（乡）人民政府镇（乡）长

谭伟平（1989.12—1992.02）

曹品高（1992.04—1995.02）

阳社平（1995.11—1998.02）

唐卫东（1998.04—1998.09）

尹立鑫（1998.11—1999.08）

阳社林（2000.04—2002.02）

李建芸（2002.04—2005.02）
陈陆平（2005.05—2007.02）
邓知云（2007.04—2010.01）
刘章云（2010.07—　　　）

四、高湖镇（乡）政协联络工委主任

罗泽湘（1998.09—2001.10）
阳其祥（2001.10—2002.02）
晏秋发（2002.02—2003.02）
刘国林（2003.02—2005.02）
尹友平（2005.02—2007.02）
贺凤生（2007.04—2010.01）
向文聘（2010.01—　　　）

（撰稿　向立立　罗秋茂）

草市镇

政区概况

地理位置 处衡东县东南部，东与攸县菜花坪镇、鸭塘镇接壤，南与南湾乡为邻，西连杨林镇，北接高湖镇，位于北纬 26°52′35″~26°58′01″，东经 113°07′11″~113°17′48″。明、清在境域设巡检司，以练兵的草坪而名草司。清咸丰年间，草坪上形成集市，改称草市。2009 年以前，镇政府驻草市村；2009 年 10 月起，驻丫塘村，距县城 43 千米。是首批“湖南十大最美古村镇”，湖南第七批“省级生态乡镇”。

自然环境 境内为典型丘陵地区，西南稍高，中间低，洣水、永乐江穿境而过；最高峰位于油子塘村，海拔 488 米，最低点桐桥村，海拔 65.8 米。属亚热带季风湿润气候，年均气温 17.8℃，年均降水量 1371.3 毫米。冬冷夏热，四季分明，气候温和，严寒期短，酷热期长，干湿季节明显，日照充足，雨水较多，灾害性天气较多。属湘江水系洣水流域，洣水自江坪村入境，流经江坪、江田、大对河、新洲、罗家寨 5 个村。境内流长 12.81 千米，流域面积 69.6 平方千米；永乐江自沙港村入境，流经沙港、彭家园、香花、田心、白茅洲 5 个村，在白茅洲汇入洣水，境内流长 5.3 千米，流域面积 29 平方千米。

建置沿革 1950 年 3 月，属衡山县第四区南草乡；1952 年，属第十三区，包括草市镇和草市、桐桥、小河、木陂四个乡；1956 年 6 月，合并为草市乡；1958 年 10 月，属燎原人民公社，后更名草市人民公社；1966 年，析置衡东县后属杨林区；1984 年 4 月，草市公社析为草市镇和洣坪乡；1989 年 5 月，草市镇与洣坪乡合并为草市镇，至 2014 年无变化。

行政区划 1989 年，辖 20 个建制村，233 个村民小组，2 个居委会，5 个居民小组。1996年年末，辖20个建制村，244个村民小组，2个居委会。2014年年末，辖江坪、江田、大对河、新洲、坪山、罗家寨、桐桥、油子塘、丫塘、草市、白茅洲、沙港、彭家园、香花、田心、吴家仓、横岭、黎明、山田、洣坪20个建制村；1个居委会（灵山居委会），6个居民小组；246个村民小组。

人口面积 1989年，辖区总人口28275人，其中农业人口26118人。1999年年末，有7928户，总人口30444人。2014年年末，辖区常住户数7569户，人口36100人，其中男性18908人，占52.75%；女性17190人，占48.15%。

2014年，辖区东西最大距离17.1千米，南北最大距离10.5千米，总面积81平方千米，其中陆地面积60.65平方千米，占87.14%，水域面积8.95平方千米，占12.86%。

经济发展

农业 境内主要种植水稻。主要经济作物有柑橘、棉花、花生、油菜籽、红薯、瓜类、蔬菜等。1989年年末，有耕地面积22342亩。农作物总播种面积47606亩，粮食作物播种33892亩，亩产436公斤，稻谷总产14776吨。1992年，农作物播种总面积46080亩，粮食总产16056吨，其中稻谷总产15612吨，油料产量281吨。2000年，粮食总产14020吨，肉类总产1935吨，油料产量279吨。2011年，生产粮食15300吨；种植柑橘2100亩，产量2400吨；油菜14700亩，产油400吨；瓜类500亩，产量750吨；蔬菜8680亩，产量13500吨，总产值4550万元。2014年，耕地面积34935亩，农作物播种总面积48705亩，其中粮食作物播种面积29685亩。粮食总产16042吨；种植柑橘2000亩，产量2400吨；油菜9850亩，产油400吨；瓜类500亩，产量750吨；蔬菜900亩，产量2700吨，总产值4550万元，占农业总产值35%。

畜牧业以养殖牲畜、家禽为主。1989年，出栏生猪10601头，出笼家禽26680羽，有耕牛1399头。1992年，出栏肉猪11700头，年末存栏耕牛1290头。2014年，出栏生猪2.6万头，年末生猪存栏1.45万头，产值7500万元。家禽饲养6万羽，产值800万元，畜牧业占农业总产值63.8%。

1980年春，境内罗家寨大队第三生产队第一个在全县以家庭为单位，将生产队的土地按人头和劳动力各50%的比例分配到户，开展联产承包经营。是年，生产队的粮食产量比上年增产5成多。1981年，草市公社60%以上的生产队实行了家庭联产承包经营。1982年秋，县委、县政府肯定了家庭联产承包经营生产责任制。

草市属荣桓河坝库区，易发生洪涝灾害，2003年发展避灾农业，利用沿河两岸的河洲荒地发展杨树生产。2004年春，引进树苗8万株，营造杨树林800亩，2005年、2006年两年又发展300亩，至2007年年底，全镇共营造杨树林1100亩，成为草市的一个绿色银行。2014年年底，境内有山林面积50226亩，其中防护林45021亩、经济林4205亩、竹林1000余亩，产值150万元。

2014年年末，有4个农民合作社，25户成员，耕地流转面积7695亩，有种植大户24户，畜禽养殖大户36户。

工业 1992年，有乡镇企业215个，566人，企业总产值2300万元，其中镇办企业总产值834万元。1994年，有企业708个，其中镇办8个，村办34个，联办6个，个体660个，企业从业人员2053人，拥有固定资产319万元，企业总产值5280万元，乡镇企业利润总额358.1万元。精制钨砂为镇办企业的拳头产品。镇钨砂冶炼厂完成产值1127万元，税利115万元。1999年，有企业161个，从业人员3732人，企业总产值27231万元。2014年，有工业企业17个，总产值5900万元。工业企业从业人员100人；建筑企业2个，建筑企业总产值2531万元，从业人员140人。

商贸服务 草市位于洣水及其支流永乐江的汇合处，自明朝开埠以来，由于得天独厚的地理位置和水路交通条件，逐步形成集市墟场，为衡东、攸县、安仁三县的商品集散地。像其他古镇一样又是一个移民集镇，在“南船北马”的古代，靠其水运优势发展成为湘东南山区的一个重要物资集散中心，尤其是抗日战争时期，店铺林立商业繁荣，享有“小南京”美誉。每年春分时节，商贩成群，最多时达7万余人，俗称“赶分社”。2011年，商业网点240个，全年社会商品销售总额12495万元；集市贸易成交额10500万元。2014年，有市场1个，50平方米以上超市5个，社会消费品零售总额6988万元。

财政金融 1949—1979年，乡镇财政收支由秘书或粮油委员分管，1980年，区乡镇设财税所，1989年，推行乡镇一级财政包干。1992年，财政收入169万元，财政支出121万元。1999年，财政收入918万元，财政支出891万元。2002年，取消农林特产税和“五统三提留”。2006年，取消农业税。2014年，公共财政收入 480 万元，财政支出 476 万元。

2014 年年末，有金融机构网点 3 个。

社会事业

教育文化 明、清时期，草市分别设有中洲书院、文炳书院。

1996 年年末，有中学 1 所，在校学生 815 人；小学 19 所，在校学生 3035 人；共有教师 202 人。

2014 年年末，幼儿园 9 所，在园幼儿 625 人，专任教师 26 人；小学 10 所，在校学生 2296 人，专任教师 173 人，小学适龄儿童入学率 100%；初中 1 所，在校学生 742 人，专任教师 36 人，小学升初中率 100%，九年义务教育覆盖率 100%。2011 年财政预算教育经费 1224.1 万元。

2014 年，各类民间艺术表演团体 2 个，演职人员 19 人；文化站 1 个，农家书屋 16 个，总藏书 27152 册；地方特色民间艺术有皮影戏、赶分社、灵山庙会、吴家港应湖真人庙会等。

医疗卫生 1989 年，有医疗卫生机构 8 所，卫生技术人员 29 人，床位 15 张，其中村卫生室 5 所；2000 年，有医疗卫生机构 13 所，卫生技术人员 57 人，床位 30 张，其中村卫生室 10 所；2014 年，有医疗卫生机构 24 所，卫生技术人员 85 人，床位 50 张，其中村卫生室 20 所。

2007 年 1 月 1 日，衡东县正式启动新型农村合作医疗。是年，境内参合人数 22141 人，参合率 82%；2014 年，参合人数 26506 人，参合率 102.9%，补偿金额 790.75 万元。

社会保障 2006 年，实施城乡居民大病医疗救助。是年，救助 26 人次，救助住院医疗费 27300 元。2014 年，救助 3 人次，救助金额 7500 元。

2007 年，实行农村居民最低生活保障待遇。是年，境内有低保对象 62 户 138 人，总金额 15390 元。2014 年年末，有低保对象 589 户 994 人，月人均保障标准 165 元，总金额 108690 元。

2013 年，修建草市敬老院，占地面积 5 亩，床位 60 张。2014 年，有社会福利收养性机构 1 所，床位 60 张；有“五保”对象 168 人，其中集中供养 13 人，分散供养 155 人。月标准 450 元。

2012年，全县启动城乡居民社会养老保险；是年，境内参保人数16236人，缴费人数11087人，参保率100%。缴费金额1226400元，发放1752080元。2014年，参保人数16932人，缴费人数7999人，参保率66%。缴费金额876000元，发放2871660元。

基础设施

交通邮电 1958年，在“大跃进”期间开展全民办交通，以“民工建勤”方式，动工修建吴集至草市的简易公路，于1965年续修，1969年建成通车。2013年，实施升级改造。1974年，修建草市汽车渡口，为草（市）攸（县）公路起点，1992年因荣桓水电站公路桥通车撤渡。1990—1996年，全镇投入资金50万元，新修村级公路40千米。整修村级公路180千米，实现村村通公路，为互为串联的交通网络。山田、联盟、横岭、江坪等村建成高标准砂石路。1996年，投资12万元，建成横岭大桥，改变村民上下屋场串门都要坐船的历史。1999年，全镇公路里程16千米。2014年，有衡炎高速过境，县道吴南公路、草高公路2条，总长8千米，乡道24.60千米。农村客运站1座。有客运汽车40台，720座，年客运量10万人次；有货运汽车50辆，200吨位，年货运量15万吨。境内通航河道2条，总长12千米。有客运船舶39艘，1200座，年客运量15万人次。

清光绪二十八年（1902），县城开办邮政代办所，草市设信柜。1949年10月，境内通往县城的邮路属杨林、草市、南湾线。邮件靠人工步行肩挑。1961年，设邮电所。1969年12月，邮件委托汽车运输公司代运，1990年后，邮件实现自办汽车邮运。2014年年末，设草市邮政支局，营业面积269平方米，从业人员5人。投递点30个，乡村通邮率100%。

民国26年（1937），架通吴集至草市电话线，始通电话。1957年，草市增设交换机。1959年，公社安装总机，电话线路通大队。1989年，电话线路属县城至杨林、草市线。1993年后，开通程控电话。2014年年末，电信服务网点3个，电话交换机总容量4000门，固定电话普及率38.3%，移动电话普及率95%，互联网端口总数1000个，宽带接入用户700户。

供水供电 村民饮水习惯多从洣水、水井或山塘堰坝取水。20世纪80年代以后，发展压水井和潜水泵井。1994年年末，自来水受益人口660人。2012年，在灵山社区取地下水建成草市水厂，铺设供水管网6000余米，供水用户600余户。

1976年后，各村逐步通电。1994年年末，通电村20个，农村用电量69.1万千瓦时。2004年，境内白茅洲、田心、大队河、油子塘、香花、草市村6个村第一批实现农电网改造，至2012年年末，20个村全部完成农电网改造任务。2014年年末，全镇用电总量477万千瓦时。

镇村建设 草市古镇最初形成于唐宋时，傍洣水而建，中心建筑呈四方形，青砖青瓦的小楼阁舍，杉木活板门式的铺面，青石板铺就的街面，有“湘南芙蓉镇”之称，至今商住繁荣。2000年，动工修建农贸市场。2008年，兴建镇政府办公楼。2014年年末，城镇规划区面积150公顷，城镇建成区面积100公顷，城镇建成区总人口3416人，943户，城镇建成区绿化面积15公顷。

明清民国时期，农村建房多以屋场为单位聚族而居，主要建在沿河、驿道、山旁和田园一带。民房一般是一室一厅的土砖茅屋或斗墙屋；沿河一线的民房大多为竹架或木架屋，泠泥墙壁。中华人民共和国成立后，农村民房建设，从20世纪50年代起，旧屋换新屋，改建的房子一般按小家庭结构，采用“三间六”或“三厢间”。20世纪60年代起，茅屋换瓦屋。20世纪70年代后，土砖换红砖。20世纪80年代，农村建房由平房改建楼房，单门独户，外加小院落。20世纪90年代后期，村民主要是对房屋进行内外装修，配套完善生活设施，间或建有小洋楼、别墅。2006年，实施社会主义新农村建设，镇村建设步伐加快，主要是通过搞好乡村建设规划和人居环境治理，加强农村基础设施建设，实现农村道路硬化、卫生洁化、家庭美化、设施完备化，营造出整洁、优美、舒适的生活环境。

特色地情

历史人文 刘阳生（1904—1938），抗日将领，字茂林，丫塘村人。1904年，出生在一个贫苦农民家庭，五岁丧父。1917年10月，投奔到唐生智部队里当兵。1926年，被选送到军官队（湖南干部学校）学习。1938年7月，武汉会战期间为湘军70军19师57旅114团副团长，驻守庐山金官桥一带，与日军106师团交战，大挫敌锋。8月3日，战斗中刘阳生曾顶替升任57旅旅长的原团长周昆源任114团团长。8月5日，日寇113联队田中圣道联队长率增援部队猛扑

19 师金官桥阵地，并违背国际公约在国军阵地前施放毒气。19 师守军猝不及防，当即有百余人面目青紫地倒在阵地上。前沿阵地一时混乱，危机四伏。撤下休整的 114 团奉命反击，逆袭突入之敌。4 天激战，敌我仅咫尺之隔，前沿阵地多次失而复得。8 日拂晓，敌军约 300 人再度反扑，刘团长派官兵 70 余人与敌肉搏，全部壮烈牺牲。9 时许，刘阳生率敢死队增援反攻。战斗中，刘阳生团长不幸中弹阵亡。战后，国民党政府军事委员会将已故上校团长刘阳生追谥为陆军少将。2015 年 8 月，入选民政部第二批著名抗日英烈名录。

名胜古迹 *灵山* 灵山名闻东南各省，位于草市街首，洣河、永乐江汇合处，占地面积 49000 平方米，高不过百余米，长不过百丈，山虽不高，因仙而名。据《灵山志》载：秦朝原名麟山，以“……山如麟”得名。至汉三侯（绍德侯、衍德侯、协德侯均为中山靖王胄）为“免五季乱，奉母偕隐于此”，“兄弟坐石成真”“邦人立庙以祀，祈无不应”，遂易名灵山。

另一传说则是，早在远古时期，中华始祖之一的炎帝神农南巡，沿洣水进入湘东山区，传播和发展农耕文明，最终“葬于茶乡之尾”，据《史记索隐·三皇本记》载，炎帝的 3 位大臣杨山、灵山和洪山为治理洣水泛洪而献身，分别葬于洣水河畔的吴集杨山、草市灵山和攸县洪山，洣水流域至今留有为祭祀炎帝及其荩臣的炎帝陵神庙、杨山祠、灵山庙及其祭祀活动等遗存，洣水也就被称为“圣水河”。灵山山顶建有古寺庙。

灵山存有一片原始次森林，是一个袖珍森林公园，据县林业部门普查，山上“现有木本植物 28 科 50 余种之多，且大多数为用材、观赏两用兼有的树种，如光皮树、黄连木、木荷等等，在衡东及周边县、市都是绝无仅有的。”

灵山庙 灵山位于草市街首的洣水河畔，山似铜钟，孤峰独秀。山顶于唐同光年间（923—926 年）建有灵山庙；千余年来，几毁几建，香火经久不衰。清末光绪中宏兴庙貌，增建嘉会堂，为湖湘中儒学耆老登临觞咏之所。原庙坐西向东，庙南建有灵山神行宫，行宫右侧为草市古戏台。灵山庙左侧有明万历三十七年（1609）由本地一谭姓举人创办的中洲书院。在灵山庙北东侧仍保留有一片原始次森林，千年古树枝繁叶茂，灵山泉水叮当，山下渔歌晚唱，远眺群山叠翠，洣水如画。明代诗人张治在《草市灵山庙》一诗中咏道：“登临犹不倦，依杖更山扉；旧壁龙蛇落，空堂蝙蝠飞。云香流别涧，树影动深矶；便欲招山侣，青衣振羽衣。”

草市老街　草市古镇是典型的山水型山乡古镇风貌。古镇最初形成于唐宋时（907—960年），至今保存较好，其自然生态环境本底优越，地域文化底蕴丰厚，并具山、水、洲、镇等景观要素浑然一体，古镇、古庙、古林、古井、古码头各具神韵，历史古老、民风古朴，素有“湘南芙蓉镇”之美称。

草市古镇最盛时有商360户，分别来自全国多个省市地区，经几代人逐步修建，渐成规模，棋盘街纵横深邃，青石板铺就的街面溜光，青砖青瓦式的小楼阁舍，杉木活板门式的铺面，整个古镇中心的建筑呈四方形，犹若一颗印，一切古色古香。天天赶集，至今商贸繁华。

洣坪刘氏宗祠　始建于清道光十五年（1835），1949年、1999年、2006年三次维修，保存完好，为县级文物保护单位。该宗祠坐东北朝西南，为湘南民间建筑，总体布局为长方形四合院。主体建筑在中轴线上为抬梁式构架，施封火山墙，三进两厢房，左右厢房均为山墙搁檩，砖木结构，建筑装饰美观大方，顶为抬梁式砖墙搁檩。悬山顶盖小青瓦、青砖铺地。该建筑所有山墙、隔墙和檐墙均为青砖错缝砌。

草市园艺场　于1952年建立，名为“湖南省湘南行署草市柑橘试验站”，县级单位。1954年，湘南行署撤销，草市柑橘试验站由湖南省农林厅接管，名为“湖南省人民政府农林厅草市柑橘试验站”。1970年“文化大革命”期间，为下放干部劳动锻炼场所，改名为国防科委“五七”干校，副省级单位。国家计委副主任甘子玉、湖南省政协主席刘正等领导干部曾在此劳动。1972年，国防科委“五七”干校撤销，改名湖南省“五七”干校草市分校，处级单位。1975年，改为“湖南省草市园艺场”，正科级单位。1979年，衡东县将其交给县水利水电局管辖，副科级单位。全场总面积5010亩，可耕种面积1184亩。

中洲书院　建于明万历三十八年（1610），设草市灵山山麓。清乾隆十年（1745），草市巡检戴天恩捐俸首倡，建义学于灵山，仍命名为“中洲书院”。

文炳书院　清道光十八年（1838）建成，设于灵山隔岸的三步岭（今草市园艺场），光绪三十年（1904），改为文炳高等小学堂。

名优特产　草市柑橘　草市曾以“柑橘之乡”闻名遐迩。草市柑橘栽培始于南北朝，至今有1700余年的历史，白茅洲广柑，曾为清代贡品，出口苏联，用于国宴，受到周恩来亲自赞誉和外宾的好评。全柑橘最高年产5000吨，居衡阳各乡镇之首。每当金秋时节，这里漫山遍野黄澄澄的柑橘挂满枝头。橘园里车水马龙，人来人往，熙熙攘攘，车装船载，一片繁忙景象。悠久的栽培历史和得天独厚的自然条件，许多优质高产的柑橘品种在此得以发展。主要的品种有白茅洲广柑、甜橙、脐橙、碰柑、冰糖橙、改良橙、血橙、鹅蛋橙、大红袍、红橘等10多个品种。草市柑橘因色泽鲜艳、皮薄汁多、果肉脆甜、香气浓郁等特点，深受广大消费者喜爱。2005年，全县柑橘品改会议在草市召开，仅此一年全镇柑橘品改1200余亩。至2007年年底，全镇柑橘品改达2000余亩。

草市豆腐　号称衡东土菜“一绝”，因其嫩白可口而远近驰名。诗曰：“西施豆腐有奇传，名远声高震八仙。白嫩非常添妙趣，原来草市隐灵泉。”

民俗风情　草市赶分社　赶分社即春分赶集的意思，草市自明朝开埠以来，由于得天独厚的地理位置和水陆交通条件，逐步形成集市墟场，为赶分社提供了一方难得的风水宝地。

按农历计算，每年“立春”后第五个“戊日”为“春社”日，“春分”与“春社”挨得很近，有的年份是同一天，人们便选择春分节前后为社日，俗称“赶分社”，一则求五谷丰登，身康体健；二则交换草药农具。人们吃些草药，调理好身体，准备进入一年的春耕时节，故草市及周边地区，素有吃了春分草药后，才下田开耕的习惯。

草市赶分社是为纪念华夏始祖神农氏“制耒耜奠农工基础，尝百草开医药先河”而兴起的一种民俗活动。相传炎帝神农氏尝百草，日遇七十二毒，得茶而解，治百病，救万民。后人感念神农氏舍身为民的精神，便在春分节前后设集市交易草药、农具等春耕物资，其中尤以传统的中草药交易为盛，这一习俗传承至今已有1000多年的历史，成为草市镇特有的盛况。

每逢赶分社，周边衡山、衡南、安仁、攸县、茶陵、株洲等县市，乃至外省江西都有货商，或水路或陆路，蜂拥而来，一时商贾云集，车水马龙，人头攒动。草市街头、戏坪乃至山坡上的空坪隙地，都被临时搭建的摊位、帐篷所占驻，鳞次栉比，场面蔚为壮观。

传统的草市赶分社由三部分构成：祭祀、集会、交易。到了农历春分节这天，赶分社的活动也达到了高潮，前后要持续三天。

祭祀：包括对神农的祭祀活动和开耕仪式，这些活动主要是为了祈求五谷丰登、风调雨顺、国泰民安。由于各种复杂原因，上述活动已在草市赶分社中消失不见。

集会：赶分社的人们早早地来到草市之后，便聚在一起谈天说地或交流农事经验，互相祝愿一年的好收成。也有走亲访友，拜访师长的，久而久之，赶分社成了人们一年一度结社聚会的重要形式，年轻男女也可借此良机见面相亲，结秦晋之好。所以每年集会总是人潮熙攘，人声鼎沸。

交易：草市及周边地区的人民很早就有利用赶分社开展物资交流、调剂余缺的习俗。每到“春分节”，人们就开始着手调配各种农副土特产、农耕用具、日用百货以及中草药材，准备赶集交易。大到木制风车，小到犁田的藤索、盛物的陶钵等都一应俱全，而又以中药材和耕牛的交易在其中占据着重要位置。

赶分社，最有趣的就是一个“赶”字。自明朝草市开埠以来，每年春分前后，人们不管远近，都会不约而同，成群结队，跋山涉水，一路风尘地赶来。在熙熙攘攘、摩肩接踵的人流中，除了商贾小贩，还有更多来“赶分社”买东西的人。赶分社这几天，人流量最盛时多达十数万，车水马龙，络绎不绝。据民国二十四年（1935）《中国实业志》载：“这里有一特别风俗，即每年春分春社两节，四处商贾云集于县城之洲上，竞物以发售。”可谓当时盛况的真实写照。

在草市，百姓只有赶完分社，才能专注心思于紧随而至的春播春种。一年之计在于春，俗话说：春分备耕浸谷种。因为赶分社，就是为这一年的生计大事做好必要的物资准备和身体调整，实为百姓农桑与生息之本。即便在人民公社和“文化大革命”时期，也雷打不动，未曾间断。故此，不管世道如何变迁，赶分社这一习俗在民间从未中断过。

2013 年 12 月，被列入衡阳市第四批非物质文化遗产代表性项目名录。

龙舟竞渡　农历五月五日，龙舟竞渡，振奋人心，盛况异常。是日，五龙下水，有朱家口的黄龙舟（插黄旗）、上街上的白龙舟（插白旗）、正街上的红龙舟（插红旗）、司门前的紫龙舟（插紫旗）、晏婆塘的乌龙舟（插黑旗），每条龙舟配鼓手、铜锣手、指挥各一人，划船力士 20～24 人。陆地上配铳手一人。岸上，一声铳响，五龙竞渡开始，指挥挥动小旗，众力士使劲划桨。每一轮竞赛结束，岸上鸣铳为胜利者庆贺，此时两岸的观众为之跳跃，掌声雷动。

灵山庙会　与灵山庙同期形成的灵山庙会，也是热闹非凡。每年农历九月十三日是协应侯的生日（另一说是辅佐炎帝的重臣灵山侯的生日），乡人为了纪念其自发举行丰富多彩的纪念活动。如今，洣水、永乐江流域乡民每年都会自发献戏。从农历九月十三日起，举办为期十天半月的庙戏，唱戏在三十场以上，

并有“抬故事”等文化活动，最后一晚的晚会往往会将庙会带入高潮。庙会期间，小镇热闹非凡，精彩的戏台，热闹的小摊，淳朴的草市乡民，千年古树枝繁叶茂，灵山泉水叮咚，山下渔舟晚唱，远眺群山叠翠，洣水如画，宛若现代清明上河图。

灵山协应侯庙坐落于灵山山顶，有焚香炉、协应侯前殿、协应侯殿（内有协应侯三兄弟坐像）、协应侯后殿等几进几出的院落，颇具规模。灵山庙历经千余载，几毁几建，香火经久不衰。2008 年后，又陆续建成大雄宝殿、观音殿、地藏殿。往来香客除了当地人士，还有周边攸县、茶陵、株洲、醴陵等地的信众。庙会开启与结束的请神、送神仪式以及香客的进香朝拜均在这里举行。

另外，山下的戏台也是庙会活动的主要场所，从协应侯寿诞之日（农历九月十三）起，要举行为期约十天半月的演出，戏台前的“行宫”即为协应侯三兄弟看戏之所。

据碑刻记载，协应侯本姓刘，是汉朝中山靖王之后。五代后唐同光年间（923—925 年），因战乱频仍，名叫用光、用和、用林的刘氏三兄弟，奉母偕隐于灵山，颐养天年。三兄弟以种植香楠为生，今庙前的半身楠树，即为当年手植，至今已有千余年，号称神木。灵山顶上有三块巨石，像巨锅覆盖一样。一日，三兄弟分坐三块巨石上相携去世。乡邻们都认为其是羽化登仙了，就将三兄弟坐过的巨石刻成像，并建成灵山庙，焚香礼拜，奉祀不绝，凡遇水旱疫疠，前往祷告，求之必验。

宋嘉定年间（1208—1224 年），此地有峒獠（峒獠者，岭表溪峒之民，古称山越）作乱，义军久战不克，便到神像前祷告，随即平定叛乱。朝廷听闻此事，遂赐封三兄弟为“绍德侯”“衍德侯”“协德侯”；后元朝帖里公按郡来此，感其神威，又报清朝廷加封“协德侯”为“协应侯”，此即为灵山三德神侯，以及“协应侯庙”的来历。

每年农历九月十三是协应侯的寿诞之日，灵山都要举行十数天的庙会活动。在此期间，除烧香祈愿外，还会举办土特产展销，并邀请戏班、剧团进行传统花鼓戏演出和歌舞晚会演出，活动内容丰富多彩，除当地数以千计的民众外，还吸引了周边攸县、茶陵、株洲、醴陵、衡南等外地诸多信士前来与会。协应侯寿诞日当天，首先要举行一项重大的请神仪式，也就是请三侯看戏。整套仪式分为两部分：告神礼和请神礼。参加者以灵山庙管委会成员及信士代表为主。

整个过程井然有序，庄严肃穆，其中尤以告神礼最为神圣庄重，程式繁多。直至将三侯小像，移驾安放入“行宫”的神龛内，众人行过跪拜礼后，整个请神仪式方告结束。

接下来的戏台演出，也是庙会活动的重头戏，为期约十天半月，演出场次多达数十场不等。戏班、剧团的演出酬劳，则由洣水、永乐江流域的乡民分次承担。更有为官经商或家境殷实之户争先恐后，踊跃“请戏”或“献戏”，轮排不上者，还待预约来年。

戏台边店铺摊档鳞次栉比，各类土特产，日用百货，地方小吃五花八门，应有尽有，人群熙攘，万头攒动，一派喧哗热闹的景象。直至庙会结束，举行完送神仪式（敬送侯王归位）后，地方始渐归安宁。

灵山庙会是湘南地区著名的庙会之一，为当地及周边地区的信众提供了一个宽泛的活动空间，集民间信仰、集市贸易与民间文化娱乐为一体，承载着大量的民俗事象。释、道、俗三者于此和谐共处，香客们各取所需，以朝山进香的形式，表达祈福禳（求神祛除）灾、祈求平安吉祥的心愿。具有鲜明的地域文化特色，传承久远，影响广泛，值得民俗学者进行深入的学术考察和研究。

2013 年 12 月，被列入衡阳市第四批非物质文化遗产代表性项目名录。

能工巧匠　古镇虽没有工业规模的制造业，传统的手工艺却留存至今，而且工艺齐全，技艺精湛。所谓的九工十八匠或三十六行，民国时期，草市古镇样样齐全，各种工匠都有。如铁匠宋春生、刘秋苟；银匠伍恒吉、陈满粒；铜匠罗武生；皮匠周雨林；铸匠何逢年；弹匠谭晚乃、刘晚苟；纸马匠旷礼谋；木匠王中林、边四乃；砖匠单祖贵；石匠谭基禄；漆匠向松梅；补锅匠单贵仔；制秤工周德云、朱世清；推子工单三苟；制香烛工肖治生、刘雪梅；做饼干曹树大；豆腐作坊单元吉、苏恒昌；制雨伞、草席工高胜泰；兽医刘迪生；熬焦糖、制酱油朱甲林；造船工周杨基；理发工李金山；染布坊谭建民等。

文献辑存

草市

［清　刘诏升］

市临江浒渡头喧，峭壁高悬古庙存，客舍酒楼连画阁，一湾回抱俨孤村。

草市中洲书院记

[清　戴天恩]

天下之大有五岳，而南岳则衡山也。余少嗜经传，披览图籍，每悠焉神往。猥以数奇，屡踬棘闱。游京都，寄内戚中堂史公铁崖大人门，遇选君谭丹麓先生，文章经济，迥出寻常。询其里居，则出衡山草市。因是思衡山固钟川岳之灵，而草市特文人之萃，窃以不得躬亲一睹其胜概为憾。讵膺铨选竟简草市，私幸素所神往者，竟躬亲焉，余怀其大慰矣。及诣衡山，戾草市，谒南岳，日与其他绅士辈接，类相尚以文章，咸鳃鳃焉有振兴文学之思。适邑之旷君南英、谭君次元，毅然以前邑侯王公所置观湘书院田租历为僧人中饱，呈请添设义学资助科举为己任。邑侯德夫子嘉其请，清追故物，且以其馀广布文教。顾余言曰："草市距衡城甚远，不可不设义学以振之。"余深荷邑侯之重命，又适符草市绅士之思，不揣力薄，捐俸首倡。鸠工庀材，建义学于草市之麟山，楼阁厅宇巍峨，前后厢房数十间。邑侯德宪则颜其名曰"中洲书院"，并申请各宪匾题。其延师洎膏火等费，则邑侯所拨观湘书院租五十石，文峰书院租五十石，文峰书院租一十石，余又募绅士公置田租约百石以成之。业已造册详明各宪批示在案，聊以副我邑侯之重命，并慰我草市绅士之思，其亦犹是旷君南英、谭君次元之毅然相与有成也云尔。

草市文炳书院碑记

[清　王书城]

草市书院，始称中洲，继易为文炳。中洲创于前县令德，县佐戴董其役，戴有记详颠末。岁久堂圮，絃诵阒然。迁灵山庙左，地僻卑湿，士不乐居，有迁乔入幽之概焉。是里单君清溪，毅然思修复，事未举，物故，遗言属二子。其子琢斋、树轩克继志，商诸欧敬斋、单青园、黄信斋、晏淡斋，会云、土、梦、作四都人士，翕然声应，殷富无稍吝，捐田若干亩，资若干缗。相吉于江右三步岭，地爽垲，四面诸峰挺秀，岳云遥拱。乃咨工师，采良木，具陶器，经始于道光丙戌夏。因秋霖遽集，江涨叠乘，冲激漂流，土木之用多散失，造物若试以艰难而坚其心志。越岁甲午，欧敬斋偕青园子卓筹款续修。数载功竣，讲学有堂，藏修有室，习游有所，扩其规模，饰以丹臒，上为重楼，以奉先圣，祀奎星于前厅之阁，以周易筮之，得革之五爻，取象辞，名文炳，遵守兆，协人谋也。戊戌，集里党俊秀肄业其中，争自琢磨，共图进取。馆师束脩，生徒膏火，诸君悉心筹划，琢斋伯仲调剂之力尤多。余自浙省宦游归，膺兹讲席，属纪由来，以示后进。因思草市书院之有文炳，中洲基之也，德令兴学育才之意，百余年后有踵而行之者，诸君之更建不没，德令之创始益彰矣。时道光十八年戊戌岁。

麟山记

[清 刘天帡]

衡山之东百里，有山如麟，昂首蹲踞而东向，曰麟山。砥柱双流，古木参天；石磷磷，头角鳞甲宛然，山古矣。有神灵于山，原出五季；摩挲故碣，传为汉派；庙祀寝千年，事亦古矣。庙宏厂坚致，外建大观亭，甃石为台，飞阁凌空，檐牙高啄，覆压其上。路右行，阔逾丈，马联骑，车并轨，无相碍。山下有灵泉二井，小鱼翔游其间，出没不可挹取，人恒异之。山之背有塘，大可容瓮，泉不盈勺，故以“泥塘”名。惜无得是泉之趣者！倘泉底亦甃以石，而外环以栏，其侧更创小亭，缙绅士大夫觞咏其间，春可风而夏可浴，亦灵泉也，韵事也。余间尝乞灵于是山之神矣，拜庙毕，庙左闲步数武，有废基，广将十亩，蓁莽荒芜，考其逸事，乃国朝乡辈谭君鸠创中洲书院故址也。喟然曰：洣河上游，人文之盛，谭姓为最，卓卓代不乏人，其扶翼文风之报欤？流览之次，俯视重渊，下临无地，心目豁然。拔剑斫地曰：谁其废之，古今人何遽不相及也？余不薄今人爱古人，有继起而为之，与庙同新者，则庙之暮鼓晨钟，发深省，助弦诵，乡先辈之流风不坠，我洣河其地其人之奋发，蔚为国华，于斯为盛矣。或谓麟山为“灵”，麟，四灵之一，“灵”，义通而重以有神，故今人从之。

灵山览胜

[清 刘振武]

七二名峰外，灵山别有天。古楠寒日色，怪石咽流泉，林密藏精舍，云深隐汉仙。夜来钟欲静，风月满前川。

草市戏台联

［佚　名］

草陈琳檄，赋屈原骚，掀起学海波涛，文也千古，诗也千古；
市漂母恩，借留侯箸，关系汉家天下，男亦英雄，女亦英雄。

草市镇主要领导名录

一、中共草市镇委员会书记

草市镇工委第一书记

吴作芝（1989. 05—1989. 12）

草市镇工委书记、主任

武金奇（1989. 05—1989. 12）

党委书记

武金奇（1989. 12—1992. 02）

单炳煌（1992. 02—1995. 01）

杨坚立（1995. 01—1997. 01）

向献民（1997. 01—1999. 02）

谭社民（1999. 03—2003. 02）

傅春山（2003. 02—2007. 02）

彭剑飞（2007. 02—2010. 01）

柳杰夫（2010. 01—　　　）

二、草市镇人大主席团主席

周正新（1989. 12—1992. 10）

董冬生（1992. 12—1995. 11）

单石秋（1995. 11—2001. 11）

刘洋宗（2001. 11—2005. 02）

单章云（2005. 05—2006. 03）

刘术华（2006. 05—2011. 03）

胡石平（2011.04—　　　　）

三、草市镇人民政府镇长

单炳煌（1989.12—1992.10）

杨坚立（1993.02—1995.11）

谢云福（1995.11—1998.04）

谭社民（1998.04—1999.08）

董小平（2000.04—2001.11）

谭凌云（2001.11—2003.02）

彭剑飞（2003.05—2007.02）

柳杰夫（2007.04—2010.01）

谭宜春（2010.04—2011.03）

李远韶（2011.04—　　　　）

四、草市镇政协联络工委主任

蒋武军（1999.08—2001.02）

刘洋宗（2001.02—2001.10）

单章云（2001.10—2005.02）

刘国林（2005.02—2007.04）

胡石平（2007.04—2011.03）

王　华（2011.03—2012.10）

欧海斌（2012.10—　　　　）

（撰稿　向立立　向海兵）

荣桓镇

政区概况

地理位置 位于衡东县东部，是衡东的东大门。位于北纬27°01′26″~27°10′25″，东经113°05′37″~113°12′41″。东临攸县桃水镇，南接高湖镇、杨林镇，西临甘溪镇，北靠杨桥镇。为纪念共和国元帅罗荣桓诞生于当地南湾村得名。镇政府驻长岭村，距县城27千米。是湖南省诗词书画之乡、湖南省特色旅游名镇。

自然环境 辖区地势以丘陵为主，低山高岗为辅，地形为丘陵岗地。南岳七十二峰之一的金觉峰坐落境内。属亚热带季风湿润气候，年均气温17.8℃，最低月均气温5.3℃。年均降水量1369.3毫米，降水主要集中在每年4—6月，5月最多。境内已探明的矿藏有金、银、铜、铁、铅、锌、钨锰、铀、钴、镍、煤、瓷泥、萤石、石英石、重晶石等30余种。

建置沿革 1989年，由鱼形公社和杉山公社合并，新建荣桓乡。1998年，撤乡建镇。至2014年年末无变更。

行政区划 1989年年末，辖23个建制村，234个村民小组。1996年年末，辖26个建制村，242个村民小组。2014年年末，辖前进1个居民委员会；横板、山塘、车路、长岭、洪江、田垅、杉山、太湖湾、增加、桐塘、船湾、柏冲、坪冲、南湾、泉龙、卫星、东风、新屋、松塘、神塘、锡岩、知塘、铁村、冲塘、清泉、柏塘26个建制村；2个居民小组、252个村民小组。

人口面积 1989年年末，有7403户，总人口24727人，其中农业人口24300人。1999年年末，总人口27062人，其中农业人口26459人。2014年，辖8767户，总人口31496人，其中：农业人口31051人，占98.6%；总人口中男性16199人，占51.4%，女性15297人，占48.6%。

2014年，辖区总面积86平方千米。其中陆地面积80.84平方千米，占94%，水域面积5.16平方千米，占6.0%。

经济发展

农业 荣桓镇俗称“六山一水三分田”，是个以农业为主的镇。粮食作物以水稻为主。1989年，有耕地面积20499亩，农作物播种面积58632亩，粮食作物播种面积38127亩，其中稻谷播种面积34645亩，总产15832.8吨，亩产457公斤。油菜种植面积2144亩，总产量152.22吨，亩产71公斤；蔬菜种植面积2735亩，总产量3820.80吨，亩产1397公斤。1999年，有耕地面积1366亩，农作物播种面积4072亩，其中粮食播种面积3212亩，粮食总产量17808吨。2011—2013年，山地开发项目17个，开发山地9870亩，船湾村的名贵苗木基地、洪江村的药材基地初具规模。2014年年末，耕地面积2.69万亩，粮食作物播种面积46872亩，生产粮食1.41万吨，其中水稻14123吨；蔬菜种植面积0.82万亩，产量12760吨，主要品种有黄瓜、辣椒、茄子。名优农产品有板栗、布朗李。

养殖业以养猪、养鸡为主，1989年，出栏生猪15820头，出笼家禽33980羽，禽蛋总产量88.80吨；年末生猪存栏13475头，耕牛存栏1507头，羊存栏433只；水产养殖面积2594亩，总产量213吨。1999年，生猪出栏23988头，年末大牲畜存栏1481头；肉类总产量2374吨，其中猪肉1956吨；水产品产量650吨。2014年，生猪饲养量4.94万头，年末存栏203万头；牛饲养量0.5万头，年末存栏0.4万头；羊饲养量0.8万头，年末存栏0.3万头；家禽饲养量105万羽。渔业以淡水养鱼为主，养殖面积7000亩，产量25000吨。

1990年，有油茶林5.3万亩，年产茶油2000吨，亩产茶油3~3.5公斤。1991年，对全乡油茶林全部进行垦复，油茶低改1.5万亩，推广油茶良种“衡东大桃”3500亩。2000年，有山地面积81758亩。从2002年起，开始落实培育生态公益林，并逐步实施退耕还林政策。2010年，换发林权证。2014年年末，以船湾、车路、增加、横板、洪江为中心的万亩油茶基地已经挂果。境内林地面积4.58万亩，可利用草地面积2.3万亩。累计造林3226亩，其中防护林736亩，经济林2490亩，森林覆盖率35.5%。

2014年年末，有农业技术服务机构1个、农业技术服务机构从业人员5人；

境内拥有农业机械 1700 台（辆）；农民合作社 5 个、成员 220 户；种植大户 21 户。

工业 荣桓是工业新镇。1989 年，荣桓水泥厂为骨干企业。是年，主要生产金觉牌 425#硅酸盐水泥，有固定资产 216 万元，年生产能力 2.2 万吨，采用股份制形式，责权利下放。1996 年，在职职工 110 人，管理科技人员 18 人，年创产值 412 万元，税收 18 万元，利润 32 万元。1993 年，境内创办采石场、竖窑石灰厂、药材场、林果场、粮油加工厂等 6 个村办企业。1996 年，共创产值 686 万元，利税 33.05 万元，就近消化劳动力 151 人。2000 年后，大力发展民营经济。2002 年，桐塘村采用“公司+农户”的模式，创办味蛋加工厂，厂房面积 1600 多平方米，年产味蛋 160 万枚，创产值 160 多万元。到 2005 年，全镇共引进项目 15 个，其中规模以上企业 4 个，分别是衡阳市帅府水泥、衡阳聚鑫生物冶金有限公司、锦湘木业有限公司、豪富工艺礼品有限公司，投资总额 1.6 亿元，安排就业 1200 人。2007 年，境内民营企业创利税 1700 万元。2010 年，全县最大的招商引资项目——红狮水泥厂落户清泉村。项目采用国际先进的新型干法窑技术，项目总投资 15 亿元，分两期实施，其中一期投资 8 亿元，一期项目现已建成，年产高标号水泥 400 万吨，年销售额 6.8 亿元，利税 1.5 亿元，带动当地电力、运输、采矿及第三产业的快速发展。毗邻衡阳泰源商砼有限公司总投资 3300 万元，年生产商品砼 60 万立方米，产销两旺。普云包装厂已投产。2014 年，境内有工业企业 134 个，规模以上工业企业 2 家，企业从业人员 1098 人，工业总产值 40000.3 万元。

商贸服务 坐落长岭村的长岭墟场，是衡东县连接茶陵、攸县、株洲等县的边陲墟场，已有 200 多年的历史，逢三、八墟场，每逢墟场，交易人数 5000 人以上，各类农副产品繁多。1995 年，荣桓政府动员群众集资改建长岭集贸市场。于 1996 年基本建成，内设各种摊位 307 个，是年，长岭市场商品成交额逾 800 万元，上缴国家税费 12 万元。1999 年，有集贸市场 1 个，集市贸易成交额 2780 万元，社会消费品零售总额 2887 万元。2011 年年末，全镇有商铺 600 家，工业从业人员 5000 多人，服务业从业人员 4000 多人。2014 年，有商业网点 546 个，市场 1 个，50 平方米以上的超市 9 个，住宿餐饮企业 1 个，社会消费品零售总额 3891 万元。

财政金融 1949—1979 年，财政收支由秘书和粮油委员分管，农业税占较大比重，财政支出多为支援农业发展、行政管理费用和上缴县财政。1980年，全县建立区乡（镇）一级财政，设镇财税所，财政体制由单纯的收支型转向经营管理型。1989年，撤区并乡后，全面推行乡（镇）一级财政包干。1992年，全镇财政收入88万元，财政支出52万元。1999年，财政总收入188万元，财政支出105万元，农民人均纯收入2106元。2002年，农村税费改革，取消农林特产税和“五统三提留”，调低农业税税率。2006年，取消征收农业税。2014年，公共财政收入305万元，公共财政支出305万元。

2014年年末，有信用合作社、邮政储蓄银行2家金融服务机构。

社会事业

教育文化 1990年，动工新建荣桓中学；1991年4月，第一期2500平方米教学楼竣工；4月26日，与原杉山中学、鱼形中学合校开班。第二期工程及配套设施于1996年年底竣工，整个学校占地4万平方米，建筑面积6000平方米，共筹资450万元。1996年，开设14个教学班，学生640人，教职工46人。1996年年末，全乡有1所中学，28所小学。2005年年末，境内有中学1所，小学11所，幼儿园8所，在校学生3126人，教职工97人。2014年年末，有9所学校，其中1所中学（中心学校），3所完小（荣桓、船湾、鱼形），5所村校（冲塘、铁村、知塘、锡岩、岳英）；独立幼儿园10所，其中民办幼儿园5所。中小学生2000多人，幼儿园学生共有760人，全镇中小学在编在岗教师109人，其中具有本科学历48人，专科学历53人，中师学历8人。

1954年，开始发展乡办文化站，境内设文化站1个。1979年，普及公社社办放映队，撤销县办放映队，同时发展民办电影放映事业，建立农户放映队。到1989年，有农户放映队1个。于1989年撤区并乡，全乡成立1个文化站，配文化辅导员1人，负责文化行政管理和群众文化辅导工作。有图书馆1个，藏书9500册。2014年年末，全镇共有农家书屋27个，其中镇机关1个，全镇26个村每村1个，共计藏书5万册；乡镇综合文化站1个，镇文化站干事1人、村文化辅导员26人；有公园及休闲健身广场1个、篮球场7个；26个村，村村通宽带；村村通有线电视。2015年，荣桓镇举办“重走元帅路”“映山红旅游文化节”“登临金觉、放眼涞水”等群众活动，并被授牌为“湖南省诗词之乡”。

医疗卫生 1989年，有医疗卫生机构24所，卫生技术人员20人，床位15张，其中村卫生室14所。2000年，境内有医疗卫生机构25所，卫生技术人员22人，床位15张，其中村卫生室23所。2011年，开始实行基本药物零利润。2014年，有医疗卫生机构23所，卫生技术人员26人，床位20张，其中村卫生室21所。

2007年1月，启动新型农村合作医疗，是年，参合人数19459人，参合率80%。2014年，新型农村合作医疗参保人数27997人，参合率103.41%。受益补偿金额958.43万元。

社会保障 农业合作化后，农业生产合作社和人民公社对鳏寡老人及孤儿实行"五保"。"五保户"供养标准为：每人每年粮谷250公斤，20世纪70年代提高到300公斤，20世纪80年代又提高到350公斤，每人每年食油3~4公斤，零用钱和医药费100元左右。从1987年起，"五保户"生活费用实行乡镇统筹。从2005年开始，全乡农村"五保户"供养纳入财政转移支付。2007年，在桐塘村修建荣桓镇敬老院，占地面积15亩，床位40张。2014年，有社会福利收养性机构1所，床位40张；有"五保"对象174人，其中集中供养34人，分散供养140人。月标准450元。

2006年，实施城乡居民大病医疗救助。是年，救助13人次，救助住院医疗费19300元。2014年，救助13人次，救助金额48700元。

2007年7月，实行农村居民最低生活保障待遇。是年，境内有低保对象57户111人，总金额12570元。2014年年末，有低保对象523户982人，月人均保障标准165元，总金额104940元。

2012年，全县启动城乡居民社会养老保险，是年境内参保人数15550人，缴费人数10492人，参保率90%；缴费金额1118100元，发放1772870元。2014年，参保人数16503人，缴费人数8183人，参保率71%；缴费金额871200元，发放2947380元。

基础设施

水利 境内无河流，但山区林地多，水资源较丰富。中华人民共和国成立前，农民靠天吃饭。"大跃进"时期，每年利用冬闲兴修水利。1975年，集中鱼形、高湖、杨林3个公社劳力，在新屋村新修王谷冲水库。翌年，第一期竣工并投入使用。1977年，将水库大坝加固增高到22.6米，正常库容达937万立方米，达到中型水库标准。两期投入资金115万元，投劳157万个，移动土石48.7万立方米，移民128户373人。建成后控制流域面积9平方千米。因水源不足，20世纪90年代初，开挖360米长的引水隧洞，扩大控制流域面积3.6平方千米，每年从锡岩仙洞引350万立方米地下水，使有效库容增大到1100万立方米，可灌溉农田1.3万亩。1992年，改名为荣桓水库。20世纪80年代中期，境内有中型水库1座，小（一）型水库2座，南木垄、渣冲等小（二）型水库8座。1990—1996年，筹资120万元，投入劳动日48万个，完成水利工程810处，其中修建电灌站3处，建设涵洞9处，开挖水渠9100米，整修水库、山平塘640口，扩大灌溉面积4100亩。2013年，逢50年一遇大旱，全镇投入100万余元，兴建增加、船湾、车路、横板排灌5处，打深水井3口，发放抗旱水泵50余个。2014年，投入资金25万余元维修加固骨干塘62口。投入20万元，整修渠道10千米，硬化渠道8千米。争取县财政一事一议项目30余万元，全部用于全镇水利设施的除险加固。

交通邮电 1958年，省道1820线衡（山）攸（县）简易公路建成通车，境内始有第一条公路，路面为泥结碎石结构，经桐塘、长岭、荣桓、中湖4个村，长9.34千米。于1965—1966年进行整修，1967年建成通车，公路等级为三级，路基宽7.5~8.5米，路面宽6米，油路，有涵洞23处。2003年，改称省道S315。2008—2013年，公路升级改造，全线采用2车道二级公路标准，路基宽12米，水泥路面宽9米。

1971年，修建X002银（子冲）草（市）公路，经境内银子冲、杉山、长岭，长7.63千米，于1974年通车。路基宽10米，路面宽4米，泥结碎砾石路面，原为乡道，2001年调为县道。1990年，耗资60万元，建成连接锡岩仙洞风景名胜区的金觉公路，长4千米。1996年，新修村级公路15千米，整修村级公路168千米，乡村公路互为串联，全乡实现村村组组通公路。2002—2007年，全面实施通畅工程，投资1100多万元，硬化乡道51千米。2009年投资980多万元，硬化村级公路49.1千米。2010年实现村村通水泥路。2014年年末，境内有县道5条，长28千米；村级公路100.1千米；有客运汽车19辆，382座，年客运量25.3万人次，农村客运招呼站16座；有货运汽车51辆，273吨位，年货运量8.7万吨。

1989年，撤区并乡前，境内有邮政网点1个，邮政投递员1名，投递员靠骑自行车投递。1996年，境内容量2000门程控电话陆续开通。2000年后，邮电通信发展迅速，建有电信、移动和联通发射塔，电信、联通、移动网络逐渐覆盖全镇。2014年，有邮政网点1个，营业面积80平方米；投递线单程总长度36千米，投递点29个，乡村通邮率92%；有电信服务网点1个，电话交换机总容量2000门，固定电话普及率30%；移动电话普及率62%。互联网端口总数550个，宽带接入用户361户。

供水供电 村民饮水习惯多从水井或山塘堰坝取水。20世纪80年代以后，发展压水井和潜水泵井。2009年，在锡岩村建成荣桓水厂，铺设供水管网18千余米，供水用户800余户。2010年在车路村取地下水建成车路水厂，铺设供水管网3~4千米。

1976年后，各村逐步通电。1994年年末，通电村25个，农村用电量34.6万千瓦时。1998年，境内桐塘、增加、东风、横板村4个村第一批实现农电网改造。至2012年年末，26个村全部完成农电网改造任务。2014年年末，全镇用电总量851万千瓦时。

镇村建设 长岭墟场是连接茶陵、攸县、株洲三县的边陲墟场，自省道1820线建成通车以后，人流量增加，墟场规模进一步扩大，原有的长岭老街远不能适应农村商品经济发展的需要。1995年，乡政府集资改建长岭集贸市场，1996年建成，占地面积1.4万平方米，建筑面积2999平方米。从2000年起，全镇加大基础设施投入，到2004年，累计投入资金3000多万元，完善供电、供水、通讯、排污等基础设施。2005年，拆除长岭集贸市场原有围墙，扩大市场面积，增设交易摊位，并修了一条6米宽的水泥路，保证货运畅通、客商方便。2010年，新建沼气池23口，太阳能热水灶35个，改水改厕160户；长岭、太湖湾等村安装太阳能路灯130余盏；成立荣桓环卫站；投资12万元建焚化炉，实施集镇垃圾无害化处理工程；新建镇文化综合大楼，面积1200平方米；镇机关大院园林绿化面积21亩，办公大楼整体装修翻新耗资84万元。2011年，创建为湖南省首批“特色旅游名镇”，并顺利通过省级环境优美乡镇初评。2013年，启动长岭村客运站立项，准备在荣桓中学附近兴建一个客运站。同时整治马路市场，成立专门治安队伍，逢场日集中维护马路的畅通。2014年，城镇规划区面积58公顷，建成区面积56公顷，建成区绿化面积2.1公顷，城镇总户数935

户、2650人。建成荣桓镇便民服务综合大楼，成立便民服务中心，中心内整合七站八所功能，实行“一站式”办公，极大地方便群众办事。全面开工建设长岭街道下水道工程，并在长岭至镇机关路段安装太阳能路灯。

特色地情

历史人文 *罗荣桓*（1902—1963），字雅怀，号宗人，于1902年11月26日诞生在衡山土字十四区南湾村（今衡东县荣桓镇南湾村）的一个开明乡绅家庭。在兄弟姐妹八人中，排行第六。1927年4月，罗荣桓为了探求救国救民的真理，离开家乡去武汉。7月，罗荣桓受中共湖北省委派遣到通城、崇阳一带参与和领导鄂南暴动，旋即参加秋收起义。9月，经过三湾改编，罗荣桓任特务连党代表，跟随毛泽东上井冈山。1930年，任红四军政委、军委书记；1932年，任红一军军团政治部主任，参加第一次到第四次反“围剿”作战。第四次反“围剿”以后，罗荣桓受到当时“左”倾路线的排斥，改任江西政治部主任、扩大红军突击队总队长。由于扩红成绩显著，1934年1月，罗荣桓在第二次全国工农兵代表大会上受到表彰，并被选为中央政府执行委员会候补委员；9月，罗荣桓任红八军团政治部主任；10月，参加二万五千里长征。1936年2月，罗荣桓率红一军团东征，于6月入红军大学学习，任第一科政治委员；1937年1月，任红军后方政治部主任；7月，又调任红一军团政治部主任。

抗日战争爆发后，原红一军团、十五军团和七十四师合编八路军115师，师长林彪，副师长聂荣臻，罗荣桓任政训处（后改为政治部）主任，1943年3月，罗荣桓任山东军区司令员兼政治委员，同时兼任115师政治委员、代理师长；9月，担任山东分局书记，统一领导了山东党政军各项工作。日本侵略军投降后，罗荣桓奉命组织山东部队6万余人、地方干部4000余人开赴东北，就任东北民主联军副政委。1948年8月，罗荣桓任东北野战军（不久改为第四野战军）政委，参加指挥了闻名中外的辽沈战役和平津战役，为中国人民的解放军事业做出了卓越贡献。

中华人民共和国成立后，罗荣桓担任中央人民政府最高人民检察署检察长，人民革命军委员会副主席、解放军总政治部主任兼总干部部部长、解放军政治学院院长、全国人大常委会副委员长、国防委员会副主席等重要职务。1955年9

月，罗荣桓被授予中华人民共和国元帅军衔和一级八一勋章、一级独立自由勋章、一级解放勋章。1963 年 12 月 16 日，病逝于北京。

名胜古迹 *罗荣桓故居* 罗荣桓故居纪念馆位于南湾村，由 315 省道与城关相连接，距县城 30 千米，衡阳市 80 千米，主要纪念设施有：异公享祠、南湾古戏台、罗帅母校、罗帅铜像纪念广场、罗帅生平业绩陈列馆和罗荣桓元帅办公室、卧室复原陈列室等。

1983 年 10 月，罗荣桓故居公布为湖南省重点文物保护单位；1985 年 11 月，经修复后正式对外开放，胡耀邦题写了“罗荣桓故居”牌匾；1995 年，被公布为湖南省爱国主义教育基地；2004 年，被国家列入“100 个红色旅游经典景区”之一；同年，又被湖南省旅游协会评选为“湖南百景”之一；2005 年，被湖南省人民政府批准为“全民国防教育基地”；同年，又被中宣部公布为“全国爱国主义教育示范基地”；2006 年，被评为第四届“中国红色旅游市场游客满意十佳景区”、国家 AAA 级旅游景区；2007 年，被评为湖南省文明风景旅游区；于 2008 年 3 月起免费开放；2011 年，被评为国家 AAAA 级景区；2013 年，被公布为全国重点文物保护单位。总占地面积 74012 平方米，建筑面积 1900 平方米。

异公享祠，坐西朝东、砖木结构、单层二进五开间设外廊，建于 1914 年。1915 年上半年，13 岁的罗荣桓与家人从新大屋迁居到此，至 1927 年 4 月离开家乡走上革命道路，在这里断断续续度过了 12 个春秋。1927 年，罗荣桓把家乡当作从事革命活动的实验基地，在这里留下了一串串光辉的足迹。

南湾古戏台，位于罗荣桓故居北面 50 米。这座建于清代中叶、古香古色的建筑，是 1926 年下半年罗荣桓在家乡开展农民运动时举行群众大会、进行演讲的地方。为县级文物保护单位。

罗帅母校“岳英小学”旧址——壹山公祠、令德公祠，位于罗荣桓故居斜对面，分别建于清朝嘉庆和道光年间。辛亥革命后，罗荣桓的父亲罗国理在此兴办“罗氏高等国民小学堂”。从 1914 年入学至 1917 年年底毕业，罗荣桓作为第一批学生，在这里读书三年。1926 年 11 月，罗荣桓回到家乡开展农民运动时，在这里办起了农民夜校，成立了衡山县梦字九区农民协会。2002 年，修复后对外开放。

罗帅铜像纪念广场，位于南湾村南面的罗家山上，建于 2002 年，占地面积 80 余亩，共分三级广场。其中第三级广场，即最高一级广场，为整个广场的主体和中心，占地约2000平方米，广场中心位置上坐东南朝西北、矗立着一尊高8.1米的罗荣桓元帅铜像。座基上刻着“罗荣桓元帅铜像”七个大字，为江泽民亲笔题写。

罗帅生平业绩陈列馆，位于罗帅铜像纪念广场西南侧，建于2002年，建筑面积约1200平方米。陈列馆正门上的“罗荣桓元帅生平业绩陈列馆”由薄一波题写。陈列馆采用中国传统庭院式布局，设有序厅，尾厅，罗帅办公室、卧室复原陈列室和六间展室；陈列面积约6100平方米。罗帅生平业绩陈列展分五大部分，共展出各个时期的珍贵照片（图）188幅，珍贵革命、历史文献资料及实物110件（含罗帅子女赠送实物），雕塑1件。

南湾八景　锡岩仙洞、金觉神碑、双流夹镜、五马绕云、雷坡晓霞、虎丘夕照、寒潭秋月、麻姑醴泉，并称南湾八景。

锡岩仙洞　锡岩仙洞位于锡岩村，距县城30千米，距罗荣桓故居2.5千米，自古为“楚南第一景”。据《湖南省通志》记载：“晋称息岩……唐赐封为仙洞，明代‘息’为‘锡’，自此称‘锡岩仙洞’，一直沿用至今。”洞口东向，面积约10万平方米，有大小洞厅70余个。于1994年起步开发，1996年开放游览线路2000来米，依次是迎客厅、芙蓉洞、仙人洞等20余个厅堂，各洞厅分别有“金龟迎客”“金鸡下蛋”“仙人聚会”“渴龙饮泉”等百余处景观。其中“葵花洞”高10米，面积约500平方米，是目前已开发的高大洞厅，有“海市蜃楼”“八仙过海”“犀牛望月”“仙女出浴”等20余处景观。锡岩仙洞是溶自然景观与人文景观于一炉的大型溶洞，洞壁间现仍清晰可见的历代文人题咏有60余处，其中以谢灵运的题壁诗《岩下赞》最为珍贵：“衡山采药人，路迷粮亦绝。过息岩下坐，正见相对说。一老四五少，仙隐不可别。其书非世教，其人必贤哲。”

1994年，与源于罗霄山脉的洣水一并被省人民政府批准为省级“锡岩仙洞——洣水风景名胜区”。

金觉神碑　锡岩仙洞上面是著名的金觉峰，海拔740.8米，为衡东县境内第二高峰。清《衡山县志》载：“山高千丈，下有锡岩，或曰山神，名玉女，唐时赐封金觉，亦名金觉岩。”

金觉峰分主峰、后峰，两峰相距70多米，中间隔着一个山坳。远远望去，主峰像是一雄狮头，后峰似狮尾，犹如雄狮昂首太空。主峰上有座唐建玉女真人庙，为南岳衡山著名道观之一。后峰上有座观音殿，殿后有块巨石，摇得动搬不动，上面还有一些若隐若现、读不懂的“文字”，这就是著名的“南湾八景”之一的“金觉神碑”。

关于金觉神碑的神奇，清《衡山县志》是这样记载的：“碑在金觉山，长八尺许，露立山巅，碑上文字，剥蚀不可识。当旱祷雨，以手推之，动则立应。”又载：“唐封金觉而碑立，今字尽磨灭，而祷雨，人们往之呼应。”

自古相传，人们上山求雨，推摇金觉神碑，发出“嗬罗、嗬罗”的声音，不出日内，天上便会降雨。清人熊方受诗曰：“神碑突立半崖中，片石居然润物功。不敢等闲披藓读，风雷常恐化金龙。”1966年，观音殿拆毁时，砖石将碑湮没。

双流夹镜　又名双流拱壁。距罗帅故居西南侧约600米处的南湾河中有一壁洲，来自锡岩与泉陂的两股溪流在此汇合，环洲而去。双流汇合处有座石桥，旁边一片古树，蓬勃苍翠。双流、石桥、古木浑然一体，相映成趣。

五马绕云　又名五马共槽。在距罗帅故居约2千米的北冲新大屋后背有口不规则的长条形水塘，水面宽阔，湖水碧透，四周有5座小山的山嘴伸向塘中，形似5匹骏马共饮一槽水。冬春时节，这里经常会出现漫雾腾云萦绕“五马”的奇观景象。

雷坡晓霞　离罗帅故居不到1千米处的榔渔山对面，有块高约30米、长约50米，似刀劈成的半圆形石壁，人称：“雷坡”。每当霞光照耀其上，反射出五光十色的光芒，蔚为壮观。

相传此地原有一口宝塘，塘中有一宝石，宝石上露出一层宝盐，供周围乡民食用。当地一财主欲将“三宝”占为已有，竟将死去的女儿葬到宝塘边的山坡上。天理不容，只见惊雷霹雳，将山坡劈掉半边，即成雷坡。

虎丘夕照　在锡岩仙洞南面不到2千米处，有一座山丘形似猛虎扑地。山间有一老虎岩，岩洞宽约2米、高约3米、深约20米，相传这里曾有神虎盘踞。洞口上方有一面20余米见方的峭壁，每当夕阳返照其上，金光闪闪，璀璨夺目。

寒潭秋月　位于罗帅出生地新大屋旁边。虎形山、凤仙山夹峙寒潭两侧，山泉汇入，潭水清凉，水平如镜。皓月当空的秋夜，这里银辉如泻，水中月影似玉盘，景色幽雅迷人。清《衡山县志》云：“秋月横空，水天一色，寒潭写影不是过也。”

麻姑醴泉　在南湾街北头马公桥有一口清泉，泉水深不盈尺，阔不及丈，清澈见底，甘甜可口。这口水泉的来历有一个动人的传说：相传寒潭潜居着一条降妖除害的神龙。一日，一孕妇从潭边经过，阵痛发作而在此分娩。神龙大为不悦，腾空离去。经过马公桥上空时，被麻姑仙女拦住，好言相劝，神龙才重返寒潭。从此，这里生出一口泉水。人们感谢麻姑劝留神龙，将此泉取名“麻姑泉”。

新屋古村　位于荣桓镇，居虎形山西坡，面对开阔的农田。村内建筑均坐西朝东，主体建筑新大屋为清道光十二年（1832）萧家所建。村落以此为中心，在中轴线上扩建四进七横，占地约20亩。格局依山坡西高东低梯级分布。整体院落由槽门、过厅、大厅、祖堂和两侧厢房及各屋之间天井组合而成。建筑样式为典型的湘东南传统建筑类型，房屋上的砖雕、彩绘及木雕工艺精湛，具有浓郁的本地特色。新大屋为前低后高院落式布局，砖木结构，青灰色瓦顶。该屋基本保留完整，是一处规模较大的清代建筑群落，并遗存有大量精美的建筑构件。于2003年公布为县级文物保护单位。

文献辑存

罗荣桓给罗晏清[1]的信

四月间在延安接到来信，因忙于事务，未先作复，殊为歉甚。

现随军北上抗战以后，对家庭更无法顾及，非我无情，实遇此国难当前，奈何！弟十年志之所在，想久已谅解，无详述之必要。

玉英[2]小孩，蒙兄等爱护，当表示感谢。还希望继续维持，使他能够有所成就，不致陷于无知无识，弟虽战死沙场，毫无顾虑。

以后通讯，如在可能条件之下，当给以传递捷报。即此

敬祝全家安好

罗荣桓

九月十二号

①罗晏清，罗荣桓的二哥。

②玉英，罗荣桓的女儿。

罗荣桓给罗东进[1]的信

你八月四月[2]来信收到，你所提出的问题，我简略答复如下：

理论学习必须联系实际，因为理论是来自实践，而又去指导实践，再为实践所证实，所补充，如果理论离开实践，就会成空谈，成为死的东西。学毛主席著作，亦不要只满足一些现成的语句或条文，最重要的是了解其实质与精神，所谓带着问题去学毛主席著作，决不能只是从书上找现成的答案。历史是向前发展的，事物是多样性的。因此，也就不可能要求前人给我们写成万应药方。

你同同志们对问题的看法有些不一致，也是很自然的。个人看问题方法没有一致的基础——唯物辩证论的基础，还缺乏实践生活，因此同志间互相交流意见，交换不同的看法，甚至必须经过争论，才会有可能求得一致。但不要在同志间无论对谁存在成见用事。

你在引用我的话（时），“要靠自己吃饭”，看在什么问题上讲的，不要把个人与集体存在对立的说法。干部子弟有些不争气，须互相帮助，改正自己，不要轻易给人戴上帽子“腐化”。大致上干部子弟中有特殊优越感，在同学中生活表示突出，不艰苦，不朴素，应该劝导，要保持革命的光荣传统。

对同志是互相信任的，是互相听取不同的意见，决不能只相信自己，不相信大家，排斥大家意见。同志们有错误，不仅要批评，还着重在帮助改正。对基层组织干部、老干部，更应该虚心向他们学习。要经常记着毛主席的话，“虚心使人进步，骄傲使人落后”。

你不要经常关心我的身体，我现在作一点工作，有时也在忙一阵，你妈妈的身体也无关重要的一些小毛病。你对个人问题的处理，要不忙于考虑，特别慎重。

一九六一年四月十四日

---

①罗东进即罗荣桓的儿子，当时在哈尔滨军事工程学院学习，因对当时提出的带着问题学习毛主席著作的学习方法有不同看法，写信向父亲请教。

②应是4月8日，属笔误。

岩下

［晋　谢灵运］

衡山采药人，路迷粮亦绝。过息岩①下坐，正见相对说，一老四五少，仙隐不可别。其书非世教，其人必贤哲。

南湾八景

［清　熊方受］

金觉神碑

神碑兀立半崖中，片石居然润物功，不敢等闲披藓读，风雷常恐化金龙。

锡岩仙洞

遮莫神僧卓锡岩，岩间古洞陷松杉，问津应有渔人到，款乃声中挂席帆。

双流夹镜

昨岁看山到宛陵，双流夹镜正秋澄，拈毫更写南洲胜，清景还疑梦见曾。

五马绕云

绣台散作五花云，蹀躞如空冀北群，不向风尘受羁靮，曷来岭上踏寒云？

雷坡晓霞

盘龙寺右敞雷坡，霞散晴空五色多，应是当年流电火，至今馀彩照岩阿。

虎丘夕照

风吹夕照堕长林，一片荒丘虎迹侵，却忆苏台闲吊古，茫茫霸业已消沉。

寒塘秋月

澄潭百尺向人清，小立堤边趁晚晴，莫讶夜深寒彻骨，一轮皓月最空明。

---

①息岩即今锡岩洞

麻姑醴泉

曾说麻姑倩影妍，满奁秋水净涓涓，蓬莱几度看清浅，万古长流只此泉。

锡岩仙洞

[清　陈纶]

桃花仙子巧避秦，一支藏名顷千春，陶公曾入东林社，不许武陵再问津。南山之南多异迹，石乳滴滴成仙人，车载斗量不可数，各分十笏全其真。当年谢公题诗处，以火烛之犹堪循，罗汉韦驮纷相属，葵花莲花色色新。其中云波甚诡谲，人物器用森罗陈，此皆扶舆自蟠结，可怜造物费陶甄。壮哉此游真奇绝，只悉烛尽误刘晨，言旋稳识来时路，莫似渔人失旧因。

七律·吊罗荣桓同志

毛泽东

记得当年草上飞，红军队里每相违。长征不是难堪日，战锦方为大问题。斥鷃每闻欺大鸟，昆鸡长笑老鹰非。君今不幸离人世，国有疑难可问谁？

悼罗荣桓同志

[朱德　1964 年 1 月]

起义鄂南即治军，忠诚革命贯平生，身经百战摧强敌，留得丰功万古存。

悼罗荣桓同志

[叶剑英　1964 年 1 月]

毕生战斗明敌我，人类庄严一典型。大业方兴公竟逝，哀歌声里起雷霆。

悼罗荣桓元帅

[徐向前　1964 年 1 月]

相识近卅载，战友亦良师，建军正多赖，噩耗竟早传。国际风云紧，敌寇常肆虐，国家失栋梁，全军悲难绝。何以慰英灵？奋力承大业。

痛悼罗元帅

［张爱萍　1963 年 12 月］

噩耗惊天地，全军放悲声。马列毕生志，主席思想深，群众作挚友，干部当至亲。痛失一良师，继志不后人。

悼罗荣桓元帅　二首

［莫文骅　1963 年 12 月］

尽瘁为民仆，终生对党忠。阵上元戎概，幕中长者风。韬略辅国计，思想砺英雄。星殒三军震，泪洒血殷红。

宇内风云急，晚辈待育帮。国骏途中逝，哀哉折栋梁！遗训铭肺腑，行为宜健康。力量从悲出，奋发益自强。

锡岩洞纪游

［清　罗效祖］

嘉庆丙子，方伯翁札修志书。丁丑冬，资阳孝廉张香坞先生司谕吾邑，闻锡岩奇绝，为晋永和初岩下翁采药处，将采之以补旧志阙。戊寅腊月，肩舆抵洞。四日巳刻，设牲醴，撰文，祭毕，秉炬入。余携酒饵同行。时童叟相随，入者前后以百计。初级狭，几不容身，匍伏十馀步，可侧身行，又十馀步，遂开敞若广厦。中多异石，若人若物，若鬼神，若奇花异树，马肺牛肝，尽相穷形，虽画工有弗逮，固已目不暇赏矣。未几，钟鼓齐鸣，宫商相叶，若乐工之作，铿铿然足动人听。先生曰：“此何声哉？”询诸老人。始知前有石，不钟鼓形而钟鼓音，先行者翕而击之，而噌吰镗鞈有如斯也。过钟鼓又里许，危岩面立，几无可通，拟将返。余炬之，壁右一穴，去地三尺许，圆如镜，径尺余，旁书“二重天”字。先生曰：“此亦可入乎？”言未已，有童子先入者十馀，自穴络绎出，坠而下。先生笑绝缨曰：“诸儿都从天上降生来也！”出毕，扪岩匍伏入，穹窿高敞，较胜前洞。有渴龙饮泉处，池一泓，不半亩，水浅而清，上有石嘴若龙头向下垂，作饮状。前行为珍珠伞，高丈馀，柄大于升，周围出四尺馀，滴乳成衣，结络似珍珠，下小儿眉发并现，笑晏晏倚柄立，若恐游人之涴此伞特为护者，亦异景也。去伞数百步，前明邑宰鲍德诗题左壁。由鲍诗前之中岩，得石龛，额题“题诗处”。龛颇深，宋谢康乐咏岩下翁诗在焉。旁注“命童子宣绵书”数字。书法瘦硬，虽千年未灭也。其他邑前辈及骚人题咏亦不鲜，然字迹端楷，终不宣绵若。龛较高出，其台可坐八九人，余曰：“盍憩乎？”因各脱一履，垫而坐。呼童子炬热酒，又取馍饵，贮以衽，饮者酒，不饮者饵。于是，腹稍果，游兴益勃勃矣。见龛石有桥，题曰“会仙”，不甚平，亦不甚正，空下。坡而上，至聚仙台，台高八九尺，平其顶，上有数矮人，如立台而望者。过台下，历一区，颇平坦，中立石，似烛，大几两人抱，第少著火耳。自此而进，则三洞矣。二洞洞在上，三洞洞在下，以火烛之，深不可测，遂相与寻道而出。出则树影参差，夕阳在山矣。锡岩畔有洞二，曰龙曰风。风洞不可入，龙洞则多游者，奇绝亦不亚于锡岩。先生曰：“暑夕乎，愿俟诸异日以纪其胜。”

锡岩洞

[佚名氏]

在邑土字，深不计里，中多歧路，游者列炬而入，彻昼夜不能穷其底。初窄甚，数十步始开敞，其穹窿如高阁，连接如比屋者，凡十余处。内有金钟、玉鼓、韦驮、土地、观音、睡仙、牛肝、马肺诸胜，胜尽境穷，疑无复之。右石壁去地二三尺得圆洞口极狭，右书“二重天”字，匍伏入数丈，乃可掉臂行，其宽敞高峻较胜前。洞中有仙鹅池、葵花洞、藏龙洞、金莲、金鲤、玉笋、金阶、渴龙饮泉、珍珠伞及会仙桥、会仙楼等胜，其奇石罗列，似人似物，似花卉器皿者不可胜数，大都皆钟乳结成，备极工巧。由会仙楼下前行数十步，得竖石如大烛，上有蜡心几可著火。巨烛之前，地洼洼不可测，炬照之，亦有洞第，非以绠系腰不敢下，即下亦险僻不敢入，游览者多自此返。又有风、水、云、雷四洞俱在锡岩之旁，其中怪石异境有与一重二重类者，有特开生面绝不相肖者，而为钟乳凝结则大略从同。会仙桥之左有石突出如覆版状，内空洞若小龛然，又有“楚南第一景”五字。游人题诗石壁，所在有之，不可胜录。

（原载清光绪《衡山县志》）

荣桓镇（乡）主要领导名录

一、中共荣桓镇（乡）委员会书记

荣桓乡工委书记、主任

李桂生（1989. 05—1989. 12）

党委书记

李桂生（1989. 12—1990. 04）

徐水程（1990. 04—1992. 02）

廖梓生（1992. 02—1995. 01）

曹品高（1995. 01—1998. 02）

彭新风（1998. 02—2001. 01）

尹立鑫（2001. 01—2008. 02）

段忠贤（2008. 02—2011. 08）

刘志丹（2011. 08—　　　）

二、荣桓镇（乡）人大主席团主席

许树生（1989. 12—1992. 02）

黄祖生（1992. 04—1995. 11）

阳发清（1995. 11—1997. 01）

谭根云（1997. 04—2001. 11）

肖星明（2001. 11—2006. 01）

颜勇征（2006. 05—2010. 01）

刘米良（2010. 04—　　　）

三、荣桓镇（乡）人民政府乡（镇）长

徐水程（1989. 12—1991. 02）

廖梓生（1991. 04—1992. 02）

许树生（1992. 04—1992. 12）

阳发清（1992. 12—1995. 11）

颜机成（1995. 11—1998. 02）

刘碧兰（1998.04—2001.01）

赵衡辉（2001.04—2003.02）

陈扬荣（2003.05—2007.02）

段忠贤（2007.04—2008.02）

文　明（2008.04—2011.03）

刘　峰（2011.04—　　　）

四、荣桓镇（乡）政协联络工委主任

刘洋宗（1998.03—2001.02）

戴梅成（2001.02—2001.10）

刘春城（2001.10—2003.02）

穰林基（2003.02—2006.12）

周志波（2006.12—2008.02）

李远韶（2008.02—2011.03）

彭宏平（2011.03—2011.09）

向友同（2012.10—　　　）

（撰稿　文君莉　阳洁）

杨桥镇

政区概况

地理位置 位于衡东县东部，东临蓬源镇，南接甘溪镇、荣桓镇，西连白莲镇，北交株洲县龙凤乡。位于北纬 27°08′36″～27°15′19″，东经 113°02′12″～113°11′02″。因杨姓建石桥得名。镇政府驻杨桥街道人民路，距县城 35 千米。

自然环境 辖区地处山地，地势东高西低，地形为丘陵低山。主要山脉有凤凰山、鹤岭等，最高峰凤凰峰，位于凤凰山，海拔 599.5 米，最低点香花坪，位于香花村，海拔 186 米。辖区属亚热带季风湿润气候，年均气温 17.8℃，最低月均气温 5.3℃。年均降水量 1370 毫米，年均降水日数为 90 天，降水集中在每年 3—5 月，5 月最多。境内河道属洣水大流域，主要河道有一级河 1 条，总长 6.2 千米；二级河 4 条，总长 12.8 千米；河流总长度 19 千米。最长的河流为凤凰—香花港，从凤凰村至香花村流经境内 11 个村，长 6.2 千米。已探明的矿藏有石灰石、黏土、煤、萤石、铅锌等，还有少量青石膏、铁矿石、白瓷泥、铅、锌、金、银、铜等。

建置沿革 中华人民共和国成立初期，属衡山县第三区杨桥乡；1952 年，属第十六区，含杨桥、蛟塘两个乡；1956 年，杉山、横路、长岭、长滩乡并入杨桥乡；1958 年，属并举人民公社，后更名杨桥人民公社；1966 年，析置衡东县，境内辖东烟公社、杉山公社、杨桥公社，属杨桥区。1984 年，恢复乡建制，设杨桥镇；1989 年，撤区并乡，东烟乡并入。至 2014 年年末无变化。

行政区划 1989 年年末，辖 30 个建制村，337 个村民小组，1 个居委会，3 个居民小组。2014 年年末，辖杨桥居委会，小鹤、鹤岭、荷家、月山、金凤、香花、荆竹、阳光、南冲、白鹤、排形、上欧、东烟、团源、寒水、凤凰、石门、汆水、长滩、金盆、花江、湖田、杨桥、石岭、如江、石山、虎塘、大塘、蛟塘、金山30个建制村；8个居民小组、343个村民小组。

人口面积 1989年年末，总人口32726人，其中农业人口30245人。1999年年末，总人口33712人，其中农业人口31193人。2014年年末，总人口35680人，其中：农业人口33530人，占94.0%；男性19156人，占53.7%，女性16524，占46.3%。2014年，辖区总面积112平方千米。

经济发展

农业 1989年年末，有耕地面积24938亩，其中水田22319亩，旱地2619亩。1999年年末，有耕地面积23625亩。2014年年末，有耕地面积30240亩。农产品以稻谷为主，农副产品有茶叶、茶油、花生、大豆、西瓜、辣椒、红薯、生姜等。1989年，农作物总播种面积65760亩，其中，粮食作物播种面积45489亩，亩产437公斤，经济作物播种面积1348亩，其他农作物播种面积18923亩。1999年，农作物总播种面积66195亩，其中粮食播种面积44805亩，粮食总产量20696吨。2014年，农作物总播种面积28470亩，其中粮食作物播种面积26175亩。

畜牧业以猪、鸡、鸭为主。1989年年末，生猪存栏18991头，出栏生猪21282头，家禽存笼56767羽，出笼家禽50446羽，水产品产量320吨，水产养殖面积2068亩。1999年，生猪出栏43935头，水产品产量757吨。2014年年末，生猪存栏4.65万头，出栏生猪5.2万头，家禽饲养量47万羽，水产养殖面积3862亩，水产品产量812吨。

20世纪80年代，植有大片杉木林，被评为“湖南省环保生态林业基地”。东烟村为全国林业千佳村，1996年，全村立木积蓄量9000立方米，森林覆盖率60%，林业总收入21万元。1989年，全镇造林面积9436亩，其中人工造林2288亩。1999年，林地面积21570亩。至2014年年末，累计造林3159亩，其中防护林1206亩，经济林1323亩，竹林630亩；住宅四旁植树36万株，森林覆盖率62%。2014年，水果种植1000亩，产量376吨，主要品种有柑橘、葡萄、桃、李等，引进并建成100亩的葡萄种植基地、20多亩的草莓基地。

1990年，境内有油茶林4100亩，为全国油茶低改样板之一，至1996年，亩产茶油量由1990年的2.5公斤提高至10公斤。2014年，引入恒建农林综合开发有限公司和中联田地油茶开发有限公司分别承包境内2000余亩荒山进行油茶开发。

2014 年年末，有农业技术服务机构 1 个、农业技术服务机构从业人员 1 人；农民合作社 21 个、成员 109 户；种植大户 16 户。

工业 1996 年年末，有镇办企业 5 个，村办企业 82 个，个体私营企业 344 个，从业人员 3522 人。有建筑、建材、矿石、食品、服装、家具、手工业等行业。完成总产值 1.61 亿元。2011 年，有工业企业 4 家，职工 158 人，全年工业总产值达 7600 万元。2014 年年末，有工业企业 10 家，工业企业总产值 7236 万元。

商贸服务 1999 年，有集贸市场 2 个，集市贸易成交额 1962 万元，社会消费品零售总额 2533 万元。2011 年年末，有商业网点 168 个，全年社会商品销售总额达 7800 万元；城乡集市贸易成交额 4500 万元。2014 年年末，社会消费品零售总额 3000 万元，市场 3 个，50 平方米以上超市 5 个，住宿餐饮业企业 11 个。

财政金融 1949—1979 年，乡镇财政收支由秘书或粮油委员分管，1980 年，区乡镇设财税所，1989 年，推行乡镇一级财政包干。1992 年，财政收入 146 万元，财政支出 29 万元。1999 年，财政收入 264 万元，财政支出 245 万元。2002 年，取消农林特产税和“五统三提留”。2006 年，取消农业税。2014 年公共财政收入 560 万元，财政支出 790 万元。2014 年年末，有金融机构网点 3 个。

社会事业

教育文化 1996 年年末，有县办中学 1 所（衡东九中），镇办中学 2 所，小学 27 所，在校学生 4803 人，教职员工 193 人。1993—1996 年，全镇筹集资金 300 多万元，新建校舍 5400 平方米，改造校舍 3860 平方米。2014 年年末，有幼儿园 4 所，在园幼儿 878 人，专任教师 40 人；小学 3 所，在校生 2173 人，专任教师 85 人，小学适龄儿童入学率 100%；初中 2 所，在校生 517 人，专任教师 32 人，小学升初中率 100%，九年义务教育覆盖率达 100%。

2014 年，有各类民间艺术表演团体 2 个，演职人员 18 人。乡镇综合文化站 1 个，已建村级农家书屋 21 个，总藏书 35637 册；地方特色民间艺术有皮影戏、渔鼓、剪纸等。

医疗卫生 1989 年，有医疗卫生机构 27 所，卫生技术人员 30 人，床位 30 张，其中村卫生室 25 所；2000 年，有医疗卫生机构 30 所，卫生技术人员 40 人，床位 45 张，其中村卫生室 28 所；2014 年，有医疗卫生机构 30 所，卫生技术人员 74 人，床位 59 张，其中村卫生室 28 所。

2007 年 1 月 1 日，衡东县正式启动新型农村合作医疗。是年，参合人数 24999 人，参合率 90%；2014 年，参合人数 31131 人，参合率 99.64%，补偿金额 1145.36 万元。

社会保障 2006 年，实施城乡居民大病医疗救助。是年，救助 15 人次，救助住院医疗费 22000 元。2014 年，救助 11 人次，救助金额 37200 元。

2007 年，实行农村居民最低生活保障待遇。是年，境内有低保对象 69 户 146 人，总金额 16440 元。2014 年年末，有低保对象 660 户 1280 人，月人均保障标准 165 元，总金额 138585 元。

2011 年，修建杨桥敬老院，占地面积 2 亩，床位 50 张。2014 年，有社会福利收养性机构 1 所，床位 40 张；有“五保”对象 173 人，其中集中供养 135 人，分散供养 38 人。月标准 450 元。

2012 年，全县启动城乡居民社会养老保险；是年，境内参保人数 20355 人，缴费人数 14706 人，参保率 98%。缴费金额 1538200 元，发放 2195930 元。2014 年，参保人数 21002 人，缴费人数 10747 人，参保率 74%。缴费金额 1115700 元，发放 3624060 元。

基础设施

交通邮电 中华人民共和国成立前，境内有丰塘至攸县的驿道通过。1958 年，以民工建勤方式，动工兴建石岗至杨桥、东烟至杨桥 2 条简易公路。1967 年，衡攸公路（S1820 线）通车，境内交通大为改善。1999 年，乡镇公路里程 32 千米。2014 年年末，已形成以公路为主等运输方式构成的运输网络。211 省道过境长 10 千米，双向 4 车道，通往株洲。有县道 32.09 千米，乡道 4.12 千米。农村客运站 1 座，农村客运招呼站 13 座。2014 年，有客运汽车 34 辆，680 座，年客运量 4 万人次；有货运汽车 460 辆，3200 吨位，年货运量 80 万吨。

1949 年 10 月，境内通往县城的邮路属珍珠、白莲、杨林桥、横路线。邮件靠人工步行肩挑。1961 年，设杨桥区邮政支局。1969 年 12 月，邮件委托汽车运输公司代运，1979 年，县邮电局自筹资金，开办杨桥至横路的摩托车邮运。1990 年后，邮件实现自办汽车邮运。2014 年年末，设杨桥邮政支局，营业面积

276 平方米，从业人员 7 人。投递点 30 个，乡村通邮率 100%。

民国 26 年（1937），架通石湾至杨桥电话线，始通电话。1959 年，公社安装总机，电话线路通大队。1989 年，电话线路属吴集至莫井线。1995 年，杨桥镇成为衡东县最后一个甩掉摇把子电话乡镇，开通程控电话，装机 87 部，净增 73 部。2014 年年末，有电信服务网点 5 个；固定电话普及率 30%；移动电话普及率 90%；宽带接入用户 480 户。

供水供电 村民饮水习惯多从水井或山塘堰坝取水。20 世纪 80 年代以后，发展压水井和潜水泵井。1994 年年末，自来水受益人口 1100 人。2010 年建成杨桥水厂，供水人口 14500 余人。2012—2013 年投资 240 万元改造杨桥水厂，日供水量提升至 500 吨。

1976 年后，各村逐步通电。1994 年年末，通电村 30 个，农村用电量 85.8 万千瓦时。1998 年，境内长滩村第一个实现农电网改造，至 2012 年年末，30 个村全部完成农电网改造任务。2014 年年末，全镇用电总量 1223 万千瓦时。

镇村建设 镇区房屋建筑主要是沿省道 211 而建。2001 年，为取缔马路市场，高标准兴建 2 个市场。2006 年，按 15 年城市远景规划，新建和搬迁停车场。筹措 26 万元，安装街道路灯 30 盏，亮化镇区；投资 20 万元对原有的 600 米长的街道排水系统进行改造和疏通；成立杨美环卫保洁公司，环卫工作市场化运作；开展市场和街道环境专项整治，拆除违章摊棚，取缔马路市场。2012—2014 年，投资 1000 余万元，全面启动和完成红卫、蛟塘、花江、朱巴江、颜家冲等水库除险加固工程；投资 800 余万元完成山平塘清淤 6 口，硬化渠道 3000 余米，打抗旱井 25 口，新建机电排 49 座（台）。投入近 10 万元抓农村环境综合整治，打造 2 个新农村建设示范村；投入近 30 万元在团源村建垃圾填埋场 1 处，垃圾焚烧炉 1 个；投入 4 万元在 S211 线公路沿线建环保垃圾房 10 间，垃圾池 106 个，并组织专门垃圾清运车清理运送。

特色地情

名胜古迹 凤凰峰 地处杨桥境内，海拔 599.5 米，为南岳七十二峰最东的一座峰。明弘治《衡山县志》记载："昔祝融君登南岳，谒玄君，感碧鸡，凤凰集于此，故名。"《南岳志》云："上有峻坡生梧桐，朱雀荐瑞来仪。"据《南岳诗选》注载：凤凰峰系据诗仙杜甫“朱雀凤行”诗而命名。其山形像一只延绵十里的凤凰，头朝东方，呼声嗷嗷，振翼欲飞，凤头坐落在杨桥凤凰村，右翼伸至攸县，左翼伸至株洲，凤身在杨桥石门村，凤尾拖至洣河夏浦新泉。山上奇峰簇拥，林木苍翠。有一座古乌龟仙庙，香火旺盛。庙右侧为“三圣殿”。庙左侧为“缘和堂”，内供奉观世音佛像，庙前有一口井，每年3月初3日，6月初6日，9月初9日清晨，方圆百里数千人点灯携水壶来到山井舀“神水”喝，据传对皮肤病有一定疗效。

凤凰山风力发电场　2014年7月，中国水电建设集团就衡东境内风能资源进行前期测算，预计可利用风电资源共计45万千瓦。9月，衡东县政府与中国水电建设集团新能源资源开发部签订协议，共同开发风电资源。衡东县凤凰山风电场工程2014年7月开工，一期25台风力发电机，每台风力发电24小时不间断发电，日发电量达2000千瓦。二期工程19台风力发电机。项目建成后，44台风力发电机屹立在凤凰山脉，沿凤凰山脉从杨桥镇一直到蓬源镇，不仅高效利用了境内的风电资源，也成为一个非常壮观的旅游景观。

鹤岭　位于鹤岭村，海拔232米，是凤凰峰的右翼，山顶有东岳庙。山上怪石林立，千奇百怪，蔚为大观。关于鹤岭为什么石头多，有一个美丽的传说。相传盘古开天地后，观世音菩萨怜恤杨桥地带的人过岭艰难，要把阻塞通道的鹤岭赶下南海。于是她把鹤岭一带的大小石头都点化为猪崽，用神鞭日夜赶着。一日，菩萨遇到土地神仙，便问：“老人家，看到我群猪崽过岭去了吗?”土地回答：“我没有看见什么猪崽，只见许多石头在滚动。”土地一语道破了天机，山也赶不动了，大小石头都停在岭上。

鹤岭自古就是文人墨客的钟情之地。清代探花谭鑫振曾为东岳庙题写“紫气东来”匾额，惜毁于“文化大革命”期间。为鹤岭题写的对联“鹤从何处飞来，嘹亮一声天下闻；岭是此间胜地，光华千载古今看”，至今为人传诵。

鹤岭东岳庙坐西北朝东南，面积200多平方米，内塑东岳大帝、观音、财神、武将像。清光绪六年（1880），谭鑫振（石湾泉水人），赴京殿试得一甲第三名（探花），任翰林院编修。点探花后，回乡省亲，游南岳时写了“半山亭记”后回到故乡，时值鹤岭东岳庙落成，应邀写了“紫气东来”的匾额，悬挂在庙门首。并撰书庙联：“鹤从何处飞来，嘹亮一声天下闻；岭是此间胜地，光华千岁古今看。”尤其是“紫气东来”四字，气势非凡，独具一格，来往行人无不称赞，一百多年来，在民间传颂着。惜乎庙宇年久失修，原宇已无踪迹。在鹤岭古老的山道上，自古修建了一座过路亭，以供行人歇脚，亭子两边有一幅亭联："鹤去几何年，问山不语；岭高若千尺，登顶自知。"

名优特产 麸子肉 "杨桥麸子肉"是传承于衡东县杨桥地区的一道农家特色菜，也是衡东土菜的一道金牌菜。它因浓香、肥而不腻而深受食客的欢迎。加上制作主原料之一的红曲米粉的调配而更显喜庆，故有"东方红云"的美誉。

文献辑存

朱凤行

［唐 杜甫］

君不见潇湘之山衡山高，山巅朱凤声嗷嗷，侧身长顾求其曹，翅垂口噤心甚劳。下恐百鸟在罗网，黄雀最小犹难逃，愿分竹实及蝼蚁，尽使鸱鸮相怒号。

杨桥镇主要领导名录

（1989.05—2014.12）

一、中共杨桥镇委员会书记

杨桥镇工委书记、主任

单志华（1989.05—1989.12）

党委书记

向献国（1989.12—1992.12）

曾连桂（1992.12—1994.04）

陈　鑫（1994.04—1998.02）

彭青松（1998.02—1999.10）

阳社平（1999.10—2003.01）

晏志君（2003.01—2006.03）

陈建平（2006.03—2011.08）

侯茂根（2011.08—　　）

二、杨桥镇人大主席团主席

谭文达（1989. 12—1992. 10）

曾连桂（1992. 12—1994. 03）

罗新元（1994. 04—2001. 11）

戴晚良（2001. 11—2002. 10）

戴梅成（2003. 05—2006. 01）

戴玉成（2006. 05—2012. 10）

罗香蓉（2012. 11—　　　　）

三、杨桥镇人民政府镇长

曾连桂（1989. 12—1992. 03）

刘雪林（1992. 03—1995. 11）

黄艳云（1995. 11—1998. 02）

阳社平（1998. 04—1999. 08）

胡金明（2000. 04—2003. 01）

陈建平（2003. 05—2006. 03）

侯茂根（2006. 05—2011. 09）

彭宏平（2012. 03—2013. 06）

李振华（2013. 12—　　　　）

四、杨桥镇政协联络工委主任

刘铁芳（1998. 03—2001. 10）

陈建平（2001. 10—2003. 02）

刘春香（2003. 02—2005. 04）

董小平（2005. 04—2008. 02）

罗香蓉（2008. 02—2012. 10）

吴阳谷（2012. 10—　　　　）

（撰稿　文君莉　吴果林）

蓬源镇

政区概况

地理位置 位于衡东县东北部，东南和攸县相连，西与杨桥镇、荣桓镇接壤，北界株洲县。位于北纬27°08′03″~27°14′57″，东经113°09′57″~113°16′37″。因蓬源仙而得名。镇政府驻横路村，距县城45千米。

自然环境 地势北高南低，为典型的丘陵地形，最高峰“蓬莱峰”位于横路村，海拔644米，最低点位于双林村。属亚热带季风湿润气候，年均气温18℃，年均降水量1100毫米，降水集中在每年5—6月，6月最多。境内已探明的地下矿藏有煤、锰、铁等。

建置沿革 中华人民共和国成立初期属衡山县第十三区杨桥乡；1952年，属第十六区；1956年，与翠佳、石咀、石枧三个乡合并为横路乡；1958年，属并举人民公社；1959年，属杨桥人民公社；1961年，调整公社体制设立横路人民公社；1966年，析置衡东县，境内设横路公社、石枧公社，属杨桥区；1984年2月，恢复乡建制，设立横路乡人民政府；1989年，云集乡（于1984年由石枧乡更名）与横路乡合并称横路乡。2002年，撤销横路乡设立蓬源镇，至2014年年末无变化。

行政区划 1989年年末，辖28个建制村，265个村民小组。2014年年末辖蓬源1个居委会；东山、金龙、盆金、横路、新芙、潭江、订塘、东方、胜利、新江、龙虎、青山、青峰、罗木、池塘、文家、大阁、石枧、广塘、塘碧、石咀、翠佳、双林、泉湖、茶亭、强兴、夏屋、云集28个建制村；2个居民小组、272个村民小组。

人口面积 1989年年末，总人口23550人，其中农业人口22733人。1999

年年末，总人口24006人，其中农业人口23514人。2014年年末，总人口26640人，其中：农业人口21398人，占80.3%；男性13840人，占52.0%，女性12800人，占48%。2014年，辖区总面积84平方千米。

经济发展

农业 1989年年末，有耕地面积21744亩，水田19287亩，旱地2457亩。1999年年末，有耕地面积20700亩。2014年年末，有耕地面积18915亩。农产品以稻谷为主，盛产茶油、大豆、花生、红薯、生姜、辣椒、百合、生猪、鲜鱼、家禽和蛋品等。1989年，农作物总播种面积56961亩，其中，粮食作物播种面积37408亩，亩产456公斤，经济作物播种面积3698亩，其他农作物播种面积15855亩。1999年，农作物总播种面积62055亩，其中粮食播种面积44655亩，粮食总产量20934吨。2014年，农作物总播种面积52605亩，其中粮食作物播种面积34665亩。

畜牧业以养猪、牛羊为主。1989年年末，生猪存栏14729头，出栏生猪17057头，家禽存笼41573羽，出笼家禽33937羽，水产品产量210吨，水产养殖面积1644亩。1999年，生猪出栏29770头，水产品产量367吨。2014年年末，生猪存栏2.85万头，生猪出栏5.26万头。畜牧业总产值2100万元，占农业总产值的29.3%。

1989年，造林面积14468亩，其中人工造林7774亩。1999年，林地面积26940亩。2014年，有林地面积35790亩。

2014年年末，有农业技术服务机构1个、农业技术服务机构从业人员2人；农民合作社3个、成员16户；种植大户7户。

工业 1996年年末，镇、村、个体企业253个，从业人员3367人，占全镇劳动力30%。完成乡镇企业总产值7160万元，实现利税710万元。初步形成建筑、花炮、采石、食品、服装、家具、运输和手工艺品等行业和产业。2014年年末，有工业企业25家，工业企业总产值147万元。

商贸服务 1995年，动工兴建的集工商贸于一体的金龙边贸市场，建筑面积1.2万平方米。每逢赶集，茶叶、水果、蔬菜、水产、生猪等土特产品竞相上市，年零售总额300万元以上。1999年，有集贸市场2个，集市贸易成交额465

万元，社会消费品零售总额 1336 万元。2014 年年末，社会消费品零售总额 230 万元，市场 1 个，50 平方米以上超市 2 个，住宿餐饮业企业 31 个。

财政金融 1949—1979 年，乡镇财政收支由秘书或粮油委员分管，1980 年，区乡镇设财税所，1989 年，推行乡镇一级财政包干。1992 年，财政收入 104 万元，财政支出 20 万元。1999 年，财政收入 273 万元，财政支出 273 万元。2002 年，取消农林特产税和“五统三提留”。2006 年，取消农业税。2014 年，公共财政收入 90 万元，财政支出 90 万元。2014 年年末，有金融机构网点 2 个。

社会事业

教育文化 1990 年，筹资 450 万元，新建和改建校舍 1.8 万平方米。1995 年，投资 140 万元，易地重建云集中学，扩建横路中心小学。1996 年，有初中 2 所，在校学生 610 人；小学 30 所，在校学生 3264 人；共有教师 169 人。2014 年年末，有幼儿园 9 所，在园幼儿 800 人，专职教师 35 人，小学 4 所，在校生 1200 人，专职教师 65 人，小学适龄儿童入学率 100%；初中 2 所，在校生 350 人，专职教师 30 人，小学升初中率 100%，九年义务教育覆盖率达 100%。

2014 年，有各类民间艺术表演团体 2 个，演职人员 26 人。乡镇综合文化站 1 个，村级农家书屋 28 个，总藏书 50000 万余册；地方特色民间艺术有皮影戏、花鼓戏等。

医疗卫生 1989 年，有医疗卫生机构 29 所，卫生技术人员 10 人，床位 10 张，其中村卫生室 28 所；2000 年，有医疗卫生机构 29 所，卫生技术人员 11 人，床位 15 张，其中村卫生室 28 所；2014 年，有医疗卫生机构 31 所，卫生技术人员 15 人，床位 24 张，其中村卫生室 28 所。

2007 年 1 月 1 日，衡东县正式启动新型农村合作医疗。是年，境内参合人数 19350 人，参合率 86.2%；2014 年，参合人数 24312 人，参合率 99.79%，补偿金额 802.68 万元。

社会保障 2006 年，实施城乡居民大病医疗救助。是年，救助 11 人次，救助住院医疗费 14700 元。2014 年，救助 6 人次，救助金额 20800 元。

2007 年，实行农村居民最低生活保障待遇。是年，境内有低保对象 61 户 123 人，总金额 13860 元。2014 年年末，有低保对象 479 户 889 人，月人均保障标准165元，总金额95340元。

2010年，修建蓬源敬老院，占地面积2.1亩，床位40张。2014年，有社会福利收养性机构1所，床位40张；有“五保”对象141人，其中集中供养127人，分散供养14人。月标准450元。

2012年，全县启动城乡居民社会养老保险；是年，境内参保人数15397人，缴费人数10562人，参保率99%。缴费金额1147800元，发放1692625元。2014年，参保人数15859人，缴费人数7781人，参保率73%。缴费金额843100元，发放2762100元。

基础设施

交通邮电 “八五”期间，境内公路建设发展较快，至1996年年底，有乡管公路37.3千米，境外乡管公路9千米，村级公路57千米，全乡100%村组通公路。2005年，投资200余万元硬化蓬源至杨桥公路，2007年，投资399万元建设横路至云集的12.8千米的公路，为蓬源通往攸县的交通要道。至2007年年底，有镇管公路37.3千米，境外镇管公路9千米，全部硬化；28个村有16个村村级公路硬化，40%的村组通水泥公路。2014年年末，累计完成村级公路硬化64.5千米；组级公路硬化23千米；并完成X004线维修5千米，完成杨蓬公路高标准修建1千米，投资40余万完成横路街道硬化1.3千米。投资100多万元修建冲排五村4.5千米长，5米宽标准公路。2014年年末，有县道2.68千米，乡道38.93千米；农村客运站1座，农村客运招呼站2座。客运汽车10辆，200座。

1949年10月，境内通往县城的邮路属珍珠、白莲、杨桥、横路线。邮件靠人工步行肩挑。1961年，公社设邮电所或代办处。1979年，县邮电局自筹资金，开办杨桥至横路的摩托车邮运。1990年后，邮件实现自办汽车邮运。2014年年末，有邮政网点1个，营业面积180平方米，投递线单程总长度12千米，投递点1个，乡村通邮率100%。

1959年，公社安装总机，电话线路通大队。1996年，投资250万元（县邮政局140万元，乡集资110万元）安装西门子程控交换机和配套柴油发电机组，架设10千米长光缆专线，全长80千米的3条干线和31条支线，安装入户电话

250部。28个村有22个开通程控电话，东山、新塘、新桥、潭江、订塘、塘碧、石枧等12个村组通电话，为衡东第一个程控电话乡。2014年年末，有电信服务网点1个。通宽带的村15个，有电信和联通网络进驻。

供水供电 村民饮水习惯多从水井或山塘堰坝取水。20世纪80年代以后，发展压水井和潜水泵井。1995年，投资25万元建成横路乡自来水厂。2012年，在强兴村建成强兴水厂，铺设供水管网18千余米，供水用户1000余户。2014年横路村取地下水建成横路水厂，铺设供水管网6千余米，供水用户800余户。

1976年后，各村逐步通电。1994年年末，通电村28个，农村用电量12.11万千瓦时，1998年，境内3个村第一批实现农电网改造，至2012年年末，28个村全部完成农电网改造任务。2014年年末，全镇用电总量1532万千瓦时。

镇村建设 20世纪80年代，横路乡政府驻地只有一条全长不足300米的老街，俗称横路巷，狭窄、低矮、破旧，20世纪80年代后期，党委政府把加强小集镇建设作为发展山区经济的重点工程来抓，至1996年，先后投入3000余万元，建成全长880米的新街2条，建房屋150栋，建筑面积2.5万平方米，农历的一六墟期，邻近三县群众聚此赶集。2012年，筹资200万元，硬化2千米长的街道。整修排水系统，安装太阳能路灯。成立街道管理委员会，专项整治违章搭建。建设垃圾处理场1座，焚烧池120个，垃圾池32个，垃圾运输车2台。

特色地情

历史人文 刘铁岩（1922—1972），男，云集村人。著名的铁路建筑工程师、中共八大代表、中华人民共和国第一条自行设计的铁路兰新铁路总设计师，被周总理誉为“当代詹天佑”。1946年，考入唐山交通大学。1950年，分配至铁道部第一设计院工作，担负兰新铁路的总设计师。刘铁岩在设计修建兰新铁路的过程中，成绩显著。1951年，出席在北京召开的全国先进生产工作者代表大会。是年，加入中国共产党。1956年，被选为中国共产党第八次全国代表大会代表。1965年，刘铁岩被诬指为漏网地主分子，受到歧视。“文化大革命”中，被强行遣送回乡劳动改造，于1972年含冤去世。1980年8月，铁道部第一勘测设计院为刘铁岩的冤案进行了平反昭雪。

名胜古迹 蓬源仙 位于凤凰峰东面，海拔640米，素有“一脚踏三县”

（衡东、株洲、攸县）之称。山上有座唐代建的白鹤真人庙，石墙铁瓦，庙门镌刻“蓬源仙”，两侧镂联：“三邑名山胜地，两府第一神仙。”庙中供奉“白鹤真人”李泌像，神龛两旁有：“分芋领十年宰相；挂冠作陆地神仙。”寺内有清刘三吾题写的七律诗：“衡攸湘界一名山，李泌修身在此间。万古殷勤歌胜绩，千秋壮丽展新颜。生兴大义除民害，殁作神明解众难。高耸摩天临异境，彩霞误作百花看。”于20世纪60年代被毁。现已恢复重建。

相传唐代邺侯李泌，在天宝年间，为肃宗平定安史之乱建了大功，遭奸臣嫉害。恐招杀身之祸，克复长安后，奏请肃宗准许，隐居南岳衡山，拜懒馋和尚为师，潜心修行，二人结为知音。懒馋和尚，其实一不懒，二不馋，神通广大。因为李泌每年只种三百六十蔸芋头，每日吃一蔸，其余什么都不吃不喝，所以得了“懒馋和尚”的宝名。一日，和尚煨芋头吃，见李泌上门来了，就顺手掰开半边芋头给其吃，并说：“分吃半边芋头，当顶十年宰相。”后来，唐德宗即位，诏李泌进京，果然当了十年宰相。李泌奏明懒馋和尚事实，德宗相诏进京，和尚不从，驱虎出走，不明下落。李泌闻讯，痛苦不已，于是更加厌弃红尘，辞官回南岳，到处寻不见懒馋和尚，便到鸦岭，搭棚修炼，不久去世。百姓听得李泌的名字，十分敬佩，便捐金在山顶立庙塑像，供给香火，朝廷亦敕封他为“白鹤真人”。

文献辑存

望蓬源仙

［清　刘诏升］

东北峰遥望相及，蜿蜒蓬源耸翠立，万古鸿蒙辟巨灵，矗起层霄通呼吸。林丘莽莽讶天荒，最高之峰神物藏。倏忽山形肤寸裂，吐吞云海失青苍，乾坤咫尺割昏晓，信是恢奇鄙众小。赤帝称臣七十二，重镇如何七二表？

蓬源镇（横路乡）主要领导名录

（1989. 05—2014. 12）

一、中共蓬源镇（横路乡）委员会书记

横路乡工委书记、主任

毛竹林（1989. 05—1989. 12）

党委书记

毛竹林（1989. 12—1990. 09）

单冬昌（1990. 09—1995. 01）

戴仲明（1995. 01—1996. 03）

肖日鹏（1996. 04—2000. 11）

周新国（2000. 11—2003. 02）

林岳生（2003. 02—2006. 03）

蒋武军（2006. 03—2008. 02）

颜亚华（2008. 02—2011. 08）

马会清（2011. 08—2014. 10）

二、蓬源镇（横路乡）人大主席团主席

侯铁坚（1989. 12—1991. 02）

颜志恩（1991. 04—1998. 02）

谭春兰（1998. 04—2001. 01）

颜鹏程（2001. 04—2003. 02）

侯茂根（2003. 05—2005. 04）

刘春香（2005. 07—2006. 03）

邓国昌（2006. 05—2008. 05）

刘玉良（2008. 05—2012. 10）

丁明修（2012. 11—　　　）

三、蓬源镇（横路乡）人民政府镇（乡）长

单冬昌（1989.12—1991.02）

侯铁坚（1991.04—1992.10）

戴仲明（1992.12—1995.11）

肖日鹏（1995.11—1996.04）

周新国（1996.05—2001.01）

谭春兰（2001.04—2003.02）

蒋武军（2004.03—2006.03）

刘春香（2006.04—2007.02）

马会清（2007.04—2011.09）

汤迪儒（2012.03—　　　）

四、蓬源镇（横路乡）政协联络工委主任

戴梅成（1998.03—2001.02）

罗剑伟（2001.02—2001.10）

侯茂根（2001.10—2003.02）

戴玉成（2003.02—2006.03）

刘玉良（2006.03—2008.05）

肖正中（2008.05—2011.12）

文健帆（2012.10—　　　）

（撰稿　文君莉　刘文涛）

霞流镇

政区概况

地理位置 位于衡东县城以西20千米的湘江东岸，地理坐标为北纬27°01′24″~27°09′54″，东经112°45′22″~112°54′22″。北接新塘镇，南连大浦镇，东邻吴集镇、栗木乡，西与衡山县贺家乡隔河相望，有衡岳高速相通，境内有湘江与洣水交汇口。原名“霞流埠”，明清时期是湘江流域的水路重镇，因坐落湘江之滨，江水荡漾，阳光照映，彩霞如流，故名霞流。镇政府驻兴霞社区，是湖南省诗词之乡，国家级生态乡镇。

自然环境 位于湘江、洣河沿岸，地势较平坦，属丘陵、岗地地区，东北部有山地。主要山岭杨梓岭属衡山山脉。处亚热带季风湿润气候区，四季分明，年均气温17.6℃，最高月均气温36.2℃，最低月均气温-8.4℃。年均降水量约为1350毫米，降水多集中于春、夏两季。春、夏多发强雷电气象。土壤多为水稻土、红壤土。属湘江水系。湘江由新砚村自西向东入境，沿“S”形蜿蜒向北，由湘江—洣河交汇口出境，境内总长19千米；洣河由南向北自大村湾村洋塘河坝处入境，与湘江在洣河村交汇，境内总长9千米。

建置沿革 中华人民共和国成立初期，隶属衡山县第五区堡霞乡，1952年属第19区。包括杨梓、洋塘、大源、大泥塘及堰霞、宋桥、平田、大桥、黄崎9个乡。1956年，被分别合并为大源渡乡和霞流市乡。1958年，合并为胜利人民公社。1961年，调整公社体制时，设大源渡人民公社和霞流人民公社。1966年，设立衡东县，设大源渡人民公社和霞流人民公社，属欧阳海区。1977年，大源渡公社更名为洋塘公社。1989年5月，撤区并乡，洋塘乡霞流乡合并设立霞流乡。1996年12月，撤乡建镇。至2014年年末无变更。

行政区划 1989年，辖35个建制村，377个村民小组。1996年，撤乡建镇，辖35个建制村，377个村民小组，1个居民委员会，2个居民小组。2014年年末，辖兴霞1个居委会；堰霞、大崎、大桥、白村、杨柳、新砚、拜朝、宋桥、双桥、添枝、平田、李花、桎木山、黄崎、文凤、大水田、李家桥、荆花港、藕塘、农科、大源渡、白马堰、大泥塘、燕子冲、皇伏垅、洪家垅、许家垅、洣河、李家垅、新井、洋塘、大长垅、杨梓、大村湾、柳叶塘35个建制村；379个村民小组、4个居民小组。

人口面积 1989年，有10997户，总人口36662人，其中农业人口36492人。1999年，有10847户，户籍人口40125人，其中非农业人口1348人。2014年年末，辖区常住户11165户，常住人口40552人，户籍人口45612人，其中农业户籍人口40120人。总人口中男性23718人，占52%；女性21894人，占48%。

2014年，辖区南北最大距离18千米，东西最大距离12千米，总面积104平方千米，其中镇区面积4平方千米。陆地面积95.5平方千米，占91.83%；水域面积8.5平方千米，占8.17%。

经济发展

农业 境内主要种植水稻、红薯、油菜、油茶、席草、蔬菜等作物。1989年，有耕地面积39036亩，农作物播种面积89457亩，粮食作物播种面积67207亩，其中稻谷播种面积64534亩，总产31879.80吨，亩产494公斤。席草种植面积1065亩，总产量561.26吨，亩产527公斤；蔬菜种植面积3673亩，总产量5689.48吨，亩产1549公斤。20世纪90年代初，因地制宜发展种植业，形成一村一品的新格局。新井、添枝村有柑橘基地540亩，新砚、大水田村有板栗基地1400亩，黄崎、大崎、荆花塘、藕塘村有席草基地2200亩，大村湾、杨梓村有蔬菜基地850亩等。1999年，有耕地面积38535亩，农作物播种面积85275亩，其中粮食播种面积58275亩，粮食总产量30994吨。2010年，有农业机械113台，优质稻面积种植保持在14000亩以上，粮食总产量达2.4万吨，获衡阳市粮食生产先进乡镇。2014年年末，有耕地面积47445亩，有效灌溉面积42750亩，农作物播种面积128475亩，粮食作物播种面积70245亩。

境内水域广阔，素有养殖生猪、鸡鸭、鱼及珍珠贝类等畜禽水产习惯。中华人民共和国成立初，政府鼓励农民养殖猪、鸡、鸭等禽畜，农民多在湘江、洣河捕鱼，发展池塘养鱼。20 世纪 70 年代，由生产队集体经营鱼塘，派专人喂养，产量提升。1984 年，家庭联产承包责任制实行，牲畜、池塘多分配、承包给农户经营。1989 年出栏生猪 27425 头，出笼家禽 260310 羽，禽蛋总产量 501 吨；年末生猪存栏 23087 头，耕牛存栏 2057 头，羊存栏 20 头；水产养殖面积 3326 亩，总产量 563 吨。从 20 世纪 90 年代起，开始出现专业养殖合作社，专业养殖生猪、蛋鸡、鸭等，1996 年平田村养殖大户刘爱平的养猪场占地 25 亩，猪栏面积 5400 平方米，拥有固定资产 195 万元，出栏生猪 5800 头，创产值 520 万元；拜朝村 11 组 21 户村民人均养猪 20 头，加上粮食和农副产品收入，人均收入达 8000 元。李花村的味蛋加工蜚声省内外。到 2006 年，李花村有蛋鸭养殖专业户 22 户，饲养量达 8 万羽，日产蛋量保持在 7 万枚以上，年产蛋近 2500 万枚，蛋鸭收入占据村农业生产总值的“半壁江山”，丰足的蛋源促使李花村内的两家市级龙头企业——衡金优质农产品有限公司和达冠皮蛋厂日益壮大，两家企业年加工禽蛋达 1.5 亿枚，年总产值在 1.5 亿元以上。衡金公司生产的“金黄”牌三湘咸蛋黄经国家烘焙协会鉴定为优质农产品，被人民大会堂指定为国宴佳品。李花村也享有“鸭业村”的盛名，成为全国最大的味蛋加工专业村。2014 年，全镇存栏生猪 8 万头，出栏生猪 14 万头；羊存栏 2800 头，出栏羊 3500 头；鸡 26 万羽，鸭 18 万羽。

境内山地分布集中，有大量林地。中华人民共和国成立前，山林归私人所有，树种有松、樟、杉等。中华人民共和国成立后，由于乡镇建设开发，林木砍伐严重，山林荒芜。1958 年，林地收归国有，开始全面消灭荒山、植树育林。1963 年，执行中央政策，山林权固定在生产队。20 世纪 70 年代，公社兴办茶场、茶基地数座，主要种植油茶树，产油茶籽及茶油。1983 年，确定山林权属并将茶场实行承包制。1989 年人工造林 1618 亩。2000 年，境内有山地面积 74165 亩。从 2002 年起，开始落实培育生态公益林，并逐步实施退耕还林政策。2010 年，换发林权证。2014 年年末，共有林地面积 72195 亩，森林覆盖率 46.28%。

2005 年年底，霞流镇被评为“湖南省农业产业化专业镇”。2014 年年末，有农业技术服务机构 1 个，农业技术服务机构从业人员 6 人；农民合作社 3 个，成员 211 人；种植大户 5 户；养殖大户 21 户。

工业 霞流自古为人流、物流中心，手工作坊遍布，生产铁器、木器、日用品、榨油、大米加工等作坊较多。中华人民共和国成立后，创办大米加工厂、农产品加工厂等企业。1959 年 6 月，由石湾、新塘、霞流等 8 个公社联合建立化肥厂。1985 年，霞流乡与北京市海淀区饲料厂合建年产 3000 吨配合饲料厂。1996 年年末，有企业 1095 个，从业人员 3355 人。其中镇办企业 11 个，1048 人；村办企业 16 个，107 人；个体私营企业 1068 个，2200 人。完成企业产值 4.5 亿元，上缴税金 2092 万元。其中霞流驻铁路电务段工程队业务遍及全国 10 多个省市，有从业人员 340 人，1996 年完成建筑安装任务 1 亿元，实现利润 20 万元，上缴税收 50 万元。境内农牧业发达，为加工、运输、销售一条龙提供了条件。1996 年，全镇有大米加工厂 12 家，210 多人，专门从事余粮的收购加工运输；有 50 多家盐皮蛋加工的个体私营企业；有 100 多人从事畜禽的贩运；有 120 多人专门贩运玉米、大米，新霞流市火车站成了北方玉米南下、自产粮外销的中转基地；有 24 台大卡车将粮食、肉鸡、生猪、蛋品等大宗农产品运往广州等地，在外专门经销农产品的生意人达 2000 多人。1999 年，有乡镇企业 216 个，从业人员 4816 人，企业总产值 71400 万元，营业收入总额 68370 万元，利税总额 3212 万元。2007 年，有农产品加工规模企业 5 家，市级龙头企业 4 家，农业现代化示范园 1 个。衡金公司生产的“金黄”牌咸蛋黄经全国烘焙协会鉴定为优质农产品，被人民大会堂指定为国宴佳品。2014 年，有规模工业企业 7 家，企业从业人员 752 人，工业总产值 126520 万元。

商贸服务 西晋年间，霞流埠就有墟场集市。中华人民共和国成立前，霞流作为湘江重要渡口，行人往来、货物贩运密集，航运、南杂、旅店发展较为完善。1951 年冬，在党政机关所在地设有肉食站、供销合作社等，供应生产、生活用品，集镇市场集中在霞流渡口附近老街处。1990 年，境内私营商贸户开始发展，在各聚集点均有商店、饭馆、茶馆等个体工商户。1999 年，有集贸市场 2 个，集市贸易成交额 1689 万元，社会消费品零售总额 2964 万元。2014 年，有市场 2 个，50 平方米以上的超市 3 个，住宿餐饮企业 22 个，各类商贸企业 1468 家，从业人员近 6000 人，社会消费品零售总额 9685 万元。

财政金融 1949—1979 年，财政收支由秘书和粮油委员分管，农业税占较大比重，财政支出多为支援农业发展、行政管理费用和上缴县财政。1980 年，全县建立区乡（镇）一级财政，设镇财税所，财政体制由单纯的收支型转向经营管理型。1989 年撤区并乡后，全面推行乡（镇）一级财政包干。1992 年，全镇财政收入 228 万元，财政支出 24 万元。1994 年，霞流乡被评为衡阳市乡镇综合实力 60 强。1999 年，财政总收入 537 万元，财政支出 530 万元，农民人均纯收入 2200 元。2002 年，农村税费改革，取消农林特产税和“五统三提留”，调低农业税税率。2006 年，取消征收农业税。2014 年年末，财政收入 614 万元，财政支出 563 万元。

2014 年年末，有信用合作社、邮政储蓄银行 2 家金融服务机构。

社会事业

教育科技 自古以来为私塾教学，普通百姓接受教育时间短、机会少。民国时期，始办新学，政府倡导新式教育，小学增多。中华人民共和国成立后，共有 38 所小学，2 所中学。1962 年，贯彻“九年一贯制”教育方针。1996 年底，有 2 所中学，32 所小学，在校学生 6118 人，其中中学生 1270 人，小学生 4848 人；有教职员工 226 人。1999 年，有学校 25 所，在校学生总人数 9881 人，专任教师 333 人。2002 年，撤校并点，裁撤 14 所，至 2011 年，有中学 2 所，初中在校生 1100 人，专任教师 113 人；完全小学 2 所，村小学 5 所，在校学生 1200 人，专任教师 110 人，小学适龄儿童入学率 100%；幼儿园 3 所，在园幼儿 342 人，专任教师 52 人。2014 年年末，有初中 2 所，小学 10 所，幼儿园 8 所，在校学生人数 2652 人，专任教师 95 人。

1952 年，第九区洋塘乡木工刘仁标对 2 人和 3 人的脚踏水车作了改进，发明木制飞轮水车。在旧式脚踏水车主轴左端安装木质飞轮，右端轴弯处装置踏脚，利用飞轮惯性力，一台水车可节省一个劳力，且能加大提水量，飞轮水车曾被推荐到湖南省展览馆展出。

文化 霞流镇自古人文气息浓厚，多状元才子，民间书法家、画家、诗人较多。1951—1952 年，洋塘业余剧团率先成立，为全省第一个农村剧团。其时农村皮影戏演出《白毛女》《柴山恨》和《抗美援朝》等剧目。1954 年，开始发展乡办文化站，站内设文化辅导员 1 人，负责文化行政管理和群众文化辅导工作。1979 年，普及公社社办放映队，撤销县办放映队，同时发展民办电影放映事业，建立农户放映队，满足群众需要。2006 年，李花村成立巾帼腰鼓队，建立全省第一家“农家书屋”。堰霞村、大崎村等也相继成立业余舞蹈队、秧歌队等群众团体。2007 年，各村开始建立农家书屋。2012 年，霞流镇被认定为湖南省“诗词之乡”。至 2014 年，有文化站、广播站各 1 处，村级文化中心 35 处，各类图书室、“农家书屋” 43 个。

医疗卫生 1967 年始建卫生院，原址位于霞流老街下街，共有医护人员 30 余人，后转址至堰霞老街。1989 年，有医疗卫生机构 23 所，其中村卫生室 22 所，卫生技术人员 18 人，床位 15 张。2000 年，有医疗卫生机构 27 所，其中村卫生室 25 所，卫生技术人员 19 人，床位 20 张。2005 年建新卫生院于霞流镇新街，2006 年投入使用；2012 年台胞应善良投资改建卫生院分院于洋塘乡旧址，2013 年投入使用。两院合办共有医护人员 43 人。至 2014 年年底，有医疗卫生机构 26 所，其中乡村卫生室 25 所，床位 45 张，执业医师 9 人，专业卫生人员 44 人，药房 8 家。

2007 年 1 月，启动新型农村合作医疗，当年参合人数 28354 人，参合率 78. 60%。2014 年，新型农村合作医疗参保人数 38130 人，参合率 103. 99%。受益补偿金额 1503. 55 万元。

社会保障 2005 年，在大源渡村新建敬老院，占地面积 5. 7 亩，床位 50 张。2014 年，有社会福利收养性机构 1 所，床位 50 张；有“五保”对象 292 人，其中集中供养 30 人，分散供养 262 人。月标准 450 元。

2006 年，实施城乡居民大病医疗救助。是年，救助 41 人次，救助住院医疗费 53900 元。2014 年，救助 17 人次，救助金额 49000 元。

2007 年 7 月，实行农村居民最低生活保障待遇。是年，有低保对象 96 户 213 人，总金额 22890 元。2014 年年末，有低保对象 580 户 1264 人，月人均保障标准 165 元，总金额 138660 元。

2012 年，全县启动城乡居民社会养老保险；是年，参保人数 21700 人，缴费人数 15286 人，参保率 100%；缴费金额 1704000 元，发放 2533025 元。2014 年，参保人数 23347 人，缴费人数 13284 人，参保率 85%；缴费金额 1447700 元，发放 4216116 元。

基础设施

水利 湘江及其支流洣水流经境域，河水常年供给农田灌溉。腹地易旱，沿河易涝，1957—1975 年，大兴小水利，修建水塘 400 余口，修整渠道、水沟 20 余千米。1976 年，在大村湾村动工修建洋塘水轮泵水电站，是一座以灌溉为主，兼顾发电、通航、通车、过鱼为一体的综合性水利工程。1980 年后，每年组织人力清淤、硬化渠道，整修骨干塘，年均投资 12 万元；1989—1996 年，先后投资 673 万元，整修加固小（一）、小（二）型水库 3 座，整修山平塘 800 口，硬化山平塘 600 口，新建改建电灌站 17 座，新修硬化渠道 3.2 万米，新建渡槽 11 处，500 米，维修改建河堤涵洞闸门 32 处，增加蓄水量 200 万立方米，沿湘江、洣河的 20 千米河堤全部加宽加高各 1 米。在 1996 年市“芙蓉杯”水利竞赛中评为优胜单位。1995 年 12 月，在荆花港村与衡山县永河村之间动工修建大源渡枢纽工程，1996 年，被列为“九五”期间国家 131 个重点工程建设项目之一。最高蓄水位 50 米，库容量 4.51 亿立方米，装机 120 兆瓦，年发电量 5.6 亿千瓦时，服务周边及湘江下游多县市。1995—2005 年，年均清淤山平塘 15 口，年均投资 20 万元。于 2008 年筹资 360 万元，加固加宽加高大村湾至李家垅段洣河河堤，新建和改造电排 310 座，硬化和维修 1200 米病渠烂渠，深挖护砌蓄水塘 6 口。至 2014 年年底，有 7 个水文监测点，2 个水位雨量监测点。小（二）型水库 9 座，水塘 1672 口，其中骨干塘 76 口，各类渠道总长 40 多千米，灌溉面积覆盖全镇耕地，基本旱涝保收。

交通邮电 中华人民共和国成立前，霞流交通以水路为主，湘江与洣水航运发达，设有码头、渡口十余处。民国时期，设有邮政局、交通站，公路多为土路，砂石路较少。1950 年，设邮电所，与外界通邮，办理邮政、报刊订阅、电报业务。1995 年，开通程控电话，实现国际国内长话直拨。1996 年，邮政与电信拆分，设有邮政所和电信所，逐步开通寻呼业务和数字移动通信业务。1999 年，35 个村村村通邮、28 个村通电话。至 2004 年，镇邮政所开通特快专递业务，中国移动、中国联通与中国电信均设立营业厅。2013 年，霞流邮政支局营业面积 437 平方米，有从业人员 5 人。2014 年年末，固定电话普及率 35%，移动电话普及率 76%，互联网端口总数 276 个，宽带用户 476 户。2014 年，县道长 26 千米，水泥公路共有 78 千米，有码头 1 座，渡口 7 个；有客运汽车 11 辆 196 座，年客运量 9.7 万人次，有农村客运招呼站 4 座。有货运汽车 57 辆，460 吨位，年货运量 14.7 万吨。已形成由铁路、公路、水路 3 种运输方式构成的运输网络。京珠高速过境；京广铁路贯穿全境，设有霞流车站。

供水供电 村民饮水习惯多从湘江、水井或山塘堰坝取水。20 世纪 80 年代以后，发展压水井和潜水泵井。1994 年年末，自来水受益人口 510 人。2014 年，在杨梓村取地下水建成杨梓水厂，铺设供水管网 1~2 千米，供水用户 200 余户。

1976 年后，各村逐步通电。1994 年年末，通电村 35 个，农村用电量 88.59 万千瓦时。1998 年，境内堰霞村第一个实现农电网改造，至 2012 年年末，35 个村全部完成农电网改造任务。2014 年年末，全镇用电总量 2019 万千瓦时。

镇村建设 明清时期起，湘江边霞流渡口旁老街形成市集，称“霞流市”，全长 500 米，周边人民均在此商贸往来，互通有无。中华人民共和国成立后，集镇逐渐集中在党政机关所在地。从 20 世纪 80 年代后期起，投资 3400 多万元，在新霞流市车站铁路公路立交桥到霞流老街之间建起房屋 243 栋，总建筑面积 9.6 万平方米，建成长 3 千米，宽 20 米的霞流新街。1996 年，于堰霞村、大崎村划拨部分土地，新建集镇中心，并搬迁镇政府办公楼，建立医院、镇中心学校、邮电局、信用社等，商户遍布，逐渐成为霞流集镇中心。2000—2007 年，镇村建设以完善基础设施为主。修建霞流客运停车场；乡镇中心卫生院竣工营业，并新增大源渡、宋桥村 2 个医疗点；电信、移动、联通讯号覆盖全镇；35 千伏变电站落户境内，总投资 1400 万元；投资 200 万元新建集贸市场；生活垃圾处理场建成；街道路面全部硬化，栗霞公路、岭霞公路、大源渡至霞流、李家垅至洋塘河坝、宋桥村级公路等公路全部硬化。2008—2010 年，加快新农村建设步伐，村镇建设以路、电、水改造为主。于 2008 年全面完成村级主干道硬化，又投资 318 万元加强路网建设，到 2010 年组组通水泥路；完成 23 个村的农网改造；改水改厕基本完成。2011—2014 年，村镇建设以亮化绿化为主。在镇政府、霞流新街、大崎村、宋桥村、李花村等地新建太阳能路灯 100 多盏；投资 100 多万元，建垃圾中转站 1 个、垃圾焚化池 2 个、垃圾池 16 个，发放垃圾箱 100 多个；镇、村主要干道两旁全部栽树绿化；并有 10 多个村建立村级广场，安装了健身器材。村庄环境无“脏、乱、差”现象，“白色污染”基本得到控制。至 2014 年年末，城镇规划面积 88 公顷，建成面积 86 公顷，通公共交通的村有 9 个。2014 年 10 月，被环境保护部评为“国家级生态乡镇"，成为衡东县第一个成功创建的国家级生态镇。

特色地情

历史人文 何克明（1298—1376），义城乡十三都（今平田村）人。自幼聪明好学，智慧超群，博览群书，过目不忘。应童子试，名列前茅。元延祐四年（1317），湖广乡试，何克明居榜首。次年，赴大都（北京），会试、廷试连获第一，三元及第，钦点状元，名震京师。在湖广间享有盛名。中状元后，任过上高县知县，衡州路推官。因在衡州路政绩卓著，被召回京师任国子监丞。当明朝北伐军攻克大都的年代，何克明因父丧，在家守制。元亡明兴，他没有应征召出仕。晚年，杜门谢客，从事著述，著有《周易集解》《诗经笺注》，但二书早已散佚。遗篇有昔年廷试时所作的《云梦赋》还保留在旧县志中，此赋对振兴桑梓文风，有过良好影响。

李辉武（1830—1878），字荔友。生于孔字李家桥（今李家桥村）一个手工业工人家中，体魄魁梧，很有胆量。家贫，年少时，从师学打铁，因此，人们都叫他"李打铁"。

清咸丰三年（1853），历任游击、副将、甘肃提督等。在汉中期间，指挥军民疏浚汉中府城东的河道，直达汉水。并开沟挖渠，引水灌溉，既方便了交通，又有利于农业生产，还修复了褒斜栈道。光绪四年（1878），病逝于汉中任所。

陈嘉言（1851—1935），号梅生，于清咸丰元年（1851）二月初一生于衡东霞流镇平田村（后迁城关镇鹤桥村）。28 岁中举，29 岁进士及第，授翰林院编修。

出任江州（今江西省九江市）知府 10 余年，为官清正廉明。自言："莅位九州越十年，愧无德政慰先贤。清风两袖常随我，不负闾阎不负天。"

后调京，任监察御史，以李白诗句"松柏本孤直，难为桃李颜"作座右铭。有"铁面御史"之称。

陈嘉言教子女有方。女儿陈云凤是夏明翰的母亲。陈嘉言之子画坛陈少梅，被称为唐寅之后第一人。

晚年，陈嘉言从京回乡，靠朋友帮助和陈姓祠租接济以维持生活。民国 24 年（1935）病逝，享年 84 岁。著有《锄茶老圃诗抄》八卷。陈嘉言病逝后，葬于衡东城关镇鹤桥村。时湘闽军政要员何键、李觉、鲁涤平、刘建绪、曹伯文、张开琏等赋诗题词，熊希龄、萧荣爵、赵启霖、夏寿田、郑家溉等撰写了《衡山陈梅生太史事略》。

陈少梅（1909—1954）名云彰，字少梅，别署升湖，祖居霞流镇平田村，后迁城关镇鹤桥村，是陈嘉言第五子。少时随父研读诗文经史，学习书法绘画。1920 年随父北上，寓居北京湖南会馆。

1923 年，加入中国画学研究会，成为民初北方画坛盟主金北楼年龄最小但最为得意的弟子，金北楼曾言：“少梅超诣绝群，必以过我。”1926 年金北楼辞世，陈少梅与金北楼之子金开藩等共组《湖社画会》。与日本画家共同成立“中日绘画研究会”，组织中日绘画联展。1930 年，陈少梅的作品参加比利时建国百周年国际博览会，获美术银奖。

1931 年湖社天津分社成立，主持天津会务，从此定居天津教学卖画，成为津门画坛领袖，艺术上转益多师，博采众长，形成寓秀雅于阳刚的清劲画风，成为晚明以来弘扬北宋绘画最杰出的画家，被画坛誉为唐寅以后第一人。

中华人民共和国成立后，陈少梅任中国美术家协会天津分会主席，天津美术学校校长。1954 年 9 月 9 日，猝然病逝，年仅 46 岁。启功叹惜“百身可赎!”。

陈衡哲（1890—1976），笔名莎菲，祖居霞流镇平田村，后迁城关镇鹤桥村。1890 年，出生于其父任职的江苏省武进县城（今常州市区），是我国新文化运动时期第一个用白话写小说的女作家。

衡哲幼年随舅父庄思缄读书，后就读于上海爱国女校。民国 3 年（1914），被清华学堂录取赴美留学，在沙瓦女子大学、芝加哥大学学习西洋史、西洋文学，先后获学士、硕士学位。民国 9 年（1920），任北京大学西洋史教授，以后又在东南大学、四川大学担任史学教授。民国 6 年（1917），用白话文写了第一篇小说《一日》，反映美国女子大学新生一天的生活，刊登在《留美学生季报》上。之后的《小雨点》《运河与扬子江》等许多作品，发表在国内的《新青年》《小说月报》等刊物上。有《小雨点》短篇小说集，由新月书店出版。民国 18 年（1929）3 月，胡适在为《小雨点》作序时写道：“当我们还在讨论新文学问题的时候，莎菲却已开始用白话做文学了。”司马长风在所著《中国文学史》中写道：“当文学革命蓬勃兴起的时候，首先响应拿起笔写小说的作家最先是鲁迅，第二个是陈衡哲，她是新文学运动的第一个女作家。”

陈衡哲先后写了 150 万字的小说、新诗和散文，除《小雨点》外，还出版了《衡哲散文集》。她在史学方面也有杰出的成就，著作有《文艺复兴史》《文艺复兴小史》《西洋史》以及用英文写的《一个中国女人的自传》等。

中华人民共和国成立后，陈衡哲曾任上海市政协委员。1976年，病逝于上海。

阳兴贵（1836—1925），绰号大毛，祖籍道字吴集化龙桥，后举家迁居孔字大源渡瓦子园（今霞流镇大源渡村）。

清咸丰三年（1853），太平军攻入湖南，路过安仁、攸县，阳兴贵投奔东王杨秀清帐下，得杨秀清喜爱，被收为义子，士卒称他为“十九太保”。1856年9月，太平军内讧，北王韦昌辉杀害东王杨秀清及其部属、家小，十九太保拼命格斗，幸免于难，只身逃到江西，隐姓埋名，偶遇武侠尹有霆，尹有霆擅长医术，阳兴贵拜其为师。天京陷落后，更名利见，投曾国荃部下，充营医。

同治十一年（1872），宁夏爆发回民反清起义，陕甘总督左宗棠亲率湘军前往镇压，久攻不下，遂授阳兴贵卫队营官职。阳兴贵立下军令状，只带500兵卒，保证三天之内把城攻下。时值数九寒天，攻城之前，阳兴贵暗暗将微量砒霜溶于酒中，令每人喝一大碗。阳兴贵身先士卒，率先跃上城墙，兵卒们赤膊上阵，守城的回民见到雪光中一群赤身裸体的人挥刀舞剑，疑是天兵天将从天而降，丢盔弃甲，大败而逃。从此，湘军内外称阳兴贵为“阳大毛”。3年后，阳兴贵因屡立战功，记名福建水师提督。阳兴贵辞官返湖南，在江湖行侠行医。阳兴贵医术精湛，有妙手回春之功，世人称之为“长江大侠”。

辛亥革命后，人们渐知阳兴贵为太平军义士。民国14年（1925），在长沙病逝。

名胜古迹 何家箭楼 坐落在平田村蛇形山上，是元代状元何克明投资修建的。据说箭楼高7层，登高而望，衡州城尽收眼底。箭楼四面开有瞭望窗和枪眼，楼内还有机关暗道，楼上雕梁画栋，龙飞凤舞。箭楼前面是弯弯曲曲清亮清亮的白衣港，河水昼夜奔腾不息；后面是层层叠叠的南岳衡山山脉；蛇形山如一条巨蟒蜿蜒而来，被高大的箭楼紧紧锁住了“七寸”。箭楼上刻有《云梦赋》，笔力雄厚苍劲，与高耸云天的箭楼浑然一体，煞是雄伟壮观。由于年代久远，除了绿树丛中掩映着几栋普通的农房外，现已找不到箭楼的一丝历史陈迹。

洋塘河坝 洋塘水轮泵水电站是一座集农业灌溉、发电、通航、养殖于一体的综合性中型水利水电工程。上游距衡东县城8千米，下游距湘江入口8.7千米，控制流域面积12071平方千米。工程于1976年9月动工，1979年4月正式投产发电，主体工程基本上结束后转入机、泵安装和灌区工程配套，共完成土石方222万立方米，砌石10.1万立方米，浇筑混凝土9.8万立方米，劳动工日782万个，总造价1816万元，坝长260米，泵站和电站设计工作水头5米，坝上安区装高1.5米的水力自控闸门43扇。大坝左、右岸安装水轮泵9台，其中左岸100-8型6台，右岸80-8型3台，灌区建有总干渠2条，分干渠6条。发电厂总装机10008千瓦，其中左电站装有1500千瓦机组6台，单机过流量40立方米/秒；右电站装有252千瓦机组4台，单机过流量6.5立方米/秒。于2010年完成总收入1063万元，2011年完成总收入1120万元。

大源渡航电枢纽工程　位于湘江干流，处衡东县霞流镇荆花港村与衡山县永河乡永河村之间，距衡阳市中心城区32千米，距大源渡不足2千米，是湘江衡阳至城陵矶439千米千吨级航道的第一个以电养航的航电枢纽工程。渠化—衡阳至大源渡62千米航道，改善航道120千米。项目获“国家优秀工程设计铜质奖”和“国家优质工程银质奖”。

大源渡航电枢纽为国家重点工程，集能源、灌溉、交通、旅游等多功能为一体，是我国第一个航电结合、以电养航、综合效益高的项目，交通部在内河进行“航电结合、以电促航”的试点项目。由国家支持、省里自筹、世界银行贷款3部分投资构成，其中向世界银行贷款9000万美元，为中国内河支流改造之“最”。工程包括大坝、电站、船闸等主体项目。电站安装4台单机容量为3万千瓦的发电机组，年发电量达6亿千瓦时，船闸室平面尺度为180米×23米，能通过一顶2艘1000吨级顶推船队。

大源渡航电枢纽项目总投资20.97亿元，2000年正式拦水发电。主要建筑物包括船闸、电站、泄水闸和坝顶公路桥四部分。其中船闸布置在湘江左岸，闸室有效尺度为180米×23米×3米（长×宽×门槛水深），长556米的全河床泄水闸坝，年通过能力1200万吨；电站布置在右岸，安装4台单机容量30兆瓦灯泡贯流式水轮发电机组，总装机容量120兆瓦，多年平均年发电量5.85亿千瓦时；坝顶公路桥长680米，宽8米。

位于船闸东侧的江心岛，是一片宽100余米、长约2000米的开阔地，在靠近船闸一侧沿河已开发为一江心花园。

坝区上游，水面开阔，水位平稳，是开展水上运动的理想场所。坝区下游，水位较低较浅，是开发垂钓的好地方。

大源渡航电枢纽工程的建成，改善了株洲至衡阳182千米湘江航道，达到千吨级通航标准。

平田陈氏　平田陈氏为衡东望族，在中国近代文化史上名家辈出，举其大端者即有：清光绪十五年（1899），陈嘉言与胞兄毓光、毓昌，堂弟陈鼎、陈范，三人中进士，一人获军功，一人中举人，被誉为“五凤齐飞”，于朝野传为佳话。陈嘉言及其许多近亲在近代历史上还书写了多个第一。陈范，是中国提倡“计划生育”的第一人，还是近代中国最早的报人之一，办《苏报》，聘章士钊为主笔，章炳麟、蔡元培为撰稿人，刊登邹容的《革命军》，是宣传反清革命最早的报纸；陈嘉言第五子陈少梅被画坛誉为唐寅之后第一人；陈嘉言的侄女陈撷芬，号楚南女子，于1899年创办《女报》，是近代中国第一个女报人；陈范的侄女陈衡哲，笔名莎菲，是新文化运动中第一个女作家，任鸿隽、陈衡哲伉俪与著名学者胡适在文坛上有“三个朋友”之称。陈衡哲是清华首批留美女生，1917年6月，发表白话小说《一日》，是中国文学史上第一篇白话小说。于1920年回国受聘北京大学历史系教授，是中国教育史上第一位女教授。

附：陈嘉言六修盖谱序

谱牒之修系至重也，收族敬宗之义，见于春秋。然自上古以来，氏邑氏官虽或易姓而大过小宗之辨昭著礼经历朝史例必有世家世表知经史同条共贯，其义一也。

吾宗为有虞氏之后，历考世系，自胡公封陈至衍为二十一世，衍因失国奔卫居阳武县之户牖乡，更妫曰陈，传九世为汉丞相平，又六世为破胡壮侯汤，又七世为太邱长实；实生纪，纪生群，群生泰，皆汉魏名臣；又十三世为陈宣宗顼，顼子叔达入唐封江国公；又十二世至子珍公，周世宗朝官谏议大夫，肇迁茶陵，族谱以大过之义称为始祖。自始祖历十二世至吾福公，为平田房始祖，上下数千百年，昭穆爵里，考讳妣氏历历不爽，虽源泉之清而泽之长，而生乎其间者，非有明德之干继事踵华能存不朽之传至今日乎？

有清定鼎以来几三百年，吾宗亦无丰功显爵炳耀当世，而乡里自好之士，躬耕佐读啸歌自得，比户而有之，故谱牒之修于今为六次矣。是谱也，自福公四传，分五元支派，皆祖福公。

嘉言，元禄公裔也。忆同治庚午岁，年始弱冠，补博士弟子，随族长谒福公祠。是年初定分房承祭之约，而吾祖禄公居长，嘉言适至。质明，冬丞遂使主祭。

光绪壬辰，嘉言官京师，仲兄毓昌驰书来言，五次谱修告成，属为之序，迄今近三十年。嘉言又膺乡选，充国会员入京师。三儿云鹳驰书来，言六次谱修将成，属为之序。至是，益信吾宗之多贤，而追报还本之意历久而不渝也。

回忆咸丰朝四修谱成，吾祖玉堂公、伯祖杰人公董其事；光绪朝五修谱成，吾兄毓昌董其事；今六次修谱，吾儿又与其事；嘉言皆不获从族长先生之后，一任纂修编辑之劳。古孝子仁人所以薄仕官而戒远者有意哉?

云鹳书云谱以十月中旬开雕，待序甚迫，族众引望不得辞，更不得缓。垂老之年笔砚久废，言不能文，惟少日习闻倘能记忆，谨缀所知，薰沐而为之记

民国九年庚申冬　二十三代孙嘉言敬撰

名优特产　霞流味蛋　主要是将蛋品加工成咸蛋、皮蛋。全县有上规模蛋品加工企业4家，即衡东县衡金优质农产品有限公司，衡东县亚峰食品有限公司，达冠皮蛋和荣桓桐塘皮蛋加工。衡金年可加工0.8亿枚，亚峰可加工1.2亿枚，达冠可达1亿枚，桐塘0.6亿枚，总计3.6亿枚。其中衡金的“金黄”牌三湘咸蛋黄经全国食品烘焙协会定为优质农产品，是人民大会堂和中央电视台指定宴品。2004年全国“两会”期间，就向人民大会堂专供47万枚咸蛋黄。“亚峰”牌皮蛋和咸蛋畅销全国25个省市区，远销美、日、俄、韩等国；达冠“丰盈”牌皮蛋在全国有15家销售网点。

文献辑存

云梦赋

[元　何克明]

驾洞庭之飞艎，览熊绎之故墟，伟云梦之巨泽，控天南之一隅。尔其雄跨

大江，延袤千里，水潏潏其渐渍，山巍巍而迤靡，却五岭瘴烟而莫近，岂五丈秋风之可拟。草木郁其畅茂，禽兽乐其游憩。原田每每，人获耒耜之利；车马辚辚，岁阅蒐狝之备。其产则橘柚菁茅，竹箭金锡。虎豹貔貅，可以应庭实军容之需；麋鹿鱼鳖，可以为干豆宾庖之给。实荆州之府库，亦中原之羽翼。岳阳、大别，擅名胜于古今；夏口、江陵，分形势于区域。当其烟横北渚，日暮苍湾，仙俦巨灵，神游其间。鼓瑟铿锵，写幽怨于湘女；钧天缥缈，奏广乐于轩辕。水天一色，落霞孤鹜；风月双清，归鹤啼猿。岸芷汀兰，香溢灵均之《离骚》；广谷大川，地壮召虎之于蕃。身历兹土，心驰往古，奠我民居，实维神禹。当怀山襄陵之际，任手胼足胝之苦，及其云土而梦作乂，于是考图而贡可数。暨夫荆惩之诗不歌，而楚氛之恶是怙，于以田猎，于以耀武，何凉德之不长，终汉室之启土。矫彼淮阴，骄力跋扈，致乘舆之鸣銮，烹良犬于得兔。信乎地不足以设险，德终然之可据，天眷吾皇，奄有寰区，虽兹泽之旷邈，果见侈于舆图。嗟予添于楚产，期观光于帝都，极铺张于云梦，猥徒侪乎腐儒，吞八九于胸中，曾不芥蒂于相如。

晚泊霞流市

[清　彭曾禄]

市号霞流翠嶂连，江干客到夕阳天。疏钟带月悬山寺，细草分春入画船。鸳鸯几行沙岸外，烟墩数点戍楼前。奇逢更快今宵事，拍棹狂歌兴欲仙。

由京返里途中二首

[清　陈嘉言]

频年浪迹走天涯，今日邮亭便是家，乱后还乡贫亦乐，老来饮酒醉无哗。留人陌上乌头白，宴客樽前绿鬓花，多谢江干千万树，汉阳相送到长沙！

万里飞归似塞鸿，家园将近迫残冬，远携沧海千山月，来泊昭潭半夜钟。是处枌榆满乡社，何时斥堠罢边烽？东陵明岁瓜田熟，故国新添一老农。

自勉联

[陈嘉言]

甘为拙吏安贫贱；不作贪官害子孙。

霞流镇（乡）主要领导名录

（1989. 05—2014. 12）

一、中共霞流镇（乡）委员会书记

霞流乡工委书记、主任

刘仔生（1989. 05—1989. 09）

党委书记

陈兵生（1989. 09—1991. 02）

阳少仁（1991. 02—1992. 02）

蒋文龙（1992. 02—1994. 04）

谢秋云（1994. 04—1996. 03）

戴仲明（1996. 03—1998. 02）

文雪华（1998. 02—1999. 08）

刘仁秋（1999. 08—2000. 10）

谭向勤（2000. 10—2003. 02）

廖红徽（2003. 02—2007. 02）

周叶华（2007. 02—2010. 01）

周　黎（2010. 01—2013. 06）

李建华（2013. 06—　　　）

二、霞流镇（乡）人大主席团主席

易绪根（1989. 10—1995. 11）

朱泉水（1995. 11—1998. 02）

单铁生（1998. 04—1999. 02）

林长华（2000. 04—2000. 06）

邓知云（2001. 04—2007. 02）

郭茂林（2007. 04—　　　）

三、霞流镇（乡）人民政府镇（乡）长

阳少仁（1989. 10—1991. 02）

陈仲秋（1991. 04—1992. 12）

禳立华（1992. 12—1995. 11）

禳茂林（1995. 11—1997. 01）

陈晚乃（1997. 06—1999. 08）

傅春山（2000. 04—2001. 01）

文小华（2001. 04—2001. 11）

廖红徽（2001. 11—2003. 02）

邓志龙（2003. 05—2007. 02）

周　黎（2007. 04—2010. 01）

刘　科（2010. 04—2013. 06）

许长城（2013. 08—　　　）

四、霞流镇（乡）政协联络工委主任

尹中华（1998. 02—2001. 02）

周水书（2001. 02—2003. 02）

郭茂林（2003. 02—2007. 02）

谭作仁（2007. 04—2010. 01）

许长城（2010. 01—2013. 06）

（撰稿　颜知明　张崇祥）

石湾镇

政区概况

地理位置 位于北纬 27°14′17″~27°21′18″，东经 112°55′00″~113°03′07″。地处衡东县北部，东与株洲县龙凤镇接壤，东南与白莲镇为邻，南连珍珠乡，西南邻新塘镇，北与三樟乡、大桥镇相依。以附近西北湘江东岸“回澜山直插江中，石峰卓立于高岸，湘江百折至此潆回”而得名。镇政府驻回澜峰社区，距衡东县城 35 千米。

自然环境 处湘江中游的衡阳盆地和醴攸盆地之间，地势南高北低，最高峰菩萨岭位于兴源村，海拔 482 米，最低点鳌洲位于鳌洲村，海拔 58 米。属亚热带季风湿润气候，年均气温 17.7℃，最低月均气温 2.7℃，年均降水量 1532 毫米，年均降水日数 106 天，最多达 133 天，最少为 87 天。降水集中在每年 4—7 月，6 月最多。属湘江水系。湘江自真桥村入境，由南而北，途经回澜峰社区、石坝村、鳌洲村，由三步村出境。境内长 9.6 千米，流域面积 77.6 平方千米，年均流量 1248 立方米/秒。

建置沿革 石湾镇历来是县境北部农村基层政治活动中心，早在明清时期，就是湘江流域一水路重镇。明代的青杨里、清代的既字、民国时期的回澜乡等基层政权机关均设于此。中华人民共和国成立初期属衡山县第一区石湾乡；1952—1953 年 3 月，属第十四区鳌石乡；1953 年 3 月后，设立石湾镇人民政府，为县辖镇。1958 年，属湘江人民公社。1966 年，设立衡东县，设石湾人民公社、石湾镇，属石湾区。1981 年，划出石坝、鳌洲、清水、风景、西塘、贺家、三步 7 个大队新设石坝湖人民公社。1986 年，石坝湖乡并入石湾镇。1989 年，撤区并乡，石湾乡、石湾镇合并成立石湾镇。至 2014 年年末无变更。

行政区划 1989年，辖和平、解放2个居委会，25个建制村，5个居民小组，287个村民小组。2007年，辖1个居委会，25个建制村，6个居民小组，290个村民小组。2014年年末，辖回澜峰1个居委会；真桥、荷塘、杨梅、红星、茶石、泥塘、甲枣、兴源、源头、坪里、坪源、泉水、塔水、枣山、双峰、上桥、导子坪、光明、西塘、风景、清水、石坝、贺家、三步、鳌洲25个村；6个居民小组、296个村民小组。

人口面积 1989年年末，境内共8724户，总人口30947人，其中农业人口25683人。1999年，有9658户，总人口33082人，其中非农业人口7324人。2014年年末，常住户数共8847户，常住人口31991人，户籍人口40490人，农业户籍人口27756人。户籍人口中男性20250人，占50.01%；女性20240人，占49.99%；

2014年，辖区东西最大距离12.8千米，南北最大距离7.3千米，总面积77平方千米。其中陆地73.8平方千米，占95.8%，水域3.2平方千米，占4.2%。

经济发展

农业 境内主要以种植稻谷、红薯、茶叶、芝麻、花生、油菜等作物为主。中华人民共和国成立前，境内的水田一年只种一季水稻，耕作粗放，产量低。1970年，水稻种植实现单季改双季，亩均405公斤。从20世纪70年代中期起，改单纯的两季水稻、一季绿肥三季套种为两季水稻、一季油菜或两季水稻、一季蔬菜三季连作，产量亦逐年提高。1989年，有耕地21776亩。1994年，完成农业总产值3658万元，多种经营产值完成2512万元，镇财政收入300万元，居全县之首。1999年，有耕地面积20775亩，农作物播种面积61425亩，其中粮食播种面积37575亩，粮食总产量18725吨。2014年年末，耕地面积26539亩，其中水田22147亩，旱地4392亩。粮食作物以水稻为主，全年生产粮食3.57万吨，其中水稻3.42万吨；种植油菜31935亩，产量2288吨；蔬菜种植面积1.56万亩，产量24319吨；水果种植面积300亩，产量410吨。

畜牧业以猪、牛、家禽为主。1989年，出栏生猪13675头，出笼家禽45828羽，禽蛋总产量131.6吨；年末生猪存栏8892头，耕牛存栏1261头，羊存栏5头；水产养殖面积1597亩，总产量260吨。1999年，生猪饲养量3.6万头，年末存栏 1.3 万头；牛饲养量 0.3 万头，年末存栏 0.2 万头；家禽饲养量 36.1 万羽；渔业以淡水鱼类为主，养殖面积 2775 亩，产量 167 吨，总产值 6.3 万元。2014 年，调整农业产业结构，加强土地流转，发展种粮大户 20 多户，其中衡东安邦新农村科技股份有限公司承包水田 700 多亩；发展出栏百头生猪的养殖户 70 余户；发展生猪出栏 1000 头以上的规模养殖小区 2 个，新建 3 个专业合作社和 1 个家庭农场。

20 世纪 70 年代初，石湾区以先锋、永安大队为基础，建设连接东烟公社大队林场，直到大桥公社和平大队的 10 万亩连片杉木林基地，基地北接株洲县的朱亭镇，被称之为朱（亭）石（湾）杉木基地，成为湖南省丘陵造杉的典范。在营造杉木林的同时，还兼营马尾松、湿地松、火炬松、油茶、油桐、樟树、楠竹、柳杉、柏树、乌柏、泡桐、杜仲等。林业部在此召开南方各省、区造林现场会，组织全国各省（市）的代表及林业部门的专家、学者前来参观考察。1979 年起，联合国粮农组织的人工林考察组 21 人，瑞典不来根省林业厅厅长古斯塔夫等，先后到衡东县实地考察杉木林基地和油茶林基地。5 年时间内，国内外来此参观考察的达 8000 余人次。1983 年，确定山林权属并将茶场实行承包制。20 世纪 90 年代初，通过速生丰产林和名优特经济林建设，木材蓄积量达 9 万多立方米，每年可主伐优质杉木 7400 多立方米，油茶、板栗、广柑等高效经济林逐步形成丰产态势，林业已成为全镇农业经济一大支柱。从 2002 年起，境内开始落实培育生态公益林，并逐步实施退耕还林政策。2010 年，换发林权证。2011 年年末，林业面积 5.5 万亩，农业总产值 8415.9 万元，占生产总值 38.5%。2014 年年末，累计造林 2582 亩，其中防护林 2217 亩，经济林 365 亩，森林覆盖率 39.5%。

2014 年年末，有农业技术服务机构 1 个，农业技术服务机构从业人员 4 人；农民合作社 6 个，成员 145 人；种植大户 45 户；养殖大户 22 户。

工业 主要有瓷器、氧化锌、精氧化锌、瓷器花纸、机油、柴油、沙石、瓷泥等。制瓷工业始于清康熙二年（1663），到民国时期，有 11 家碗窑。中华人民共和国成立后，11 家碗窑经过公私合营，建成 3 家瓷厂，每年可生产日用瓷 2000 多万件。1955 年，石湾缝纫社与五金生产合作小组合并，转产塑料底上线布鞋，年产近万双。1970 年，转为县属合作性质的石湾鞋厂，从业者 45 人，年产布鞋万多双。1980 年，石湾农械厂并入石湾鞋厂，规模扩大，有职工 238 人，年产布鞋 16.84 万双。20 世纪 80 年代末，有乡镇企业 859 家，1993 年，发展到 1258 家，形成湘江瓷厂、锌品厂、氧化锌厂、采砂场、四建公司、炼油厂、自来水公司等8大支柱企业。是年，完成企业总产值10646.34万元，成为湖南省乡镇企业产值超亿元乡镇。1990年，全镇25个村有24个村先后发展种养、加工、运输、建筑施工、餐饮等村办集体企业。随后四面环水的鳌洲村发展网箱养鱼，筹建挖砂船，至1995年，村村有了集体经济，当年村级经济收入3.5万元。塔水村林场年主伐收入20多万元，1994—1996年村民免交除农业税以外的各项上缴款，于1996年评为县“绿色明星企业”；甲枣村办生猪饲养场、冷冻厂，形成养殖“一条龙”，年创产值超千万元，1996年评为全县“村办企业明星村”。1999年，有乡镇企业134个，从业人员12659人，企业总产值11160万元，营业收入总额10879万元，利税总额5240万元。2000年后，瓷业效益转差。2002年湘江瓷厂改制，新改造一条生产辊道窑，生产能力达到年产值5000万元以上。2011年年末，境内拥有工业企业9家，职工2264人，全年工业总产值10040万元，占国内生产总值45.9%。成功引进中油金鸿燃气有限公司，投资1000多万元在荷塘村建站，把瓷厂的烧煤改成烧气，既提升了产品的品质，改善了环境，降低了企业的成本，也方便了石湾人民，率先走在充分利用环保能源的前列。2014年，有工业企业38个，规模以上工业企业5家，企业从业人员3563人，工业总产值114900万元。

商贸服务 境内水陆交通便利，商品市场繁荣。西晋时形成墟场。南北朝时期就已形成集市，明初，设皇骅水驿，加速了石湾商业发展。清中叶，为湘东官盐转运地。民国时期，石湾街有中、小商户200余家，是湘东南农村最大的食盐、鱼虾、蛋品墟市。每年集散的食盐达千多万公斤，经营食盐、鱼虾、棉花的商号百余家，主要有曹松林经营的谷米兼盐行，“协和祥”商号的南货，“华隆”商号的百货布币，罗华先经营的陶瓷店等最为兴旺，有的甚至在长沙、湘潭、衡阳、湖北等地设店。1951年4月15日，建立衡山县第一区（后改为14区）甲枣乡供销合作社。农民集资600元，入股社员享受分红、贷款、批发等优惠。是年供销社从外地购进谷米，帮助社员度过夏荒，为社员将生猪运销广州、汉口。年底，扩股增资，增设4个供应点。1954年，石湾被定为全省农村集镇对私营工商业社会主义改造试点，镇上130多户私营商店纳入3家公私合营商店、7家合作商店和合作小组。20世纪60年代，湘东铁路与公路通车，攸县、茶陵、安仁等县物资流向逐渐改变，镇上商民日益减少，“文化大革命”期间，仅有几家国营、集体商店。1979年后，随着农村商品生产和乡镇企业发展，石湾市场逐步回暖。1986 年，兴建农民街，石湾由过去的农产品集散地转为湘东工农业产品综合贸易市场之一。1989 年，有各类商店 190 多家，其中国有商店 2 家，供销社门市 47 家，有证个体商贩 58 家，年社会商品零售额 1700 多万元。是年，集市贸易由原老街转入新街，并建成钢筋结构的全覆盖雨棚交易市场，面积 2632 平方米。逢阴历 5、10 赶墟，每墟上市达万人，日成交额 20000 余元。至 1995 年，建成 9 条街道，形成农贸、瓷器等专业市场，吸引不少外地个体户来此经商；有酒家、招待所 28 家，职工舞厅 2 家，营业性舞厅 2 家。1999 年，有集贸市场 2 个，集市贸易成交额 5000 万元，社会消费品零售总额 5200 万元。2014 年，有市场 1 个，50 平方米以上的超市 4 个，住宿餐饮企业 3 个，商业网点 454 个，从业人员 2788 人，社会消费品零售总额 24503 万元。

财政金融 1949—1979 年，财政收支由秘书和粮油委员分管，农业税占较大比重，财政支出多为支援农业发展、行政管理费用和上缴县财政。1980 年，全县建立区乡（镇）一级财政，设镇财税所，财政体制由单纯的收支型转向经营管理型。1989 年，撤区并乡后，全面推行乡（镇）一级财政包干。1992 年，全镇财政收入 198 万元，财政支出 29 万元。1999 年，财政总收入 560 万元，财政支出 480 万元，农民人均纯收入 2600 元。2002 年，农村税费改革，取消农林特产税和“五统三提留”，调低农业税税率。2006 年，取消征收农业税。2014 年，公共财政收入 632 万元，公共财政支出 632 万元。

2014 年年末，境内有信用合作社、邮政储蓄银行等 3 家金融服务机构。

社会事业

教育科技 清同治五年（1866），在回澜山设立回澜书屋（学堂），常有许多学子在此苦读。民国时期，始办新学，政府倡导新式教育，设有民国中心小学。1949 年，改为石湾完小，20 世纪 50 年代，石湾完小设初中班，后改为石湾中学，1981 年，改为衡东县第六中学。20 世纪 80 年代初，共有 38 所小学，2 所中学。1990—1996 年，集资 700 多万元，新建、改建、扩建校舍 40 栋，建筑面积 3.2 万多平方米。1995 年，适龄儿童入学率 99.9%，适龄少年入学率 98.04%，初中生的辍学率由 1993 年 3.97%减少到 1.83%，于 1994 年提前 1 年实现“普九”，成为全县第一批“普九”的 4 个乡镇之一。2014 年，有幼儿园

11所，在园幼儿974人，专任教师64人；完全小学2所，村小学3所，在校学生2311人，专任教师123人，小学适龄儿童入学率100%；中学2所，初中在校生1927人，专任教师119人。

1978年，衡东县科委和科协恢复，石湾镇成立科协委员会，对科研项目实行计划管理。石湾瓷厂烧炼车间圆窑改为隧道窑，每万件瓷耗煤减少3.65吨。同时，利用隧道窑余热烘坯，每月煤耗减少54吨。两项每年可节约资金12万元。1982年，获衡阳地区科技推广二等奖。1983年，石湾镇光明村养兔专业户谢冬云，创办长毛兔人工授精站，为61户220只母兔进行人工配种，受妊率达70%。

文化 石湾镇自古人文气息浓厚，多状元才子，民间书法家、画家、诗人较多。1953年，石湾文化站建立，为衡东境内第一个乡镇文化站。1959年，公社文化站配备专职文化干部，于1961年撤销。1963—1966年，镇设民办公助文化站，1967—1974年，设毛泽东思想宣传队。1977年，镇重建文化站，配全脱产辅导员。1989年后，镇文化站主要负责文化行政管理和群众文化辅导工作。1986—1989年，发现双凤村大樟桥遗址为新石器时代晚期龙山文化遗址。改革开放以后，人民对文化事业需求旺盛，境内有电影放映队、电影放映员，满足群众需要。1993年10月，开通石湾有线电视。2014年年末，数字电视用户1200户，电视综合覆盖率98%。有各类民间艺术表演团队3个，演职人员40人。乡镇综合文化站1个，已建村级农家书屋17个，总藏书28849册。2014年，有体育场馆3个；公园及休闲健身广场1个；乡镇综合文化站1个；影剧院1个；22个村通宽带；22个村通有线电视。地方特色民间艺术花鼓戏、剪纸、竹刻、石雕、皮影戏、渔鼓、烧壳饼制作传统技艺等。

医疗卫生 1989年，有医疗卫生机构25所，其中村卫生室22所，共计卫生技术人员24人，床位30张。20世纪90年代初，建有石湾地区医院、镇卫生院。2000年，有医疗卫生机构19所，其中村卫生室17所，共计卫生技术人员49人，床位30张。2014年，有医疗卫生机构19所，其中村卫生室17所，医疗诊所1所，共计卫生技术人员116人，床位60张。2014年，农村安全饮水普及率89%，农村卫生厕所普及率83%。

2007年1月，启动新型农村合作医疗，当年参合人数17054人，参合率70.30%。2014年，新型农村合作医疗参保人数26015人，参合率102.15%。受益补偿金额990.10万元。

社会保障 2004年，在荷塘村修建石湾镇敬老院，占地面积3.2亩，床位60张。2014年，有社会福利收养性机构1所，床位60张；有“五保”对象197人，其中集中供养31人，分散供养166人。月标准450元。

2006年，实施城乡居民大病医疗救助。是年，救助33人次，救助住院医疗费32600元。2014年，救助8人次，救助金额20100元。

2007年7月，实行农村居民最低生活保障待遇。是年，境内有低保对象71户188人，总金额19800元。2014年年末，有低保对象483户957人，月人均保障标准165元，总金额108165元。

2012年，全县启动城乡居民社会养老保险；是年，参保人数16034人，缴费人数11264人，参保率100%；缴费金额1335300元，发放1801855元。2014年，参保人数16689人，缴费人数9147人，参保率78%；缴费金额1064200元，发放2955744元。

基础设施

水利 东汉时期，开始修筑陂塘。1953年4月，中共衡山县委建议兴建小（二）型茶石水库（石湾区茶石乡），6月，省水利厅将茶石水库列为全省首批试建水库之一，投资40000元，包干完成。于9月施工，次年3月完工。水库库容16.01万立方米，灌田200亩，是衡东第一座截谷断溪、居高临下的水库。于1958年建石坝头小（一）型水库，1959年竣工。1968年，石湾镇和石湾公社联合兴建石湾防洪堤，采取防洪与抗旱、治水与办电结合的办法，在闸口安装40型水轮泵1台，55千瓦发电机1台，使防洪堤的效益由单纯防洪变成防洪、抗旱、发电相结合，既保护堤内5494亩稻田不受洪水淹渍，又能提水灌田500多亩，还能年发电20万千瓦时。1989年，石湾防洪堤综合利用收入31960元。从1989年起，大兴小水利，修建山平塘1000余口，修整渠道、水沟160余千米。每年组织人力清淤、硬化渠道，整修骨干塘，年均投资15万元；1995年以后，年均清淤山平塘20口，年均投资25万元；截至2014年年底，共有小（二）型水库6座，水塘1572口，其中骨干塘76口，各类渠道总长40多千米，灌溉面积覆盖全镇绝大部分耕地，基本确保旱涝保收。

交通邮电 已形成由铁路、公路、水路、管道4种运输方式构成的运输网络。京广铁路穿境而过，长7.8千米，设石湾火车站。京珠高速公路过境，长8.4千米，双向6车道。境内通航河道1条，总长9.6千米，湘江为二级航道，最大通航能力为1000吨级船舶，拥有码头1个。2014年年末，开通城乡汽车线路4条，运营总里程65千米，农村客运招呼站5座，客运汽车37辆，年客运量32万人次；客运船舶4艘，160座，年客运量2.8万人；货运船舶17艘，4246吨位，年货运量58万吨。

2010年，煤改气项目实施。新建一座天然气储配站，总占地面积18.79亩，总投资2240万元。

2014年年末，有邮政所1处，营业面积405平方米，从业人员8人，投递点25个，投递线单程总长度147千米，乡村通邮率98%。有电线服务网点2个，电话交换机总容量3600门，固定电话用户3450户，普及率39%；移动电话普及率84%；互联网端口总数2600个，宽带接入用户1678户；有24个村通公共交通，开通天然气用户203户。

供水供电 村民饮水习惯多从湘江、水井或山塘堰坝取水。20世纪80年代以后，发展压水井和潜水泵井。1986年，建成日产5000吨饮用水的自来水厂，供应企事业单位和居民的生产和生活用水。1994年年末，自来水受益人口1510人。2010年，利用湘江河水在光明村建成石湾水厂，铺设供水管网15千米，日产2100吨，居民自来水普及率100%。2014年，在兴源村取地下水建成兴源水厂，铺设供水管网3~4千米，供水用户200余户。

1969年，石湾河堤防洪堤闸安装24千瓦发电机组1台，单独运行，晚上发电供区公所及石湾街部分居民照明，1年后，因管理不善报废。1978年，重建石湾防洪堤闸电站，是年安装发电机组，并接通高压线路，电站并网运行。1980年2月，安装第二台机组，年发电量20万千瓦时以上。1994年年末，通电村25个，农村用电量51.29万千瓦时。1998年，境内3个村第一批实现农电网改造，至2012年年末，25个村全部完成农电网改造任务。2014年年末，全镇用电总量227万千瓦时。

镇村建设 明清时期起，石湾河边渡口旁老街形成集市，周边人们均在此商贸往来，互通有无。中华人民共和国成立后，集镇逐渐集中在党政机关所在地。1986年，镇政府通过整体规划，于光明村、西塘村划拨部分土地，新建集镇中心，拉开小城镇建设序幕。至1994年集镇中心农民街已建成长1500多米，宽30米，门店、住宅面积6万平方米的新街，并建成人民路、交通路、沿江路、从湖路、方圆路、东风路、和平路、双石大道。并搬迁镇政府办公楼，建立医院、镇中心学校、邮电局、信用社等，商户遍布，逐渐成为石湾集镇中心。城区面积由1988年的1.7平方千米扩展至1995年的4平方千米。1993年，被建设部评为全国村镇建设文明集镇。2006年，镇政府办公楼选址于泥塘开发小区，带动小城镇建设步伐。2014年，城镇规划区面积215公顷，城镇建成区面积215公顷，建成区总户数3187户、10780人，建成区绿化面积3.1公顷。

特色地情

历史人文 茹瑺（1358—1409），字良玉，号茹庵，元至正十八年（1358）十二月初一日生于衡山东隅的藻江（今石湾镇枣山村）。

明洪武十年（1377），茹瑺由县儒学生员被选为贡生，入国子监就读。在国学诸生开讲中，朱元璋见瑺仪表非凡，又有才华。便授予承敕郎。瑺供职勤慎，很受朱元璋器重，洪武二十三年（1390）被封为太子少保。惠帝登极，茹瑺与主张废削藩王的大臣黄子澄闹意见，一度出京至河南为官，不久，被召回任兵部尚书。建文四年（1402），燕兵攻破京城，朱棣召唤茹瑺，茹瑺第一个劝朱棣登帝位。不久，朱棣下诏，封茹瑺终身为忠诚伯，食禄千石，并立下金书铁券，券文有“中外一个，中流砥柱”的褒奖语。嗣后，又把秦王第二女长安郡主下嫁给茹瑺的长子茹鉴。

永乐六年（1408），茹瑺奉命出京营建长安郡主府第，回京后，犯了所谓“不送赵王”的罪过，被遣送回家乡。路经长沙，未去拜谒谷王，再遭弹劾，并以违背朱家王朝祖先制度的罪名关进狱中，于永乐七年（1409）二月，服毒自尽。家属27人亦被迁到广西河池。直到明宗宣德年间（1427年左右），受牵连的家属得以赦免，被没收的田产、房屋也获得发还。

李洁 李广 李洁（1912—1928）、李广（1914—1928）姐妹俩，既字石湾（今衡东县石湾镇）人。

1920年，李洁与其妹妹李广进入衡山县立女子高等小学读书。

1926年7月，农民协会公开活动，各革命群众团体相继成立。李洁、李广都加入儿童团，扛着红缨枪，站岗放哨。是年秋，李洁考取湖南省立第三女子师范学校（校址在衡阳）。李广考入衡山县立女子高等学校附设的初中班。李洁到校后，一面认真读书，一面投入反帝反封建的斗争。11月，加入中国共产主义青年团。李洁在学生自治会编印的期刊上发表过几篇文章，其中《蛙鸣》这篇很有见地，批判了那些军阀、政客一意营私，相与喧嚣一时，反不如蛙鸣之有意，李洁呼吁中国人要为振兴中华而鸣。李广在女校初中班读书，品学兼优，加入了共青团。

“马日”事变后，衡阳、衡山的反动势力疯狂反扑，各校被迫停课，李洁、李广回到家里。不久，中共衡山县委决定派两人为秘密交通员。两人不顾个人安危，毅然接受任务。8月里的一天下午，新担任县委书记的陈芬和爱人毛泽建，有急事须渡过湘江，到新屯（今新塘镇）开会，要姐妹俩设法护送其过江。姐妹俩商定：陈芬扮商贩，李广装重病，由李洁和毛泽建抬着登船。结果，李广嘴唇涂黑，双颊涂黄，躺在担架上，4人从小巷来到渡口，在敌人军警面前李广轻轻地哭喊着难过，装得像极了。骗过敌人，安全地离开了衡山县城。几个月中，姐妹俩多次勇敢机智地完成了任务。同志们亲切地称她俩为“红色小交通”。

10月初，一个投寄李利升银楼转交“李清明”（衡山县委代号）的包裹被挨户团截获，从中搜出一份关于年关暴动计划和行动口号的密件。于是，李家遭到浩劫，李洁与妹妹及其母亲、姑母一同被捕入狱。挨户团对李洁、李广哄骗又毒打，反复要两人回答李清明是谁。姐妹俩始终说：“不知道!”敌人又指使一个曾经和她俩同过学的变节分子来“劝告”，变节分子被挨了一顿臭骂后悻悻离去。

1927年农历12月17日凌晨，李洁、李广被狱卒拉到牢房门口时，李广甩开狱卒，掏出手帕包着的8枚铜板，转身交给母亲，表示最后的一次孝敬。劝慰母亲：“妈妈莫哭，您要活下来，有朝一日，看敌人的可耻下场。”说罢，昂首挺胸，走向刑场。牺牲时，李洁16岁，李广14岁。

谭鑫振（1843—1882），字丽生，石湾泉水（今石湾镇泉水村）人。

自幼聪慧，能刻苦学习，以高才生见赏于授业老师。清同治九年（1870），考中举人，署岳州训导，湖南巡抚王文韶对他很重视，目之为“国器”，委校阅各书院的经课。谭鑫振一边工作，一边自学，系统地学习经史，广泛阅读百家著述，并留心时事。光绪六年（1880）赴京，殿试得一甲第三名（探花），任翰林院编修。

点探花后，并不急于做官，谭鑫振请假回家省亲。游南岳时，撰了《半山亭记》，亲自用大楷书写，刻碑留为纪念，曾广泛为人拓印，以供临摹。游罢南岳，回家休息，正值鹤岭的东岳庙落成，应邀提笔写了“紫气东来”四个大字的匾额，悬挂庙门首。大字气势非凡，独具一格，来往行人无不称赞。百多年来，其书法一直受珍视，名列《中国书法大辞典》。谭鑫振眷恋故乡山水人物，但因假期届满，不能久留，几个月后便北上了。

回京后，奉命到浙江供职，很想有所作为，为百姓办些好事，但事与愿违。不久，又奉调山海关任职，仍想在自己的职守内，多做些于国于民有益的事。经常微服私访，深入民间了解疾苦，打击为非作歹的豪绅，群众称谭鑫振是好官。无奈重病缠身，有志未酬，光绪八年（1882），殁于山海关。

谭鑫振临终的遗言是：“知足是人生一乐，无私得天地自然。”

名胜古迹 *石湾老街* 石湾老街位于石湾镇湘江东岸边，与衡山县长江镇隔江相望。南北朝至隋朝时是湘潭县治所在地。老街历史遗迹众多，老街旁的回澜山有“小雁峰”美誉。周围有灵官庙、清末探花谭鑫振故居遗址。清嘉庆三年（1798）《重修码头碑》，清同治十年（1871）《石湾杨泗义渡》捐款碑刻。

回澜山 位于石湾镇北端、湘江之畔。又名壶山，九节龙形山，有小回雁峰之称。《一统志》《福地志》载：“衡州之山为回雁峰，紫盖为上回雁峰，回澜为小回雁峰。”清罗鸣鹤《回澜山记》称：“回澜山，为县治北一大关键，湘江百折，至此潆回，有峰卓立于高岸……古木参天，幽篁万千，下有深潭，神龙所窟，降雨兴云。驿人旅客到此停舫，捷足登临，以览胜概。”峰上建有回澜寺。相传隋大业时，炀帝南巡时敕建，属南岳大庙派支，历经上千年，累圮累建。峰顶，建有祖师殿，始建年代相传为明朝，现无可靠史料查证。清乾隆三年（1738）扩建。清光绪《衡山县志》载：“同治二年（1863），由文中凤、文海洋、刘大遇、武咨盛重修”。六十六步石阶拾级而上，殿宇金碧辉煌，为重檐歇山式建筑，角牙高耸；正面二间，朱漆木雕门扉，殿基长 26.4 米，宽 35.52 米，殿高五丈九尺，殿梁龙盘虎踞，殿堂供祖师等神像。后殿正门上挂着“小回雁”横匾。石阶下有山门和土地庙，前 50 米有回澜桥。殿为坐北朝南四合院，共分三进，古木参天。殿前有两株古柏，分立台阶两旁。前殿正门上方，书有“祖师殿”三个镏金大字，门联为“大江东去，古佛西来”。殿内设有钟

鼓，再往前便是天井，中央有一青石大香炉，两边各有3间厢房。后殿正门上挂着“小雁峰”横匾，殿堂正中是祖师爷的木雕大坐像，观音、关帝等大小偶供奉两边。

祖师殿建筑规模大，环境幽美，清代常有许多文人学士在此苦读。清同治五年（1866），在一批乡贤的倡议下，殿内设立回澜书屋（学堂），经费开支由地方士绅捐募，馆师由当地有名望学问的人担任。在回澜书屋当过馆师的陈孝初，便是石湾西塘一位才子。清光绪元年恩贡生罗楚熊曾寄居回澜书屋，边讲学授徒，边从事著作，有《晚补楼文钞》《一笑草》等著作问世。

清嘉庆三年（1798），有人在回澜山南麓、石湾街河边建起惜字炉——宝塔。塔为八角七层，实心砖砌，高约11米。清代状元彭浚赴京赶考前，与好友李三泛舟石湾，以此塔为题作对。李三出上联“轻舟如梭，编织江中锦绣”，彭浚对下联“宝塔似笔，倒写天下文章”。

以上名胜，经历百年沧桑，可惜毁于“大跃进”“文化大革命”中。

回澜山还是革命英雄小姐妹李洁、李广的长眠之地。马日事变后，李洁、李广担任中共衡山县委地下交通员，因叛徒出卖，被国民党反动派枪杀在衡山城南马王庙。1952年，姐妹俩被人民政府追认为革命烈士，遗骸被迁回家乡，合葬在风景优美的回澜山上。

衡山县委与县工委会师大会遗址　位于石湾镇自来水厂附近（原回澜小学），占地面积近1000平方米。

1949年8月6日，衡山洣北地区先期解放，包括其时的石湾、白莲、杨桥、高水、甘溪（部分保）、潭园（部分保）6乡。而此时组建于老解放区的中共衡山县委正率领南下工作团176名工作人员于8月8日奉命开赴株洲，等候衡山解放消息。活动于洣北解放区的中共衡山地下工委书记刘东安9月1日派县工委委员谭安猷等前往省工委联系，4日，在省工委书记周里的介绍下，找到中共衡阳地委书记傅生麟、组织部部长王锦新，并安排与南下工作团见面。9月9日下午，衡山县委书记李心田、县长高怀亨率领南下工作团及随同前往迎接的12名地下工作者抵达石湾。11日，县委与县工委在石湾的回澜小学举行会师大会。与会人员200余人，有南下工作团全体人员，县工委所属部分党、团员和青年工作队员。10月6日，衡山全境解放，县人民政府随即由石湾迁往县城，入驻原国民党衡山县政府旧址办公。

鳌洲岛 位于石湾镇回澜峰北部的湘江之中，四面环水，系湘江砂冲击而成的江心洲。整个洲呈狭长形、对称分布，一条水泥路从洲尾直通洲头，因洲形如一巨型鳌鱼，故名“鳌洲”。相传远古时期，从东海龙宫跑出一条金鳌，游入湘江边的回澜峰下，见此江面辽阔，便在此隐身成岛。后姜子牙登回澜峰，识得此岛为金鳌所化，遂在峰下一钓鱼台垂钓，欲钓走金鳌，然金鳌通灵，不愿上钩，姜子牙只得离去。每当江水暴涨，金鳌便紧缩身子往上拱，水涨洲涨，是以湘江年年洪水，而鳌洲绝少被淹，甚为神奇。洲岛南北长约1500米，东西宽约300米，是湘江衡阳段最大的洲心岛。岛上环境幽雅美丽，古木参天，绿树成荫，受挂牌保护的百年以上树龄的古樟有20余株。洲头还分布大片野桑林，每当桑葚成熟，甜美果实吸引不少游客前来采摘品尝。洲身两侧遍布竹林，近水处全为垂柳，四季常青、绿意盎然。成片的芦苇、丛丛的竹林，常使百鸟云集，“竹影抖动千只鸟”便是岛上美景的真实写照。全村共4个村民小组，146户，占地面积120亩，耕地面积为90亩。岛上村民种植柑橘、蜜柚，独特的土质，所产水果品质上佳。

菩萨岭 位于石湾镇兴源村，古称大岭、大人形山、石佛山、大石岭。发脉于茶岭、凤凰山，其山势腾飞百里，蜿蜒而来，左五才峰如护卫，右黄龙桥似侍臣，前朝拱湘江流水，后接衡岳云气。近观峋嶙山石，远视三尊石菩萨，形神逼真，与回澜峰相对峙，居高俯瞰石湾大地。菩萨岭山峻石质坚硬，悬崖断面平整如削，因貌似人形而称为菩萨岭。当地流传着刘晏巡访该山与菩萨仙翁救苦助人的美丽传说。曾有信众到此朝信。菩萨岭以形似菩萨，状物而得名。寄寓了人们的美好愿望。

名优特产 *石湾烧饼* 又称石湾烧壳子饼，起源于清代，已有200多年的历史。趁热吃，又热又脆，又香又甜，美味无限，成为衡东一大风味小吃。

石湾麻糖 可与湖北孝感麻糖和长沙九如斋“酥月”相媲美。具有片薄、香脆、味鲜等特点，吃起来香甜可口，回味无穷。石湾麻糖品种分全麻、花麻、仁子、扯糖巴子4种。

石湾瓷器 石湾是全国最大的日用瓷生产基地，享有“瓷都”的美称。这里的制瓷工业始于清康熙二年（1663），到民国时期，有11家碗窑。中华人民共和国成立后，11家碗窑组成瓷器联营，从业者120人，年产粗瓷200多万件。1955年，转为公私合营，职工180人，年产中、粗瓷250万件。1957年年底，

转为全民所有制企业，定名石湾瓷厂。1958 年，开始生产细瓷，职工 264 人，生产日用瓷 265 万件。是年，石湾公社创办瓷厂，从业者 40 人，年产粗瓷 50 余万件。1961 年，石湾瓷厂职工精减为 115 人，石湾公社瓷厂改为瓷业生产合作社，瓷厂（社）产量降为 79. 39 万件。1962 年，石湾瓷厂由石湾小对河迁至荷花坪，撤销茶子山分厂，并开始技术改造。1973 年，石湾瓷业社改为县属合作工厂，更名先锋瓷厂。主要产品有火炬牌釉上彩碗类及釉上彩戈三大，金菊工等碗类，花色 30 余种，其中青花 13 厘米被评为省优级产品。1975 年，先锋瓷厂改产中瓷，两厂有职工 311 人，年产日用瓷 578 万件。1987 年，先锋瓷厂兴建一条隧道窑，生产线改装配套，年产日用瓷由 400 多万件提高到 600 万件。1980 年，石湾瓷厂完成原料、成型、烧炼、给水 4 大系统的技术改造，职工增加至 418 人，年产日用瓷 647 万件。1981 年，第一条隧道窑投产。1987 年，4 条隧道窑投产，年产能力为 3200 万件。1989 年，有职工 1443 人，固定资产 1088 万元，年产日用瓷 3447 万件，产值 1296 万元，利润 320 万元，上缴税金 183. 88 万元，产品行销上海、武汉等 10 多个大中城市，并评为全省先进企业。1988 年，石湾镇建成年产 700 万件的湘江瓷厂。1989 年，县、乡 3 家瓷厂有职工 2201 人，年产日用瓷 4805 万件。到 20 世纪 90 年代中期，有石湾、光明、湘江、先锋 4 大瓷厂，年产各种日用瓷达 1. 2 亿件，从业人员 12415 人，瓷业达到鼎盛时期。2000 年后，因市场疲软，日用瓷竞争加剧，效益下降，瓷厂逐年改制。

文献辑存

回澜山记

［清　罗鸣鹤］

回澜山者，为县治北一大关键。湘流百折，至此潆回，有峰卓立于高岸，此回澜所由名也。昔人以其地肖形，又曰壶山。山故有禅堂祀佛祖，未稔始于何时，历数百年，风鹲剥蚀，屡圮屡修。今则增设讲堂，为谈经论道所，幽篁万千，掩映窗前，诚藏修之胜境也。余昔登其地，以为不异雁峰，故又称小雁峰。其下有潭，极深邃，水净绿，神龙所窟，降雨兴云，较之雁峰，烟雨利济尤溥，则又邑之灵区也。骚人旅客到此停舫，捷足登临，以览胜概。东望凤凰，若隐若见；南瞻朱鸟，欲集欲翔；上迎巾紫，秀挹眼前；下涧湘流，停留腕底，则尤一邑之奇观也。盖闻有天地即有此山，既建邑于上游，山巍然挺峙于下，其为砥柱也明甚。乃逸于志乘，山之传与不传，殆有数存欤？尝概宇宙名山，何止千百，或以都会巨镇得名，或以奇人杰士得名，或以英雄争战得名，又或以名流登眺及仙流隐逸得名，不在大，亦不在高，遭遇之数，殆犹之人，山灵不能以其晦争也。然兹山既逸于名都胜会，又遗于珥笔名流。具此峥嵘之概，渟蓄之观，栖藏神物，艮止坎流，造化之精华，蕴而必泄。况既设之禅堂以栖神佛，加之讲院以集德邻，天地与人，萃为三才，以酿此一拳回澜之山，自当与衡岳七十二峰并垂不朽。余不敏，非敢谓能传兹山，借时会以存诸乘，山应为吾邑效灵矣。

登回澜山祖师殿诗二首

［清　聂铣敏］

峭壁嶙峋削不成，一拳苍翠锁江城。高低径逐峰腰转，来去帆从木末横。有客焚香工佞佛，何人刻竹好题名。想当秋月凌空出，倒映寒潭分外清。

神尊元武配离宫，岳色分明在眼中，秋水荻花沿岸白，夕阳枫叶晚天红。半湾酒肆停征棹，一带渔舟挂钓筒。惆怅石崖碑碣在，摩挲先迹恨无穷。

题回澜山联

［陈孝初］

静坐对河山，一咏一觞，好领取乾坤清气；
闲游穿竹树，且行且止，莫辜负花鸟幽情。

挽谭鑫振联

［俞樾］

如何探花使，竟作报罗人，最怜客死浙西，难携九岁孤儿，付托同年良友；
回忆小舟中，曾修同馆礼，犹冀重逢吴下，谁料武陵一面，勾销文字姻缘。

石湾镇主要领导名录

（1989.05—2014.12）

一、中共石湾镇委员会书记

石湾镇工委书记、主任

许前利（1989.05—1989.12）

党委书记

许前利（1989.12—1990.04）

谢正清（1990.04—1992.12）

李枫秋（1992.12—1997.01）

罗宗明（1997.01—1999.08）

刘石林（1999.08—2001.01）

夏建广（2001.01—2005.02）

袁谷平（2005.02—2007.02）

陈扬荣（2007.02—2007.10）

赵衡辉（2008.02—2011.08）

尹友平（2011.08—　　）

二、石湾镇人大主席团主席

王须重（1989.12—1991.02）

刘石生（1991.04—1995.11）

颜南屏（1995.11—2001.11）

赵伟生（2001.11—2003.02）

康培远（2003.05—2005.02）

文和平（2005.05—2006.03）

阳洪科（2006.05—2007.11）

刘丰成（2007.11—2012.10）

郭诗周（2012.11—2013.06）

三、石湾镇人民政府镇长

刘其昌（1989.12—1995.11）

熊新中（1995.11—1997.01）

刘石林（1997.04—1999.08）

夏建广（2000.04—2001.01）

王辉煌（2001.04—2003.02）

刘丙志（2003.05—2006.03）

文和平（2006.05—2008.02）

苏忆秋（2008.04—2010.01）

尹友平（2010.03—2011.09）

肖珍珠（2012.03—2014.05）

四、石湾镇政协联络工委主任

彭友林（1998.09—2001.02）

康培远（2001.02—2003.02）

周志波（2003.02—2004.03）

阳洪科（2005.02—2006.03）

刘丰成（2006.03—2007.10）

刘水文（2007.10—2010.01）

郭诗周（2010.01—2012.10）

黄旭辉（2012.10—　　　）

（撰稿　颜知明　李斌）

白莲镇

政区概况

地理位置 位于衡东县东北部，东临杨桥镇，南接踏庄乡，西邻珍珠乡，北与石湾镇和株洲县龙凤乡接界。地理坐标为北纬27°09′48″~27°17′12″，东经112°57′30″~113°04′46″。相传，在很久以前，境内有一池塘，水清土肥，盛产莲藕，洁白如玉，味美可口，被皇帝闻知，列为贡品。塘边原有一寺，便取名白莲寺，白莲镇由此得名。镇政府驻地白莲村，距县城25千米。是湖南省特色旅游小镇。

自然环境 境内为典型丘陵地区，最高峰黑天云位于洛湖村，海拔379米，最低点位于谭家桥15组，海拔56米。属亚热带季风湿润气候，干湿季节明显，日照充足，雨水较多，灾害性天气较多。年均气温17.8℃，年均降水量1371.3毫米，降水集中在每年的4—7月，6月最多。境内无河流，有1座中型水库即白莲水库、5座小（二）型水库。矿藏资源有瓷泥、沙金、铅锌。

建置沿革 1950年3月，属衡山县第三区白莲乡；1952年6月，属第十五区，含石塘、西仓、白莲3个乡；1956年6月，石塘、西仓并入白莲乡；1958年10月，属超英人民公社；1966年，析置衡东县，境内设白莲公社、小初公社，属石湾区。1984年4月，改称白莲乡；1989年5月，小初乡并入白莲乡；2001年3月，撤乡设镇。至2014年年末无变化。

行政区划 1989年，辖25个建制村，280个村民小组。2014年年末，辖莲花1个居委会；白莲、高峰、山花、先锋、塘荷、高明、永安、白石、南塘、铁坪、谭家桥、小初、里鱼、山底、对江、新坝、马鞍、王家垅、月寨、双江、马房、虎塘、罗家湖、洛湖、龙潭25个建制村；5个居民小组、287个村民小组。

人口面积 1989年年末，总人口25525人，其中农业人口24511人。1999年年末6551户，总人口26465人。年末，劳动力人数15212人。2014年年末，辖区常住户数6625户，常住人口20621人，户籍人口28301人，其中农业户籍人口19704人。户籍人口中，男性14037人，占49.6%，女性14264，占50.4%。

2014年，辖区总面积79平方千米。其中陆地面积76平方千米，占96.2%。水域3平方千米，占3.8%。

经济发展

农业 境内主要种植水稻、油茶、茶叶、红薯、大豆、板栗、湘莲等作物。蔬菜主要品种有黄瓜、南瓜、芥菜、白菜、空心菜。20世纪50年代中期开始种植双季稻，20世纪70年代中期杂交水稻开始得到推广。1971年，建小初茶场。1989年，有耕地面积22057亩。其中水田19934亩，旱地2123亩。农作物播种总面积43291亩，其中水稻播种面积37112亩，亩产433公斤，总产16069吨。1996年，小初茶场有茶园面积370亩，工人5人，固定资产100万元；出产茶叶2.5万公斤，出产的琴峰牌茶叶获市优质新产品称号。1999年，有耕地面积54705亩。农作物播种面积62490亩，其中粮食播种面积44760亩，粮食总产量19089吨。经济作物播种总面积17730亩，油料总产量254吨，棉花产量5吨。2014年，农作物总播种面积75435亩，其中粮食作物播种面积45825亩，粮食产量65988吨，其中稻谷45760吨。2014年年末，全镇先进、适用的农机设备达到56台（套）。

境内养殖业以饲养生猪、家禽、耕牛、鱼等畜禽水产为主。20世纪50年代，畜禽水产的养殖主要是自繁自养，产量比较低，到20世纪80年代，政府鼓励农民发展养殖业，家禽家畜饲养数量逐渐增多，渔业以水库、池塘养殖为主，鱼类产量逐渐增高。1989年年末，生猪存栏14093头，出栏生猪11130头，出售肉用牛6头，耕牛存栏1367头。家禽存栏37586羽，出笼家禽31858羽，禽蛋产量100.90吨。水产品产量115吨。水产养殖面积849亩。小初片生猪养殖基地历史悠久，是重要的良种猪出口基地。1994年，出栏上百头的大户有20户，出栏良种猪3425头，为国家创汇300万元。1999年年末，出栏生猪30988头，大牲畜存栏1343头，肉类总产量3484吨，水产品310吨。带动周边的高峰、先锋、永安等村生猪养殖，至2007年年末，全镇养猪专业户500户。2014年，生猪饲养量12万头，年末存栏5.82万头；家禽饲养量57万羽；渔业养殖面积1365亩，产量758吨。

1949年前，林地为私人所有，以杉木林为主，1951年土地改革，重新确定山林权属。1958年，成立人民公社后，境内山林收归集体所有。1982年，林权确定到农户。1989年，造林面积878亩，其中用材林211亩，经济林67亩，防护林300亩，薪炭林300亩。植树10万株，育苗面积23亩。茶油产量72.8吨，桐油产量4.5吨，板栗5吨，竹木采伐3678立方米。1993年，投资200万元，开发以小初、谭家桥村为中心，辐射全乡24个村的1万亩板栗基地。1994年木材蓄积量20多万立方米，居全县乡镇榜首。1996年，全乡的杉木林发展到4.2万亩，活立木14.7万立方米，年砍伐量4000立方米，年创产值200万元。1999年有林地面积33030亩。2014年，全镇荒山改造2679亩，迹地更新854亩，油茶改造967亩。

2014年年末，有农业技术服务机构1个，农民合作社4个，成员52户；种植大户39户。

工业 瓷泥遍及全镇，小初瓷泥矿已有700多年生产历史，探明储量2500万吨，而且质量好，是理想的日用瓷和工业建筑原材料。清康熙二年（1663），境内小初铁铺坪、石秀冲、谭家桥创办碗窑，开始用本地瓷泥土法生产泥碗。1994年产瓷泥11000吨，产值60万元。1985年，罗家湖村发现有中低品位的钨矿走脉，随后办矿采钨。1992年，有乡镇企业198个，从业人员1210人，总产值1670万元，其中乡办企业产值925万元。白莲花炮厂生产烟花爆竹系列产品60余种。1999年，有乡镇企业140个，总产值18830万元，利税总额809万元。先后引进投资400万元的东绿牌人参天麻茶项目，投资300万元的长征夹板厂，投资240万元的里鱼硅矿。2014年年末，有工业企业27个，其中规模以上工业企业1个。工业企业总产值9730万元，其中规模以上工业企业总产值3925万元。

商贸服务 1992年，商业饮食业总额45万元。1999年，集市贸易成交额1763万元，社会消费品零售总额1275万元，集贸市场2个。2011年，商业网点118个，社会商品零售总额7000万元；城乡集贸市场2个，年成交额1400万元。

2014年，社会商品零售总额1658万元，集贸市场3个，50平方米以上的超市2个。

财政金融 1949—1979年，乡镇财政收支由秘书或粮油委员分管。1980年，区乡镇设财税所，1989年，推行乡镇一级财政包干。1992年，财政总收入195万元。财政支出24万元。1999年，财政总收入236万元，财政支出234.5万元，农民人均纯收入1918元。2002年，取消农林特产税和“五通三提留”。2006年，取消农业税。2011年，财政总收入176.3万元，银行存款余额1.7亿元，2014年，公共财政总收入325万元，其中企业实交税金285万元。公共财政总支出280万元。2014年设有金融机构网点1个。

社会事业

教育文化 乾隆九年（1744），由向日登等人倡议在白莲寺（今白莲镇）创办竹林书院。乾隆四十三年（1778）改名爱莲书院，宣统三年（1911）改为尚德小学。1958年，白莲完小附设初中班。1972年，境内初中增设高中班，改为白莲完全中学。1980年，高中班取消，白莲完全中学改为白莲中学。1990年，小学、中学合并为白莲学校，为全县首所九年一贯制学校，校园占地面积88.3亩。1991年，原籍白莲乡台胞向大延，为纪念父亲向乐谷创办向氏尚德小学（白莲学校前身），捐款55万元在校内兴建乐谷文教纪念馆，于1994年又捐资65万元建面积3300平方米的教学宿舍楼，捐资80万元设立奖教奖学扶困基金。1996年，学校有教职工95人，学生1900余人，小学入学率和巩固率100%，中学入学率和巩固率分别为98.6%和97.3%。1996年年末，境内有中小学25所，在校学生3607人。2011年年末，幼儿园3所，在园幼儿511人，专任教师20人；小学3所，在校生1390人，专任教师68人，小学适龄儿童入学率100%；初中1所，在校生536人，专任教师47人，小学升初中率100%，九年义务教育覆盖率100%。2009—2014年，累计投资180余万元，新建尚德学校科技楼，配备高标准的多媒体教室和电脑室；完善小初完小、塘荷学校等校的基础设施。2014年年末，有幼儿园、托儿所6所；小学3所，小学专任教师75人，小学在校学生总数1712人；初中1所，在校学生473人，教师49人。

1954年，开始发展乡办文化站，境内设文化站1个。1979年，普及公社社办放映队，撤销县办放映队，同时发展民办电影放映事业，建立农户放映队。到1989年，有农户放映队1个。1989年，撤区并乡，全乡成立1个文化站，配文化辅导员1人，负责文化行政管理和群众文化辅导工作。有图书馆1个，藏书8300余册。从2002年起，白莲镇举办一年一届的皮影艺术节，被省文化厅评为“皮影艺术之乡”。2010年7月，开通农村数字电视；是年，有农村数字电视用户1000余户。2014年，有各类民间艺术表演团体4个，演职人员60人；乡镇综合文化站1个，学校体育场3个，农民健身场所2处；村级农家书屋17个，总藏书28849册；25个村村村通宽带；16个村通有线电视。地方特色民间艺术有白莲皮影戏、渔鼓、星火龙舞、莲花落等，其中白莲皮影戏被列为市级非物质文化遗产保护项目。

医疗卫生　1989年，境内有医疗卫生机构27所，卫生技术人员13人，床位5张，其中村卫生室25所。2000年，有医疗卫生机构27所，卫生技术人员18人，床位8张，其中村卫生室25所。2011年，开始实行基本药物零利润。2014年，有医疗卫生机构27所，卫生技术人员28人，床位40张，其中村卫生室25所。

2007年1月，启动新型农村合作医疗，参合人数20855人，参合率85%。2014年，新型农村合作医疗参保人数26276人，参合率100.11%。受益补偿金额968.05万元。

社会保障　农村合作化后，农业生产合作社和人民公社对鳏寡老人及孤儿实行“五保”。“五保户”供养标准为：每人每年粮谷250公斤，20世纪70年代提高到300公斤，20世纪80年代又提高到350公斤，每人每年食油3~4公斤，零用钱和医药费100元左右。1987年起，“五保户”生活费用实行乡镇统筹。从2005年开始，全镇农村“五保户”供养纳入财政转移支付。2007年，白莲镇投入20多万元建敬老院，建地面积8亩，床位40张。被省民政厅评为“优秀敬老院”。2014年，有社会福利收养性机构1所，床位40张；有“五保”对象213人，其中集中供养32人，分散供养181人。月标准450元。

2006年，实施城乡居民大病医疗救助。是年，救助26人次，救助住院医疗费35500元。2014年，救助7人次，救助金额24500元。

2007年7月，实行农村居民最低生活保障待遇。是年，境内有低保对象68户177人，总金额18780元。2014年年末，有低保对象488户915人，月人均保障标准 165 元，总金额 99840 元。

2012 年，全县启动城乡居民社会养老保险，是年境内参保人数 16704 人，缴费人数 12366 人，参保率 100%；缴费金额 1344900 元，发放 1843600 元。2014 年，参保人数 17677 人，缴费人数 11058 人，参保率 95%；缴费金额 1194300 元，发放 3036660 元。

基础设施

水利 境内无河流，中华人民共和国成立前，农民靠天吃饭。“大跃进”时期兴修水利，1958 年，在白莲村兴建白莲水库，是一座中型水利枢纽，具有灌溉、防洪、发电、养殖等综合效益。1963—1979 年，新修小（二）型水库 5 座，山平塘 856 口，骨干塘 24 口，电灌站 9 处。1996 年，筹资 370 万元，投入劳动工日 15 万个，完成水利工程 370 处，扩大灌溉面积 1500 亩。2014 年，全镇有小（二）型水库 7 座，山平塘 970 口，骨干塘 38 口，电灌站 27 处；投资 240 多万元整修堰坝 7 处、渠道 4 千米、山平塘清淤 96 口、兴建抗旱井 8 处、兴建电排 9 座。

交通邮电 中华人民共和国成立前，丰塘至攸县的驿道穿境。1971 年，始有 X006（今 S214）荆花至石湾公路穿境，于 1975 年通车，是境内第一条公路。1996 年，新建村级公路 5 条，整修村级公路 13 条，共计 58 千米，实现村村通公路。2000 年后，白莲镇利用国家实施“通畅工程”的契机，累计完成村级公路硬化 50 千米，实现 23 个村通水泥路或柏油路，其中永安村和山底村组组通水泥路。2005 年，利用国家实施“通达工程”的契机，改造洛湖和龙潭村的村级公路。2012 年，硬化村级公路 7 条，长 10 千米，是年，实现村村通水泥硬化公路。2014 年年末，境内有县道 1 条，长 20.10 千米；镇、村道 35 条，长 89 千米。有客运班车 16 辆，260 座，年客运量达 9.9 万人次，农村客运招呼站 3 座，25 个村通公共交通；有货运汽车 19 辆，62 吨位，年货运量 3.3 万吨。

1999 年，25 个村通邮，通电话，电话装机 382 部。2005 年后，通信设施不断完善，白石、王家垅、谭家桥、洛湖、高峰等村移动和联通信号塔相继建成开通，无线通信网覆盖全镇。2014 年年末，有邮政网点 1 个，营业面积 150 平方米，从业人员 4 人。投递线单程总长度 82 千米，投递点 26 个，乡村通邮率

100%，有电信服务网点5个；电话交换机总容量5000门，固定电话用户2800户，普及率42.26%；互联网端口总数500个，25个村开通宽带，宽带接入用户520户；手机用户普及率76%。16个村开通有线电视。

供水供电 村民饮水习惯多从水井或山塘堰坝取水。20世纪80年代以后，发展压水井和潜水泵井。2010年，建成白莲水厂。

1964年，全县第一座小水电站（12千瓦）——白莲水库渠道跌水电站建成发电。1978—1979年，白莲水库3台125千瓦发电机组投产发电。1994年年末，通电村25个，农村用电量73.02万千瓦时，1998年，境内永安村第一个实现农电网改造，至2012年年末，25个村全部完成农电网改造任务。2014年年末，全镇用电总量219万千瓦时。

镇村建设 2007年，白莲镇投入25万元完成莲花大道工程建设，投入50万元修建莲花大桥，投资180万元新建谭家桥农贸市场。2010年，投资40万元，维修镇机关食堂，修建后山护坡，硬化内操场；在王家垅建设1座垃圾焚化炉，成立环卫队；投入近20万元修好镇政府门前0.7千米水泥公路。2014年，白莲镇城镇规划区面积80公顷，已建成区面积55公顷，绿化面积2.2公顷，建成区总户数300户、1200人。垃圾集中处理的村16个。是年，镇党委、政府以打造生态旅游休闲文化名镇为契机，构建“一镇一品”旅游新格局，发动白莲村群众以合作社形式种植千亩连片湘莲，形成水上养莲、水中养鱼、水下种藕的高效农业种植模式，打造千年白莲风情园。同时整合各方资源，从大定位、大规划、大打造、大宣传、大投入5个方面入手，以白莲水库为依托，以小城镇建设为中心，以旅游开发为重点，完善旅游“六要素”，形成浓郁地方特色，获“湖南省特色旅游小镇”。

马房村位于白莲镇政府东南2千米处，面积2平方千米，10个村民小组，156户632人，曾是个比较脏乱差的村。2012年，全县开展“城乡环境综合整治”活动，村支两委因势利导，认真规划，制定村规民约，实行“村干包片，组长包组，户主包户”的责任制，大力开展环境综合整治。共筹资230多万元，硬化村级公路8千米，实现水泥路到户；公路两旁种植树木8000株；完成水渠维修5000米；制作农村环境卫生综合治理宣传栏40多个、公示牌170多块；新建垃圾焚化池15个，并为每户配发垃圾箱。2014年，评为湖南省新农村建设示范村；2015年，评为湖南省美丽乡村。

特色地情

历史人文 向道龙（1860—1899）向大复（1902—1933）祖孙俩，石塘村人，一个为旧民主主义革命而牺牲，一个为新民主主义革命而英勇献身。向道龙，幼聪慧，博览群书，15岁，补博士弟子员，中法战争后，弃文习武。1888年以后，受孙中山革命思想的影响，立志驱除鞑虏，恢复中华。1899年，向道龙抵衡山，誓众于衡山白云岭隐真寺，发出《讨清廷檄文》，宣告起义，后因军械误期，起义失败，向道龙为知县黎镛所捕。殉难之日，神色从容，大声疾呼："大丈夫视死如归，何惜身殉？所恨者，大事未成耳！"辛亥革命胜利后，民国大总统批文，追认为烈士，授"大汉右将军"。向道龙牺牲后3年，长孙向大复出生，祖母用"光复河山"的"复"字为其命名。1926年，农民运动兴起，向大复在石湾加入中国共产党。次年，担任衡山县农民协会执行委员，赴武汉农民运动讲习所学习。"马日事变"后，回湖南，与党失去联系。向大复此后背井离乡，赴湘南找到了党，并被派往永新县担任特别支部书记。1927年9月，参加秋收起义，担任红一军团第四军一营二连党代表。1933年，在第四次反围剿中，粮尽弹绝壮烈牺牲，年方31岁。

向燊（1864—1928），字乐谷，潜字白莲寺（今白莲镇）人。尚德学校创始人。少年时，受业于湘潭王闿运门下。清光绪三十年（1904），往日本留学。在东京弘文学院毕业后，回到湖南，历任衡山县劝学所总董、衡州府中学堂和南路实业学堂的监督。宣统元年（1909）当选为咨议员。1911年，倡导创办私立向氏尚德小学。不久，捐纳为道台，被分发到甘肃省候补。辛亥革命爆发，向燊协同黄钺在秦州（今甘肃省天水市）发动反清起义，被举为副都督。民国成立后，任陇南观察使。不久，改渭川道尹。辞渭川道尹，返乡。民国5年（1916），被任命为湘江道尹，兼任湖南省财政厅厅长。民国7年（1918）弃官归田。既还乡，为倡导创办的尚德小学筹经费，扩校舍，煞费苦心。之后避居上海，以卖字画维持生活。民国17年（1928），因病辞世，葬于攸县小集湾田，时国民政府行政院院长谭延闿为其作墓志铭，曾熙书石并篆额，有《向乐谷先生遗著暨文献汇编》传世。

向燊之子向大延，缅怀先父创办尚德的情思，于20世纪90年代累计捐款人民币459万元，用于兴建乐谷文教纪念馆、教学大楼、尚德礼堂和设立大延助学基金，一生节余，不遗子孙。自云："家父创造尚德，我则再造白莲。"

空也（1885—1946）现代僧人。俗姓向，石塘人，生于一个贫苦农家，父母早亡。7岁时，即能随做佛事的僧人念《华严经·入法界品》；10岁时，随养母至大悲寺出家，皈依佛门，法号空也；11岁，拜南岳祝圣寺默庵为师祖，随学天台宗教义。民国成立后，祝圣寺创办天台宗学校，空也任主讲。后弘法长沙、武汉。民国13年（1924），任北京弘兹佛学院主讲，继任北京法源寺住持，创办中华佛学院。民国21年（1932）3月，愤激日军进攻淞沪，函请中国佛教会通令全国各省市佛教会，转知各寺院僧侣，共赴国难，抵御外侮。民国22年（1933），回湖南。此后，连年在长沙、湘潭、衡山、衡阳等处弘讲天台经论。抗日战争时期，积极主张青年僧人投入抗日救亡活动。民国28年（1939）夏，南岳佛教界在中共抗日民族统一战线影响下，发起成立南岳佛道救难协会，空也被选为副会长。民国33年（1944），南岳沦陷，空也闭门不出，日本侵略军宣抚班长野田兴顺以"和尚"身份，数次求见，空也称病不起，拒绝会晤，为当地人民所钦仰。于民国35年（1946）病卒。追悼会挽联有"拒绝宣抚敌酋，万丈风云皆变色"语。生平著作有《楞严经讲义》《金刚经密义解注》《盂兰盆经释》等。

丁邦和（1859—1939），龙潭村人。雕刻大师，被誉为"洣河一杰"。1875年，跟随族家一位木匠入川学艺。民国初年，人们相传："邦和双手生的巧，朽木也能变成宝。"无论虫、鱼、鸟、兽，于邦和都能雕得栩栩如生，雕刻的弥勒佛和观音菩萨，被认为是绝代珍品。川、湘、赣许多大寺庙的方丈都慕名而来，敦请其雕刻佛像。1939年卒。

丁云开（1875—1943），石塘村人。从事花鼓艺术50余年，被誉为花鼓大师。1889年，拜塘荷冲村曾汉清为师学唱花鼓，后又在吴集、夏浦、鹤岭、石湾等地参班、参师。同时还广泛涉猎民间歌舞艺术，博采众长，集民间艺术于一身，并将其融入自己演出的花鼓节目中。在继承传统的民族艺术的基础上，经过丁云开精心锤炼的花鼓小戏有《采茶》《补缸》《逃荒》等，成为衡东境内花鼓保留剧目。民国32年（1943），丁云开病故。丁云开继承和发扬衡东地方花鼓灯艺术传统，给后人留下近百出花鼓戏和两百多个曲牌、小调。

向德（1901—1985），白莲寺康廊桥潘家冲（属今白莲镇）人，中国煤气汽车创始人，实业家，曾任湖南省政协副主席。1925年，从湖南公立工业专门学校（湖南大学前身）毕业。1928年起，任湖南省建设厅技士。于1931年年底被派遣考查湖南公路局收入可观而利润无几的原因，当看到公路局行车开支最大的项目是汽油时，向德说："德士古、亚细亚、美孚等外国油行，好比插进人体内的吸血管，把中国人的血吸走了，我们怎么能站得起来呀！"于是，向德下决心要用木炭发生煤气来代替汽油，并保证6个月内研制出煤气汽车。经过不懈的艰苦努力，1932年10月10日，煤气汽车在长沙至湘潭的公路上作来回试车表演，终于获得成功。1932年冬，向德被邀请到汉口开设中国煤气汽车制造厂；1933年秋，又被邀请到上海，创立中华煤气汽车制造公司。抗日战争后期，广州沦陷，汽油异常匮乏。中国西南大后方的公路上，除军用汽车外，所有货车，差不多都是向德研制成功的煤气汽车。1946—1949年，先后在长沙新华煤气机厂、新华骨粉厂、新华米厂任工程师和经理，参加了中共地下党领导的新民主主义工作者联盟，为保护工厂，迎接解放，做了许多工作。1949年后，曾任长沙市副市长、中国民主建国会中央常委、全国工商联常务委员，当选为第一届全国人民代表大会和湖南省人民代表大会代表、湖南省人民委员会委员、政协湖南省第一届委员会常务委员。受到毛泽东主席和周恩来总理的亲切接见。1957年，被错划为"右派分子"。十一届三中全会以后，得到纠正，担任民建中央常委、湖南省工商业者联合会主任委员、政协湖南省委员会副主席等职。1985年1月，病逝于长沙，终年84岁。

向大威（1908—2005）白莲镇人，原名向典，小学毕业后改名向大威。1908年11月3日，生于白莲寺四公祠；1921年，随二哥向大光（五四运动中曾被反动政府抓捕过的北平高等师范学校学生八勇士之一）离开白莲去长沙周南女校附小求学。1924年，免试升入本校中学读书，为周南女子篮球队的主力队员。20世纪20年代，周南女子篮球队在湖南省所向无敌，因校址位于长沙市城北泰安里，被人们誉为"泰安球王"。1925年，周南女篮代表长沙市代表队参加全省运动会，长沙代表队夺冠军。1930年，投身"上海两江妇女体育专科学校"，被选入"两江"女子篮球队。这支以湖南妹子为主体的队伍，先后出访天津、北京、武汉、广州、杭州等地，在上海"万国女子篮球锦标赛"中，连夺冠军锦标，1931年，出征日本、朝鲜获9胜1平及全胜成绩。

两江体育专科学校毕业后，便投身体育教育事业。1943年，任湖南大学体育讲师；1953 年，调到湖南师范大学任教，直至 1975 年退休。1957 年，加入了中国民主促进会。2005 年，在长沙去世。

向佳良（1931—2013）1931 年 11 月，生于白莲一个农民家庭。1948 年 2 月，衡山县立中学完成初中学业。1949 年 10 月至 1952 年 8 月，先后任衡山县第三区政府干部、第三区民政助理，第九区民政助理，于 1952 年 6 月加入中国共产党。先后任中共衡山县第九区第一副区长、区长、区委副书记、第九区区委书记，衡山县人民法院院长、衡山县委工交部部长，县委工交办主任，县委财贸工交部部长，衡东县委财贸工交政治部主任、县卫生工作站主任和党总支书记、县革命委员会生产指挥组副组长，县委常委、县革委会工交办主任，县委常委、县革委会副主任兼工交办主任，县委常委、县革委会副主任，县委副书记、县革委会副主任，县委副书记、县人大常委会主任，县委副书记、县人民政府县长，中共衡东县委顾问，衡东县人大常委会主任。于 1993 年 11 月退休。退休后担任衡东县委党史联络组组长、县关心下一代工作委员会顾问、县老科协名誉会长、衡东县诗联书画协会名誉主席、白莲尚德学校董事会董事长等职务。于 2013 年 11 月病逝。

民俗风情 衡东影戏 衡东素有“皮影之乡”的美称。衡东影戏（包括纸影戏和皮影戏)，为渔鼓说唱与纸影表演相结合而形成的一种模拟戏。声腔分道情、四平、神仙腔、昆腔及小调五类。衡东影戏属“南影”分支，源于汉，发展于宋朝，盛于清。影戏的分布状况可概括为“两多、两少、一缺”。即沿河岸的多，交通要道的多；边远山区和交通不畅的地方少；南湾、高塘、草市、龙王桥无艺人无影戏活动。影戏在衡东漫长的繁衍岁月中，因其地域、语言、乡情民俗等的差异，艺术特点各不相同，虽同属于“南影”，却又派生出上河、中河、下河、上衡山四大流派。上河派是霞流、岭茶以南的大浦、石滩、真塘一带；上衡山派是鹤岭山脉以东的杨桥、蓬源、荣桓等地；下河派是石湾以北的大桥、三樟、油麻等地；中河派南至岭茶、霞流，北至石湾，东至鹤岭山脚，西至湘江河岸，是衡东影戏的主流派，地域最大，艺人最多，白莲的丁云开为“花鼓大师”，堪称衡东影戏之最。中华人民共和国成立后，影戏经过改人、改戏、改制，由演古代人物剧目到演现代戏、寓言戏和童话戏；由用纸制作影型到用牛皮或塑料制作影型；改革声腔、增加琵琶、三弦、唢呐等伴奏乐器和扩音设备；灯光由使用植物油到使用煤油灯、煤气灯、电灯。1953 年，传统影戏

《琵琶进宫》获全省民间艺术观摩会演优秀奖。1964 年，改编现代戏《会计姑娘》《杨立贝》《补锅》《真的对不住》等剧目，以衡东影戏艺人为主组成现代戏示范演出队到衡阳地区各县集镇演出；同时建立现代戏影型制作组，产品销售全省各地。1966—1977 年，禁演影戏。1978 年，衡东影戏复起，1979 年，农村形成影戏热，全县影戏队由 80 多个队增加到 217 个队，有演员 400 多人。是年，湖南省文化厅、衡阳地区文化局在衡东县召开影戏演出管理工作现场会，推介衡东县文化馆提高影戏演出质量和加强对影戏演出管理工作的经验。1980 年，全省皮影戏会演在衡东县城举行，衡东寓言剧《老鼠告状》和童话剧《哪吒闹海》获一等奖。经过整理的《三打祝家庄》《秦香莲》《张文秀》等传统戏和新编寓言剧《喜鹊飞》被收入《湖南省皮影剧本选》。至 1989 年，衡东还有 80 多个皮影队 140 多名演艺人员。1997 年，省文化厅在衡山县城关镇举行全省乡土艺术大联展"湘华杯"皮影戏会演，衡东县有 6 个队参演，获 1 金、2 银、3 铜。2001 年，白莲镇的皮影戏被市文化局授予"十佳艺术之乡"称号。

名胜古迹 尚德学校 1911 年，向乐谷等人在白莲池畔、马鞍山下创立尚德学校。以"相尚以德，唯德化人"而命名。1951 年，更名为白莲中心小学；1955 年称白莲完小；1958 年，完小附设初中班；继而招收高中班，称为白莲中学；1990 年，小学、中学合并为白莲学校，成为全县首所九年一贯制学校；2001 年恢复尚德学校校名。向大延于 20 世纪 90 年代后子承父德，慷慨捐资，设立大延奖教奖学助学基金。

白莲水库 始建于 1958 年，是一座中型水利枢纽，具有灌溉、防洪、发电、养殖等综合效益。枢纽工程由大坝、溢洪道、高涵、低涵及坝后电站等建筑物组成。大坝坐落在白莲村，为均质土坝，坝长 122 米，坝顶高程 97.18 米，最大高 29.5 米，坝顶宽 7 米。水库正常蓄水位 90.02 米，设计洪水位 91.18 米，水库总库容 3300 万立方米，正常库容 2650 万立方米。水库有高干渠、低干渠和南干渠三条干渠，全长 56.5 千米，支渠 25 条计 92.3 千米，有渠系建筑物渡槽 25 处，隧洞、暗涵 45 处。库区跨越白莲镇和杨桥镇 10 个村，控制流域面积 35.3 平方千米，灌溉白莲镇、石湾镇、大桥镇、三樟乡 4 个乡镇 4.54 万亩农田。

明、清虎形山窑 位于铁坪村的虎形山嘴上，窑址分布范围约 200 平方米，堆积层厚 3 米，采集的标本有碗、杯、盘、瓶、壶、杯等，壶与瓶为粗陶。

名优特产 湘莲 相传很久以前，境内有一池塘，水清土肥，盛产莲藕，洁白如玉，美味可口，被皇帝闻知，列为贡品。所产莲藕有九孔，世上独一无二。白莲色白、粒大、味甘、清香、营养丰富、药用价值高、汤清肉绵的特色而闻名。有强胃健脾，润肺养心，滋阴补血，固精益肾的功能。2010 年，国家质检总局将白莲镇的湘莲列入湖南省 34 个乡镇实施地理标志产品保护之一。2014 年，白莲镇发动白莲村群众以合作社形式种植千亩连片湘莲，形成水上养莲、水中养鱼、水下种藕的高效农业种植模式，打造千年白莲风情园。

文献辑存

谭延闿笔下的向乐谷

［胡遐之］

早几年，台湾向大延先生以九十高龄，坐着轮椅，风尘仆仆地从台北回到他的家乡湖南衡山白莲乡（今属衡东），为一座“乐谷文教纪念馆”主持了开馆典礼。这是用以纪念乃翁诞生一百三十周年而捐建的一栋楼房，内有多种器材与设备，可供农民开展业余教育文化活动。去年，大延先生复又捐献一百万元人民币，作为家乡清寒子弟读书奖学基金，也算是一项“希望工程”。据说大延先生在台湾并非有钱的“大款”，他早年毕业于云南讲武堂，在北伐与抗日中，曾任过团长、旅长一类军职。以后便当了“国大代表”。这两次捐赠主要来自他用以养老的退休金，也可谓为“解衣推食”了。他这种急公好义之举，深受当地政府与人民的赞评。

“乐谷文教纪念馆”开馆典礼，我忝为同乡，有幸被邀参加。曾书赠大延先生词一首，调寄《定风波》。词云：“海外轻帆云外雁，秋风几度计归程。老大休将童稚问，谁认！晓霞荆竺数峰青。乐谷老人遗范在，佳景。弦歌曲曲鼓湘声。明月白莲花共语，谁予？延公一片爱乡情。”大延先生读了拙作后，曾对人说：“我个人没有什么值得称道，倒是先君一生为国为民，好事甚多，希望果能德厚者流光。”

大延先生的尊翁乐谷老人究竟是怎样一个人物呢？谭延闿曾为他写过一篇墓志铭，刊于《湖南文献汇编》上，不妨摘录一段：

“君讳燊，字乐谷。湖南衡山人。先世自江西来迁。曾祖讳拔亭，妣王氏，以节孝旌；祖讳奎照，佐劳文毅军广西，保举同知；父讳熙，广东万州知州，妣氏张。君少颖悟，称神童。及长，有大志，不事帖括，年三十始入县学，补廪膳生。受业湘潭王先生，通《春秋谷梁传》《毛诗》《尚书》。游日本，卒业宏文学院。归为衡州府中学堂监督、南路实业学堂监督，被举为咨议局议员，以资为道员，候补甘肃。辛亥起义秦州，为副都督。民国既建，为陇南观察使，改谓川道尹。五年，为湖南湘江道尹。六年，兼任财政厅长，弃官居海上。十六年五月十四日中风。向愈矣。明年疾复作，遽卒。春秋六十有五。”

翰林出身的谭延闿，文笔自然简洁，但不免有点疏漏。向翁以留学生、省级官员之尊而两任尚德小学校长，实亦美事，却未见诸文中，不免有点可惜！或是昔为时尚，今则为新闻乎！

其实，光凭表面经历，遽难评价人物。乐谷老人之所以值得缅怀，还在于他办学有学德，作官有官箴，做人有人格，为文有文品。因此，他在“唯楚有材”的湖南，虽然不是非常显赫的人物，而仍不失为三湘耆宿中的佼佼之士。

首先，乐谷老人是以办学见称于士林的。当他留学日本，学成归国时，就担任了衡州府中学堂暨南路实业学堂的监督即校长。他以敬业乐群的精神，长于治事的能力，使草创中的两校，得以规模略具。有关资料谓其“历时五载，其时菁英，多出门下，俱以泰山北斗拱之。”当时，进士出身的大名鼎鼎的书画家曾熙（农髯）亦长衡州南路师范，两校毗邻，深佩向翁德才，特邀兼任南路师范斋务长，综揽一切。从此两人成为生死契友。

1909 年（宣统元年）清廷倡议立宪，湖南成立了咨议局，谭延闿任议长，曾熙副之。乐谷老人以学界望重，入选为咨议员。他积极为学堂的健康发展而进言。其时“学堂初兴，士论嚣然，惟君所处独无事。为议员辩论侃侃，不少屈。”（谭撰《墓志铭》）。民国既建，他设法集资在家乡创办了尚德小学，先后两任校长，经营擘划，不遗余力。全县效之，创校者十有余所，可谓开风气之先矣。今人但知湖南之教育家有胡元倓、朱剑凡、何炳麟等氏，而不知有向乐谷者，盖彼等皆居首善之区而向则僻处湘南也。

向翁曾受业王湘绮，勤研经史典籍。在他政治思想中，素以修齐治平的儒家思想为主，他在晚清如火如荼的革命浪潮中，没有成为激进的革命派。但在历史的关键时刻，他做出了正确的抉择，即是武昌首义后，他在道署秦州（天水）任上与驻防军统领黄钺（幼禅）共同宣布起义。

据《陇右光复记》载，辛亥革命成功，清廷仍在负隅。甘肃总督满人长庚，起升允为督师，从兰皋分路南下，使已经光复之西安岌岌可危。向黄一举义师，响应东南民军，牵掣西师清军，西安于焉巩固，宁夏、新疆均望风而起，此举于全国之光复影响很大。

秦州起义后，随即成立甘肃军政府，黄为都督，向副之。向翁首先剪去辫发，以为同僚表率。时《长沙日报》亦载此事，传为美谈。向翁任甘肃副都督不久，即逢南北和议告成，孙中山让位于袁世凯，甘肃正副都督易人，向翁仍任陇南观察使，旋改渭川道尹。此一阶段，谭撰《墓志铭》记载了一桩“白狼事变”，云及向翁为渭川道尹时，“贼号白狼者，骚扰数行省，陕甘列城，望风崩溃，覆军杀将，官吏走匿，独君守不去。城破被执，身受伤。贼谓此好官也，竟弃之去。”这里，我查阅过有关史料，白狼事变应该正名为白郎起义。这是袁世凯统治时期爆发的由白郎为首的一次大规模的农民起义。1912 年 4 月至 1915 年 8 月，历时三载有余，从者数万，转战鄂豫皖陕甘五省，初以“劫富济贫”为口号，后在革命党人的影响下，改为“公民讨贼军”，以“逐走袁世凯”为宗旨，是故袁甚恼之，调动大军将其歼灭。据此。谭氏曰白郎为白狼贼，实在是种污蔑；而向翁但抱地方官守土有责的愚忠，无疑也是一个悲剧性的历史错误，不过向翁也在血与火中经受了严峻的考验，证明他确实是个好官。同时，他之于袁世凯，初未识其真面目，迄袁蓄谋称帝，并有人招引入幕，他不但严词以拒，并愤而辞官还乡。这是他对宦海生涯一次深刻的自我反省。

乐谷老人其为人也，谭延闿曾于《墓志铭》中评述：“体貌魁硕，声如洪钟。事亲孝，与人忠。”我曾看过老人的遗照，眉宇间体现豁达，笑容中流露潇洒。于是我想起了不轻评人的王湘绮曾有楹联赠向，联云：“插羽能飞酒；交锋便著文。”大概也是赞许他这种豁达气度，潇洒谈风的。

相传秦州开府之初，回汉绅耆聚议，咸以乐谷老人德高望重，且系留日学生，深谙政事，宜举为首。但当时驻军统领黄幼禅，虽亦湘人，然与向翁曾无深交，未敢信赖，故持反对态度，于是外间盛传向黄不协。陈贞瑞奉命赴秦调解，向翁慨然推让黄为都督，自己副之，足见其不争权夺利之人品。陈贞瑞即今台湾著名女作家琼瑶之祖父陈墨西。其《癸酉述怀》一诗中的注释述及此事，信非虚妄也。

都督府成立后，诸凡军政事宜，皆赖向翁主导。《陇右光复记》对其除旧布新，兴利除弊，纲举目张，灿然大备的政绩备极赞扬。黄幼禅亦深服其待人之诚与治事之敏，从此二人交称莫逆。黄之哲嗣祖同独生一女，竟命名为黄向秦，而向之哲嗣大延先生亦认黄向秦为义女，盖所以续世谊也。"乐谷文教馆"开馆之日，我便看到黄向秦女史特从宁乡赶来参加典礼；另有向翁之又一挚友曾熙之孙曾庆壬先生亦专程从上海赶来与此盛会，交情历数代而不绝，古道热肠，今所罕见。

乐谷老人虽宦海浮沉多年，但他很淡泊名利，故于1917年弃官游上海。为何弃官，谭氏《墓志铭》未道及，大概与他有关，故讳莫如深也。1916年谭延闿第二次督湘时，乐谷老人被推为湘江道道尹，复兼财政厅长。乐谷老人虽为谭氏倚重，但亦素知其人圆滑，有"水晶球"之称。今日联甲制乙，明日用丙制丁。且整个局势动荡，南北相争激烈。乐谷老人从政以来，未尝参加任何党派团体，若今之所谓"无党派人士"也。因此他深恶此种派系斗争，在任不过年余，即毅然弃官，寓居上海。

乐谷老人虽为官多年，然宦囊如洗，居沪九载，全赖鬻书画以自给，迥非今日官场之所能想象。时有旧友曾熙、清道人（李梅庵）、缶庐（吴昌硕）诸大家同居海上，日与过从，谈诗论画，以文相尚，亦甚怡然自得。乐谷老人书习李仲璇碑、章草、盂鼎；画宗宋元，仿玄宰（董其昌）。曾以宋人笔意写三松图，甚能体现其嶙峋傲骨，一时驰誉艺苑，收入上海有正书局出版之《中国近代名人画集》。

国画大师张大千时方从师于清道人与曾农髯门下，于乐谷老人亦以师叔称之。在《张大千的世界》一书中，记述张大千往年在摩耶精舍时，对名记者谢家孝说："向老伯是有名的考古家、书画家、金石家及收藏家。当年我仅廿余岁，向老伯看了我的习作，对曾师说'大千必传，且胜过两位老师。'曾师微笑颔首，我则惶悚不安。我在拜挽词中有'知我最早'之句。其知人察事，实非常人所及。""乐谷文教馆"曾展示张大千的赠画一幅，在题款中对他这位师叔，亦备极推崇。

1928年8月，乐谷老人患脑溢血卒于沪寓，谭廷闿谓其"及卒，几无以为殓。呜呼！可谓执德不罔之君子也。"（见《墓志铭》）谭氏还亲自撰书挽联，联曰："驰驱陇上军，不挠议席雄谈气；飘零身外物，忍忆书斋索画看。"

揆诸乐谷老人一生，于谭氏之称誉是当之无愧的。

向大延传

谭少琨

向大延字无畏，号寿林，世居衡东白莲吉里村（今双江村）。曾祖讳奎照，佐劳文毅公军，保举同知。祖讳熙，字晴峰，广东万州知州，陵水、澄迈、会同知县。父讳燊，字乐谷，廪贡生经考选留日，卒业于东京宏文学院，归国后任衡州中学堂及南路实业学堂监督；辛亥革命起义秦州，为副都督；民国建立，由陇西观察使改渭川道尹、湖南湘江道尹及财政厅长；一九一一年倡建尚德小学校。乐谷为官有政声，办学传业绩。德配文太夫人不育，胡太夫人生大廷、大建，颜太夫人生大延。大廷日本早稻田大学政治学士，大建通村商业学校毕业，大延大厦大学及云南讲武堂毕业，文武兼备，才华俊逸。

民国期间，向大延从军从政，曾任连、营长，大学教官。少将参议，农林部简任专门委员，暨国大代表。一九四九年全家迁往香港，并办起家庭作坊；后去台湾，续参议政，并创办兰记食品公司，专营豆腐乳、腊八豆、萝卜皮等酱菜。历史的变迁，以军伍出身转业为经商办实业，几起几落，历尽苦辛，终于赢得事业成功，兰记公司豆腐乳称誉海内外。

向大延出自书香仕宦之家，兴学重教之家，夙承庭训，仁教成性。晚年生活中，对先君先妣未尝一日忘怀，收集先君散失作品汇编遗著。不忘嫡母文太夫人冥寿期等，孝敬之忱，感人至切。晴峰公在万州任内，捐四个义塾，让黎族人民受教育以益治，乐谷之兴办学校，培养人才。大延从小深受熏陶，年轻时，在一次家庭会上讨论筹资，在县城建祠时。以大延为首的年青派，经过激烈争辩，终于使那项资金用之于扩建学校。由此足足证实：向大延兴学重教之渊源。

一九九一年白莲（尚德）学校筹备八十周年校庆，值海峡两岸通往，消息传去台湾，大延怀念乡土之浓情，继承父志，孝心勃发，慷慨捐建“乐谷文教纪念馆”。一九九四年深秋，以九十高龄，不辞劳顿，专程回乡揭幕开馆。了解学校发展，急需增加教室，复于次年捐建“尚德教学大楼”，计教室二十间，并设置“助学奖学基金”。由是学校面貌日新，师生因之奋发，成绩斐然，首创全县九年制学校，达乡镇中学一流。大延闻之大喜。一九九九年三月将《向乐谷先生遗著暨文献汇编》印行后，志仍未已，六月回乡，意欲以平生守俭节余之数，恢宏先尊业绩，经询问，完善白莲学校，尚须建礼堂、食堂厨房、教师宿舍及运动场等，时大延患口腔疾，住院治疗，与校董事会向佳良、文澜、琼碧诸君周详规划，再增捐资，促快兴工。至此，前后累计捐资人民币459万元，大延自云："我一生之节馀，不遗子孙，家父创建尚德，我则再造白莲（尚德），积年瘠寐以求，如今划一圈矣。"（殁后原留有的生活医疗费剩余部分，家属意见交由学校使用，加上去实际共捐470万元。）大延豁达胸怀、高尚情操由此可证。

孰料"尚德礼堂"工程未竣，向大延竟于八月初十日寿终于衡东人民医院，殊足痛惜！大延生于一九〇六年（光绪三十二年）六月九日，享寿九十四高龄，隆殓于白莲"乐谷文教纪念馆"，子侄亲属凭临，当年八月十六日追悼安葬，与乐谷并冢合墓于校园。县乡领导及各界人士，学校师生及远近群众，近万人哀拥相送，骸厝故土，休声远扬，德被菁莪，惠留乡邦。大延继志扬芬孝忱，似白莲花纯洁清香，千古流芳。德配李太夫人，出自书香名门，精书达理；慈孝并称，全力支持大延兴学育才义举，育子五：子安、子平、中和、拔京、子龙，俱高等学校毕业，各自事业有成。子安、子平之资助家庭困难学生上大学，拔京给学校捐献459套桌椅用具等，可证其体亲继志之一斑。有孙四：荣宗、圣夫、杰夫、玄礼；孙女六：丹华、芳华、婷婷、姗姗、怡珺、心如；曾孙一。兰芽竞秀，一门雍雍，其发皇无可限量矣！

摘自《向大延先生捐资办学专辑》

白莲镇（乡）主要领导名录

一、中共白莲镇（乡）委员会书记

白莲乡工委书记、主任

周槐生（1989. 05—1989. 12）

党委书记

周槐生（1989. 12—1990. 04）

刘湘东（1990. 04—1994. 04）

肖光文（1994. 04—1999. 08）

刘凤华（1999. 08—2003. 02）

李文峰（2003.02—2010.01）

何定云（2010.01—2010.10）

文　明（2011.03—2013.06）

宋迪云（2013.06—　　　）

二、白莲镇（乡）人大主席团主席

李开煌（1989.12—1992.10）

谭庆余（1992.12—1995.11）

李桐生（1995.11—2001.11）

刘静平（2001.11—2005.01）

何定云（2005.05—2007.02）

刘国康（2007.04—2012.10）

陈　华（2012.10—　　　）

三、白莲镇（乡）人民政府镇（乡）长

刘星煌（1989.12—1992.10）

丁水云（1992.12—1995.01）

杨太交（1995.02—1997.04）

刘凤华（1997.04—1999.08）

杨晓林（1999.11—2001.01）

李文峰（2001.04—2003.02）

彭丽堂（2003.05—2005.02）

刘　敏（2005.05—2007.02）

何定云（2007.04—2010.01）

宋迪云（2010.04—2013.06）

郭诗周（2013.07—　　　）

四、白莲镇（乡）政协联络工委主任

向水林（1998.03—2001.02）

刘静平（2001.02—2001.10）

刘正湘（2001. 10—2003. 02）

何定云（2003. 02—2005. 02）

许六云（2005. 02—2005. 08）

刘国康（2005. 08—2007. 02）

单志高（2007. 04—2010. 01）

陈　华（2010. 01—2012. 10）

郭永奇（2012. 10—　　　）

（撰稿　向立立　向立）

大桥镇

政区概况

地理位置 位于衡东县最北部，东临株洲县朱亭镇，南接石湾镇，西邻三樟乡，北濒湘江。地理坐标为北纬27°17′22″~27°24′34″，东经112°56′21″~113°02′35″，境内有座大石拱桥，远近闻名，由此得名。镇政府驻西园村，离京珠高速互通口仅3千米，距县城45千米。

自然环境 地处衡东北部，地势东高西低，地形以低山为主，丘陵为辅。最高峰为复兴村的大岭山，海拔680米，龙塘村澎陂港海拔39.2米，为衡阳市最低点。主要河道有一级河湘江，境内总长8千米。境域属亚热带季风湿润气候，年均气温17.8℃，年均降水量1371.3毫米，全年降水时间和空间分布不均，有明显的干旱与洪涝，一般旱灾30年一遇，水灾5年一遇。最严重的一次水灾发生于1994年5月。

建置沿革 中华人民共和国成立初期，属衡山县第一区石湾乡；1952年，属第十四区，含大桥、塔冲、义门、岭林、黄双五个乡；1956年，五个乡合并为大桥乡；1958年，属湘江人民公社，后更名石湾人民公社；1961年，成立大桥人民公社；1966年，析置衡东县后，设大桥公社，属石湾区；1984年，建立大桥乡；2002年，撤乡设镇，至2014年无变化。

行政区划 1989年年末，辖20个建制村，221个村民小组。2014年年末，辖大桥1个居委会；山坳、黄双、双江、冲头、龙塘、复兴、瑶里、湘桥、塘霞、茶园、西园、礼厚、岭林、栗林、三浒、和平、义门、铁炉、塔冲、湖套20个建制村；5个居民小组，221个村民小组。

人口面积 1989年年末，辖区总人口19756人，其中农业人口18982人。

2011 年年末，辖区总人口 20136 人。2014 年年末，常住户数 5470 户，常住人口 22559 人，户籍人口 20033 人，其中农业户籍人口 19886 人。户籍人口中以汉族为主，其中男性 10223 人，占 51. 03%，女性 9810 人，占 48. 97%。

2014 年，辖区总面积 63 平方千米。其中陆地 56. 64 平方千米，占 89. 9%；水域 6. 36 平方千米，占 10. 1%。

经济发展

农业 境内粮食作物以水稻为主，主要经济作物有油菜、黄贡椒、花生、红薯等。20 世纪 50 年代中期开始种植双季稻，20 世纪 70 年代中期杂交水稻开始得到推广。1989 年，有耕地面积 19561 亩，其中水田 18027 亩，旱地 1534 亩。农作物种植面积 43238 亩，其中粮食作物播种面积 34567 亩，亩产 490 公斤，经济作物播种面积 8671 亩。1999 年，有耕地面积 22005 亩，农作物播种面积 55110 亩，其中粮食播种面积 33975 亩，粮食总产量 17535 吨。2014 年，有耕地面积 24000 亩，其中水田面积 17638 亩，旱地面积 6362 亩。农作物总播种面积 66990 亩，其中粮食作物播种面积 48000 亩。

境内养殖业以饲养生猪、家禽、耕牛、鱼等畜禽水产为主。1989 年年末，生猪存栏 9583 头，出栏生猪 10213 头，出售肉用牛 10 头，家禽存笼 56160 羽，出笼家禽 40590 羽，禽蛋产量 301 吨。水产品产量 190 吨。水产养殖面积 1370 亩。1999 年年末，出栏生猪 37101 头，肉类总产量 2738 吨，水产品 2550 吨。2014 年，生猪饲养量 6. 4 万头，年末存栏 2. 99 万头；牛饲养量 1310 头，年末存栏 1158 头；羊饲养量 4662 头，年末存栏 1982 头；家禽饲养量 55 万羽，生产肉 4097 吨，其中猪肉 3920 吨，牛肉 92 吨，羊肉 85 吨；禽蛋 589 吨；畜牧业总产值 2150 万元，占农业总产值的 27. 6%。

1949 年前，林地为私人所有，以杉木林为主，1951 年土地改革，重新确定山林权属。1958 年成立人民公社后，境内山林收归集体所有。1982 年，林权确定到农户。1989 年造林面积 990 亩，其中用材林 890 亩，经济林 100 亩。植树 14 万株，育苗面积 19 亩。茶油产量 20. 3 吨，板栗 2 吨，木材采伐 3068 立方米。1999 年，有林地面积 27945 亩。2002—2007 年，完成退耕还林 1489 亩，发放退耕还林补助资金 22 万元，完成国家级生态公益林补助面积 4920 亩，发放补助资金10余万元。2014年年末，累计造林2976亩，有林地面积46305亩，森林覆盖率49%，活立木蓄积量19.91万立方米。

2014年年末，有农业技术服务机构1个，农民合作社4个，成员35户；种植大户15户。

工业 1992年年末，有乡镇企业294个，从业人员2055人，总产值1034万元，乡镇企业总收入1039万元。1994年，乡镇企业实现产值3850万元，主要骨干企业有防水油膏厂、建筑工程队和大桥竹木经营部。1996年有乡、村、个体企业505个，从业人员3055人，占全乡劳动力14.8%，初步形成建筑、建材、家具、防水油膏、圆木加工等行业和产业，乡镇企业总产值7131万元，创利税590万元。2002—2007年，相继引进投资350万元的顺达加油站，投资500万元的木材加工厂，投资1000多万元的恒旺塑料有限公司，总投资3000多万元的旺发金属有限公司等4家企业，2007年企业实现总产值4389万元，上缴税金262万元。2011年年末，有工业企业2家，职工105人，全年工业总产值900万元。2014年年末，有工业企业11家，从业人员218人，工业企业总产值2366万元。

商贸服务 1992年，商业饮食业总额50万元。1999年，集市贸易成交额1426万元，社会消费品零售总额1284万元。有集贸市场2个，商业网点61个。2011年，社会商品销售总额1650万元；城乡集市贸易成交额840万元。2014年，社会商品零售总额3054万元，集贸市场1个，50平方米以上的超市1个。

财政金融 1949—1979年，乡镇财政收支由秘书或粮油委员分管。1980年，设乡财税所。1989年，推行乡一级财政包干。1992年，财政收入93万元，财政支出23万元。1999年，财政收入268万元，财政支出260万元。2002年，取消农林特产税和“五统三提留”。2004年，全面取消农业税附加，调减农业税率3个百分点，减轻农民负担38万元。2005年，全面落实免除农业税政策，农民减负90万元，惠农政策得到落实。2014年，公共财政收入338万元，财政支出288万元。

2014年年末，有金融机构网点1个。

社会事业

教育文化 1990—1996年，全乡筹集资金90万元，新建、改造校舍3200平方米。1996年年末，有初级中学1所，在校中学生703人；小学19所，在校小学生

2741人。中小学教职工185人。2003年，投资50余万元完善中学、完小校园文化建设；2005年，投资20万元重建和平联校；2007年，投资45万元新建瑶里联校。2014年年末，境内有幼儿园16所，在园幼儿321人，专任教师17人；小学7所，在校生967人，专任教师46人，小学适龄儿童入学率100%；初中1所，在校生267人，专任教师36人，小学升初中率100%，九年义务教育覆盖率100%。

1954年，开始发展乡办文化站，境内设文化站1个。1979年，普及公社社办放映队，撤销县办放映队，同时发展民办电影放映事业，建立农户放映队。到1989年，有农户放映队1个。于1989年撤区并乡，成立1个文化站，配文化辅导员1人，负责文化行政管理和群众文化辅导工作。有图书馆1个，藏书9000余册。2014年，有各类民间艺术表演团体2个，演职人员28人；有体育场馆3个；公园及休闲健身广场1个；乡镇综合文化站1个；村级农家书屋20个，总藏书23578册；20个村村村通宽带；20个村村村通有线电视。地方特色民间艺术有大桥剪纸、皮影戏等。剪纸入选湖南省“非遗”名录。

医疗卫生 1960年后，相继建立大队卫生室，配有“赤脚医生”。1969年10月，实行农村合作医疗制度，培养训练亦农亦医的“赤脚医生”，大队建立医疗站和草药房，形成区、社、队医疗网。1989年，境内有医疗卫生机构23所，卫生技术人员19人，床位6张，其中村卫生室22所。2000年，有医疗卫生机构27所，卫生技术人员22人，床位5张，其中村卫生室26所。2011年开始实行基本药物零利润。2014年，有医疗卫生机构27所，卫生技术人员23人，床位10张，其中村卫生室25所。

2007年1月，启动新型农村合作医疗，当年参合人数16039人，参合率为85.10%。2014年，新型农村合作医疗参保人数20211人，参合率98.73%。受益补偿金额648.84万元。

社会保障 农业合作化后，农业生产合作社和人民公社对鳏寡老人及孤儿实行“五保”。“五保户”供养标准为：每人每年粮谷250公斤，20世纪70年代提高到300公斤，20世纪80年代又提高到350公斤，每人每年食油3~4公斤，零用钱和医药费100元左右。从1987年起，“五保户”生活费用实行乡镇统筹。从2005年开始，全镇农村五保户供养纳入财政转移支付。2014年，在塔冲村修建大桥敬老院，占地面积8亩，床位50张。是年，有“五保”对象139人，其中集中供养27人，分散供养112人。月标准450元。

2006 年，实施城乡居民大病医疗救助。是年，救助 31 人次，救助住院医疗费 41700 元。2014 年，救助 8 人次，救助金额 26600 元。

2007 年 7 月，实行农村居民最低生活保障待遇。是年，境内有低保对象 50 户 129 人，总金额 13650 元。2014 年年末，有低保对象 402 户 758 人，月人均保障标准 165 元，总金额 82785 元。

2012 年，全县启动城乡居民社会养老保险；是年，境内参保人数 13586 人，缴费人数 9435 人，参保率 95%；缴费金额 1025400 元，发放 1421255 元。2014 年，参保人数 13789 人，缴费人数 6443 人，参保率 73%；缴费金额 713100 元，发放 2316600 元。

基础设施

水利　境内有湘江一级河道，全长 8 千米，水资源充足。中华人民共和国成立前，农田水利设施较差，抗御灾害的能力很弱，每逢雨季，洪水时常跨过防洪堤淹没沿河多个村的农田，农民多年颗粒无收。中华人民共和国成立后，乡人民政府多次、多方筹资 70 多万元修筑防洪堤，防御能力有所加强。但遇特大防涝灾害（如 1982 年和 1994 年），洪水还是会淹没农田、房屋、酿成水灾。2010 年，投入资金 80 多万元对湘江防洪堤除险加高加固，至此，境内村民洪涝无忧。

“大跃进”时期兴修水利，1958—1985 年，修山平塘 220 口，堰坝 35 座，机电排站 11 处。2000 年，筹措资金 189 万元，投入劳动日 12 万个，完成水利工程 325 处，扩大灌溉面积 1200 亩。2013 年，挖抗旱井 300 多口；投资 90 余万元维修小（二）型水库 1 座。2014 年，全乡新增山平塘 48 口，共计山平塘 270 口；完成山平塘清淤 45 口，维修塘坝 15 口，维修渠道 26 千米。

交通邮电　境内有通航河道 1 条（湘江），总长 8 千米，湘江最大通航能力为 1000 吨级船舶；京广铁路穿境而过，境内长 4 千米，横贯 6 个村；京珠高速公路（G4）与京广铁路平行过境，境内长 4. 5 千米，双向 4 车道，离朱亭互通口仅 3 千米；有县级公路 1 条，总长 9. 8 千米；主要镇级公路 4 条，总长 42 千米，于 1999 年实现村村通机耕路。2011 年，镇政府加大修路资金投入，重点连通各村之间的断头公路，全年投入修路资金 180 万元，硬化村级公路 8 千米，至年底，实现全镇村村通水泥路。

2014年，境内有客运汽车5辆，74座，年客运量5.5万人次；有货运汽车31辆，210吨位，年货运量7.5万吨。有客运船舶5艘，150座，年客运量2.5万人；有货运船舶3艘，500吨位，年货运量18万吨。有农村客运站1座，农村客运招呼站8座。

20世纪90年代初，境内电话线路开通。2002年，撤乡建镇前，境内无邮政网点，只有信报捎站1个，邮政投递员1名，投递员骑自行车投递。2007年，通信网络覆盖扩张，西园、义门、瑶里等村移动和联通信号塔相继建成开通，无线通信网覆盖全镇，程控电话、移动电话普及率逐年上升。2014年年末，有邮政网点1个，营业面积80平方米。投递线单程总长度51千米，投递点20个，乡村通邮率100%。有电信服务网点1个，固定电话用户650户，普及率11.9%；移动电话用户普及率63%，互联网端口总数210个，宽带接入用户350户。煤气用户1200户。

供水供电 村民饮水习惯多从湘江河、水井或山塘堰坝取水。20世纪80年代以后，发展压水井和潜水泵井。于2012年建成大桥水厂。

1976年后，各村逐步通电。1994年年末，通电村20个，农村用电量65万千瓦时。1998年，境内塘霞、湘桥村2个村第一批实现农电网改造，至2012年年末，20个村全部完成农电网改造任务。2014年年末，全镇用电总量257万千瓦时。

镇村建设 2002年，撤乡建镇以后，镇政府多方筹措资金，加大基础设施建设力度。2002—2007年，先后完成镇政府办公大楼、街道硬化、卫生院改造、司法所和兽医站等重点工程建设。引进资金1000万元，启动大桥镇农村集贸市场建设，并于2011年10月建成投入使用。2014年，城镇规划区面积59公顷，建成区面积50公顷，城镇总户数291户、1145人，城镇建成区绿化面积1公顷。

明清民国时期，农村建房多以屋场为单位聚族而居，主要建在沿河、驿道、山旁和田园一带。民房一般是一室一厅的土砖茅屋或斗墙屋；沿河一线的民房大多为竹架或木架屋，冷泥墙壁。中华人民共和国建立后，农村民房建设，从20世纪50年代起，旧屋换新屋，改建的房子一般按小家庭结构，采用“三间六”或“三厢间”。20世纪60年代起，茅屋换瓦屋。20世纪70年代后，土砖换红砖。20世纪80年代，农村建房由平房改建楼房，单门独户，外加小院落。20世纪90年代后期，村民主要是对房屋进行内外装修，配套完善生活设施，间或建有小洋楼、别墅。2006年，初稿社会主义新农村建设，镇村建设步伐加快，主要是通过搞好乡村建设规划和人居环境治理，加强农村基础设施建设，实现农村道路硬化、卫生洁化、家庭美化、设施完备化，营造出整洁、优美、舒适的生活环境。

特色地情

历史人文 文征明 祖籍大桥镇礼厚村，明代著名书画家，成化六年（1470）生于长洲（今江苏苏州），嘉庆三十八年（1559）去世，享年90岁。少时学文于吴宽，学书于李应祯，学画于沈周，与祝允明、唐寅、徐祯卿齐名，合称“吴中四才子”，与沈周、唐寅、仇英又合称为“吴门四家”。

李吟秋（1867—1923）名汉丞，衡山县既字十二区夏家桥（今和平村）人。于1906年赴日留学。1912年1月1日，孙中山在南京就任中华民国临时大总统，李吟秋为总统府顾问。4月，迁都北京，补工商佥事。湖南省议会成立后，被选为参议院议员。后袁世凯称帝，李吟秋拒不附会，避难海外。民国6年（1917），回广州参加护法运动。民国9年（1920），奉孙中山之命回湖南，任高等审判厅厅长。时湖南督军谭延闿主张湖南制宪“自治”，并预选李吟秋为省长，李坚持不肯任职，并数次北行，请以省宪纳入国宪。最后因劳瘁过甚，于民国12年（1923）元旦在长沙逝世。

刘厚福（1911—1930），男，既字礼厚（今礼厚村）人，革命烈士。出身贫苦农家，少时由族祠资助就读于本地楚材小学。受进步教师影响，向往革命。于1926年9月加入共产主义青年团，并担任共青团衡山特别支部干事。12月，担任共青团衡山地委执行委员，负责组织工作。曾主持组建衡山县学生联合会。1927年春，组织共青团员和进步学生，在南岳、白果、吴集、草市等地进行调查研究，组织农民进行打击土豪劣绅的斗争。不久，转为中国共产党党员。“马日事变”后，离乡出走，经长沙去江西，潜入国民党中央政治学校学习。毕业后，任国民革命军新六军行营秘书。1928年秋，因真实身份可能暴露，回乡任小学教员，秘密联络同志，开展地下活动。1930年7月，为躲避敌人搜捕，前往长沙，住浏城桥刘家公馆，以编刘氏四修族谱为掩护，隐蔽下来。与党组织取得联系后，为迎接红军攻打长沙进行联络工作。红军撤出后，被留在长沙坚持地下斗争。同年8月23日，因叛徒告密，不幸被捕。8月25日，在长沙浏城桥被杀害。

李待琛（1891—1959），字伯芹，号泉池，兵器工业专家，生于既字十二区夏家桥（今和平村）的一个书香之家。

1906 年秋，随父赴日本求学，先后就读于弘文书院普通科和第一高等学校。辛亥革命前夕回国，任革命军总司令部炮兵团军械官，参加了抵抗清廷的汉阳防守战。

1919 年春，第二次赴日，在帝国大学造兵科毕业，回国后任广东兵工厂咨议和总工程师。1921 年，赴美国研究炼钢制造兵器的问题，李待琛在哈佛大学主攻冶金学。1923 年 6 月，获哈佛大学冶金博士学位。10 月回国，任湖南铁工厂厂长，制造三十节式机关枪和试造汉阳式步枪。1926 年，担任湖南大学行政委员会委员长，主持校政。1927 年 4 月，任国民革命军第四十军政治部主任，参加过反对北洋军阀的鲁南临城、韩庄、枣庄等战役。1928 年，任军政部兵工署设计科科长和兵工研究委员会专任委员。1934 年 9 月，任军政部兵工专门学校校长。卢沟桥事变发生后，任军政部巩县兵工厂厂长，从此，竭全力研制抗日战争所需要的武器。

1937 年秋，巩县兵工厂遭到敌机轰炸，机器设备损失大半。李待琛带领全厂员工，于 10 月间分为两部分南迁：小部分迁长沙，大部分迁往安化烟溪。迁到长沙的员工，立即因陋就简地把厂棚架起，生产手榴弹，以应抗战前线的急需。次年 10 月，长沙大火，李待琛与员工迁往贵阳，一年以后又迁往重庆。迁到烟溪的员工，建成烟溪兵工厂，1940 年，遭到日本飞机狂轰滥炸，工人和民众死伤惨重，机器设备损失殆尽。李待琛率领烟溪兵工厂的职工，向层峦叠嶂的辰溪县转移，在两个山洞里办辰溪兵工厂，生产捷克式轻机枪和中正式手枪等武器弹药，及时支援前线。1945 年，日本侵略军逼近辰溪，当时人心惶惶，李待琛却镇定自若，坚持生产。在长达 8 年的抗日战争中，李待琛克服重重困难，生产枪支弹药，打击日本侵略军，功绩卓著，曾先后荣获云麾勋章和海陆空甲种一等奖。

1947 年，李待琛被派往日本，任国民政府国防部驻日接收赔偿总代表，负责处理日本侵华的赔偿事宜，同时，也是国民党政府派驻盟军总部的五代表之一。后来又受聘为国民党中央信托局东京办事处的专员。

驻日期间，李待琛想方设法收集资料，认真从事原子武器的研究，并撰写了 12.5 万字的《原子武器》一书。著有《现代武器》《金属材料》《军械制造法》《国防建设之基础》《枪炮制造及理论》等10多种书籍。1959年，在日本羽田机场登机时，被人挟持去台湾。同年11月，在高雄去世。

刘国安（1921—2010）1921年2月出生，瑶里烟竹冲人，中共党员。1937年，考入湖南省立衡阳师范学校。于1938年4月加入中国共产党，参加革命工作。抗日战争时期，曾任衡山青年战时工作队支部委员等，后秘密从事革命工作，曾在东安、零陵一带开展敌后游击战。1946年以后，历任中共长沙市工作委员会书记、中共衡阳市工作委员会副书记、两衡工作委员会工委书记兼湘南游击二支队司令员。中华人民共和国成立后，历任衡阳市委委员、组织部副部长、地方企业局局长、市委宣传部部长，衡阳市副市长、统战部部长，湖南省冶金研究所所长，湖南省钢铁研究所副所长，冶金工业部长沙矿冶研究所副所长等。1984年，任湖南省纪委顾问、省委驻公安厅整党小组组长。1985年，以后任湖南省第五、六届政协副主席。1992年8月，经中央批准离休。2010年10月5日22时30分在湖南长沙逝世，享年90岁。

民俗风情 大桥剪纸 具有悠久的历史，相传始于明朝末年，依附民俗，繁衍传承，流传至今，是一颗璀璨的民间珍珠。20世纪80年代，大桥乡出现“剪纸热”，剪纸艺人刘荣谱（聋哑艺人），平时应酬于民间的红白喜事，带动部分爱好者，制作了一些民间题材的剪纸。1987年12月，从大桥剪纸创作班刻制的剪纸中，选送40件作品送省，有4件作品，分别获二、三等奖，大桥乡剪纸获全省县级剪纸作品之冠。1989年，湖南电视台拍摄的艺术专题片《剪纸之乡》在中央台播出，并作为国家对外交流节目，《人民日报》等众多权威媒体纷纷对大桥剪纸活动进行采访报道，大桥剪纸誉满中外。1990年，在“首届中国民族民间剪纸大赛”中，大桥乡参赛的39件作品有13件入选，并在北京当代美术馆展出。1991年，大桥剪纸作品先后参加湖南省“首届乡镇企业产品展销会”和“国际烟花节民间美术新作展览”，并通过上海申大公司牵线搭桥，漂洋过海，进入美国、奥地利、土耳其等国，成为美国、欧洲等收藏家的收藏珍品。1997年，大桥乡被命名为省级“剪纸艺术之乡”。2012年，大桥剪纸列入湖南省“非遗”名录。2013年5月底，大桥剪纸作为湖南省唯一的剪纸项目参加在武汉举行的“湘鄂赣皖四省非遗联展”。

大桥剪纸具有较高的艺术审美价值和较强的实用价值，每当逢年过节、男婚女嫁、添丁祝寿、乔迁志庆、丧葬祭祀等都能看到剪纸艺术的身影，这种习俗一直延续至今。

大桥剪纸具有浓郁的民俗文化特征和鲜明的艺术特色，传统剪纸以剪为主，现代剪纸以刻为主，剪刻并用，其风格既有南方剪纸的细腻、秀丽，又兼北方剪纸粗犷、质朴的特性。大桥剪纸以单色为主，色彩浓艳，呈现出淳朴华美的艺术魅力，为世人所青睐。

衡东现有中国民间文艺家协会剪纸委员会会员 3 人，湖南省剪纸研究会会员 12 人。剪纸艺人大部分在大桥镇，较著名的艺人有刘伟南、文新学、李水英等，其中刘伟南、文新学为衡东大桥剪纸“非遗”传承人。

名胜古迹 何家嘴古文化遗址 1986—1989 年，在大桥镇西园村发现古文化遗址——何家嘴遗址。经对大批用于生活、生产的陶片、石器等遗物鉴定，西园村何家嘴遗址为新石器时代晚期龙山文化遗址。

文献辑存

刘厚福烈士的绝命血书

亲爱的双亲、弱弟、妻儿呀！

厚此生不幸，身临浩劫，为公身殉，亦何足惜！反顾家庭贫寒，二老年老，弱弟、孤儿及结发贤妻，骤闻凶耗，痛何极耶！事已至此，大人合家，万万不要无益悲哀。惟望曦儿长大，留守梓里，为工为农，光大门闾，毋忘父难，儿虽死后亦含笑地下矣，兹有数件，痛述于下：

1. 家中应达观为怀，千万不要悲哀挂念。

2. 贤妻菊英暂须在家，抚育曦儿，待稍长至三岁后，应即设法改嫁。唉！亲爱的菊英呀！

3. 此后父亲年老，不要管地方空事，以待终年。

4. 慈弟业农，琨弟再读两年书，即学经商。

5. 母亲不要着急，须特别珍卫。

6. 姐姐应从速嫁人，不要哭念我。

7. 曦儿长大，要将我一生事亦告知，使他不忘我志……

呜呼，天呀！我是善人，竟遭此劫，实今日社会万恶所赐也。心中焦灼，不能言状。笔写到此，泪海枯矣。后我者，当亦应知我也。

衡山礼厚刘厚福汉中氏绝命血书。

按：信笺眉上，还写有如下两则：

“此信请永久保留。”

“伯伯、叔叔、日后慈琨两弟当好好侍（奉）他，当不忘我所嘱。”

（民国十九年又六月二十九夜五时年二十岁）

送家侄归衡山

［明　文征明］

文武家声自宋元，忠贤德泽至今传。江湖相望四千里，谱牒源流五百年。喜尔衣冠能复始，愧余潦倒不如前。不堪相见还相别，目送春云思惘然。

南望衡山旧德门，虎符元帅有诸孙。山川我正怀桑梓，水木君能共本源。两地衣冠由昔盛，百年忠孝至今存。相逢不尽相留意，狼藉秋风酒满樽。

（按：文征明，号衡山，祖居今衡东县大桥乡。）

文征明先世小考

文征明，明代著名书画家。初名璧，字征明。42岁起以字行，更字征仲。宪宗成化六年（1470）生，世宗嘉靖三十八年（1559）卒，享年90岁。少时学文于吴宽，学书于李应祯，学画于沈周。擅长作诗，诗宗白居易、苏轼，诗文有《莆田集》。与祝允明、唐寅、徐祯卿为友，被人合称“吴中四才子”。在绘画上，创作了《春深高树图》《真尝斋图》《山雨图》《古木寒泉图》流传后世，名重当代。文征明学生甚多，形成“吴门派”，与沈周、唐寅、仇英又被人合称为“吴门四家”。书法有《西苑诗》《十札》《前后赤壁赋》藏于故宫博物院；《赤壁诗》藏于上海博物馆；《真书盘谷序》藏于天津艺术博物馆；《草书诗》藏于四川博物馆。

论籍贯，文征明出生于长洲（今江苏省苏州）。但打开《辞海》《三希堂法帖》《中国绘画史》等查阅条目或传略时，除介绍他的名、字外，还往往有“衡山居士”或“文衡山”之类的别称。

古代文人的名、字、号除由上辈取定外，常有以籍贯、职官及任职州、县作号的习俗。如晋代“书圣”王羲之，官右军将军和右将军，故人称“王右军”；唐代文学家柳宗元系河东解（今山西运城县解州镇）人，世称“柳河东”；柳宗元参加主张革新的王叔文集团失败后，贬为永州司马，后迁柳州刺史，故有人又称他为“柳柳州”。

然而，籍贯属江苏长洲的文征明又何以要用远在湖南衡山的县名作号呢？

为了弄清这个问题，我们先还是看看清光绪《衡山县志》中的文征明《送侄归衡山》七律二首：

一

文武家声自宋元，忠贤德泽至今传。
江湖相望四千里，谱牒源流五百年。
喜尔衣冠能复始，愧余潦倒不如前。
不堪相见还相别，目送春云思惘然。

二

南望衡阳旧德门，虎符元帅有诸孙。
山川我正怀桑梓，水木君能共本源。
两地衣冠由昔盛，百年忠孝至今存。
相违不尽相留意，狼籍秋风酒满樽。

从《送侄归衡山》的命题及诗中“南望衡阳旧德门”“山川我正怀桑梓”句看，好像其籍贯是在衡山。但这与《辞海》等典籍介绍是长洲人的说法发生矛盾。那么是不是他在衡山做过官？据考证也不是。各种典籍只说他“54 岁以贡生荐试吏部，任翰林院待诏，三年辞归”。此前此后，从无外出做官的历史。可见衡山并非文征明的为官之地。

后来笔者从清光绪《衡山县志》卷 27 的“保荎”篇里，发现“荐辟”名单中有文征明先世文谋的记载：“国学生，金紫光禄大夫。谋祖父文宝，衡州教授，始家于衡。”该卷在记载明代的文洪时又说：“耒水教谕，即文征明之祖。”原来是文征明的先世为衡山。昔日的衡山县，而今析为衡山、衡东两县与南岳区，按现在的行政区追根溯源，文征明先祖文洪家住哪里？

通过查十六修《衡山观湘文氏族谱》，才又进一步了解到清光绪《衡山县志》中的文谋与文洪本是一脉相承的衡山观湘文氏派系子孙。只因文洪的祖父文定聪后来迁徙定居到江苏仁和县，文洪与文征明才成了江苏人。衡东县新塘镇文桥村 6 组村民文家业收藏的民国年间十六修《衡山观湘文氏族谱》，有文征明先世文宝来龙去脉的明确记载："宝，梦登公次子，字维善，江西永新固塘人，生于宋嘉定十二年己卯（1219）六月初四寅时，咸淳七年辛未（1271）以宣教郎授湖广衡州教授。宋末，世乱致仕，留家衡山二十二都，今既字二十二区礼厚，为衡山三卿各派始祖。卒葬礼厚陈婆坳。"

这就是文征明衡山文氏家族第一代祖的来历。

衡山文氏一代祖文宝的二代、三代（文谋）为单传，四代双传，五代七房，六代六房。在文宝的六代子孙中，有个名叫文俊卿的人，元"至正末，起义师戡乱，累官镇远大将军、湖广管军、都元帅，驻礼厚。元亡，明太祖囚之。寻授衡州千户，不受，死之。故老称公卒于长沙铁佛寺前，太祖追慕，予礼祭葬，归葬既字二十二区旱塘马头山"（见十六修《衡山观湘文氏族谱》。马头山为今衡东大桥乡礼厚村三组与四组交界的山名）。文俊卿有"子六：定开、定英、定聪、定源、定清、定伟"（见十六修《衡山观湘文氏族谱》）。

文征明《送侄归衡山》第一首诗中"文武家声自宋元"句中的"文武"二字，所指大概就是南宋"湖广衡州教授"文宝和元代"镇远大将军、湖广管军、都元帅"文俊卿。第二首"虎符元帅有诸孙"句中的"虎符元帅"，所指还是文俊卿。诗中的"侄"，《衡山县志》虽未说明是谁，但据推断，很可能就是文俊卿第五个儿子——定清的后裔。因为十六修《衡山观湘文氏族谱》说，老五是文俊卿6个儿子中唯一留居衡山老家的一个，其余5人先后迁离湖南，未留后裔在原籍。

十六修《衡山观湘文氏族谱》还记载说，文征明是文俊卿三子文定聪的后裔。定聪"号逸斋，散骑舍人，徙江苏仁和县，为苏州派始祖。"

苏州派始祖文定聪虽然早在明朝就从湖南衡山迁移出去，但民国年间的十六修《衡山观湘文氏族谱》，依然记载了他们兄弟及其后裔的情况。这说明衡山观湘文氏一族，与早年迁往外地的族人始终保持着密切联系，因此文征明才能写出"江湖相望四千里"与"谱牒源流五百年"的诗句来。

对于远在江苏苏州的文定聪，十六修《衡山观湘文氏族谱》是这样进行记载的：文定聪有子四人，即文懋、文惠、文恕、文愈。在文定聪四个儿子中，次子文惠是文征明的曾祖父。清光绪《衡山县志》"荐辟"名单中的"耒水教谕"文洪，是文征明的祖父。文征明的父亲文林，兄弟三人排行第一。十六修《衡山观湘文氏族谱》的记载为："林，洪公长子，字宗儒，号文木，明成化壬辰进士。擢南京太仆寺丞，卒葬吴县梅湾翔凤冈。子三：奎、璧、室。”这就是说，文征明是文林的次子。

如果从衡山观湘文姓一代祖文宝算起，文征明是十一代孙，从文宝六代后裔文俊卿算起，文征明又是文俊卿的六代孙，从苏州派始祖定聪算起，文征明是定聪的三代孙。如果以出生地论籍贯，只有文定聪这一代及其以上几代是地地道道的湖南衡山人，从文征明的曾祖父文惠开始就成了江苏长洲（苏州）人。

衡山观湘文氏一代祖文宝的“宝公祠”，座落在今衡东县大桥乡西园村（距礼厚村4千米），土地改革运动中，分给贫苦群众居住，拆毁于20世纪60年代初期。

被历代衡山观湘文氏族人引以为骄傲的文俊卿的“俊公祠”，坐落在今衡东县大桥乡双江村（与礼厚村毗邻）。这个村有座山叫“将军山”，相传是为了纪念文俊卿任元代“镇远大将军”而取的山名。“俊公祠”也在土地改革运动中分给了贫苦群众居住，被拆毁于“文化大革命”时期。

综上所述，家住江苏长洲的文征明之所以要自号“衡山居士”与“文衡山”，目的是怀念远在湖南衡山的文宝和文俊卿等先世祖宗。

（作者萧汉　此论文在1996年11月28—29日的湖湘文化与湖南现代化学术研讨会上宣读）

大桥镇（乡）主要领导名录

（1989.05—2014.12）

一、中共大桥镇（乡）委员会书记

大桥乡工委书记、主任

刘春凡（1989.05—1989.12）

党委书记

刘春凡（1989.12—1992.02）

陈　鑫（1992.02—1994.04）

刘星煌（1994.04—1995.01）

丁水云（1995.01—1997.01）

罗冬秋（1997.01—1999.08）

稂茂林（1999.08—2000.06）

周谷湘（2000.06—2007.02）
单　瑜（2007.02—2010.01）
刘少雄（2010.01—2013.06）
谷建辉（2013.06—　　　）

二、大桥镇（乡）人大主席团主席

柳礼水（1989.12—1992.12）
武新春（1992.12—1995.11）
彭新风（1995.11—1998.02）
刘炳志（1998.04—2003.02）
罗清平（2003.05—2008.02）
文　武（2008.04—　　　）

三、大桥镇（乡）人民政府镇（乡）长

陈　鑫（1989.12—1992.10）
刘星煌（1992.12—1995.02）
刘凤华（1995.11—1997.04）
稂茂林（1997.04—1999.08）
单志雄（2000.04—2006.03）
刘志丹（2006.05—2010.01）
谷建辉（2010.03—2013.06）
朱爱国（2013.07—　　　）

四、大桥镇（乡）政协联络工委主任

钱永明（2000.12—2003.02）
文　武（2003.02—2008.02）
文水林（2008.02—2011.12）
文付中（2012.10—　　　）

（撰稿　向立立　冯艳辉）

石滩乡

政区概况

地理位置 处县域西南部，东临衡南县铁丝塘镇，南接衡南县洪市镇，西邻衡南县咸塘镇，北交大浦镇、德圳乡。位于北纬26°51′27″~26°57′49″，东经112°46′40″~112°53′53″。相传，石滩附近最早多冬茅，名冬茅堰。清代时，因这里系深山老林，遮天蔽日，人烟稀少，盗贼横行，乡里人出于迷信，凿石建庙，祈求平安，称石头庙。至民国时，山林被毁，水土流失，年深日久，显露出一大片红砂石岩，远看似石滩，更名为石滩庙，石滩乡因此而得名。乡政府驻石金村。距县城30千米。境内沈陂塘系抗金名将岳飞后裔的聚居地。

自然环境 辖区地处低山丘陵地带，地势东北高西南低。主要山脉有大岭、高岭、丰山坳，最高峰大岭海拔385米，最低点位于新虎村海拔65米。属亚热带季风湿润气候区，具有明显的季风气候特征，四季分明，年均气温17.5℃，年均降水量1500毫米，降水集中在每年的4—6月，其中6月份最多。常年主导风为南风，强雷天气约40天。全境30个自然村的土壤各不相同。境内河道属湘江大流域，流域面积4平方千米，最大河流为真塘河，从真陂村入境，经沈陂、活头、松林、石龙、江滨村汇入湘江，境内全长4千米，流域面积3.7平方千米。

建置沿革 明时属义城乡，清代属殷字23区，民国26年（1937）设石滩乡。中华人民共和国初，属衡山县第五区。1952年6月至1953年3月，属第七区，1953年3月至1956年6月，设石滩区。1956年6月，撤区并乡，设石滩乡，属大浦区。1958年，改为人民公社，属大浦区。1966年，析置衡东县，设石滩公社、真塘公社，属大浦区。1984年4月，辖区设石滩乡、真塘乡。于

1989 年撤区并乡，石滩乡由原石滩乡、真塘乡合并而成，至 2014 年无变化。

行政区划 1989 年，辖 30 个建制村，363 个村民小组。2014 年年末，辖大新、新虎、新白、新建、良建、大丰、大山、大泉、小泉、金山、石金、欧塘、真塘、江滨、长源、庆祝、乙田、双联、石垅、荷泉、活头、仙鹅、松林、进宝、莲花、真陂、沈陂、岭背、丰山、朝霞 30 个建制村，368 个村民小组。

人口面积 1989 年，辖区总人口 33381 人，其中农业人口 32377 人。2000 年，总人口 35834 人、8599 户，其中农业人口 135000 人。2014 年年末，常住人口 41511 人、9599 户，其中农业人口 40231 人；男性 21337 人，占 51.4%，女性 20174 人，占 48.6%。

2014 年，辖区东西最大距离 8.7 千米，南北最大距离 9.1 千米，总面积 94 平方千米。其中陆地 89.3 平方千米，占 95%；水域 4.7 平方千米，占 5%。

经济发展

农业 主要种植水稻、蔬菜、红薯、油菜等。1989 年，境内耕地面积 37164 亩，农作物播种面积 94420 亩，粮食作物播种面积 68281 亩，其中稻谷播种面积 64470 亩，粮食总产 31751 吨。1999 年，耕地面积 37065 亩，农作物播种面积 10842 亩，粮食作物播种面积 64830 亩，粮食总产 31226 吨；2014 年，耕地面积 43500 亩，有效灌溉面积 30000 亩，农作物播种面积 110259 亩，粮食作物播种面积 63000 亩。

主要经济作物有油菜、西瓜等，蔬菜主要品种有生姜、白薯、黄瓜、菠菜、辣椒。1989 年，种植油菜 5157 亩，总产 391.3 吨。种植油料作物 5329 亩，总产 423.9 吨。种植蔬菜 4141 亩，总产 6221 吨。2000 年后，因地制宜，引导农民进行特色种植，石龙、沈陂、大丰、长源等 9 个紫色页岩区村发展香瓜种植 6000 亩。2011 年，种植油菜 28682 亩，总产 2056 吨。种植蔬菜 12390 亩，产量 19328 吨。2014 年种植油菜 31000 亩，产量 2278 吨。种植蔬菜 2475 亩，产量 20784 吨。

养殖业以生猪、牛羊、鸡鸭、鱼等畜禽水产为主。1989 年，年出栏生猪 17394 头，出笼家禽 127700 羽，禽蛋产量 201 吨。20 世纪 90 年代后期，以“真塘鱼”作为特色产品，扩大养殖规模、打造品牌效应，带动生猪、湘黄鸡、黑山羊等养殖，成为全乡农业发展和农民增收的主导产业。尝试走“合作社（公司）+基地+农户+市场”的一体化路子，实施科技信息进村入户工程，深入开展科技下村工作，培植专业种养大户，扩大全乡专业种养规模。2011 年，生猪饲养量 10 万头，年末存栏 4 万头；牛饲养量 1653 头，年末存栏 1575 头；羊饲养量 6000 头，年末存栏 2857 头；家禽饲养量 95 万羽。生产肉 6138.6 吨，其中猪肉 6000 吨，牛肉 90 吨，羊肉 48.6 吨；禽蛋 1138 吨。畜牧业总产值 12587 万元，占农业总产值的 41.9%。2014 年生猪饲养量 3.2 万头，年末存栏 2.9 万头；家禽饲养量 35 万羽。渔业以草鱼、鲶鱼为主。

1989 年，水产养殖面积 3904 亩，水产品产量 675 吨。2011 年，养殖面积 1 万余亩，产量 1500 吨；渔业总产值 1800 万元，占农业总产值 6%。2014 年，全乡养殖专业户发展到近 600 户，其中畜禽养殖大户 5 户。年出栏生猪 29600 余头，家禽 60 万羽，鱼 23 吨。新虎村养猪专业户邓昌宇年出栏 1000 头，良建村邓林林笼养种鸡 20000 羽。

2014 年，有林地 45000 亩，其中生态林 29400 亩，经济林 13600 亩，竹林 2000 亩，森林覆盖率 31.91%。果木种植 12000 亩，主要有柚、柑、枣、李、核桃、无花果。新建村建有珍稀苗木培育基地 500 亩、朝霞村“衡东大桃”油茶基地 2000 亩、大新村无花果种植基地 200 亩。宏达农业发展公司在小泉村进行山地开发 1000 亩，在荷泉、庆祝建有山核桃基地 3500 亩。林业总产值 2500 万元。

2014 年年末，有农业技术服务机构 1 个、农业技术服务机构从业人员 10 人；农民合作社 5 个、成员 50 户；种植大户 5 户。

工业　1989 年，有乡镇企业 500 个，从业人员 1098 人，乡镇企业总产值 479 万元。1996 年，有乡办、村办、联办及个体企业 834 家，从业人员 7849 人。主要有衡东轴承厂、石滩建筑公司、茶场、预制场等。2014 年，有工业企业 11 个，从业人员 140 人，工业企业总产值 5000 万元。

商贸服务　1999 年，有集贸市场 2 个，集市贸易成交额 897 万元，社会消费品零售总额 1214 万元。2014 年，有铁丝塘、石滩街、真塘街、新虎街 4 处集市。50 平方米以上大中型超市 8 家，个体商户 1500 余家，从业人员 3200 余人，住宿餐饮业 10 家。社会消费品零售总额 10000 万元。

财政金融　1949—1979 年，乡镇财政收支由秘书或粮油委员分管，1980 年，区乡镇设财税所，1989 年，推行乡镇一级财政包干。1992 年，财政收入 121 万元，财政支出 18 万元。1999 年，财政收入 350 万元，财政支出 350 万元。2002 年，取消农林特产税和“五统三提留”。2006 年，取消农业税。2014 年，公共财政收入 747 万元，企业实交税金 80 万元，公共财政支出 727 万元；农村信用合作社金融网点 1 个。

社会事业

教育文化　1990 年，有小学 30 所，在校生 4041 人；中学 2 所，在校生 1254 人。1995 年，为衡阳市“两基”教育合格乡镇。2011 年，有幼儿园 17 所，在园幼儿 573 人，专任教师 25 人；小学 12 所，在校生 2749 人，专任教师 62 人，小学适龄儿童入学率 100%；初中 2 所，在校生 1039 人，专任教师 94 人，小学升初中率 100%。九年义务教育覆盖率 100%。2014 年年末，有幼儿园 15 所，小学 12 所，中学 2 所，专职教师 180 人，在校生约 5200 人，九年义务教育覆盖率 100%。

2014 年，有乡镇综合文化站 1 座，村级农家书屋 30 个，总藏书 40970 册。地方特色民间艺术有花鼓戏等。

医疗卫生　中华人民共和国成立后，有 1951 年设立的石滩诊所，由中医陈柏林、文哲、岳代光、陈玉树、邓正芳、许壁生组成，租赁石滩庙公房开展业务。1952 年 12 月，设立石滩卫生所，所长兼医师周松林，有药剂员 1 人，妇幼保健员 1 人（1957 年 9 月撤销）。1955 年，设立的长源联合诊所，由中医许枚清、中药冯厚壁、许壁生投资创立，租借长源祠堂公房开展中医中药诊疗（1958 年，改为真塘卫生院）。1988 年，真塘卫生院有医务人员 11 人，其中中医主治医师 3 人，西医主治医师 1 人，妇幼医师 1 人。

1958 年，设石滩公社卫生院。1988 年，有医务人员 14 人，其中中医主治医师 2 人，西医主治医师 1 人，中医师 2 人。1969 年，设石滩区医院，开设内科、外科、妇产科、五官科、中医科、放射科、化验科。1960 年后，相继建立大队卫生室，配有“赤脚医生”。1969 年，实行农村合作医疗制度。1980 年 2 月，撤销石滩区医院。

1989 年，有医疗卫生机构 22 所，卫生技术人员 18 人，床位 12 张，其中村卫生室20所；2000年，有医疗卫生机构26所，卫生技术人员20人，床位16张，其中村卫生室24所；2014年，有医疗卫生机构26所，卫生技术人员27人，床位27张，其中村卫生室24所。

2007年1月1日，衡东县正式启动新型农村合作医疗。是年，参合人数24835人，参合率74.6%；2014年，参合人数32573人，参合率101.7%，补偿金额1084.22万元。

社会保障 农业合作化后，农业生产合作社和人民公社对孤寡老人及孤儿实行“五保”。五保户供养标准为：每人每年口粮谷250公斤；20世纪70年代提高到300公斤；20世纪80年代提至350公斤以上，每人每年食油3~4公斤，零用钱和医疗费100元左右。从1987年起，“五保户”生活费用实行乡镇统筹。1996年，集中供养的“五保”老人生活费标准由1992年的人均300元提高至1200~1500元；分散供养的“五保”老人生活费标准由1992年人均150元、粮300公斤，提高至人均500元、粮350公斤。2007年，全省实施农村“爱民房”和乡镇敬老院改扩建工程。2012年，修建石滩敬老院，占地面积10亩，床位50张。2014年，有社会福利收养性机构1所，床位50张；全乡有“五保”对象214人，其中集中供养30人，分散供养184人。月标准450元。

2006年，实施城乡居民大病医疗救助。是年，救助18人次，救助住院医疗费25700元。2014年，救助7人次，救助金额17900元。

2007年，实行农村居民最低生活保障待遇。是年，境内有低保对象78户190人，总金额20550元。2014年年末，有低保对象510户1007人，月人均保障标准165元，总金额111240元。

2012年，全县启动城乡居民社会养老保险；是年，境内参保人数18659人，缴费人数12860人，参保率100%；缴费金额1603400元，发放2206215元。2014年，参保人数19738人，缴费人数10632人，参保率75%；缴费金额1301900元，发放3708648元。

基础设施

水利 境内主要为紫色页岩风化物区，缺水，未修德圳、早禾冲水库前，种一季稻还要望天收，每亩产量只有四五百斤，人民生活贫困。1958年，水库修建后，为受益区。1966 年，德圳水库真塘支渠建成，使水库的水能灌溉自流。赞德圳水库对石滩的贡献是“作德圳水库田，用德圳水库钱，吃德圳水库谷，享德圳水库福”。2010—2014 年，完成玉塘水库除险加固和 7 个村的节能灌溉工程；乡财政投入资金近 50 万元，完成 16.8 千米德圳灌区东西干渠清淤和 1 千米石江暗渠清淤；投入资金 6 万元维修乡支渠 11 处、渡漕 2 处；争取上级资金 20 多万元改造 70 千瓦大型排灌站 1 座和堰坝 1 处；全乡共完成山平塘清淤扩容 100 多口，保证了农田灌溉，增强了农业抗风险能力，基本达到旱涝保收。

交通邮电 1958—1959 年“大跃进”年代开展“全民办交通”，以民工建勤方式建成一批被称为“毛坯路”的简易公路。境内县道 015 大竹线，始建于 1957 年。1977 年，为实现农业机械化，在毛坯路的基础上，修筑路基，修建桥梁涵洞，连线成型。1989 年，进行大中修，成为高等级水泥混凝土路面。1999 年，境内公路里程 61 千米。2014 年年末，主要有京港澳高速过境公路 9.5 千米，衡茶吉铁路过境铁路 9.7 千米；县道 9.80 千米，乡道 13.36 千米。农村客运站 1 座。1996 年，有各类车辆 450 余辆。2007 年，硬化 712 矿至衡南洪市的 16 千米乡级主干道。2012—2013 年，完成村级公路及通组公路水泥硬化 40 千米，全面实现村村通水泥路。2011 年，有客运汽车 8 辆，152 座，年客运量 34.6 万人；货运汽车 20 辆，年货运量 68 万吨。2014 年，有客用汽车 7 辆，132 座，年客运量 56 万人次。

1949 年 10 月，境内通往县城的邮路属霞流市、大堡（浦）、石滩线，邮件靠人工步行肩挑。1961 年，公社设邮政所或代办所。1969 年 12 月，邮件委托汽车运输公司代运。1979 年，县邮电局自筹资金，开办大浦至石滩、真塘的摩托车邮运。1990 年后，邮件实现自办汽车邮运。2014 年年末，有邮政所 1 座，营业面积 80 平方米。乡村通邮率 100%。

1957 年 7 月，架通衡山县城至石滩的电话线路。1959 年，公社安装总机，电话线路通大队。1989 年，电话线路属大浦至德圳、石滩线。是年，全乡有集体自办电话机 34 部，全为摇把子电话。1993 年后，开通程控电话，实现国际国内长话直拨。同时，邮电部门开展“电话乡村建设”，农村出现装机热。至 2011 年，有电信服务网点 1 个，固定电话用户 2019 户，普及率 21.03%；移动电话用户普及率 74.5%；互联网端口总数 895 个，宽带接入用户 358 户。2014 年，有电信、移动、联通多个服务网点；固定电话 3158 户，移动电话用户普及率

80.6%，互联网端口总数1468个，宽带接入用户5672户。

供水供电 村民饮水习惯多从水井或山塘堰坝取水。20世纪80年代以后，发展压水井和潜水泵井。2013年，在石金村取山泉水建成石滩水厂，铺设供水管网7千余米，供水用户400余户。2014年，在进宝村取地下水建成真塘水厂，铺设供水管网3~4千米，供水用户300余户。

1976年后，各村逐步通电。1994年年末，通电村30个，农村用电量89.3万千瓦时。1998年，境内石金、良建、金山、仙鹅、石垅5个村第一批实现农电网改造，至2012年年末，30个村全部完成农电网改造任务。2014年年末，全乡用电总量500万千瓦时。

乡村建设 中华人民共和国建立后，农民民房建设从20世纪50年代起，旧屋换新屋，改建的房子，一般都是按小家庭结构，采用“三厢间”或“三间六”。20世纪60年代起，茅屋换瓦屋。20世纪70年代后，土砖换红砖。进入20世纪80年代，由平房改楼房。2000年后，陆续有农民建起别墅。

2006年起，启动社会主义新农村建设，岭背村为县级15个示范村之一，以此为示范，重点改造农村水利、电力、道路等基础设施和教育、卫生等社会事业，大力整治村容环境。

特色地情

名胜古迹 *沈陂村沈陂塘* 抗金名将岳飞后裔的聚居地。据《岳氏四修宗谱》记载，沈陂村及其附近岳姓人士，皆为岳云及其长子岳甫的后裔。传元至正年间，岳飞第十二代孙岳洄春率父母子女由江西泰和西迁至衡山静谷冲，至第十五代孙岳宗尧时，举家由静谷冲迁到沈陂村，从此，世世代代在此休养生息，已有500余年。村内建有百年老建筑“岳飞祠”，正厅神龛供奉着岳飞、张宪、岳云神像，神龛两旁的木柱上刻有“光同日月照先绪，忠贯斗牛裕后昆”对联。

名优特产 *真塘鱼* 境内为紫色页岩风化物区，土质有机物少，但磷钾钙含量较多，多呈中性至微碱性。养殖的鱼肉质鲜嫩，为衡东著名土特产。

石滩乡主要领导名录

(1989.05—2014.12)

一、中共石滩乡委员会书记

石滩乡工委书记、主任

郑启生（1989.12—1989.12）

党委书记

郑启生（1989.12—1990.04）

刘碧波（1990.04—1992.02）

谭水保（1992.02—1995.01）

刘星煌（1995.01—1997.01）

尹平乐（1997.01—1998.02）

李国平（1998.02—2001.01）

罗　敏（2001.01—2003.02）

赵志辉（2003.02—2006.03）

向卫平（2006.03—2011.08）

刘庆秋（2011.08—　　　）

二、石滩乡人大主席团主席

罗湘成（1989.12—1995.04）

许端国（1995.04—1998.02）

徐冬云（1998.06—1998.11）

许国华（1998.11—2001.01）

向卫平（2001.04—2003.05）

阳武松（2003.05—2007.11）

谭三远（2007.11—　　　）

三、石滩乡人民政府乡长

颜亨仁（1989.12—1995.02）

胡春桃（1995. 05—1996. 12）

李国平（1997. 04—1998. 02）

晏志君（1998. 06—2000. 06）

赵志辉（2001. 04—2003. 02）

向卫平（2003. 05—2006. 03）

刘庆秋（2006. 05—2011. 09）

蒋小平（2012. 03—　　　）

四、石滩乡政协联络工委主任

李展生（1998. 03—2001. 10）

阳武松（2001. 10—2003. 02）

单美中（2003. 02—2005. 02）

刘庆秋（2005. 02—2006. 03）

谭三远（2006. 03—2007. 10）

聂晓华（2007. 10—　　　）

（撰稿　胡青燕　文和平）

德圳乡

政区概况

地理位置 位于县域南部，东与莫井乡相连，南与衡南县交界，西与石滩乡、大浦镇接壤，北与吴集镇、栗木乡毗邻。位于北纬 26°55′27″~27°00′43″，东经 112°51′38″~112°57′11″，乡政府驻洣桥村，距县城 23 千米。因德圳水库得名。

自然环境 地处山区，鸡公岩、狗头岭环绕东南东北。处亚热带季风湿润气候区，四季分明。年均气温 17.5℃，年均降水量 1371 毫米，降水集中于 4—6 月，5 月最多。德圳、早禾冲两座中型水库坐落其间，绿树成荫，山水相映，有“山区水乡”之称。

建置沿革 明代属义城乡，清代属殷字 23 区。民国 35 年（1936）为石滩、紫岗乡辖区。中华人民共和国成立初期，属衡山县第五区石滩乡；1952 年，属第六区，含德圳、早禾两个乡；1956 年，与山荷、铁泉、石金、鸥塘乡合并为石滩乡；1958 年，属五一人民公社，后与火箭人民公社合并，更名大浦人民公社；1961 年设德圳人民公社；1966 年，析置衡东县，设德圳公社，属大浦区；1983 年，设德圳乡，至 2014 年年末未异动。

行政区划 1989 年，辖 14 个建制村，142 个村民小组。2014 年年末，辖洣桥、德圳、马蹄、石坪、普乐、苏家、松荷、三星、红光、红岩、老屋、大岭、太阳、松村 14 个建制村，下设 147 个村民小组。

人口面积 1989 年，总人口 11671 人、3263 户，其中农业人口 11409 人。1999 年，总人口 12201 人、3225 户，其中农业人口 11831 人。2014 年年末，户籍人口 14190 人、3209 户，其中农业人口 10410 人；男性 7465 人，占 52.61%，

女性6725人，占47.39%。

2014年，辖区东西最大距离8.9千米，南北最大距离10千米，总面积53平方千米。

经济发展

农业 以种植水稻为主，茶油、大豆、板栗、白薯等有较大产出。

20世纪70年代，为全县杂交稻种生产基地；20世纪80年代，种子单产名列全市前茅。1990—1996年，全乡14个村村村制种，年均提供优质种子9.3万公斤。

1989年，有耕地面积7552亩，粮食总产2658.3吨，亩产352公斤。1999年，有耕地面积7545亩，粮食总产5248吨。2014年，耕地面积10050亩，生产粮食5900吨，其中水稻5800吨。

1989年，年出栏生猪4679头，出笼家禽18500羽；年末生猪存栏3954头，家禽存笼17660羽。水产养殖面积245亩，产量38吨。1999年年末，大牲畜存栏729头，年内生猪出栏15886头，肉类总产量2087吨，其中猪肉产量1789吨；水产品产量157吨。2014年，有畜禽养殖大户12户。松村文志光养殖基地年存栏生猪500余头，蛋鸭5000余羽，水面养鱼100余亩。

1989年，当年造林面积1435亩，产茶油164.5吨。1999年，有林地面积28180亩，油茶林面积47045亩，出产茶油376吨。2014年，油茶林面积5万余亩，总产400余吨。

2014年，有农业技术服务机构1个，机构从业人员4人。农民合作社4个、20户。

工业 境内为山区，改革开放前，工业发展几乎空白。1999年，有乡镇企业101个，企业总产值4010万元。2014年，有工业企业6个，总产值789万元。

商贸服务 1999年，有集贸市场1个，集市贸易成交额214万元，社会消费品零售总额791万元。2014年，集贸市场1个，50平方米以上的超市1个。社会消费品零售总额700万元。

财政金融 1949—1979年，乡镇财政收支由秘书或粮油委员分管，1980年，区乡镇设财税所，1989年，推行乡镇一级财政包干。1992年，财政收入33万元，财政支出13万元。1999年，财政收入149万元，财政支出149万元。2002年，取消农林特产税和“五统三提留”。2006年，取消农业税。2014年，公共财政收入38万元，公共财政支出255万元。

2014年，有金融机构网点1个。

社会事业

教育文化 1990—1996年，累计投入325.5万元，新建校舍14处，建筑面积10624平方米。其中1990—1992年，投资120万元，新建村校校舍12栋，完全小学校舍1栋，总建筑面积7574平方米。1990年，中小学入学率90%。1992年，有学校12所，教师90人，在校学生1365人。1995年，被评为衡阳市“两基”合格乡镇。1996年，中小学入学率98%。1999年，有学校12所，教师92人，在校学生1717人。2014年，幼儿园1所，小学4所，小学专任教师33人，在校小学生530人；中学1所。

2014年有文化站及图书室5个。

医疗卫生 1989年，有医疗卫生机构17所，卫生技术人员15人，床位8张，其中村卫生室15所；2000年，有医疗卫生机构17所，卫生技术人员9人，床位8张，其中村卫生室15所；2014年，有医疗卫生机构16所，卫生技术人员9人，床位9张，其中村卫生室15所。

2007年1月1日，衡东县正式启动新型农村合作医疗。是年，参合人数8850人，参合率83.5%；2014年，参合人数10795人，参合率99.98%，补偿金额423.09万元。

社会保障 2006年，实施城乡居民大病医疗救助。是年，救助23人次，救助住院医疗费14500元。2014年，救助3人次，救助金额6100元。

2007年，实行农村居民最低生活保障待遇。是年，境内有低保对象34户85人，总金额9480元。2014年年末，有低保对象392户725人，月人均保障标准165元，总金额76890元。

2009年，修建德圳敬老院，占地面积3亩，床位30张。2014年，有社会福利收养性机构1所，床位30张；全乡有“五保”对象88人，其中集中供养13人，分散供养75人。月标准450元。

2012 年，全县启动城乡居民社会养老保险；是年，境内参保人数 5857 人，缴费人数 2896 人，参保率 100%。缴费金额 323600 元，发放 778415 元。2014 年，参保人数 6871 人，缴费人数 2729 人，参保率 68%。缴费金额 300600 元，发放 1943100 元。

基础设施

水利 坐落境内新桥村的德圳水库，修建于 1958 年，1959 年竣工。2012 年，全乡共改堰修渠 3200 余米，对 5 个村的山平塘进行清淤扩容，对旱禾冲水库进行维修加固，启动马蹄村东茅冲、德圳村肖家冲两座小（二）型水库的除险加固工作。2013—2014 年，开展水利设施建设，改堰修渠 2000 余米，新建固定电排 3 座，打抗旱井 4 口，山平塘清淤扩容 12 处，除险加固 4 处，特别是对几座小（二）型水库进行除险加固。

交通邮电 德圳地处偏远，交通闭塞。1999 年，乡镇公路里程 31 千米。2003 年，硬化 8 千米长飞德公路；同时通村公路建设也拉开，2006 年，红岩至莫井，马蹄 9 组及红光村级公路竣工，松村至铁丝塘的环库公路及三星、德圳、石坪、苏家、普乐、松荷 6 个村的 38.6 千米的通达工程完工。2008—2009 年，完成通畅工程 19 千米，通达工程 36 千米，基本拉通德圳至大浦、莫井、石滩、栗木的主干线。2013 年，栗德公路动工修建。2014 年年末，境内有县道 13.81 千米，乡道 24.58 千米。农村客运站 1 座，农村客运招呼站 4 座。通公共交通的村 14 个。

1949 年 10 月，境内通往县城的邮路属霞流市、大堡（浦）、石滩线，邮件靠人工步行肩挑。1961 年，公社设邮政所或代办所。1969 年 12 月，邮件委托汽车运输公司代运。1990 年后，邮件实现自办汽车邮运。2014 年年末，邮政所 1 座，营业面积 80 平方米。投递点 1 个。乡村通邮率 100%。

1959 年，公社安装总机，电话线路通大队。1989 年，电话线路属大浦至德圳、石滩线。1993 年后，开通程控电话，实现国际国内长话直拨。同时，邮电部门开展“电话乡村建设”，农村出现装机热。2014 年，有电信、移动、联通多个服务网点；固定电话 800 户，移动电话普及率 75%，互联网端口总数 5 个，宽带接入用户 700 户。

供水供电 村民饮水习惯多从水井或山塘堰坝取水。20 世纪 80 年代以后，发展压水井和潜水泵井。2014 年，取地下水建成德圳水厂，铺设供水管网 3～4 千米，供水用户 600 余户。

1977 年，德圳水库电站 2 台 125 千瓦及 1 台 120 千瓦的机组投产发电。1980 年，早禾冲水库电站 2 台 125 千瓦机组投产发电。1994 年年末，通电村 14 个，农村用电量 29.11 万千瓦时。1998 年，境内太阳村第一个实现农电网改造，至 2012 年年末，14 个村全部完成农电网改造任务。2014 年年末，全乡用电总量 360 万千瓦时。

乡村建设 2006 年，启动社会主义新农村建设，重点改造农村电网、道路、水利、环境卫生等设施。2014 年，实施街道亮化工程，建垃圾焚烧炉 1 个，垃圾填埋场 1 个，添置焚烧池 120 个，街道增设 10 个垃圾桶。

明清民国时期，农村建房多以屋场为单位聚族而居，主要建在沿河、驿道、山旁和田园一带。民房一般是一室一厅的土砖茅屋或斗墙屋；沿河一线的民房大多为竹架或木架屋，冷泥墙壁。中华人民共和国建立后，农村民房建设，从 20 世纪 50 年代起，旧屋换新屋，改建的房子一般按小家庭结构，采用“三间六”或“三厢间”。20 世纪 60 年代起，茅屋换瓦屋。20 世纪 70 年代后，土砖换红砖。20 世纪 80 年代，农村建房由平房改建楼房，单门独户，外加小院落。20 世纪 90 年代后期，村民主要是对房屋进行内外装修，配套完善生活设施，间或建有小洋楼、别墅。2006 年初，启动社会主义新农村建设，镇村建设步伐加快，主要是通过搞好乡村建设规划和人居环境治理，加强农村基础设施建设，实现农村道路硬化、卫生洁化、家庭美化、设施完备化，营造出整洁、优美、舒适的生活环境。

特色地情

德圳水库 位于衡东县西南部，大坝坐落在石滩乡莲花村，库区属德圳乡。1958 年 9 月，动工兴建。为扩大灌区面积，1975 年 8 月，在德圳水库一山之隔的石滩乡大新村兴建早禾冲水库，两库合并运行，由德圳水库管理所统一管理、调度。距京广铁路 16 千米、衡大高速公路 4 千米，距县城 40 千米。正常蓄水面积 4020 亩。控制流域面积 60 平方千米，灌溉石滩、大浦、霞流、栗木四个乡镇

9.3 万亩农田。

两座水库大坝均为心墙土坝，由于分别建于“大跃进”和“文化大革命”期间，受当时资金、器材制约，技术力量相对不足，夯压不实，经过几十年的运行，水库大坝均出现渗漏、沉陷等隐患。德圳水库于 2003 年进行了大坝除险加固。2008 年年底，旱禾冲水库大坝除险加固工程开始动工。

德圳乡主要领导名录

(1989.05—2014.12)

一、中共德圳乡委员会书记

德圳乡工委书记、主任

吴知徕（1989.05—1989.12）

党委书记

吴知徕（1989.12—1991.02）

王玉林（1991.02—1992.12）

尹旭云（1992.12—1995.01）

王友生（1995.01—1997.01）

熊新中（1997.01—1998.02）

陈洪福（1998.02—2001.01）

吴将林（2001.01—2003.02）

邓洋生（2003.02—2006.03）

周叶华（2006.03—2007.02）

刘　敏（2007.02—2010.01）

颜金楚（2010.01—　　　）

二、德圳乡人大主席团主席

尹旭云（1989.12—1992.12）

谭先竹（1992.12—1995.11）

刘云林（1995.11—1998.11）

吴将林（1998.11—2001.01）

邓小飞（2001.04—2003.02）
马会清（2003.05—2005.02）
颜金楚（2005.05—2006.03）
邓世龙（2006.05— ）

三、德圳乡人民政府乡长

王玉林（1989.12—1992.10）
邓建荣（1992.12—1995.11）
周谷湘（1995.11—1997.02）
罗泽湘（1997.02—1998.04）
王辉煌（1998.02—2001.01）
邓洋生（2001.04—2003.02）
周叶华（2003.05—2006.03）
颜金楚（2006.05—2010.01）
罗　华（2010.04—2013.06）
单梦平（2013.08— ）

四、德圳乡政协联络工委主任

马仁斌（1998.02—2000.03）
周诗清（2000.03—2001.02）
陈建平（2001.02—2001.10）
周叶华（2001.10—2003.02）
颜金楚（2003.02—2005.02）
邓世龙（2005.02—2006.03）
赵庚生（2007.04—2010.01）
李云甫（2010.01— ）

（撰稿　胡青燕　陈志华）

栗木乡

政区概况

地理位置 位于县域西南部，东邻德圳乡，南接大浦镇，西连霞流镇，北靠吴集镇。位于北纬26°59′33″~27°05′22″，东经112°50′59″~112°57′00″，乡政府驻溪塘村，距县城10千米。以栗木坪村得名。

自然环境 地处衡绍干旱走廊，地形为丘陵地带。属亚热带季风性湿润气候。四季分明，春温多变，雨季明显。年均气温17.6℃。年降水量约为1348毫米，降水日约150天。降水最多达180天，最少58天。降水集中在每年2—6月。

建置沿革 中华人民共和国成立初期，属衡山县第二区紫岗乡；1952年，属第十区，含土桥、龙凫、泉湖、字田四个乡。1956年，四乡合并为栗木乡；1958年，属国庆人民公社，后与胜利人民公社合并；1959年1月，更名为霞流人民公社。1961年，公社体制调整时，设栗木人民公社。1966年，析置衡东县，境内设栗木公社和泉新公社，分属欧阳海区和吴集区。1984年2月，设栗木乡、泉新乡。1989年，撤区并乡，栗木乡由原栗木乡与泉新乡合并而成。至2014年年末无变化。

行政区划 1989年，辖20个建制村，196个村民小组。2014年年末，辖清塘村、龙源村、施茶村、官冲村、柏桥村、前锋村、牌楼山村、龙堰村、溪塘村、中塘村、黄金村、周田村、陈山头村、巷子村、秧山村、官庄村、泉新村、双泉村、秋波村、紫光村20个建制村，199个村民小组。

人口面积 1989年，辖区总人口17051人，其中农业人口16261人。1999年，总人口17973人、4889户，其中农业人口16261人。2014年年末，总人口

20485人、4501户，其中农业人口18270人；男性10447人，占51%，女性10038人，占49%。以汉族为主。

2014年，辖区东西最大距离9千米，南北最大距离为12千米，总面积52平方千米。

经济发展

农业 以种植水稻为主，主要经济作物有花生、辣椒、大豆、油茶等。1989年，有耕地面积18278亩，农作物播种面积45560亩，粮食总产16923吨，其中稻谷16750吨；1999年，有耕地面积19320亩，农作物播种面积54915亩，粮食总产14893吨；2014年，有耕地面积18810亩，农作物播种面积51780亩，粮食总产9728吨。

畜牧业以养殖生猪、山羊、鸡鸭、鱼、长毛兔为主。1992年年末，生猪存栏10112头；出栏肉猪11254头、肉类总产量704吨；禽蛋产量112吨；水产品产量111吨。1999年生猪出栏15070头，肉类总产1951吨，其中猪肉总产1694吨；水产品产量794吨。2014年，生猪饲养量3.43万头。

2104年，有种植大户2户，畜禽养殖大户30户；农业技术服务机构1个，从业人员4人。

工业 1992年，有乡镇企业300个，从业人员1542人，企业总产值1320万元。1999年，乡镇企业72个，从业人员4265人，企业总产值21695万元。2014年有工业企业17个，从业人员254人，企业总产值7236万元。

商贸服务 1999年，有集贸市场1个，集市贸易成交额1658万元，社会消费品零售总额1753万元。2014年，有市场1个，50平方米以上的超市3个。社会消费品零售总额1025万元。

财政金融 1949—1979年，乡镇财政收支由秘书或粮油委员分管，1980年，区乡镇设财税所，1989年，推行乡镇一级财政包干。1992年，财政收入95万元，财政支出14万元。1999年，财政收入218万元，财政支出208万元。2002年，取消农林特产税和“五统三提留”。2006年，取消农业税。2014年公共财政收入502万元，财政支出502万元。

2014年年末，有金融机构网点1个。

社会事业

教育文化 1999年，有学校21所，在校学生3379人，教师127人。2012年，栗木中学通过市合格学校评估。2014年年末，有栗木乡中学、栗木完小、泉新完小及谭湖咀学校、施茶学校、胜利学校；春晖幼儿园、春蕾幼儿园2所民办幼儿园。有教师140名，在校学生953人。

2014年，乡镇综合文化站1个，村级农家书屋20个，总藏书12000册。有各类艺术表演团体2个，成立"威风锣鼓队"，演职人员17人，在衡东县第二届群众文艺会演中获二等奖。

医疗卫生 1954年，由中医赵克修、赵萼云、王德文、中药彭松茂投资建立栗木联合诊所，租赁民房开展诊疗业务。1958年10月，并入霞流公社卫生院，设栗木医疗点。1960年后，相继建立大队卫生室，配有"赤脚医生"。1962年，设栗木公社卫生院。1969年，实行农村合作医疗制度。1989年，有医疗卫生机构20所，卫生技术人员11人，床位5张，其中村卫生室18所；2000年，有医疗卫生机构20所，卫生技术人员17人，床位10张，其中村卫生室18所；2014年，有医疗卫生机构20所，卫生技术人员20人，床位20张，其中村卫生室18所。

2007年1月1日，衡东县正式启动新型农村合作医疗。是年，参合人数14258人，参合率86.7%；2014年，参合人数18484人，参合率105%，补偿金额703.06万元。

社会保障 2006年，实施城乡居民大病医疗救助。是年，救助13人次，救助住院医疗费18300元。2014年，救助7人次，救助金额15300元。

2007年，实行农村居民最低生活保障待遇。是年，境内有低保对象49户111人，总金额12510元。2014年年末，有低保对象471户863人，月人均保障标准165元，总金额94515元。

2011年，修建栗木敬老院，占地面积2亩，床位50张。2014年，有社会福利收养性机构1所，床位50张；全乡有"五保"对象133人，其中集中供养113人，分散供养20人。月标准450元。

2012年，全县启动城乡居民社会养老保险，是年境内参保人数10058人，缴费人数6809人，参保率95%；缴费金额765000元，发放1089440元。2014

年，参保人数 10404 人，缴费人数 4840 人，参保率 74%；缴费金额 540100 元，发放 1844820 元。

基础设施

交通邮电 1999 年，全乡公路里程 48 千米。2008—2009 年，完成通村公路水泥硬化 50 千米；2012—2013 年，完成村级公路及通组公路水泥硬化 19.3 余千米，全面实现村村通水泥路。2014 年，栗木至德圳公路扩宽工程全程通车。2014 年年末，境内有县道 4.33 千米，乡道 18.74 千米。农村客运招呼站 3 座。省道 S315 线、衡炎高速、县城至霞流 3 条公路穿境而过。

1949 年 10 月，境内邮政线路属县城至潭泊、桑园、栗木线。邮件靠人工步行肩挑。1969 年 12 月，邮件委托汽车运输公司代运，1990 年后，邮件实现自办汽车邮运。2014 年年末，有邮政所 1 座，营业面积 80 平方米。投递点 1 个，乡村通邮率 100%。

民国 26 年（1937）5 月，架通吴集至栗木坪、霞流市、大堡（浦）电话线，始通电话。1959 年，公社安装总机，电话线路通大队。1989 年，电话线路属县城至大浦、霞流线。1993 年后，开通程控电话。2014 年年末，有电信服务网点 1 家，固定电话用户 800 户，移动电话普及率 80%，互联网端口 5 个，宽带接入用户 700 户。

供水供电 村民饮水习惯多从水井或山塘堰坝取水。20 世纪 80 年代以后，发展压水井和潜水泵井。2011 年，在周田村取井水建成栗木水厂，供水人口 1800 余人。

1976 年后，各村逐步通电。1994 年年末，通电村 20 个，农村用电量 52 万千瓦时，1998 年，境内秋波村第一个实现农电网改造，至 2012 年年末，19 个村全部完成农电网改造任务。2014 年年末，全乡用电总量 121 万千瓦时。

乡村建设 2008—2009 年，推动乡镇“五新”环境（新办公环境、新城镇环境、新市场环境、新公路环境、新干部作风环境）建设，投入 50 万元，实施“美化、净化、亮化”工程，改造栗木农贸市场，硬化市场地面。兴建栗木街道垃圾站，并建立长期清洁队伍。2012—2013 年，投资 80 余万元，在省道 315 线、栗霞线公路两旁安装太阳能路灯 110 盏；添置环卫分类式垃圾箱 50 个，发放垃圾桶 200 个，新建 20 个垃圾处理池。2013 年，投入资金 455 万元对各村塘库坝堰渠道进行整修，清淤扩容山平塘141口，维修堰坝2处，清淤渠道5700米，新增蓄水面积80万立方米以上。打大口径水井17口，兴建电排5座。

2014年，通宽带的村、有线电视的村各为20个。

特色地情

名胜古迹 彭楚公祠 位于泉新村，始建于清末，民国三十五年（1946）修复。坐南朝北，长方形四合院布局，从建造形式看，组合配置较为简单，装饰色彩简朴，为典型的民国晚期仿清建筑。该祠堂屋顶中部为抬梁式结构，两侧为山墙搁檩，屋顶为悬山顶，盖小青瓦。天井平面呈横向长方形，房屋为两层，两端建有风火墙。整体建筑为砖木结构，山墙搁檩，正屋前方有月形水塘，以备防火之用。2003年，被公布为县级文物保护单位。

栗木乡主要领导名录

（1989.05—2014.12）

一、中共栗木乡委员会书记

栗木乡工委书记、主任

谢解生（1989.05—1989.12）

党委书记

谢解生（1989.12—1990.04）

赵良成（1990.04—1992.12）

陈仲秋（1992.12—1995.01）

刘国荣（1995.01—1996.03）

陈兵明（1996.03—1997.01）

杨太交（1997.01—2001.01）

向美华（2001.01—2006.03）

单志雄（2006.03—2010.01）

邓怀春（2010.01—2012.10）

罗平良（2012.10—　　）

二、栗木乡人大主席团主席

谷炳蔚（1989.12—1995.04）
闵光华（1995.04—1995.11）
赵春棋（1995.11—1998.02）
侯湘联（1998.04—2001.05）
邓怀春（2001.11—2005.02）
朱明达（2006.05—2007.11）
朱艳荣（2007.11—2010.01）
刘庆秋（2010.03—　　　）

三、栗木乡人民政府乡长

李建国（1989.12—1991.02）
陈兵明（1991.04—1996.03）
晏志君（1996.03—1998.02）
向美华（1998.04—2001.01）
延国华（2001.04—2005.02）
邓怀春（2005.05—2010.01）
谭志兴（2010.03—2011.03）
文忆祥（2011.04—　　　）

四、栗木乡政协联络工委主任

延国华（1998.09—2001.01）
胡年保（2001.02—2001.10）
朱明达（2001.10—2006.03）
朱艳荣（2006.03—2007.10）
刘庆秋（2007.10—2010.01）
颜湘荣（2010.01—　　　）

（撰稿　胡青燕　刘文科）

踏庄乡

政区概况

地理位置 位于县域中部，北靠甘溪，南濒洣水与吴集镇隔河相望，西连城关镇，北接白莲镇。位于北纬27°05′12″~27°10′39″，东经112°57′26″~113°02′31″，乡政府驻踏庄村，距县城6千米。相传清朝有个大庄园主，收租时丢塌了这一处田庄，因“塌”与“踏”谐音而得名。

自然环境 辖区以丘陵为主，平地面积仅占总面积20%以下。处亚热带季风湿润气候区，四季分明。年均气温17.6℃。年降水量约为1348毫米，降水日约150天。降水最多达180天，最少58天。降水集中在每年3—6月。域内水资源丰富，有溪港16条20千米长。

建置沿革 民国时期属武阳区。中华人民共和国成立初期，属衡山县第二区甘溪乡。1952年，属第十一区。1956年，由仙塘、大桐、坪桥、大托、林山乡合并为踏庄乡。1958年，属英雄人民公社，后更名为吴集人民公社。1961年，公社体制改革时，设立踏庄人民公社。1966年，析置衡东县，境内设踏庄公社。1983年年底，在踏庄公社进行政社分设，重设乡级政权的试点，设踏庄乡人民政府。1989年5月，撤区并乡，踏庄乡由1983年的踏庄乡单独建制而成，直至2014年年末无变化。

行政区划 1989年，辖16个建制村，163个村民小组。2014年年末，辖大托、朗山、踏庄、桐霄、上朗、中朗、茗岗、荆茗、枫林、中森、木林、花园、正坪、仙南、大塘、枫垅16个建制村，164个村民小组。

人口面积 1989年，辖区总人口14458人，其中农业人口14026人。1999年，总人口14075人，其中农业人口13874人。2014年年末，总人口17605人，其中农业人口15700人；男性11971人，占68%，女性5634人，占32%。

2014年，辖区总面积44平方千米，其中陆地面积占88%，水域面积占12%。

经济发展

农业 域内主要种植水稻、蔬菜、红薯等作物，盛产茶油、大豆、花生、红薯等。1989年，有耕地面积10922亩，粮食总产9316.5吨，亩均853公斤；1999年，有耕地面积10365亩，粮食总产8913.9吨，亩均860公斤；2014年，有耕地面积14010亩，粮食总产1249.7吨，亩均892公斤。

畜牧业以养殖生猪、山羊、鸡鸭、鱼、长毛兔为主。1990年年末，生猪存栏5641头，家禽存笼20324羽；出栏肉猪5589头、家禽17404羽，禽蛋总产62.43吨。2000年，生猪饲养量1万余头，家禽饲养量20000余羽；出栏肉猪8000头、牛500头、家禽2万羽。2014年，生猪饲养量25000头，家禽饲养量5万羽；生产猪肉2800吨，羊肉50吨、禽蛋520吨。出栏肉猪24000头、牛1000头、家禽3万羽。渔业以养殖草鱼、鲤鱼、鳙鱼、鲢鱼、鲑鱼、鲶鱼为主。1990年，养殖面积643亩，水产品产量86吨；2000年，养殖面积820亩，渔业总产值41万元；2014年，养殖面积960亩，渔业总产值48万元。

踏庄属丘陵地区，森林大多毁于1958年大炼钢铁年代，全乡12个村3万多亩山地渐荒，水土流失严重。20世纪70年代开始绿化，但因燃料积肥问题，收效甚微。20世纪90年代后，政府做出3年消灭宜林荒山决定，仅1990年，全乡当年造林6417亩。1990—1993年，新栽国外松2万亩，并在踏庄、大托、桐霄、朗山一带形成万亩连片国外松基地，于1993年被认定为消灭宜林荒山乡。1999年，有林地面积7410亩。2010—2011年，中彩苗木花卉种植专业合作社落户桐霄村，占地800余亩，从事各种药材、花卉、苗木培植，为县内规模较大的苗木花卉培植基地之一。2010年后，引进桉树种植项目，面积2068亩。2014年年末，全乡造林10000亩，其中防护林4000亩，经济林6000亩。住宅四旁种植林10万株，森林覆盖率90%，为衡东县主要用材林基地之一。荆茗村内，生长着一种通身金黄的金竹，有较高观赏价值。

踏庄乡临近县城，推动“绿色庄园”建设，培植菜篮子工程是全乡一大亮点。2013 年，建成大托方兴绿色瓜果蔬菜基地，占地 508 余亩，其中钢架大棚蔬菜基地 150 亩，主要种植大红椒、丝瓜、茄子、西红柿、南瓜、葡萄等 10 余个优良品种。年培植销售蔬菜苗 10 万余株，年产各类瓜果蔬菜 30 余吨，年产值 80 万元以上。

2014 年，有农民合作社 1 个、合作社成员 10 户。农业服务机构 1 个、机构从业人员 2 人。种植大户 1 户，畜禽养殖大户 1 户。

工业 境内家庭加工业较为发达，角盒加工和皮碗生产为传统产业。清末至民国年间，境内一带就生产牛角印章。中华人民共和国成立初期，即有 10 余户 20 余人从事角盒手工生产。20 世纪 70 年代，公社成立角盒厂，集中角盒师傅带徒传艺，从业人员发展到 100 余人，年产值 100 余万元，利税约 20 万元。20 世纪 80 年代中后期，乡角盒厂经营不善解散，传统家庭加工得到迅速发展。1990 年，有乡镇企业 68 个，乡镇企业总产值 19213 万元。1996 年年底，全乡有角盒、图章、皮碗加工的私营企业 180 余家，从业人员 800 多人，年产值 1500 万元，利税 300 余万元。且机械生产已替代手工。2012 年，从事角盒（印章）皮碗加工的厂家仍有 180 余家，年产值 100 万元以上。2014 年年末，有工业企业 2 个，总产值 1221 万元，创税 62 万元。

商贸服务 农历三、八赶墟是踏庄乡习俗，主要进行农副土特产品和手工业品交易。1999 年，有集贸市场 1 个，集市贸易成交额 2697 万元，社会消费品零售总额 2100 万元。2014 年，有集贸市场 1 个，50 平方米以上的超市 10 个，住宿餐饮业企业 13 个，各类商贸企业 76 家，从业人员 480 余人。社会消费品零售总额 1154 万元。

财政金融 1949—1979 年，乡镇财政收支由秘书或粮油委员分管，1980 年，区乡镇设财税所，1989 年，推行乡镇一级财政包干。1992 年，完成财政总收入 73 万元，财政支出 21 万元。1999 年，完成财政总收入 168 万元，财政支出 148 万元。2002 年，取消农林特产税和“五统三提留”。2006 年，取消农业税。2014 年，公共财政收入 289 万元，财政支出 289 万元。

2014 年，有信用社营业网点 1 个，年末存款余额 1.45 亿元，贷款余额 0.3 亿元。

社会事业

教育文化 1990—1996年，投资212万元，新建1座农科教中心教学楼、11栋联校校舍，扩建乡中学教学楼、实验楼，同时添置图书、仪器、档案柜等，硬件设施达到省颁标准，教育两基达标。学生入学率巩固率100%，合格率90%。1996年，有中学1所，中心小学1所，村校14所，在校学生2437人，教职工126人。2000年，中学1所，中心小学1所，村校13所，幼儿园13所。在校学生1520人，教职工145人。适龄儿童入学率100%，小学升初中率100%，九年义务教育覆盖率100%。2014年，中学1所，中心小学1所，村校8所，幼儿园2所。在校学生1183人，教职工128人。适龄儿童入学率100%，小学升初中率100%，九年义务教育覆盖率100%。

2014年，有各类民间艺术表演团体4个，演职人员50余人。主要地方特色艺术有皮影戏、花鼓戏。新建乡综合文化站1个，建筑面积548平方米。年电影放映量192场次。村级图书馆12个，藏书7万册。

医疗卫生 1953年，由中医陈丙其、陈日生、刘中发，西医刘志贤等筹建中医会诊所，租赁民房开展诊疗业务。1956年，改为联合诊所，1958年10月，合并入夏浦公社卫生院，设踏庄医疗点。1960年后，相继建立大队卫生室，配有“赤脚医生”。1961年，设踏庄公社卫生院。1969年，实行农村合作医疗制度。1989年，有医疗卫生机构12所，卫生技术人员12人，床位20张，其中村卫生室10所；2000年，有医疗卫生机构12所，卫生技术人员14人，床位30张，其中村卫生室10所；2014年，有医疗卫生机构11所，卫生技术人员37人，床位30张，其中村卫生室9所。

2007年1月1日，衡东县正式启动新型农村合作医疗。是年，参合人数8898人，参合率67.3%；2014年，参合人数14693人，参合率106.66%，补偿金额698.2万元。

社会保障 2006年，实施城乡居民大病医疗救助。是年，救助13人次，救助住院医疗费18500元。2014年，救助3人次，救助金额9200元。

2007年，实行农村居民最低生活保障待遇。是年，境内有低保对象36户73人，总金额8400元。2014年年末，有低保对象396户671人，月人均保障标准

165 元，总金额 72555 元。

2009 年，乡救助站成立。2010 年新建踏庄乡敬老院，占地面积 3 亩，床位 30 张。2014 年年末，有社会福利性收养机构 1 个，床位 30 张。全乡有“五保”对象 97 人，其中集中供养 11 人，分散供养 86 人。月标准 450 元。

2012 年，全县启动城乡居民社会养老保险；是年，境内参保人数 7354 人，缴费人数 4374 人，参保率 100%；缴费金额 487400 元，发放 1020415 元。2014 年，参保人数 7817 人，缴费人数 3058 人，参保率 68%；缴费金额 353400 元，发放 2402100 元。

基础设施

交通邮电 20 世纪 80 年代，S315 公路过境，但只经过大托、踏庄、桐霄 3 个村，到 20 世纪 90 年代中期，仍有 47 个村民小组不通公路，为此，乡党委、政府组织开展兴修公路战，至 1996 年，全乡投入资金 100 万元，工日 10 万个，开挖土石方 50 万立方米，修筑乡村公路 48 条计 58 千米。1998 年，开始实施村村通工程，1999 年，有公路里程 40 千米，至 2007 年全乡通畅里程达 45 千米；2009 年，村级公路已实现全面硬化。踏白公路、踏荆公路全面扩宽硬化。2014 年年末，有县道 8.32 千米，乡道 10.47 千米。16 个村全部通公共交通；有客运班车 11 辆，年客运量 3.7 万人次；货运汽车 63 辆，年货运量 37800 吨。农村客运招呼站 5 座。

1961 年，公社设邮电所或代办所。2014 年年末，有邮政所 1 座，营业面积 80 平方米。

1959 年，公社安装电话总机，电话线路通大队。1989 年，电话线路属甘溪至踏庄线。1993 年后，开通程控电话。1999 年，固定电话装机 31 部。2014 年年末，有电信服务网点 5 个，固定电话用户 1800 户；移动电话普及率 89.7%；宽带接入用户 93 户；电视用户 7410 户，电视综合覆盖率 99.3%。

供水供电 村民饮水习惯多从水井或山塘堰坝取水。20 世纪 80 年代以后，发展压水井和潜水泵井。1994 年年末，自来水受益人口 54 人。2009 年，在踏庄村取井水建成踏庄水厂，铺设供水管网 6 千余米，供水人口 4500 余人。

1976 年后，各村逐步通电。1994 年年末，通电村 16 个，农村用电量 48.28

万千瓦时。2004年，境内大托、大塘冲、中森村3个村第一批实现农电网改造，至2012年年末，16个村全部完成农电网改造任务。2014年年末，全乡用电总量126万千瓦时。

乡村建设 明清民国时期，农村建房多以屋场为单位聚族而居，主要建在沿河、驿道、山旁和田园一带。民房一般是一室一厅的土砖茅屋或斗墙屋；沿河一线的民房大多为竹架或木架屋，泠泥墙壁。中华人民共和国建立后，农村民房建设，从20世纪50年代起，旧屋换新屋，改建的房子一般按小家庭结构，采用“三间六”或“三厢间”。20世纪60年代起，茅屋换瓦屋。20世纪70年代后，土砖换红砖。20世纪80年代，农村建房由平房改建楼房，单门独户，外加小院落。20世纪90年代后期，村民主要是对房屋进行内外装修，配套完善生活设施，间或建有小洋楼、别墅。2006年年初，搞社会主义新农村建设，镇村建设步伐加快，主要是通过搞好乡村建设规划和人居环境治理，加强农村基础设施建设，实现农村道路硬化、卫生洁化、家庭美化、设施完备化，营造出整洁、优美、舒适的生活环境。

2009年，全县实施乡镇“五新环境”（新办公环境、新城镇环境、新市场环境、新公路环境、新干部作风环境）建设，踏庄乡投入20余万元建设乡食堂、公厕及文体活动室，改造乡街道和农贸市场。2012年，进行农村环境综合整治，投入专项资金，组建垃圾清扫队，新建垃圾池3个，垃圾焚烧池89口，垃圾焚烧炉1个。安装路灯180盏。2014年年末，16个村级活动中心已改造完成8个。

踏庄乡主要领导名录

（1989.05—2014.12）

一、中共踏庄乡委员会书记

踏庄乡工委书记、主任

段余根（1989.05—1989.12）

党委书记

吴知徕（1989.12—1992.12）

侯铁坚（1992.12—1995.01）

颜亨仁（1995. 01—1997. 01）
杨坚立（1997. 01—1998. 08）
刘仁秋（1998. 08—1999. 08）
曹秋芽（1999. 08—2001. 01）
颜机成（2001. 01—2003. 02）
吴将林（2003. 02—2010. 01）
周琼辉（2010. 01— ）

二、踏庄乡人大主席团主席

阳国雄（1989. 12—1992. 10）
阳其林（1992. 12—1998. 02）
阳发清（1998. 04—2001. 01）
阳建科（2001. 04—2001. 07）
李飞云（2001. 11—2003. 09）
邓富云（2004. 03—2007. 04）
阳国成（2007. 11— ）

三、踏庄乡人民政府乡长

唐承斌（1989. 12—1992. 02）
谢秋云（1992. 04—1994. 04）
武柏稳（1995. 11—1997. 01）
刘仁秋（1997. 04—1998. 08）
曹秋芽（1998. 11—1999. 08）
尹立鑫（2000. 04—2001. 01）
阳发清（2001. 04—2003. 09）
单冬文（2004. 03—2005. 02）
周琼辉（2005. 05—2010. 01）
刘春元（2010. 04—2013. 06）
刘武扬（2013. 12— ）

四、踏庄乡政协联络工委主任

龙春生（1998.03—1998.09）

邓洋生（1998.09—2001.01）

邓富云（2001.02—2003.09）

刘术华（2003.09—2006.03）

单章云（2006.03—2007.10）

尹建新（2007.10—2010.01）

彭宏平（2010.01—2011.03）

秦咏香（2011.03—　　　）

（撰稿　胡青燕　罗光国）

莫井乡

政区概况

地理位置 位于县域南部，东与杨林镇接壤，南与衡南县川口办事处相邻，西与德圳乡毗连，北与吴集镇交界。位于北纬26°56′53″~27°01′18″，东经112°56′37″~113°03′49″。乡政府驻莫井街上。距县城23千米。因莫姓人士居住三口井村得名。

自然环境 地处山地，地形分为山高垅窄，东高西低。属亚热带季风湿润气候区，具有明显的季风气候特征，四季分明。年均气温17.6℃；降水集中在每年的4—6月，其中6月最多，年均降水约为1500毫米。常年主导风为南风。莫井位于湘东富矿带的葫芦肚上，矿产资源较丰富，金钨铅锌蕴藏量大，埋藏浅，品位高，另有萤石、重晶石、花岗岩等非金属矿床。其中萤石储量25万吨。

建置沿革 明代属武阳乡，清代为道字辖区，民国26年（1937），属吴集乡；民国35年（1946），属潭园乡。中华人民共和国初期，属衡山县第二区紫岗乡。1952年，属第十区，含莫井、将塘、灵江三个乡；1956年6月，三乡合并为莫井乡。1958年，属猛进人民公社，包括杨林镇的四方山、青山、贺家桥，德圳乡的红星、红旗、红岗、红桥在内。1961年，更为莫井人民公社，属吴集区。1966年，析置衡东县，境内设莫井公社。1984年4月，设莫井乡。1989年，撤区并乡，由1984年的莫井乡单独建制而成。至2014年年末无变化。

行政区划 1989年，辖13个建制村，143个村民小组。2014年年末，辖碰塘、江山、三口井、荷家园、建新、莫井、鹅形、三垅、井冲、白沙、四冲、莫园、新开田13个建制村，143个村民小组。

人口面积 1989年，有11759人，其中农业人口11548人。1999年，有

11988人3589户，其中农业人口11752人。2014年，有常住人口12820人2798户。其中农业人口9815人；男性6499人，占50.7%，女性6321人，占49.3%。

2014年，辖区东西最大距离12千米，南北最大距离10千米，总面积57平方千米。

经济发展

农业 主要种植水稻、蔬菜、红薯、豆类等作物。盛产茶油、楠竹、藤茶、药材、山羊、板栗等。

1990年，有耕地面积8877亩，其中水田8220亩。粮食总产6452吨，亩产785公斤。1999年，有耕地面积8400亩，农作物总播种面积23295亩，其中粮食播种面积19740亩，粮食总产8243吨。2014年，有耕地面积12075亩，农作物总播种面积31650亩，其中粮食播种面积17970亩，粮食总产7493吨。

域内有养殖生猪、牛羊、鸡鸭、鱼等畜禽水产习惯。1992年，年出栏肉猪8723头，肉类总产量542吨。年末存栏猪8385头；禽蛋产量51吨；水产品产量56吨。1999年，出栏生猪11150头，猪肉产量1507吨；水产品产量434吨。2014年，出栏生猪2万余头。

2014年，有种植大户1户，畜禽养殖大户1户。农业技术服务机构1个，从业人员2人；农民合作社3个。

乡域属山地，有山林面积6.8万亩，其中油茶面积3.5万亩，主要分布在莫源、四冲、白沙、新开田、井冲、三垅、荷家园、碰塘等村。1992年，产茶油250吨。2009年，出台《2010—2012油茶产业规划》，制订三年实现垦复老油茶3万亩，新造1.5万亩的目标。成立4家专业生产合作社，通过土地流转，实现规模集约化种植。2011年，产油茶215吨。2013年，油茶开发项目招商引资500万元，垦复油茶1.5万亩，新造5000亩。莫井乡是全县楠竹生产基地，楠竹种植面积2万余亩，主要分布在白沙、建新、江山村。2014年，全年累计造林3236亩，其中防护林1433亩，经济林1803亩，农民住宅四旁树木0.9万株，森林覆盖率79.5%，活立木蓄积量36787立方米。

工业 1992年，有乡镇企业189个，从业人员487人，企业总产值426万元。1999年，有乡镇企业67个，从业人员1680人，企业总产值9430万元。

2014年，有工业企业2个，从业人员105人，企业总产值4782万元。位于莫井村的同心矿业，矿区面积0.17平方千米，主要开发萤石矿。

商贸服务 莫井为衡东、衡南、攸县三县交界“金三角”，自清代乾隆年间开始，莫井老街即将军庙就成为重要的农副产品集散地。1999年，有集贸市场1个，集市贸易成交额908万元，社会消费品零售总额1012万元。2014年，有市场1个，50平方米以上的超市1个。社会消费品零售总额6318万元。

财政金融 1949—1979年，乡镇财政收支由秘书或粮油委员分管，1980年，区乡镇设财税所，1989年，推行乡镇一级财政包干。1992年，财政收入47万元，财政支出19万元。1999年，财政收入95万元，财政支出65万元。2002年，取消农林特产税和“五统三提留”。2006年，取消农业税。2014年，财政收入356万元，财政支出356万元。

2014年年末，有金融机构1家。

社会事业

教育文化 1993—1995年，全乡投资178.79万元，新建联校2所，村校校舍3所，扩建中学教学楼及中心小学实验楼。学校配套音乐、图书、实验、少年活动、体育器材、卫生保健等室，教育“两基”硬件达标。1996年，有初级中学1所，在校学生445人，小学10所，在校学生1751人；教师108人。1999年，有学校12个，在校学生3148人，教师45人。2014年年末，有幼儿园2所，在园幼儿298人。有小学1所，在校学生624人，专任教师28人。初中1所，在校学生413人，专任教师18人。

2014年，有各类民间艺术表演团体2个，演职人员16人。乡镇综合文化站1个，村级农家书屋9个，总藏书152737册。地方特色民间艺术有将军庙会。

医疗卫生 1953年，由中医颜尧华、颜风懿、文映怀、马仁贵投资建立莫井联合诊所，租赁民房开展诊疗业务。推广新法接生，儿童健康检查，开展农村多发病、常见病的内科、儿科、中医科等诊疗活动。1958年10月，改为莫井公社卫生院，下设碰塘、莫源2个医疗点。卫生院搬迁到莫井新街至今。1960年后，相继建立大队卫生室，配有“赤脚医生”。1969年，实行农村合作医疗制度。分别在莫源、碰塘、将军庙老街开设3个医疗点。1975年，兴建莫井卫生院。1988 年，有正式职工 13 人，其中中医主治医师 1 人，西医主治医师 2 人，妇产医师 1 人，中医师 2 人。至 1999 年，莫井卫生院设门诊部、住院部，有病床 15 张，医护人员 21 人。2003 年，投资 50 余万元对门诊、住院大楼进行整修，添置电子胃镜、半自动生化仪、200 毫安 X 光机、心率监护仪等设备。2009 年，耗资 300 多万元新建近 2000 平方米的住院大楼；2014 年，更换全自动生化仪，添置多普勒和彩超机，有病床 35 张，医护人员 32 人。

1989 年，境内有医疗卫生机构 9 所，卫生技术人员 9 人，床位 4 张，其中村卫生室 8 所；2000 年，有医疗卫生机构 11 所，卫生技术人员 14 人，床位 16 张，其中村卫生室 10 所；2014 年，有医疗卫生机构 15 所，卫生技术人员 21 人，床位 30 张，其中村卫生室 13 所。

2007 年 1 月 1 日，衡东县正式启动新型农村合作医疗。是年，参合人数 8979 人，参合率 80. 8%；2014 年，参合人数 11367 人，参合率 107. 96%，补偿金额 359. 22 万元。

社会保障 2006 年，实施城乡居民大病医疗救助。是年，救助 20 人次，救助住院医疗费 29700 元。2014 年，救助 5 人次，救助金额 18400 元。

2009 年，修建莫井敬老院，占地面积 1. 5 亩，床位 30 张。2014 年，有社会福利收养性机构 1 所，床位 30 张；全乡有“五保”对象 59 人，其中集中供养 12 人，分散供养 47 人。月标准 450 元。

2007 年，实行农村居民最低生活保障待遇。是年，境内有低保对象 35 户 72 人，总金额 8220 元。2014 年年末，有低保对象 323 户 558 人，月人均保障标准 165 元，总金额 63240 元。

2012 年，全县启动城乡居民社会养老保险；是年，境内参保人数 6433 人，缴费人数 3951 人，参保率 90%；缴费金额 410200 元，发放 755865 元。2014 年，参保人数 6680 人，缴费人数 2946 人，参保率 69%；缴费金额 301400 元，发放 1775700 元。

有衡阳市首家乡镇一级的慈善协会 1 个：莫井阳光慈善总会。成立于 2011 年，以“安老、济贫、助学”为宗旨，定期为贫困学生、贫苦家庭发放助学金和帮扶款，另通过爱心人士与贫困学子结对的方式，为学子提供长期帮助，实现持续性扶持，是年接受社会捐款 0. 018 亿元，使 84 人（次）困难群众受益。

基础设施

水利 乡内为山区林地，水资源较丰富。中华人民共和国成立前，农民靠天吃饭。1958年，“大跃进”时期修水利，建新村修建有大方冲水库（小（二）型水库）、鹅形村有邱塘水库、莫源村有左家冲水库。1973年，新修新村水库，灌溉白沙、鹅形、三口井、碰塘4个村4000余亩农田。2005年，全乡有山平塘250口，堰坝25座，机电排站4处。至2014年，全乡新增山平塘70口，共计山平塘350口，改造堰坝25座，新增闸门45条，改造老水圳35条，新砌水圳25千米；投资650万元，完成国家重点保安水库3座。1995—2005年，全乡农民投工12万个；2006—2014年，投工15万个，使全乡农田基本达到旱涝保收。

交通邮电 直至1958年，境内以民工建勤方式才建成碰塘至莫井（将军庙）4.77千米的简易乡道，于1973年10月通行客车。1959年，修筑莫井至衡南县铁丝塘望江村段14.4千米的路段，于1979年定为县道。20世纪90年代，全乡只有碰塘、三口井、江山、莫井4个村通县道，鹅形、白沙、莫源3个村通村道，通车里程10千米，其余6个村不通公路。1991年，乡人大会做出《关于加强乡村公路建设的决定》，1993—1996年，投资200余万元，投工12万个，新修乡村公路10条，使13个村144个组全部通公路。1999年，有公路里程44千米。“十五”（2006—2010年）期间，全县启动农村公路建设“通畅工程”（即通村水泥路或油路建设工程）。其间，莫井乡大力发展乡村公路，修建和硬化莫（井）德（圳）公路，并对莫井、三垅、井冲、莫源、白沙、鹅形、三口井、四冲8个村12千米长的村级道路进行路基加固和硬化。2014年年末，境内有县道7.93千米，乡道13.65千米。农村客运站1座，农村客运招呼站3座。全乡13个村通公共交通。

1949年10月，境内通往县城的邮路属吴集、将军庙线，邮件靠人工步行肩挑。1961年，公社设邮政所或代办所。1969年12月，邮件委托汽车运输公司代运。1990年后，邮件实现自办汽车邮运。2014年年末，邮政所1座，营业面积80平方米。投递路线单程总长度6千米，投递点13个，乡村通邮率100%。全年投递国内函件2.3万件，国内异地特快专递信件完成550件。

1959年，公社安装总机，电话线路通大队。1989年，电话线路属吴集至莫井线。1993年后，开通程控电话，实现国际国内长话直拨。同时，邮电部门开展“电话乡村建设”，农村出现装机热。2014年年末，有电信企业1家，服务网点1个，固定电话普及率80%；移动电话普及率85%。主干电缆607对千米，互联网端口总数125个，其中宽带接入用户45户。全年电信业务收入35万元。

供水供电 村民饮水习惯多从水井或山塘堰坝取水。20世纪80年代以后，发展压水井和潜水泵井。2009年，在建新村建成莫井水厂，铺设供水管网7000余米，供水用户1500余户。

1976年后，各村逐步通电。1994年年末，通电村13个，农村用电量14.4万千瓦时。1998年，境内建新村第一个实现农电网改造，至2012年年末，13个村全部完成农电网改造任务。2014年年末，全乡用电总量136万千瓦时。

乡村建设 兴起于清代的莫井老街，旧窄弯短，不能适应社会发展。1993年，县计划委员会批复同意莫井新建边贸市场，乡党委政府3次征地11亩，集资714万元，建设一条长300米，宽12米的莫井新街。1996年，一期工程完工后，新建楼房75栋，建筑面积18900平方米，之后，配套有1600平方米的停车场和1300平方米的农贸市场。

明清民国时期，农村建房多以屋场为单位聚族而居，主要建在沿河、驿道、山旁和田园一带。民房一般是一室一厅的土砖茅屋或斗墙屋；沿河一线的民房大多为竹架或木架屋，冷泥墙壁。中华人民共和国成立后，农村民房建设，从20世纪50年代起，旧屋换新屋，改建的房子一般按小家庭结构，采用“三间六”或“三厢间”。20世纪60年代起，茅屋换瓦屋。20世纪70年代后，土砖换红砖。20世纪80年代，农村建房由平房改建楼房，单门独户，外加小院落。20世纪90年代后期，村民主要是对房屋进行内外装修，配套完善生活设施，间或建有小洋楼、别墅。2006年初，实施社会主义新农村建设，镇村建设步伐加快，主要是通过搞好乡村建设规划和人居环境治理，加强农村基础设施建设，实现农村道路硬化、卫生洁化、家庭美化、设施完备化，营造出整洁、优美、舒适的生活环境。

特色地情

名胜古迹 将军庙 相传为明代总戎官颜大尧所建。

明朝时，衡山与清泉（现衡南县）两邑交界处有一条小溪破境流过，为两邑天然分界线，故称“界溪”。颜大尧就出生在溪边的“月光塘”大屋，至今塘边还留有他的拴马桩，后来，总戍官在这里建了李广将军庙，周围各县百姓前来进香祈福，“界溪”渐渐被“将军庙”这一名称取代。

明末，朝政腐败，群寇四起，国无宁日，民不聊生。一年，北陲告急，总戍统帅颜大尧亲帅三军御敌，几仗下来损兵折将，久经沙场的老将痛苦不已，连日来坐立不安，茶饭不思。此时他想起山头李广庙来，于是带几名心腹前往焚香祈祷。说来奇怪，是夜李广托梦颜大尧，授破敌良策。次日，依计而行，大败敌军。从此，颜大尧对李广将军神助之恩铭记在心。

颜统帅告老还乡后，不惜重资，亲自督修了“李广将军庙”，正殿楹联是：“北伐匈奴，率师徒奏凯言旋，何妨将铁板长敲，唱大江东去；平成天地，为闾阎阜财解愠，最好是瑶琴一曲，引薰风东来。”据说庙建成后，李广将军（平北将军）常显灵，将军庙因此远近闻名，香火不断。每年古历五月二十四日为李广将军寿诞，将军庙都会举行庙会，衡东、衡南轮流唱戏三天，以示庆贺。

莫井乡主要领导名录

（1989.05—2014.12）

一、中共莫井乡委员会书记

莫井乡工委书记、主任

邓聪荣（1989.05—1989.12）

党委书记

邓聪荣（1989.12—1992.02）

郭长生（1992.02—1995.01）

廖宇生（1995.01—1998.02）

黄社林（1998.02—1999.07）

刘华良（1999.07—2001.01）

阳桂元（2001.01—2002.02）

阳社林（2002.02—2008.02）

罗忠奇（2008.02—2010.01）

陈陆平（2010.01—2012.10）
董小平（2012.10—　　　）

二、莫井乡人大主席团主席

郭长生（1989.12—1992.01）
稂清汉（1992.01—2001.11）
林长华（2002.04—2005.02）
马会清（2005.05—2007.02）
肖自禄（2007.04—2010.01）
赵生科（2010.06—　　　）

三、莫井乡人民政府乡长

廖宇生（1989.12—1994.12）
杨立辉（1995.01—1998.04）
阳桂元（1998.04—2001.01）
许国华（2001.04—2005.02）
罗忠奇（2005.05—2008.02）
董小平（2008.03—2012.10）
文亚荣（2012.10—　　　）

四、莫井乡政协联络工委主任

稂春林（1998.02—1998.09）
曹益贤（1998.09—2001.10）
林长华（2001.10—2002.03）
罗平良（2003.02—2005.02）
赵生科（2005.02—2010.01）
宋佳华（2010.01—　　　）

（撰稿　胡青燕　雷海滨）

高塘乡

政区概况

地理位置 位于衡东县东南部，处于衡阳、株洲、郴州3市交界处北纬26°48′22″~26°54′15″，东经113°07′19″~113°15′26″。东与攸县渌田镇接壤，南和安仁县渡口乡毗邻，西连南湾乡，北抵草市镇。1956年，高田、富塘、山塘、大洲4个乡合并时，从“高田”“富塘”各取一字得名。乡政府驻两路口村，距县城47千米。

自然环境 属湘南丘陵地貌，地势西高东低。地貌以丘陵为主，低山、高岗为辅，大致可分为三个类型区：西北部紧靠天光山，为岗丘地貌，海拔一般在400~750米之间。中部为丘陵，海拔300米左右。西部有境内最高峰马脑寨，海拔542米。境内的河道属洣水和永乐江流域，流域面积34万平方米。主要有洣水，从草市镇洣坪村流经境内高田村、毛坪村，长11千米，流域面积15万平方米。处亚热带季风湿润气候区，四季分明。年均气温17.8℃，年降水量约为1200毫米，常年主导风为东南风，冬季为北风。常年有弱雷电气象。土壤主要分为水稻土、红壤土、红岩土。已探明矿藏有铁矿石、云母、石英等矿产资源。

建置沿革 中华人民共和国成立初期，属衡山县第四区南市乡。1952年，属第十三区，含高田、富塘、山塘、大洲4个乡。1956年4乡，合并为高塘乡。1958年，将草市公社、高塘公社、南湾公社合并称燎原人民公社，后更名为草市人民公社。1961年，公社体制调整，设高塘公社。1966年，析置衡东县时，高塘公社属杨林区。1984年，恢复乡建制，设立高塘乡。至2014年，政区无变更。

行政区划 1989年，辖16个建制村，190个村民小组。2014年，辖高田、毛坪、龙塘、福塘、焕塘、山陂、塘头、田花、石旺、环山、怀碧、两路口、西石、石塘、大洲、洲先16个建制村，191个村民小组。

人口面积 1989年年末，辖区总人口18839人。1999年年末，辖4992户，总人口19577人。2014年年末，辖5369户，总人口23593人，总人口中男性12080人，占51.2%，女性11513人，占48.8%。

2014年，辖区东西最大距离8.1千米，南北最大距离8.9千米，总面积95平方千米。

经济发展

农业 境内主要种植水稻，盛产大豆、花生、红薯、芝麻、菜油等作物。20世纪50年代中期开始种植双季稻，20世纪70年代中期杂交水稻开始得到推广。1989年，全乡有耕地面积18132亩，其中水田16718亩，旱地1414亩。农作物总播种面积43024亩，其中，粮食作物播种面积32479亩，亩产452公斤，经济作物播种面积4513亩，其他农作物播种面积6032亩。1999年，有耕地面积17745亩，农作物总播种面积50625亩，其中粮食播种面积31635亩，粮食总产量15440吨。2014年，有耕地面积23025亩，农作物总播种面积67440亩，其中粮食作物播种面积40965亩，完成农业生产总值4860万元；粮食总产量1.56万吨。

乡内以养殖生猪、家禽、耕牛、鱼等畜禽水产为主。20世纪50年代畜禽水产的养殖主要是自繁自养，产量比较低，20世纪80年代，政府鼓励农民发展养殖业，饲养家禽家畜数量逐渐增多，有生猪、黑山羊、肉牛等养殖专业户。渔业以岩石塘养殖为主，网箱养鱼为辅，成立鱼苗培育基地。主要养殖鲤鱼、草鱼。1989年年末，生猪存栏5075头，出栏生猪4749头，家禽存笼30590羽，出栏家禽18540羽，耕牛2243头，水产品产量322吨，水产养殖面积1644亩。1999年，生猪出栏31097头，水产品产量712吨。2014年，生猪饲养量5000头，年末存栏2600头，家禽饲养量21万羽。年内产肉1165吨，其中猪肉895吨，牛肉240吨，羊肉30吨；禽蛋210吨；水产养殖面积2500亩，产量387吨。

1949年以前，林地为私人所有，1951年土地改革，重新确定山林权属。

1958 年，成立人民公社后，林权归集体所有。1989 年，人工造林面积为 10514 亩，其中用材林 9332 亩，经济林 452 亩，薪炭林 730 亩。2014 年，荒山造林 3500 余亩。种植各种树苗 5000 余株，建立石旺、洲先等村的油茶、良种枣基地。有林地 11.6 万亩，森林覆盖率 81.4%，活立木蓄积量 9.98 万立方米。

2014 年年末，有农业技术服务机构 2 个、农业技术服务机构从业人员 3 人；农民合作社 5 个、成员 46 户；种植大户 13 户，畜禽养殖大户 3 户。新成立 3 家农业专业合作社：洲先油茶专业合作社、高旺油茶专业合作社、元西养殖专业合作社。

工业　20 世纪 90 年代，乡镇企业年总产值 1600 万元。其中，编织的门口席远销深圳、香港等地以及日本等国家，成为湖南 9 大出口门口席基地之一。1999 年，有乡镇企业 43 个，企业从业人员 1412 人，总产值 11690 余万元。2011 年，有工业企业 2 家，职工 78 人，全年工业生产值 1000 万余元。2014 年年末，有工业企业 5 家，工业企业总产值 11084 万元。

商贸服务　处三县交界，高塘墟场是周边三县商品交易的主要场地之一。1992 年，境内商业饮食业总额 127 万元。1995 年，新建集贸市场 1 个，占地面积 3850 平方米，门面 60 个，是年发展个体户 28 户。1999 年，有集贸市场 1 个，集市贸易成交额 3130 万元，社会消费品零售总额 2050 万元。2014 年年末，有集贸市场 1 个，社会消费品零售总额 6120 万元。

财政金融　1949—1979 年，乡财政收支由秘书或粮油委员分管，1980 年，乡设立财税所，1989 年，推行乡一级财政包干。1992 年，乡财政收入 61 万元，乡财政支出 29 万元。1999 年，乡财政收入 278 万元，乡财政支出 278 万元。2002 年，全乡取消农林特产税和“五统三提留”。2006 年，全乡取消农业税。2014 年，公共财政收入 579 万元，公共财政支出 575.3 万元。

2014 年年末，有信用合作社等 1 家金融服务机构。

社会事业

教育文化　1995 年，全乡投入资金 228 万元，新建校舍 8050 平方米；在“两基”检查评估中，获全县“两基”合格县活动一等奖。1996 年，投入资金 54 万元新建校舍 2100 平方米，添置课桌 250 套，办公用具 10 套。1996 年年末，有初级中学1所，在校学生741人；小学16所，在校学生2385人；有教职工151人。小学生入学率100%，合格率99.5%。2005年，有初级中学1所，在校学生505人；乡中心小学1所，联校3所，村小学5所，在校学生1807人；有教职工123人。2014年，高塘中心校新建教学楼1幢。2014年年末，有幼儿园5所，在园幼儿177人，专任教师10人；小学10所，在校学生1778人，专任教师60人，小学适龄儿童入学率100%；初中1所，在校学生542人，专任教师36人。小学升初中率100%，九年义务教育覆盖率100%。

1954年，开始发展乡办文化站，境内设文化站1个。1979年，普及公社社办放映队，撤销县办放映队，同时发展民办电影放映事业，建立农户放映队。到1989年，有农户放映队1个。于1989年撤区并乡，全乡成立1个文化站，配文化辅导员1人，负责文化行政管理和群众文化辅导工作。有图书馆1个，藏书8600余册。2005年起，广场舞盛行，成立广场舞队2个，人数2000余人。2014年，有各类艺术表演团体4个，演职人员58人；体育活动场所8个；公园及休闲健身广场1个；乡镇综合文化站1个；村级农家书屋16个，总藏书18667册；16个村通宽带；16个村通有线电视。地方特色民间艺术有皮影戏、花鼓戏等。

医疗卫生 1969年10月，实行农村合作医疗制度，培养训练亦农亦医的“赤脚医生”，大队建立医疗站和草药房，形成区、社、队医疗网。1989年，有医疗卫生机构15所，卫生技术人员4人，其中村卫生室14所。2000年，有医疗卫生机构14所，卫生技术人员4人，床位9张，其中村卫生室13所。2011年，开始实行基本药物零利润。2014年，投资120万元兴建乡卫生院综合楼，设床位16张。2014年年末，有医疗卫生机构14所，卫生技术人员5人，床位24张，其中村卫生室13所。

2007年1月，启动新型农村合作医疗，是年，参合人数13717人，参合率75.30%。2014年，新型农村合作医疗参保人数17148人，参合率104.03%。受益补偿金额516.47万元。

社会保障 农业合作化后，农业生产合作社和人民公社对鳏寡老人及孤儿实行“五保”。“五保户”供养标准为：每人每年粮谷250公斤，20世纪70年代提高到300公斤，20世纪80年代又提高到350公斤，每人每年食油3~4公斤，零用钱和医药费100元左右。从1987年起，“五保户”生活费用实行乡镇统筹。从2005年开始，全乡农村“五保户”供养纳入财政转移支付。2010年，修建高塘乡敬老院，占地面积 3 亩，床位 30 张。2014 年，有社会福利收养性机构 1 所，床位 30 张；全乡有“五保”对象 109 人，其中集中供养 17 人，分散供养 92 人。月标准 450 元。

2006 年，实施城乡居民大病医疗救助。是年，救助 17 人次，救助住院医疗费 33600 元。2014 年，救助 3 人次，救助金额 9500 元。

2007 年 7 月，实行农村居民最低生活保障待遇。是年，境内有低保对象 43 户 87 人，总金额 9510 元。2014 年年末，有低保对象 474 户 973 人，月人均保障标准 165 元，总金额 103845 元。

2012 年，全县启动城乡居民社会养老保险；是年，境内参保人数 10817 人，缴费人数 6918 人，参保率 100%；缴费金额 710000 元，发放 1144605 元。2014 年，参保人数 11597 人，缴费人数 6021 人，参保率 81%；缴费金额 620200 元，发放 2667600 元。

2014 年，投资 38.1 万元，完成 29 栋危房改造建设任务，切实为 29 户危房户、无房户和困难户解决住房问题。

基础设施

水利 乡内水利条件较差，易旱涝，80%以上的耕地靠望日岩河坝和江东水库灌溉。20 世纪 60 年代开始，大办水利。1995—1996 年，全乡筹集水利资金 124.5 万元，投工 80 万个，开挖土石 88 万立方米，新开渠道 13 条 14200 米，整修山平塘 852 口，水泥硬化山平塘 381 口，护砌渠道 12 条 8500 米，修复石坝 59 座，改善灌溉面积 1.77 万亩，旱涝保收面积达到 94%。2012 年，投资 1700 多万元完成永乐江河堤护砌工程。投资 800 多万元改造望日岩河坝，提高发电和抗旱能力。投资 300 多万元，建设自来水厂，在两路口掘两口 120 多米深的新井，解决周边群众 5000 余人的饮用水安全。2014 年，全乡共改堰修渠 9.2 千米，其中两路口、高田、怀碧、福塘、毛坪等村新修渠道 7 千米；对各村的山平塘进行清淤扩容，完成高田村油麻石、山陂村小丰源 2 座小（二）型水库的除险加固。

交通邮电 20 世纪 80 年代前，交通以水路为主，由洣河、永乐江乘船出入；陆运靠人肩挑和土车运载。1988 年，吴（集）南（湾）公路（原 X001、S314，现 S003）全线贯通，路基宽 8.2 米，路面宽 4 米，泥结碎石路面，经过山陂、塘头、焕塘和田花 4 个村，为境内第一条公路。1994 年，改造成沥青路面。1995 年，修通至安仁县渡口乡的衡安公路。2013 年，吴南公路改造，公路采用二级公路标准，设计时速 60 千米，路基宽 10 米，行车路面 7 米，沥青混凝土路面。

1990—2003 年，草市到高塘的乡道机耕路修通；16 个村都通了路，一般为 2~3 米宽泥巴路面。2004 年，水泥硬化从草市到高塘 6.8 千米草高公路；2008—2013 年，村级公路硬化 72.2 千米，2014 年，高田、两路口、怀碧、福塘、焕塘等村硬化水泥公路近 10 千米，实现村村通水泥硬化公路，60%的村实现水泥路通组。

2014 年年末，有县道 2 条，共计 12.65 千米；乡道 6.8 千米；村道 82.2 千米。有客运汽车 6 辆，108 座，年客运量 13.2 万人次；有货运汽车 15 辆，80 吨位，年货运量 4.1 万吨。通航河道 2 条，总长 29 千米，其中洣河最大通航能力为 5 吨级船舶。

1989 年，撤区并乡前，境内无邮政网点，只有信报捎站 1 个，邮政投递员 1 名，有 10 个村能骑自行车投递，6 个村仍靠投递员肩挑步行。20 世纪 90 年代后，架通电话线；投递员改为骑摩托车投递。2000 年后，邮电通信发展迅速，电信、联通、移动网络逐渐覆盖全乡。2014 年年末，有邮政网点 1 个，营业面积 80 平方米，投递线单程总长 26 千米，投递点 17 个，乡村通邮率 100%；有电信服务网点 2 个，电话交接总机容量 1800 门，固定电话普及率 23%；移动电话普及率 56.3%；互联网总数 652 个，宽带接入用户 458 户。

供水供电 村民饮水习惯多从洣水、水井或山塘堰坝取水。20 世纪 80 年代以后，发展压水井和潜水泵井。1994 年年末，自来水受益人口 95 人。2011 年，在焕塘村取山泉水建成焕塘水厂，铺设供水管网 8000 余米，供水用户 600 余户。2013 年，在两路口村取地下水建成高塘水厂，铺设供水管网 8000 余米，主要供水乡机关、学校、医院及周边居民，用户 500 余户。

1976 年，望日岩水电站投产发电。次年，架通高塘至望日岩水电站 10 千伏高压电力线路，至 1980 年，全站共安装发电机 75 千瓦的 6 台、40 千瓦的 4 台，总装机 10 台 610 千瓦。1994 年年末，通电村 16 个，农村用电量 41.2 万千瓦时。2004 年，境内两路口村、高田、焕塘 3 个村第一批实现农电网改造，至 2012 年年末，16 个村全部完成农电网改造任务。2014 年年末，全乡用电总量 115 万千瓦时。

乡村建设 1995年，在两路口村12组撑下湾兴建一个集经营农产品、手工艺品、服装、饮食、医药等于一体的集贸市场。征地4700平方米，规划街道宽15米，门面60个，到1996年年底，公开拍卖土地50宗，兴建楼房9幢，共2000多平方米，发展个体户50户。2004年，水泥硬化乡政府驻地两路口街道500米；集资120万元改建望日岩河坝公路桥；全乡7个村完成农网改造，新建沼气池32口；将7条共35.7千米长的村级公路全部改为沙石路。2012年，集资30多万元在乡政府驻地两路口街上安装太阳能路灯60多盏。引进资金20万元，在乡机关院内新建邮政所。2011—2014年，加大农村环境综合整治投入力度。添置大、小型垃圾桶740个，新建大型垃圾池4个、小型垃圾池60个，成立专门的环卫队，农村环境综合整治基本上辐射到全乡。2014年，城镇规划区面积39公顷，建成区面积28公顷，城镇总户数158户、514人，城镇建成区绿化面积0.5公顷；引资打造高田仿古村、新农村建设示范村。

特色地情

历史人文 单剑锋（1934—2004），于1934年11月生于衡东县高塘乡茅坪村。著名画家、教授、编审。1965年，毕业于广州美术学院中国画系山水专业。岭南美术出版社编审，对外编辑室主任。所编图书多次荣获全国、中南区、广东省优秀图书奖、优秀编辑奖和装帧设计等奖项。广东美术家协会会员，广东文史研究馆馆员，广东中华诗词学会会员，齐白石纪念馆特聘画家，海南大学艺术学院客座教授，湖南省轻工业专科学校名誉教授。

1985年，在全国“以诗征画”活动中，国画《声喧乱石中，色静深松里》获二等奖。1991年5月，“单剑锋画展”和“单剑锋山水画研讨会”同时在广州举行。1992年，出版《单剑锋·山川悠悠》画集。1993年，参加由文化部在广州举办首届《中国艺术博览会》。1995年，出版《单剑锋其人其画》艺术评论集。1997年7月，参加“新西兰首届中国书画名家作品展”。1997年9月，参加在荷兰举办的“’97首届欧洲中国艺术大赛”获铜奖。1998年，参加“北京首届国际扇面书画艺术展”和“’98中国山水画展”。1999年，应邀赴海南大学艺术学院讲学，并举办《单剑锋山水画展》。美术作品多次在国内外展出并发表在世界各报刊达300余次。

主要作品有《九曲黄河》《荒原月》《我是一片云》《独钓寒江》《长河落日》《黄河东流去》等。撰文有《苦行的骆驼》《借古开今——学习〈石涛画语录·变化章〉有感》《空山响流泉——读诗猜想》《读胡适白话诗随想》等。

名胜古迹 高田古村 位于高田村，居洣水南岸。以田龙大屋、围墙新屋、九魁公祠、高透新屋等建筑群构成村落。村落建筑均为砖石木结构，四合院布局，建造工艺为地方传统风格，建筑形式有祠堂、祖屋、民居等。平面布局有院落、独体等形式。时代从清至民国。为衡东境内保存较完整、建筑规模较大的公共性建筑和民间宅第建筑群，民居呈典型湘南风格，有江南古村韵律。

2013年8月，住房和城乡建设部、文化部、财政部联合公布入选第二批中国传统村落名录。

石塘古村 位于石塘村，坐北朝南，面对开阔的永乐江冲积台地和蜿蜒的永乐江，后倚平缓大气的乌龟山，村落前低后高，呈梯级分布，村域面积3平方千米。村落以明代单氏祖堂为中心，经过清、民国多个历史阶段逐步建设，形成规模较大、房屋较集中的传统建筑群。建筑类型有祠堂、祖堂、庙宇、箭楼、民居等，平面布局有院落、独体、连体等多种形式。建筑采用砖、石结构。村中传统建筑保存约80%，并保存大量精美的建筑装饰构件。

石塘古村为单氏先祖在明代中晚期由江西迁入石塘时兴建。最早的建筑单氏祖堂院落前设槽门，砖、石、木结构三进，建筑以中轴线为子午脉络，向左右对称扩建厢房。院前设有半月风水塘，右为砚池台，左马路，院落整体随缓坡前低后高错落分布。

马脑寨 位于高塘乡西部，跨域丹霞地貌石塘和龙塘，海拔542米。相传若干年前，一匹骏马飞驰经过此地，恰遇火山爆发而交融，马头迎向长空，无限相思，泪水化作山峰下面清澈的泉水，每逢夜晚发出叮当清脆的响声，鬃毛形成郁郁葱葱的树木……从此该骏马守护着边远、宁静的高塘，保百姓平安，保游客平安。

斜柳塘大屋牌坊 位于焕塘村。单姓是焕塘村大姓，斜柳塘大屋牌坊是当地单氏古宅的槽门（即院落的大门），也是一道牌坊形式的券门。牌坊上嵌有纪年的石板，可以确定建于明代万历年间。是衡东境内保存完好的最早的古建筑遗存。

望日岩水轮泵水电站 始建于1974年，位于永乐江下游，坐落于石塘村，地处衡东、安仁、攸县三县交界处，大坝拦截永乐江，坝轴全长274米，控制流域面积2615平方千米，占永乐江总流域面积2764平方千米的94.61%，上距安仁县渡口水轮水电站6.54千米，下距永乐江洣水河口20千米，是一处以灌溉为主、兼顾发电的中型水电工程。有发电机组10台，总装机容量为1250千瓦，设计灌溉面积两万余亩。

高塘乡主要领导名录

(1989.05—2014.12)

一、中共高塘乡委员会书记

高塘乡工委书记、主任

周正新（1989.05—1989.12）

党委书记

朱社云（1989.12—1995.01）

文雪华（1995.01—1998.02）

周石良（1998.02—2000.06）

晏志君（2000.06—2003.01）

唐卫东（2003.01—2005.02）

陈和平（2005.02—2010.01）

李建华（2010.01—2013.06）

罗　华（2013.06—　　）

二、高塘乡人大主席团主席

罗林祥（1989.12—1995.08）

陈运康（1995.11—2003.02）

谭宜春（2003.05—2010.01）

吴红波（2010.06—　　）

三、高塘乡人民政府乡长

王柏恩（1989.12—1992.10）

杨立辉（1992.12—1995.03）
周石良（1995.11—1998.02）
傅春山（1998.04—1998.08）
唐卫东（2000.04—2003.02）
单　瑜（2003.05—2007.02）
李建华（2007.04—2010.01）
颜勇征（2010.06—2012.10）
尹乙鸣（2012.10—　　　）

四、高塘乡政协联络工委主任

唐卫东（1998.09—1999.08）
邓永华（2001.02—2001.10）
罗平良（2001.10—2003.02）
罗忠奇（2003.02—2005.02）
颜昌辉（2005.03—2010.01）
吴阳谷（2010.01—2012.10）
陈喜华（2012.10—　　　）

（撰稿　马晓菲　王叶鹏）

南湾乡

政区概况

地理位置 位于衡东县东南部北纬26°47′04″~26°56′00″，东经113°03′28″~113°08′13″。东与安仁县渡口乡接壤，南连安仁县禾市乡，西邻衡南县宝盖乡，北接高塘乡。史称欧阳南湾的武士路经此地，迷恋这里的秀美山水定居于此，屋前牌楼上书“南湾门”三字，集镇因此命名。乡政府驻南湾街，距县城50千米。

自然环境 处高日塘山脉和四方山支脉地带，构成山地地貌。境内地形起伏，层峦叠嶂，地势为四面高，中间低，呈盆地形。最高峰天光山海拔814.9米，为县境最高峰。属亚热带季风湿润气候，年均气温17.9℃，年均降水量1301毫米。矿产资源丰富，已探明的地下矿藏有金、银、铜、铁、钨、石晶石等，尤其是钨、金储量较大，品位较高，矿体较厚，埋藏较浅，易于开采。已开采的有南湾钨矿、东江金矿。

建置沿革 中华人民共和国成立初期，属衡山县第四区南湾乡。1952年，属十二区，含南湾、松源、桃源、江东4个乡。1956年，撤区并乡，设南湾乡。1958年，属燎原人民公社，后更名为草市人民公社。1961年，调整公社体制时，设南湾人民公社。1966年，设置衡东县时，南湾乡属杨林区。1984年，政社分设，设南湾乡。至2014年无变更。

行政区划 1989年年末，辖9个建制村，107个村民小组。2014年年末，辖新南、松源、合江、江东、茶旺、塘江、东江、桃源、塘下9个建制村，109个村民小组。

人口面积 1989年年末，辖区总人口11468人，其中农业人口11343人。

1999年年末，辖3268户，总人口12501人。2014年年末，辖3265户，总人口14667人，总人口中男性7615人，占51.92%；女性7052人，占48.08%。总人口中均为汉族。

2014年年末，辖区总面积为78平方千米。

经济发展

农业 境内粮食作物以种植水稻为主。20世纪50年代中期开始种植双季稻，20世纪70年代中期杂交水稻开始得到推广。1989年，有耕地面积8913亩，其中水田8406亩。农作物总播种面积22476亩，其中，粮食作物播种面积16005亩，亩产458公斤；主要经济作物有柑橘、板栗、芝麻、花生、生姜、药材，经济作物播种面积2310亩。1999年，有耕地面积8430亩。农作物总播种面积21075亩，其中粮食播种面积14400亩，粮食总产量8040吨。2014年，有耕地面积8985亩。农作物总播种面积30450亩，其中粮食作物播种面积18450亩。荸荠和乌豆是南湾的土特产。乌豆加工成豆油作为调味品，清香可口。

乡内以养殖生猪、家禽、牛、鱼等畜禽水产为主，野生动物主要有獐、麂、鹿、兔、黄鼠狼、穿山甲、野猪、野牛等10余种。20世纪50年代畜禽水产的养殖主要是自繁自养，产量比较低。20世纪80年代，政府鼓励农民发展养殖业，饲养家禽家畜数量逐渐增多。1989年年末，生猪存栏5562头，出栏生猪4095头，家禽存笼12820羽，出栏家禽17180羽，水产品产量30吨，水产养殖面积344亩。1999年，生猪出栏12895头，水产品产量225吨。2014年，生猪饲养量6600头，年末存栏3300头；牛饲养量562头，年末存栏536头；羊饲养量3897头，年末存栏1856头；家禽饲养量18万羽。生产肉442.9吨，其中猪肉390吨，牛肉21.4吨，羊肉31.5吨；禽蛋216吨，畜牧业总产值744.28万元，占农业总产值的24.37%。渔业以淡水鱼类为主，养殖面积112.5亩，产量164.29吨；渔业总产值230万元，占农业总产值的7.53%。

1949年以前，林地为私人所有，以竹林为主，1951年土地改革，重新确定山林权属。1958年，成立人民公社后，林权归集体所有。1989年，人工造用材林面积426亩。1996年，限额采伐楠竹4400立方米，杉树和松树450立方米。2014年年末，境内山林面积10.08万亩，其中经济林1.5万亩，楠竹、杉树、

松树8万多亩，森林覆盖率86.2%。林业总产值590万元，

2014年年末，有农业技术服务机构1个、农业技术服务机构从业人员5人；农民合作社3个、成员110户；种植大户10户，畜禽养殖大户13户。

工业 竹木工艺品是南湾的拳头产品，1993年，成立竹木工艺品厂，生产加工竹凉席半成品竹凉丝。产品打入广东、浙江、安徽及本省的衡阳、郴州、岳阳等地市场。矿产资源主要有钨、金、铜、铁等，1996年5月，县政府与国家地质队417队在东江村联合开办金矿。1999年，有乡镇企业80个，企业从业人员1766人，总产值10758万元。2014年，有工业企业14家，规模以上工业企业1个，全年工业总产值7231万元。

商贸服务 南湾墟场是周边三县商品交易的主要场地，每逢农历三、六、九日墟场。1992年，境内商业饮食业总额8万元。1994年，提出“以地起步，以地生财”的新思路，着手兴建边贸市场。向群众出让土地47宗、2450平方米，获得出让金69万元，全部用于市场建设。1996年12月28日，中央电视台记者到南湾采访，对“以地起步，以地生财”建设边贸市场进行报道。1999年，有集贸市场1个，集市贸易成交额216万元，社会消费品零售总额607万元。2014年年末，有集贸市场2个，大型超市2个，社会消费品零售总额3012万元。

财政金融 1949—1979年，乡财政收支由秘书或粮油委员分管，1980年，乡设立财税所，1989年，推行乡一级财政包干。1992年，乡财政收入35万元，乡财政支出14万元。1999年，乡财政收入92万元，乡财政支出92万元。2002年，取消农林特产税和“五统三提留”。2006年，取消农业税。2014年，公共财政收入352万元，财政支出352万元。

2014年年末，有信用合作社等1家金融服务机构。

社会事业

教育文化 1990年，乡内有中学1所，小学16所，在校中、小学生1700人。1996年，投资129万元，兴建和维修8所村级小学；投资76万元兴建乡中学教学大楼、餐厅、实验室及各项配套工程。是年末，有初级中学1所，小学11所，在校学生1819人，教职员工108人；乡办中学三年巩固率为全县乡镇中学第一。2002—2003年，投资100万元新建一栋占地3000平方米的南湾中学教

学综合楼。于2014年耗资近700万元，新建南湾中学综合大楼、完小综合大楼，维修塘江学校教学楼。2014年年末有幼儿园7所，在园幼儿348人，专任教师13人；小学5所，在校生1069人，专任教师40人，小学适龄儿童入学率100%；初中1所，在校生132人，专任教师14人，小学升初中率100%，九年义务教育覆盖率100%。

1954年，境内设文化站1个。1979年，普及公社社办放映队，撤销县办放映队，同时发展民办电影放映事业，建立农户放映队。到1989年，有农户放映队1个。1989年撤区并乡，全乡成立1个文化站，配文化辅导员1人，负责文化行政管理和群众文化辅导工作。有图书馆1个，藏书7000余册。2014年，有各类艺术表演团体2个，演职人员28人。乡镇综合文化站1个，村级农家书屋7个，总藏书11879册；9个村通宽带；3个村通有线电视。地方特色民间艺术有自申福王庙会等。

医疗卫生 1989年，有医疗卫生机构10所，卫生技术人员10人，床位7张，其中村卫生室9所。2000年，有医疗卫生机构11所，卫生技术人员12人，床位15张，其中村卫生室9所。2011年开始实行基本药物零利润。2014年，有医疗卫生机构11所，卫生技术人员9人，床位15张，其中村卫生室9所。

2007年1月，启动新型农村合作医疗，当年参合人数9520人，参合率80.70%。2014年，新型农村合作医疗参保人数11102人，参合率97.42%。受益补偿金额364.96万元。

社会保障 1996年，投资7万元，在南湾街建敬老院，占地面积2亩，床位28张。2014年，有社会福利收养性机构1所，床位28张；全乡有“五保”对象47人，其中集中供养10人，分散供养37人。月标准450元。

2006年，实施城乡居民大病医疗救助。是年，救助3人次，救助住院医疗费20500元。2014年，救助6人次，救助金额18000元。

2007年7月，实行农村居民最低生活保障待遇。是年，境内有低保对象78户190人，总金额20550元。2014年年末，有低保对象510户1007人，月人均保障标准165元，总金额111240元。

2012年，全县启动城乡居民社会养老保险；是年，境内参保人数6178人，缴费人数3880人，参保率95%；缴费金额458400元，发放663795元。2014年，参保人数6544人，缴费人数3143人，参保率75%；缴费金额370900元，发放

1584900 元。

基础设施

水利 中华人民共和国成立前，农民靠天吃饭。“大跃进”时期，每年利用冬闲兴修水利。1958—1963 年，兴建江源冲小（一）型水库 1 座，新修山平塘 36 口。1975 年，建成江东水库，是一座以灌溉为主、兼有防洪、结合发电、养鱼等综合性的中型水利工程。灌溉区域为南湾乡、高塘乡、草市镇、杨林镇。2000 年，全乡有山平塘 236 口，堰坝 27 座，机电排站 8 处。2007 年，投资 40 万元完成江源冲水库病险工程；争资 130 万元恢复修造江南港和沿线的农田化基本建设。2014 年，全乡新增山平塘 56 口，共计山平塘 292 口，改造堰坝 20 座，新增闸门 25 条，改造老水圳 45 条，新砌水圳 27 千米；硬化松源支渠 2000 米，解决全乡近 2000 亩水田因水渠不畅而引发的灌溉难题，使全乡农田基本达到旱涝保收。

交通邮电 处衡东县边远山乡，1989 年前，交通十分闭塞。既无公路，又无水路，只有一条草市至安仁的宽 1 米左右的古驿道和通往各大队的宽 0.5 米左右的泥巴小路，货物运送全靠人工肩挑和土车运载。1988 年，吴（集）南（湾）公路（原 X001、S314，现 S003）全线贯通，路基宽 8.2 米，路面宽 4 米，泥结碎石路面，为境内第一条公路。1994 年，改造成沥青路面。20 世纪 90 年代末，南湖公路通车，吴南公路与南湖公路贯穿连接安衡公路，交通条件得以便利。2013 年，吴南公路改建，公路采用二级公路标准，设计时速 60 千米，路基宽 10 米，行车路面 7 米，沥青混凝土路面。

2000 年后，实施通达工程，到各村的泥巴小路开始加宽加固，路面铺上碎石，基本形成宽 2~3 米的机耕路，使用拖拉机运载货物。2002—2007 年，实施通畅工程，硬化乡道 4 千米，村道 29.6 千米。2014 年年末，有县道 2 条，长 17.71 千米；乡道 4.24 千米，村道 37.5 千米。

1989 年前，境内无邮政网点，只有信报捎站 1 个，邮政投递员 1 名，只能靠投递员肩挑步行投递。20 世纪 90 年代后，架通电话线；投递员改为骑自行车投递。2000 年后，邮电通信发展迅速，建有电信、移动和联通发射塔，电信、联通、移动网络逐渐覆盖全乡。2014 年年末，有邮政代办所 1 处，营业面积 80

平方米；投递线单程总长19千米，投递点10个，乡村通邮率100%；有电信服务网点1个，电话交接总机容量1500门，固定电话普及率24%；移动电话普及率95%；互联网总数158个，宽带接入用户109户。

供水供电 村民饮水习惯多从水井或山塘堰坝取水。20世纪80年代以后，发展压水井和潜水泵井。1994年年末，自来水受益人口80余人。2013年，在新南村取地下水建成南湾水厂，铺设供水管网1~2千米，供水用户200余户

1976年8月，江东水库大坝电站1、2号机组投产发电。1994年年末，通电村9个，农村用电量40.05万千瓦时。2004年，境内新南村第一个实现农电网改造，至2012年年末，9个村全部完成农电网改造任务。2014年年末，全乡用电总量149万千瓦时。

乡村建设 1994年11月，乡政府筹资69万元，兴建南湾边贸市场，于1995年10月竣工。边贸市场总建筑面积2000平方米，摊位280个，内有生猪、蔬菜、竹木、耕牛等交易场所。投资建房经商户70户，新建门面140间。同时，兴建电视差转台、自来水厂，街道全部硬化、下水道全部铺通。从2002年开始，把山区公路建设列入重点工程，至2007年，筹资500万元硬化塘口至杨林、合江至桃源、江东至茶旺、南湾至潭湖等37条公路，计24.9千米。2006—2007年，投资50万元硬化新农村建设示范村新南村南湾至麻子湾、南湾至梅花冲、南湾至徐家洲3条村级公路，计5.5千米。2007年，为缓解南湾老街道墟场拥挤狭窄的局面，以乡政府为中心，新建一个农贸市场，占地2000平方米，摊位280个。并以市场为中心，向东、南、西、北新建街道，投资建房经商户达300余户。2010年，在松源村境内新建1所客运站；投资20万元在南湾街道新建1所邮政所，年底投入使用。2014年，塘下村水泥硬化公路5千米，耗资10多万元修好涂家桥；加大城乡环境综合整治力度，成立10人保洁队伍，添置大型垃圾桶85个，新建垃圾池96个，改厨、改圈、改厕200户；在乡村道两旁栽树370株。

特色地情

名胜古迹 新南村古箭楼院落 始建于明朝万历年间，又名晏家大屋，由七个坚固的箭楼院落组成，现仅有一个箭楼院落保存较为完好。

箭楼造型威武，形成紧凑的院落。老屋梁里藏“雍正三年”（1725）的文房四宝。从建筑形制上分析，倒塌的上边屋，是典型的明末清初建筑风格，晏家大屋曾有七栋箭楼，文字记载称始建于明代，但确切年代待考。据县文物局工作人员考察，老屋应该是历史上晏家大屋最先开始的地方，后来多次修葺，最终成为祖堂；大屋的建造时间最晚，大多是民国建筑；下边屋的两栋箭楼，虽然新旧程度不一，但都保存完好。箭楼的屋檐均是叠涩出檐，把特制的青砖打磨成假斗拱的形制，层层叠制砌往外伸出，是典型的明代建筑风格。箭楼屋面上，双坡瓦顶举高比较平缓，也是明代至清代初年常见的建筑风格。

江东水库　是一座以灌溉为主，兼有防洪、发电、养殖等综合效益的中型水利工程。于1973年12月动工兴建，1976年投入使用，是衡东县八大灌区之一。水库枢纽坐落江东村，正常蓄水位为180.62米，正常库容为1512万立方米，设计灌溉面积3.76万亩，实际建成灌溉面积2.76万亩。水库下设有三级电站、四个渠道管理站和草市自来水厂。电站总装机容量1285千瓦，年均发电量100万千瓦时左右。

名优特产　南湾玛李　南湾乡独有的“玛李”，意思是像玛瑙一样的李子，挂在树上，就像一串串的玛瑙珠子，玲珑剔透。是秧李的一种，主要分布在合江、松源、新南3个村境内。3个村四面环山，土地蕴含丰富的矿物质，著名的江东水库就在上游，水质没有任何的污染，独特的小气候造就了南湾玛李的独特味道。

南湾乡主要领导名录

（1989.05—2014.12）

一、中共南湾乡委员会书记

南湾乡工委书记、主任

阳发钧（1989.05—1989.12）

党委书记

阳发钧（1989.12—1992.02）

晏晚光（1992.02—1992.12）

刘国荣（1992.12—1995.01）

陈辉芝（1995.01—1998.02）

阳增华（1998.02—2001.01）
傅春山（2001.01—2003.02）
罗剑伟（2003.02—2005.02）
陈　嘉（2005.02—2008.02）
单美中（2008.02—2013.06）
刘　科（2013.06—　　　）

二、南湾乡人大主席团主席

晏晚光（1989.12—1992..02）
李新芽（1992.04—1995.10）
王云华（1995.11—2003.02）
赵春和（2003.05—2005.01）
罗平良（2005.05—2008.02）
单胜杰（2008.04—2012.10）
单梦平（2012.11—2013.06）

三、南湾乡人民政府乡长

刘国荣（1989.12—1992.12）
阳增华（1992.12—1998.02）
尹胜生（1998.04—1999.08）
谭凌云（2000.04—2001.11）
罗剑伟（2001.11—2003.02）
陈　嘉（2003.05—2005.02）
单美中（2005.05—2008.02）
罗平良（2008.04—2012.10）
周秀云（2012.11—　　　）

四、南湾乡政协联络工委主任

林长华（2000.06—2001.10）
郭茂林（2001.10—2003.02）

谭双云（2003.02—2005.02）

阳金祥（2005.02—2006.03）

单胜杰（2006.03—2008.02）

单梦平（2008.02—2012.10）

陈中华（2012.10—　　　）

（撰稿　马晓菲　蒋寒艳）

珍珠乡

政区概况

地理位置 位于衡东县城以北，北纬 27°08″15″~27°14′48″，东经 112°54′52″~113°00′03″。东临白莲镇、踏庄乡，南接城关镇，西邻新塘镇，北毗石湾镇。清代以前，珍珠乡称珍珠堆。相传远古境内窑坪山麓（珍珠村 7 组境内）有一小溪，溪边相隔不远处有两个圆形乱石堆，阳光四射，光彩夺目，类似珍珠，俗称珍珠堆。有“天子门生，门生天子”之称的清代嘉庆状元彭浚，殿试时随口吟出“头顶珍珠堆，脚踏双凤桥，左有金花桥，右有银花桥”而得名。乡人民政府驻珍珠村，距县城 15 千米。

自然环境 处衡东腹地，属典型丘陵山地，地势东北高西南低，以丘陵为主。最高峰乌岭峰位于大乌石村、珍珠村、小乌石村，最低点庙嘴上位于岭岩村 1 组，海拔 38 米，平地占总面积 20%以下。属亚热带季风性温润气候，年均气温 17.6℃，年均降水日数 150 天以下，降水最多达 180 天以上，最少为 58 天。年均降水量为 1348 毫米，降水集中在每年 2—6 月。境内水资源充足，有溪港 12 条，30 千米长。自然资源主要有钨矿、铜矿，野生动物有獐、麂、野兔、野鸡、野猪等 10 余种。

建置沿革 1949 年，隶属衡山县河东区；1952 年，属第十区，包括珍珠、乌石、双凤桥 3 个乡。1956 年，合并为珍珠乡。1958 年，属上游人民公社，后更名为新塘人民公社。1961 年，设珍珠人民公社。1966 年，析置衡东县时，珍珠公社属石湾区。1983 年，改称珍珠乡。至 2014 年无变更。

行政区划 1989 年，辖 19 个建制村，191 个村民小组。2014 年，辖双凤、珍珠、同升、小江、小乌石、大江、印湘、富塘、山冲、大塘、小山、北冲、石江、石头、大乌石、岭岩、新开岭、黄梓塘 18 个建制村，215 个村民小组。

人口面积 1989 年年末，辖区总人口 18109 人，其中农业人口 17495 人。1999 年年末，辖 4944 户，总人口 18639 人。2014 年年末，辖 4529 户，总人口 21078 人，总人口中男性 10792 人，占 51. 2%，女性 10286 人，占 48. 8%。

2014 年，辖区总面积 56 平方千米。

经济发展

农业 境内主要以粮食种植为主，农产品有西瓜、花生、红薯、豆类、柑橘、板栗、奈李等作物，粮食以种植水稻为主。20 世纪 50 年代中期开始种植双季稻，20 世纪 70 年代中期杂交水稻开始得到推广。1980 年，应用地膜覆盖育秧、作物育种技术。1989 年，乡内有耕地面积 18312 亩，其中水田 17158 亩，旱地 1154 亩。农作物总播种面积 43218 亩，其中，粮食作物播种面积 33197 亩，亩产 453 公斤，经济作物播种面积 455 亩，其他农作物播种面积 9566 亩。1999 年，有耕地面积 17190 亩，农作物播种面积 51015 亩，其中粮食播种面积 33360 亩，粮食总产量 16884 吨。2004 年，应用抛秧技术。2012 年，开始土地流转，大型农业机械如耕田机、插秧机、收割机等广泛应用。2014 年，有耕地面积 21810 亩，农作物总播种面积 63825 亩，其中粮食作物播种面积 36855 亩，农业总产值 7320 万元，其中粮食 1. 8 万吨，折产值 4320 万元，其他农作物产值 3000 万元。

乡内以养殖生猪、家禽、耕牛、长毛兔、鱼等畜禽水产为主。20 世纪 50 年代畜禽水产的养殖主要是自繁自养，产量比较低，到 20 世纪 80 年代政府鼓励农民发展养殖业，饲养家禽家畜数量逐渐增多，渔业以水库、池塘养殖为主。渔业养殖主要有草鱼、鲤鱼、鲢鱼、鳝鱼。1989 年年末，生猪存栏 7610 头，出栏生猪 10225 头，家禽存笼 36850 羽，出栏家禽 29380 羽，水产品产量 275 吨，水产养殖面积 1782 亩。1999 年，生猪出栏 19006 头，水产品产量 362 吨。2014 年，生猪出栏 1 万头，山羊饲养量 3000 头，家禽饲养量 50 万羽。年内产猪肉 1152. 2 吨，羊肉 20 吨，禽蛋 489 吨，水产 400 吨。

林业主产用材林、经济林，尤其盛产杉木、松树、楠竹、薪炭林、油茶林。1949 年以前，林地为私人所有，以杉木林为主，1951 年土地改革，重新确定山林权属。1958 年，成立人民公社后，林权归集体所有。1989 年，人工造用材林 1103 亩，油茶产量 56 吨。1992 年，对荒废茶场进行改造培育，引进“福鼎大白”“白毫早”等优良茶叶品种，茶叶面积发展到 1000 亩。1995 年，产茶 15 吨，创产值 20 万元。2014 年年末，境内造林 809 亩，其中防护林 809 亩，住宅四旁种植树 20 万株。有林地 28320 亩，森林覆盖率 33. 7%，活立木蓄积量 12. 11 万立方米。

2014 年年末，有农业技术服务机构 1 个、农业技术服务机构从业人员 8 人；农民合作社 7 个（主要有大江千亩高产优质油茶基地，大塘药材种植基地，小江百合种植基地，富塘无公害蔬菜种植基地。黄梓堂大虾养殖基地，大乌肉牛养殖基地，大乌、小乌山羊养殖基地）、成员 140 户；种植大户 51 户，畜禽养殖大户 37 户。

工业 乡内企业以家庭加工业为主，角盒加工和生产皮碗（即密封圈）为传统产业。1999 年，有乡镇企业 140 个，企业从业人员 2050 人，总产值 16040 万元。2014 年年末，全乡从事角盒（印章）、皮碗加工点有 80 多家，有工业企业 12 家，工业企业总产值 6036 万元。

商贸服务 1992 年境内商业饮食业总额 42 万元。1999 年，有集贸市场 2 个，集市贸易成交额 606 万元，社会消费品零售总额 962 万元。2011 年年末，有商业网点 45 个。全年社会商品销售总额 1000 余万元，集市贸易年成交额 2500 余万元。2014 年年末，有集贸市场 1 个，社会消费品零售总额 5450 万元。

财政金融 1949—1979 年，乡财政收支由秘书或粮油委员分管，1980 年，乡设立财税所，1989 年，推行乡一级财政包干。1992 年，乡财政收入 56 万元，乡财政支出 10 万元。1999 年，乡财政收入 217 万元，乡财政支出 217 万元。2002 年，取消农林特产税和“五统三提留”。2006 年，取消农业税。2011 年，本级财政收入 156. 35 万元。2014 年，公共财政收入 178 万元，财政支出 123 万元。

2014 年年末，有信用合作社、邮政储蓄银行 2 家金融服务机构。

社会事业

教育文化 1990 年前，全乡 19 个村都设有小学，1996 年年末，有初级中学

1所，在校学生565人；小学19所，在校学生2614人，有教职员111人。由于学生生源锐减，到2000年小学生基本集中于珍珠小学、富塘中心小学、柏冲联校3所学校。废弃的学校归村集体所有。2003年，珍珠中学兴建教学大楼，建筑面积1120平方米。2008年，投资100万元动工兴建珍珠中心小学教学大楼，于2009年建成，占地面积368平方米，建筑面积1288平方米；是年，通过省级验收为完全合格小学。2011年10月，启动珍珠中学学生宿舍楼的建设，占地面积280平方米，建筑面积1139平方米，总投资121万元，于2012年建成。2014年年末，有初级中学1所，小学3所，幼儿园6所。专任教师97人，在校学生1210人。其中初中专任教师31人，学生490人。适龄儿童入学率100%。九年义务教育覆盖率100%。

1954年，境内设文化站1个。1979年，普及公社社办放映队，撤销县办放映队，同时发展民办电影放映事业，建立农户放映队。到1989年，有农户放映队1个。1989年，撤区并乡，全镇成立1个文化站，配文化辅导员1人，负责文化行政管理和群众文化辅导工作。1990年，岳松图书馆建成，建筑面积400平方米，有阅览室2间，休息室1间，书库2间，藏书10000册之多。2008年，对废弃的村校进行修葺和改造建立村级活动中心18个，文化活动中心14个。2014年年末，有各类艺术表演团体7个，其中腰鼓表演队2个，婚丧礼仪队1个，婚丧乐队2个，皮影艺术队2个。演职人员40人；乡综合文化站1个，村级活动中心18个；乡、村级图书室19个，各类馆藏图书5.3万册；户外体育健身场所8处（珍珠、大乌、大江、新开、小江、北冲、敬老院、乡机关）；9个村通宽带；7个村通有线电视。地方特色民间艺术有皮影戏等。

医疗卫生 1960年后，相继建立大队卫生室，配有“赤脚医生”。1969年10月，实行农村合作医疗制度，培养训练亦农亦医的“赤脚医生”，大队建立医疗站和草药房，形成区、社、队医疗网。1989年，有医疗卫生机构16所，卫生技术人员9人，床位6张，其中村卫生室14所。2000年，有医疗卫生机构16所，卫生技术人员13人，床位10张，其中村卫生室14所。2008年，珍珠卫生院新建集住院和医疗办公于一体的办公大楼（2006动工，投资70余万元），建筑面积780平方米，占地面积820平方米，医疗床位32张。2011年，开始实行基本药物零利润。2014年，有医疗卫生机构15所，卫生技术人员16人，床位20张，其中村卫生室13所。

2007年1月，启动新型农村合作医疗，当年参合人数14380人，参合率为81.60%。2014年，新型农村合作医疗参保人数19012人，参合率102.04%。受益补偿金额775.11万元。

社会保障 2006年，修建珍珠乡敬老院，占地面积10亩，床位40张。2014年，有社会福利收养性机构1所，床位40张；全乡有“五保”对象137人，其中集中供养19人，分散供养118人。月标准450元。

2006年，实施城乡居民大病医疗救助。是年，救助28人次，救助住院医疗费30900元。2014年，救助9人次，救助金额32300元。

2007年7月，实行农村居民最低生活保障待遇。是年，境内有低保对象47户129人，总金额12840元。2014年年末，有低保对象402户863人，月人均保障标准165元，总金额95715元。

2012年，全县启动城乡居民社会养老保险，是年境内参保人数9824人，缴费人数5561人，参保率100%；缴费金额636200元，发放1302015元。2014年，参保人数10243人，缴费人数4539人，参保率76%；缴费金额520900元，发放2174040元。

基础设施

水利 乡内有溪港12条，长30千米，水资源较充足。“大跃进”时期，每年利用冬闲兴修水利。1958—1978年，新修山平塘656口，渡槽26千米。2003年，境内渡槽部分垮塌；2005年，投资58万元重新修复，恢复抗旱功能。2011年，对大江村小（二）型水库进行除险加固。2012—2013年，县农业开发办投资近2000万元，在珍珠村、富塘村、新开村、大塘村、大乌村进行渠系、水系建设。2014年，县农业开发办投资近1800万元重点对北冲村，印湘村的港渠水系进行护坡硬化。2014年年末，有东风主干渠12千米，支渠38千米，坝31处（座），骨干塘739座，有大江、小江、石江小（二）型水库3座。

交通邮电 1971年，始有X006、X011（今S214）荆花至石湾公路穿境，于1975年通车，为境内第一条公路。20世纪90年代初，乡通往各大队是宽不足1米的泥巴小路。1998年后，实施通达工程，通村小路开始加宽加固，路面铺上碎石，基本形成宽2—3米的机耕路，运载货物使用拖拉机。从2006年开始，实施通畅工程。2007 年，双凤到石头、柏冲村水泥公路硬化；2008—2009 年，全乡相继投资 980 万元硬化 41 千米乡村公路；2009 年，珍珠到印湘路面水泥硬化；2010 年，投资 260 多万元，硬化公路里程增至 87 千米。全乡基本实现村村通水泥路，2014 年年末，有县道 1 条，长 11.38 千米；乡、村主干公路 21 条，水泥硬化公路里程 95 千米（村、组到户公路除外），其中乡道 13.95 千米。有客运班车 21 辆，380 座，班车线路 3 条，年客运量 10.9 万人次，农村客运招呼站 8 座；有货运汽车 14 辆，80 吨位，年货运量 3.9 万吨。

至 1995 年，珍珠仍是全县唯一没有开通程控电话的乡。是年，乡政府自筹资金 10 万元，架设程控电话线路，12 月开通。1996 年，安装程控电话 15 部，个体工商户配备 BP 机 100 多台。2005 年后，邮电通信发展迅速，电信、联通、移动网络逐渐覆盖全乡。2014 年年末，邮政网点 1 个，营业面积 230 平方米，从业人员 4 人。投递线单程 85 千米，投递点 18 个。电信服务网点 2 个，移动电话网点 1 个。固定电话用户 15 户，移动电话 9000 余台。

供水供电　村民饮水习惯多从水井或山塘堰坝取水。20 世纪 80 年代以后，发展压水井和潜水泵井。2014 年，珍珠村取地下水建成珍珠水厂，铺设供水管网 2000~3000 余米，供水用户 400 余户。

1976 年后，各村逐步通电。1994 年年末，通电村 18 个，农村用电量 64.75 万千瓦时。2004 年，境内珍珠、双凤、印湘村第一批实现农电网改造，至 2012 年年末，18 个村全部完成农电网改造任务。2014 年年末，全乡用电总量 197 万千瓦时。

乡村建设　1990 年，珍珠街道主要分布在珍珠村 4 组、7 组、8 组，有供销、银信、邮政、农资、乡镇企业、粮储、学校、畜牧、电力、卫生、政府机关等单位。1994 年，街道扩容，新街建设完工，占地约 5 亩。2007 年，筹资 120 万元新建乡政府办公大楼，建筑面积 1200 平方米。并兴建一栋建筑面积达 280 平方米的动物防疫办公楼。2008 年，建乡派出所办公大楼，占地面积近 1000 平方米，建筑面积 520 平方米。2009 年 3 月，成立环卫站，聘用环卫工人 3 人，同年 9 月投资 30 余万元对街道的港边进行了护砌。2011 年，街道安装太阳能路灯 8 盏，2013 年增加至 21 盏。2012 年又投资 28 万元，（街道和中学）增加垃圾拖斗，另设垃圾处理点 14 个。

2008 年至 2014 年，双凤、富塘、同心、大江等村利用社会主义新农村建设契机，兴建村级活动中心，硬化绿化通村水泥公路，维修水利设施，进行山地油菜开发等，村容村貌改观。

特色地情

历史人文 彭浚（1769—1833），字映旗，号宝臣，生于沱字十五区的王子塘（今黄梓塘村），清代状元。

彭浚4岁受启蒙教育，6岁已能吟诗作对，20岁补博士弟子员。清嘉庆三年（1798），以优贡生入国子监；清嘉庆五年（1800），在顺天府（今北京）参加乡试，中举；清嘉庆十年（1805），廷试，考取状元，任翰林院修撰。清嘉庆十四年（1809），清仁宗五旬寿诞，彭浚呈五言排律百首庆寿，获丝缎和文房四宝等奖赏。

道光元年（1821），彭浚由户部正郎任福建省正主考，接着提升为内阁侍读学士、太仆寺少卿，不久，补奉天府（今沈阳市）府丞，提督学政，三次留任。道光十一年（1831），任顺天府丞兼学政。次年，脚患重病。奏请辞职，奉旨回原籍疗养。道光十三年（1833）十月，殁于家。道光皇帝挽彭浚联："天子门生，门生天子"。

彭浚擅长书法，留存小楷字帖《滕王阁序》和《岳阳楼记》。碑刻现存县文物局。

名胜古迹 采霞峰 为南岳衡山七十二峰之一，位于印湘村境内。峰不高，石不奇，但风景秀丽。清《衡山县志》载："齐，褚伯玉，字元璩，隐南山十余年采霞而食。"峰腰原有太平观，又名三仙庙。清光绪《湖南通志·卷二百三十九》载："太平观在县东北采霞峰，褚伯玉隐南山，齐高祖召之不起，建此观以居之。"庙背原有一坟丘，摩崖刻"褚伯玉之墓"。

传说从前有个昏君，不理朝政，过着醉生梦死的生活，还兴师动众，大建皇宫。并下了一道荒唐透顶的圣旨：各州各县，限一个月之内献上一块采霞，要把皇宫装饰得比天宫还美。衡山县令急于邀功请赏，四处抓人，滥杀无辜，采霞女的父母冤死在县衙大堂上。听到噩耗，采霞女跑到太平观旁水潭边哭了七天七夜，泪流成河，小潭涨水三尺，浮出七只金蟾，围住采霞女，吐出赤、橙、黄、绿、青、蓝、紫七彩光焰，满天现出万道彩霞。金蟾被献进皇宫。昏君生日那天，诏文武百官一齐观看"金蟾吐彩霞"。七只金蟾一阵狂叫后，吐出无数火舌，把昏君与奸臣统统烧死。从此，老百姓过上太平日子，后人为纪念采霞女，将山峰称为“采霞峰”。

状元牌坊　位于黄梓塘村，距县城10千米，为清嘉庆十年（1805）彭浚钦点状元后所建。高8米，宽6米，青砖结构，顶飞檐走角，远观似一块屏风。上有人物浮雕故事“八仙庆寿”“文王访贤”“双凤朝阳”等，玲珑剔透，细致精巧。于1991年11月维修，为县级文物保护单位。牌坊内为状元府，是一幢坐西朝东的九进大型古建筑，内有戏台，部分被拆除，其余保留原貌。正堂两壁曾悬挂有彭浚书写的“勤、俭、忍、让、敬、恕、公、和”八个大字。1991年，移置牌坊两厢。门联为：“世上做不尽底好事。家中慎勿有者闲人”，为彭浚手书。状元祠设城关镇金峨村12组叠岗山下，坐东朝西，二进二横。大门联为：“名魁天下，化振燕京”。祠内有“传砚堂”，堂内墙壁上有彭浚手书“龍”字和堂屋门联“传世勿忘祖宗德，砚田留与子孙耕”。保存彭浚书写的小楷（《滕王阁序》《岳阳楼记》和中楷《韩文公五箴并序》）石刻与匾额“赐砚堂”“福德延年”“诰封五代”等文物。

文献辑存

堂　联

［彭　浚］

静观流水乐今日；
好向春风怀古人。
世上做不尽底好事；
家中慎勿有者闲人。

附：彭浚进呈嘉庆帝五旬万寿五言排律八韵一百首。

一、帝德光昌祚，天庥集圣躬。五旬开祝华，万寿合呼嵩。羲画当阳始，箕畴锡福中。奇徵枢绕电，异彩渚流虹。纳禄寅衷豫，延厘午陛丰。欢声腾赤县，眷命笃苍穹。瑞气从和积，祥符本道充。拜飏依黼座，衍庆景深宫。

二、奉若钦时宪，无私圣敬全。斋心三殿内，节事百神前。太极同皇极，先天印后天。修和宣郅治，锡羡悟真诠。顺气通含棣，冲怀宰握荃。元精昭上下，实理彻中边。世际重华日，光依复旦年。抒诚歌戬谷，增福至如川。

三、典礼圜丘重，升中大祀行。由来天帝格，端赖圣人诚。六气推元始，三光丽太清。鉴观彰美报，相协答真精。茧栗嘉牲荐，枞镛大吕声。苍烟摩盖净，紫霭覆奁明。祷忆高宗赫，虔承宝位荣。发祥符昊佑，元兆瑞图呈。

四、至诚郊飨帝，方泽礼同论。既答高明贶，尤推博厚恩。典隆原示本，道顺总含元。黝犊柔只重，黄旗富媪尊。气宣灵鼓侯，香蔼瑞圭痕。吉叶洪慈溥，祥占介祉蕃。睟容临穆穆，敦德履存存。正值和光迓，彤云焕紫轩。

五、吉事苍灵美，占辛百谷祈。三成坛有赫，万室利无违。兆已登金熟，时宁虑木饥。水云歌箬笠，膏雨错珠玑。酉乞壶浆满，庚呼佩玉稀。居歆光自溥，锡庆理尤微。渐被丰年乐，咸宁比户肥。诚求恩泽渥，鼓腹近皇畿。

六、清和安井野，建巳纪常雩。炳宿龙方见，陪銮鹭共趋。星芒垂左个，水泽被中区。喜协三农望，祥昭万物苏。圣皇浓化洽，吉祀敬心孚。祗念民依切，全凭昊惠敷。云霓珍紫府，稼穑宝黄图。率土沾恩暨，精诚瑞应符。

七、延洪绥九寓，社稷重钦承。礼已良辰展，时惟上戊乘。燎辉黄土映，香气白茅凝。晋祝田功懋，升书谷数登。乐平谐虡业，吉蔼赞铏登。天地生成大，春秋福禄增。民因沾美利，帝用锡庥徵。肸蠁全司契，彤霞凤阙蒸。

八、吉亥勤耕甸，先农肃祀坛。青畴将秉耒，翠盖望鸣銮。典重和甘会，书崇播种看。寅阶谆劝劳，子粒念艰难。植穉田应熟，黔黎俗使安。鸿厘三月迓，龙隰万家欢。普淖歆嘉荐，铺菜惬远观。祈求绥亿兆，已尽泯饥寒。

九、丽天隆照睹，朝日际熙春。恰近暹光朗，遥瞻爱景亲。离辉腾卓午，巽命出重申。礼肃青方霁，规明赤道新。葵倾依宝盖，藻绘汇金轮。晓盼曈昽候，晴连杳霭辰。九华临丙御，双珥灿寅宾。抱戴宣符彩，仁恩仰至人。

十、贞明将事肃，夕月正秋分。帝重陪阳教，官修秩祀文。郊西迎玉露，阙北卷丹云。静对金波影，晴摩水镜纹。蕊渊形淡荡，壁彩气氤氲。七宝装宵霭，重轮丽晚曛。从占麻景集，只迓瑞光纷。愿上如恒颂，慈晖觐圣君。

十一、一自膺鸿贶，皇纶祭告垂。海山皆效顺，岳渎俱优厘。修贡依天表，撑奇拱地维。环瀛千里润，被泽九州施。德著怀柔日，诚孚望秩时。舟车通四讫，风雨冷重熙。祉祚流卑厚，昌图汇罄宜。益徵神惠笃，虔巩懋丕基。

十二、作所维皇敬，瞻辰象穆如。圣勤无逸治，天焕有那居。下土钦光显，中垣契静虚。枢环看朗朗，柄运仰徐徐。出震占从蚁，绥丰兆梦鱼。寅曦端晷后，甲帐握符初。景对弧南丽，辉连极北舒。泰阶绵帝祉，德御斗为车。

十三、舄奕黄舆灿，时平望气佳。千重祥自积，廿四候甯乖。紫色开双阙，丹光照六街。庆霄晴霁绕，绛殿曙霞排。昊眷恢无外，皇居福孔皆。鹓联螭陛近，羔跪凤池偕。度己璇玑察，音将玉律谐。崇禧符敬授，虔仰法官斋。

十四、太平风日美，昭景每占星。但测司天步，端知拱帝廷。枢衡仁主政，箕毕庶民形。千里同华照，三阶近德馨。光含珠彩灼，芒散水晶荧。夜久方过丙，时熙早见丁。鸿基符保大，象纬著清宁。赤陆南瞻霭，长兹祝圣龄。

十五、时风宣大块，同律听箫过。庶类吹嘘早，皇衷长育多。八方瞻有道，五日积无讹。侯应金铃动，占宜玉铎和。感孚惟偃草，披拂岂鸣柯。扇德途消暍，扬仁海息波。虎从三陛彦，鸾叶九衢珂。早睹庥嘉溥，挥弦入舜歌。

十六、精神推广大，焕作矞云祥。郁郁曾呈象，英英乍露光。千层高出岫，五彩烂成章。霁捧龙衣绚，晴移雉扇张。玉峰青盖耸，金阙紫霓翔。晓日开三素，秋风报七襄。芝轩赓纠缦，松栋望飞扬。藻彩中天丽，恩晖圣世长。

十七、曰肃占时若，膏敷雨自甘。祈来天泽渥，被到圣恩覃。霡霂千畦润，滂沱万象涵。油油瞻尺五，洒洒待旬三。水色宵添绿，山容晓沐蓝。吉期推甲子，编户惬丁男。鞴幄欢颜仰，芳园乐意酣。曾经优渥偏，用慰老农谈。

十八、最念经时雨，新晴放碧寥。天颜知喜近，睿藻入吟饶。霁色螭坳迥，和声鹤籞迢。松云腾瑞景，秧水曝灵苗。艳接金鸦煮，光含玉烛调。苍林看雀跃，碧沼羡鱼跳。动起辕童唱，行听壤叟谣。耕桑齐乐业，献悃祝神尧。

十九、宝道徵天锡，甘敷瑞露华。剖开银有瓮，霏到玉无瑕。乌影朝阳湿，蟾辉夜月斜。金茎承上苑，琼爵饮仙家。地湛神浆润，人沾帝德赊。令仪隆杞棘，美度忆蒹葭。五色光堪挹，三危醴自嘉。由来呈寿寓，恩旨正宣麻。

二十、别有珠霙集，寒空蜜雪粘。地昭敦艮象，天播屡丰占。急点疑飞絮，平铺认撒盐。祥看三白见，熟兆二红兼。水翦光初合，山餐味早甜。敷华依殿陛，丽瑞裕闾阎。银海多时敞，琼楼是处瞻。祇今沾渥泽，万寓庆安恬。

二十一、燮理皇猷畅，宏规考律深。授时精鉴古，推筴恰宜今。羲辔腾乌彩，伦筒写凤音。权衡轻重测，度数短长寻。西琯应吹玉，东镛合铸金。辰游终岁则，寅亮一人心。道以兴三正，仪从法两钦。和平昭盛世，茂育庆咸临。

二十二、发育宣春令，青阳节序稽。东郊勤帝御，北阙迓天禔。岁首龙躔肇，元正凤纪题。墙间桑乍露，亩外柳方荑。降乙隆谋祀，鸣庚趁稷畦。碧云先染箬，红雨近扶梨。紫气星辉角，珠光日丽奎。霞觞丹展晋，巍焕五云齐。

二十三、顺时行夏令，火德正灰炱。赤辂麻光御，彤廷霁景开。天心存长养，帝念笃栽培。染彩官贞度，弹薰众阜财。陌阡滋碧稼，林苑熟黄梅。典纪颁冰重，恩从荫暍恢。向离隆晷正，避暑惠风来。共沐皇仁遍，欢欣溢九垓。

二十四、日行西陆候，执矩正司秋。物以成功重，时多爽气投。九重葳帝藉，万宝裕神州。启阖金飚动，凝茎玉露浮。宵澄云汉转，夜静火星流。教猎颁田政，平衡卺远猷。工商通市会，家室授衣谋。秩序劳宸念，康谣听道周。

二十五、朔易昭平秩，时惟水德锺。万年瞻爱日，十月庆初冬。恩诏衔书凤，祥晖集衮龙。琼霙敷岁泽，宝箓协时雍。松柏高山茂，球图下国共。执权宣甲令，谨度训寅恭。颂纪称觥意，情殷负曝悰。尧天今永戴，献寿彩云浓。

二十六、大德隆平著，涵濡普海全。不言原抱蜀，有命本承先。草昧经纶后，文明缔造前。升闻推舜受，广运溯尧传。玉检凝华日，珠囊叶瑞年。创垂成拱手，继述重仔肩。宇睹归仁匝，区教饮化绵。孔绥皇祚永，无量寿同天。

二十七、最是珍图集，芝廷训政依。三年瞻上理，九囿庆春晖。调幕殷传诲，循陔笃嗣徽。暖如生黍谷，和早盎兰扉。北极群星共，东瀛众水归。咸承仁以被，恒念德为依。鼎祚隆千古，乾符握万几。欢咍腾宇合，帝治颂巍巍。

二十八、岁事明禋肃，馨香假庙祥。四时崇享祀，九献重烝尝。茅缩三邦贡，瓜绵百世昌。酒斟嘉粟旨，柱产瑞芝芳。玉瓒鸡尊具，金钟凤律锵。雍雍排鹭序，穆穆迓龙光。迪德仪斯秩，由章志不忘。孝慈宏祖泽，流衍福基长。

二十九、习祥徵每岁，积厚庆仙原。瑞色燕郊树，荣光易水源。柳莺三月岸，松鹤九秋轩。建旆高低路，迎銮远近村。抚时霜共露，触序清兼温。翼翼陪鹓列，跄跄效骏奔。绍衣瞻列圣，主鬯笃曾孙。假溢诗称惠，欣承累世恩。

三十、遗泽追辽沈，虔衷祖阜登。祥云千里碧，瑞露九霄澄。日色开丹巘，烟光护紫藤。熊罴蹲下守，龙虎望高腾。叠岭随銮应，层岗驻跸凭。肤功怀铠甲，俭德溯糠灯。爽翠披松柏，芬芳荐豆登。格歆神意洽，来备福畴徵。

三十一、当年灵鹊降，奇迹本仙真。但卜兴邦瑞，方知累代仁。吞怀朱果贵，浴涨碧池春。天祚开长白，人情奉爱新。生商符命鼿，履武类歆神。岐嶷洵无匹，依归信有因。圣图恢骏烈，景运启鸿钧。福佑皇躬厚，銮舆丑岁巡。

三十二、守成宏志事，载想武功高。泰运兴王肇，师权长子操。河山经百战，雷雨靖群豪。永息盘蜗斗，全矜泽雁嗷。橐戈横铁骑，洗甲挽银涛。磐石经营壮，苞桑缔构牢。鸿升追大业，虎旅念前劳。旧德真昌后，陈谟赞益皋。

三十三、程材夸服御，马上看雄谈。诏许勤能勚，期无逸豫耽。玉鞭连骑客，金印广骁男。汗血云千里，拳毛电两骖。长林开首蓿，上驷择鱼驔。麟阁天家策，龙媒志士甘。尔劳原世选，丕泽况遥覃。报国齐输悃，恩威遍朔南。

三十四、羽林曾校士，习射讵容闲。黑虎三千旅，龙驮十二闲。材缘观德具，志拟立功还。箭挟流星驶，弓开满月弯。锡纶师地水，凯奏履天山。中的连豝兕，张侯列豹豻。程能家法重，除堕圣心关。宠宴酬庸设，宣威耀九寰。

三十五、南苑春搜地，周围百六赊。园丁饶雨露，海子烂云霞。翠跸张鱼服，珠旗建虎牙。叠双彤矢中，七二画桥斜。草浅军盘马，松深阵掠鸦。行营钦在囿，旧范肃承家。旅卒颁禽乐，丰觥酌兕嘉。知临光黼幄，神武静无哗。

三十六、展驾陈秋狝，滦阳纪旧文。绛台成不日，丹幄结非云。月驷形围合，星旗影旷分。锤峰荼火阵，迥卒鹳鹅军。表貉霜风劲，攻驹露草薰。豝豵珍壹发，骏骥轶千群。数获将行赏，衔枚敢惮勤。丕钦承祖训，归极共尊君。

三十七、中天文治焕，百六十年馀。克念前徽励，宁容典学疏。酉山经富日，亥步教覃初。龙负开瑶策，龟呈锡宝书。矧亲轩化被，共睹舜华舒。壁彩霏林府，奎光蔼殿除。全唐宸藻定，函夏睿谟摅。鼓吹逢亨运，赓飏颂九如。

三十八、一统车书集，璘斌圣谕昭。宏纲先揭要，广训更垂条。业获情由美，原探理境超。官师宣本铎，邮置速金镳。往岁丝纶贲，遗文菽粟饶。直教陈泮壁，真似谱咸韶。允迪前猷懋，宏敷旧泽遥。荃衡符治化，作述焕云霄。

三十九、累朝勋绩炳，实录最钦崇。左右登前史，权衡本大公。竹书奇讵并，芝检贵应同。髓浃肌沦后，云行雨化中。十全恢鼎业，五福茂丰功。政抚彤闱顺，彝听玉殿聪。日新开两卷，时慕展重瞳。荡荡调元运，深符圣佑隆。

四十、方略崇开国，良猷重训行。壹戎除鹿逐，肆伐息蜂争。运际升恒协，权参损益平。祥曦迎大丙，吉兆叶横庚。启宇卢牟合，膺图阐绎精。万流皆仰镜，七政早齐衡。物彩瞻光被，人文赞化成。式敷先绪远，容保浃舆情。

四十一、会典熙朝备，辉煌纪秩猷。广轮尊衮黼，寰海效共球。芝玺传心日，萝图笃祜秋。三千增宝册，亿万永金瓯。虎拜丹阶对，夔章紫陛讴。荡平皇则受，小大美斯由。懋豫徵区夏，和咸庆序周。辑甯宏祖德，奕叶重诒谋。

四十二、志原昭国史，十四续宏模。玉局镠编富，牙签石室俱。蓬山毫共托，瀛海墨纷濡。义岂寻常揭，和惟亿兆敷。民功凝宝命，世德席瑶图。申佑龙廷绪，寅遵燕翼谟。芝函增日丽，兰检尽云铺。缵继庥光溥，覃熙洽九区。

四十三、惇叙追前轨，皇衷笃睦宗。银潢流滴滴，玉牒启重重。协气跗开棣，和光茑施松。但教麟趾聚，早胜犬牙封。鼓迓汾歌绕，蒲依镐饮浓。殊恩今式燕，异数倍从龙。福赍桐双翦，情愉粟万锺。奉觞呈寿日，瞻拜矢虔恭。

四十四、矫矫宗支盛，登科重帝邦。德音咸有一，士品复无双。玉尺裒度长，金钟大小摐。功名腾骥步，事业勖鸡窗。志已层霄励，文应巨鼎扛。乙藜辉上烛，甲第耸高庞。景运兴鸿彦，昌期笃骏庞。承流均赞化，鸭绿诉澄江。

四十五、八旗屯两翼，法制本精深。屡沐先皇德，尤钦我后箴。元勋曾捧日，佐命尽为霖。堂构承基意，箕裘衍绪心。工歌鱼在藻，子和鹤鸣阴。训俭崇恭已，衔恩洽有壬。旗常前绩劝，带砺旧盟寻。拜宠同山重，欢瞻睿智临。

四十六、国语原崇本，昌言典不刊。圣谟宣九译，旧俗话三韩。协律金声振，巡方土训殚。有章诗早重，作义范先端。已肆箴辞守，申重制令宽。纶敷新雨露，绪汲古波澜。行远怀风雅，加民策治安。彤阶飏对日，入奏好摅丹。

四十七、辉华清篆体，檃括六书奇。虎卧龙跳势，银钩铁画姿。神通司意匠，笔正象心仪。杰气悬针媲，英风倒薤披。同文敷化日，绳武敕几时。赤甲符元扈，朱图效翠沩。朵云依凤陛，藻翰耀鸾墀。竞捧丹霄诏，沾毫祝圣厘。

四十八、玉食春耕藉，殷勤御四推。加三崇圣训，馀九阜民财。绮错霞蒸岸，丝连雨点埃。洪縻总辖驭，黛耜绀辕开。广矣先畴服，劳之帝力恢。野期登黍稷，觞共祝台莱。子惠凫趋惬，公田扈从陪。山呼称万岁，鼓舞动云雷。

四十九、迢迢疆索远，职贡早图形。萚币稽王会，输琛款帝廷。宣风临戊校，测水度丁零。极验鸡浑指，途传象译经。越裳瞻圣治，端冕溯前宁。更纪瑶编重，全增玉册馨。怀徕新版宇，跂啄古仪型。感戴吾皇德，依宸切庶星。

五十、西方曾毓佛，宣梵纪摩那。胜果三生定，良缘五辈过。金瓶参福惠，宝相现圆和。云日皇朝宠，旃檀法海波。彤轩垂一道，黄教本同科。此会山庄觐，当年慧业多。贤藩虔有奉，圣极衍无颇。上寿瞻天咫，欢承沛泽沱。

五十一、万国依仁宇，垂旒政事勤。辰居星共象，羶慕蚁归群。合仰孜孜意，全臻赫赫勋。春台登接武，夏屋荫敷文。不息乾行健，无偏涣汗殷。求衣追夕戾，尚膳待朝曛。晷影汤珍尺，光阴禹惜分。八千椿纪算，懋德轶前闻。

五十二、臣邻瞻政要，光切御门依。龙德中天炳，鹓班两序飞。彩霞霏紫殿，华日丽黄扉。帝绩垂鸿勒，侯功锡马肥。赉忱符亮采，申命敕时几。秩获逾鞶带，仪看耀锦衣。无私丰泽润，不怒震雷威。保极宸衷敬，仁风遍九围。

五十三、最是求民莫，殷勤召对时。宵咨方示恪，日旰总忘疲。雉尾开黄阁，龙颜觐碧墀。近光瞻有喜，烛念励无欺。桂殿荣三接，槐阶慎四知。从风皆偃草，向日早倾葵。天语琳琅问，臣衷黼黻期。由来兢业重，赞治望皋夔。

五十四、为陈章牍切，批览御崇朝。诰诫咨心膂，勤拳励旰宵。寅签壶漏报，甲夜烛花摇。草视烟云裊，麻宣雨露饶。官箴颁典则，民隐剔科条。彝训敷三极，尊严秉百僚。治缘观象立，和是泰鸿调。辛际昌平日，温纶下紫霄。

五十五、圣政初无阙，敷言启谏函。聪原教四达，慎乃发三缄。葑菲情堪采，刍荛说岂芟。识知关帝则，顾畏重民喦。止棘蝇难信，鸣皋鹤不凡。淳风觇士履，霖雨望朝衫。鼓待桐鱼叩，纶传木凤衔。铎蕤宣舜陛，郅理总和诚。

五十六、贡献朝端却，清衷寄念深。岩峦看璧抵，渊薮任珠沈。枫陛贤为宝，蒿宫度式金。焚裘曾措意，提舄早留心。禹服文衣被，尧思舜德钦。八荒轻逸兽，重译薄奇禽。化俗风维古，光时范锡今。弥常徽圣性，茀禄矢歌音。

五十七、八载编初集，辉煌圣制宏。味馀多染翰，几暇更摅情。炳曜天垂日，涵虚水纳瀛。端由关国计，总为重民生。金鉴光全揭，丹书义早精。一篇般手画，千帙富心声。训每洋洋著，功难荡荡名。飏言当舜日，喜起载歌赓。

五十八、圣教渊微溯，经筵细讨论。函三皇有极，不二道之门。治法敷心法，纶言展绪言。诗书堪以牖，德义总为藩。理窟深探奥，文澜远导源。天章云汉上，星彩璧奎垣。旨合鲸钟叩，恩逾凤铎喧。君师兼作则，相帝宠绥尊。

五十九、辟雍曾视学，躬御翠华停。至教尊夫子，隆文举上丁。鼓钟堂外播，丝竹壁中听。日丽槐街绿，风含藻水青。穹碑开后觉，猎碣溯前型。五位冠裳觐，千秋俎豆馨。虎闱敦念典，鸾辂切传经。讵止桥门集，圜观诩汉廷。

六十、清华材品励，光宠贲天衢。鳌掖三升列，鸾舆七萃驱。寅筹依日驭，乙杖讶星铺。臣职青云会，君恩绛露濡。文章齐握椠，词赋且研都。燕锡凫花酌，犁明凤藻敷。玉堂钦宝额，丹地焕璇图。浩荡皇仁渥，良难答圣谟。

六十一、记勤宣百尔，敬慎敕官曹。衾影期无负，纶音锡有褒。亮工妨逸欲，嘉绩重贤劳。紫绶当年拾，丹衷此后操。守规春秉铎，披牍夜焚膏。法陋欢虞朴，功崇象魏高。权衡惟矩絜，伦品尽钧陶。靖献依宸极，殊荣圣世叨。

六十二、官僚熙庶绩，圣政重烝黎。上考三年计，中朝六事稽。荫棠风乐泽，膏黍露和倪。野有求刍牧，庭罗待饲鸡。法廉垂大小，声教被东西。盛世才猷卓，皇躬福禄膍。群伦邀玉鉴，一德汇璇题。绥宇符仁寿，兢兢敬日跻。

六十三、酉岁浑河溢，天慈抚恤宽。暑风添麦涨，霪雨渍桑乾。忍使村鸠系，频看石燕搏。松轩劳顾问，茅屋费绥安。申画郊圻重，辛勤亩浍完。宁人宣乐利，由已验饥寒。宠锡宫衣被，恩颁廪粟餐。尽教登衽席，足慰圣颜欢。

六十四、济运清黄合，相资水汇流。宣房关上策，嘉绩记衡楼。瓠子歌惟汉，枫宸虑孔周。波涛寻故道，堤壑壮新猷。帆引千艘利，奁开一鉴收。隆碑瞻屃赑，潜窟靖蛟虬。圭锡成功日，书探献瑞秋。安澜逢盛世，同乐遍遐陬。

六十五、泽壤长堤巩，防庸睿虑关。先难而后获，图易在思艰。就下行其水，增高固若山。鸿猷辰告会，麇至子来间。木石中流匝，金钱内帑颁。全看虹亘势，早息蚁穿患。杨柳千条植，桑麻万井环。府修徵盛治，恩泽颂尘寰。

六十六、煌煌时迈赋，稽古首巡东。格淀澄波后，津堤驻跸中。翠旗摇映日，清仗转从风。本以徵民意，因符望幸衷。品伦归睿鉴，封事系邮筒。夏谚歌游豫，春膏报屡丰。观成声遹骏，锡福运庞鸿。不独绥郊甸，寰瀛洽化隆。

六十七、日用群黎质，供盘赖素盐。家珍调鼎鼐，国课富闾阎。淮海霜前煮，津门雪夜甜。泽教鳞集仰，威并虎形严。帝以舒商念，臣从梦说占。勤民应受益，惠下总流谦。德遍鸿施普，甘分骏利兼。庆辰歌乐恺，暨被化同渐。

六十八、货布滇铜采，流通国运权。土饶金帑币，山积水衡钱。出入周官掌，修和夏府全。算谁操子母，制自辨方圆。圣度严明日，民居乐利年。冶烟官铸溥，垆雪盗销捐。赏赉开瑶阙，征输裕宝泉。共沾恩广大，笃惠遍垓埏。

六十九、秸秷登天庾，维民职正供。飞刍臻禹甸，纳粟献尧钟。水驿三千里，官程几万重。云光篙楫动，风势舳舻从。浪静舟横鹝，波恬泽镇龙。输将心地乐，康阜力田逢。尽剔奸邪弊，全符大小共。瞻依当化日，汪濊圣恩浓。

七十、岁岁神仓入，供官重国储。廪陈红朽后，户乐素封馀。奕世承平御，三登大有书。何来生积蠹，渺尔肆贪渔。睿略周无间，英谋鉴不虚。秕糠今尽弃，稂莠类全锄。禁已除奸宄，肥甯饱吏胥。敷天沾美政，建极圣心舒。

七十一、雷霆宣挞伐，蠢尔有苗民。弧矢天威震，桑麻地利屯。摄丁峰取酉，洗甲水临辰。釜溉鱼游急，嵎撄虎负驯。官师班有夏，圣泽总如春。更睹敷文格，宁教黩武频。书升抡品重，俗革慕恩新。舞羽风犹昔，含和颂至仁。

七十二、莲心修净业，圣世本容包。不道邪民聚，徒令正法淆。烟深临楚蜀，尘起近函崤。势漫成乌合，威先靖虎咆。星旗依日卷，露布向云抄。铸释丁年剑，歌兴甲卒铙。彤弓诗演什，黄矢易占爻。大勇真天锡，鸿慈遍乐郊。

七十三、八方歌震叠，最重是军防。不独绥中土，尤期靖海疆。求宁原禁暴，设险总安良。教暨无雷外，咨飞出日傍。红旗来十岛，碧镜澈重洋。月朗关门柝，云开贯舶樯。潢池收器械，琼路入梯航。奏捷扬麻烈，衔仁世大当。

七十四、怀柔勤域外，六合尽为家。诏遣星旌出，封投玉券加。鼋梁骄白浪，凤藻耀黄麻。路指三山树，涛飞万里槎。天吴闻命肃，海若拜恩赊。律吕风云验，衣冠日月华。会归咸有极，化洽复何涯。服远由昭德，齐沾福荫嘉。

七十五、朝仪当宁肃，阊阖九天开。燕誉求章庆，鸿庥辑瑞该。绥猷真赫矣，报绩重邻哉。卤薄三十列，名王六八来。璁珩锵哕哕，钟吕奏恢恢。宝座瞻如日，琼阶忭若雷。吉云倾圃藿，甘露浥廷槐。寿旦欣呈颂，恩光接上台。

七十六、顺则敦风俗，皇心本爱民。亿年昭德礼，四海效尊亲。泰宇调元化，乾纲运大钧。珍黄全合契，保赤尽由驯。众乐占鱼旐，君恩普风纶。熙熙登昊岁，盎盎洽尧春。献寿辉南极，依光近北辰。衢尊膏渥处，总是饮和醇。

七十七、兆姓居和会，箴规节俭敦。永图书是训，本俗礼宜论。璞以全称太，音惟淡号元。扪心期纳牖，跬步岂逾垣。况睹由庚叶，咸钦正已尊。茅茨躬示约，蔀屋首除烦。唐乐遗风采，豳歌旧谱翻。敷猷登上治，戴德仰龙轩。

七十八、亦有浮华习，朝章训戒严。化原孚草野，生计重茅檐。万井登康乂，群蒙赖养恬。雕文农事惜，纂绣妇功嫌。用禁虚縻侈，才虞粉饰兼。皇衷恭则寿，圣道益由谦。物贡非为宝，人工且示砭。天廷钦穆穆，慈惠泽均沾。

七十九、绘事关民事，农蚕帝念萦。男耕云亩耒，女织雪窗檠。秧马村村放，缫车处处鸣。犁看新水沐，箔认晚烟平。鸡黍风皆古，桑麻景最清。衣光兼笠影，蟀韵并鸠声。枫殿先型仰，柴门雅韵赓。嗣章音卌六，德柄育蚩氓。

八十、重谷萦宸念，乾乾惕见蝗。心劳咨大吏，手敕示天章。穲稏香千亩，瓯窭祝万箱。暑蒸槐夏绿，云送麦秋黄。食叶关民虑，除根沐帝光。火红田祖畀，土碧稻孙长。望岁殷绥福，逢年惬报康。竞教登富足，羔献上君堂。

八十一、几馀挥藻翰，赓到木棉花。种自西番播，名曾吉贝夸。纺声听夜月，絮影绚朝霞。白氎珍初质，乌驎薄物华。垂衣钦世世，挟纩乐家家。里闬惟妨逸，朝廷每戒奢。御寒兹有赖，被德总无涯。献岁蚕功并，恩敷蔀屋嘉。

八十二、赋敛原从薄，辛勤作息劳。省耕怀夏助，析利陋秋毫。抚字农无堕，催科吏岂挠。汪洋宣帝泽，珍重视民膏。子谷仓箱满，丁畲镈铚操。郊宁歌硕鼠，户已乐烹羔。但觉田非石，休闻宅不毛。含嬉游化宇，推解圣心褒。

八十三、广大宣朝政，施仁免宿逋。皇慈深爱育，吏课罢追呼。亥市应除税，辛田漫索租。廛留三百取，岁薄十千输。诏捧蠲征乐，恩颁赐复殊。欢歌连海甸，化理运宸枢。豳龠原宣谱，流民忍绘图。自邀光泽渥，鼓腹近尧衢。

八十四、况复频颁赈，曾因岁歉收。暑寒登丙览，饥溺切庚邮。御廪多绥抚，粮艘半截留。解占膏雨覆，需象密云油。每忆糠成饼，全输稻载舟。民今看有豸，上且虑无鸠。旰食螭阶业，家餐雁户谋。恩沾王惠洽，几镜照咸周。

八十五、役作均劳苦，仁民用力纾。公旬三日鼓，合耦万家锄。井里安恒业，师田顺比居。鸠工编甲后，龙见命申初。岁月苍头奋，舆图白脚舒。赐金开内府，城土到华胥。乐自营台沼、勤宁扰邑闾。天阶宏德政，朵殿重菑畬。

八十六、听讼嘉良吏，诚求决是非。察辞官府典，烛隐庙堂几。帝治惟从欲，民情重畏威。律昭程石减，书受牯简稀。束矢钧金入，春风夏雨祈。棠阴青茇舍，草影绿圜扉。观过扬清问，恒孚顺化机。德心敷睿断，草野望仁辉。

八十七、止辟关钦恤，从瞻帝德恢。赭衣空暑路，丹笔惠霜台。布令驰风雨，行权合电雷。格宜麟趾定，狱岂鼠牙猜。汉法三章约，商罗一面开。乌啼槐掖近，鹊噪棘林回。讫富昭平砥，敷和协畅垓。况逢嵩庆日，恩诏自天来。

八十八、昭苏颁赦令，温旨狱教停。庆典孚于吉，祥怀鉴在刑。灵台朝望气，贯索夜流星。鸡影悬竿睹，鼍鸣伐鼓听。秋霜丹极霁，春露绛霄零。更始邪全涤，维新烈自馨。好生当舜陛，於变近尧廷。共乐皇猷畅，垂慈溥八溟。

八十九、育才彰盛典，学校列儒林。草野敦行日，朝廷励翼心。莘莘光俎豆，济济望簪缨。藻水香流壁，兰风谱订金。菁莪仪自乐，棫朴意同深。庶品彝常棐，君恩鼎养钦。八方欢鼓箧，九陛庆挥琴。雅化敷元运，翘英仰照临。

九十、辟吁崇登极，贤能诏广罗。孝廉行有尚，方正好无阿。月旦乡评合，风尘物色过。品侪观国彦，誉重力田科。曳紫身承宠，栽花政涤苛。泰来君子长，师立善人多。祇益丹衷奉，曾徵铁砚磨。尧阶升二八，快睹庆云歌。

九十一、津门舆驾莅，召试圣心殷。士有舒翘乐，皇多蔼吉群。风华新染藻，雪案旧披芸。豹彩窥斑得，蚕声食叶闻。光辉腾白屋，志业笃青云。在泮骞旗丽，于冈凤羽纷。丝言衡品重，藻鉴取材勤。葵向亲尧日，熙熙物共欣。

九十二、宾兴开庆榜，植品化尤宽。共乐群英聚，宏敷四海安。风檐齐泼墨，云阙望挥丹。烛影三场烬，藜光一院寒。扶轮推毂念，刈楚拔茅看。园贲戋戋帛，郊迎孑孑干。临轩谘最重，当陛策先端。稽拜依彤扆，胪传九囿欢。

九十三、引年宏养老，鼓掌乐区寰。粟拜仁衷赐，衣沾惠政颁。皇春轩皞世，民寿偓佺班。鹤发彤原古，庞眉意自闲。神仙敦职业，君上霁容颜。晋爵添筹日，扶鸠驻杖间。渥恩宽似海，隆典重如山。轩舞丹霄近，欢谣万宇环。

九十四、皓首观光士，衔膺宠赐超。高科添寿耇，大泽焕云霄。纵远鹏风会，偏增鲤浪跳。桂宫香月夜，杏苑蔼春霄。志已经畲遂，恩犹史局邀。文章齐上达，车乘类旁招。作育兴人瑞，升平答圣朝。诚虔申颂悃，至道化宣遥。

九十五、仁途齐感德，起废励材能。但许前愆释，常将后效徵。裁成知子细，焘覆矢寅承。金阙飞鹍共，泥涂屈蠖曾。君仁前度戴，吏治此番澄。爨岂桐材弃，春应黍龠增。大猷看翼翼，化理益蒸蒸。献悃呈轩极，群扶景运兴。

九十六、锡类彰天宠，官联沐庆覃。义徵亲率祖，贶答教成男。鳌戴欢凡百，鸾章命纪三。九重龙轴贲，五色凤毛毵。秩许头衔晋，心抒顶祝酣。泥金新焕紫，服彩旧拖蓝。曼寿高冈仰，宏仁大海涵。鸿慈谐燮畅，恩荫纪和甘。

九十七、元旦颁瑶宴，乾衷仰肃雍。肩随看列爵，首出御飞龙。日睹黄人守，云占紫陛从。旌旗摇豹尾，鼐鼎脆驼峰。盏共金浆浥，盘邀玉脍供。慈云行苇护，惠露蓼萧浓。集庆开三殿，胪欢溢万重。宁惟衢叟乐，特酒祝尧封。

九十八、中和宣陛乐，雅奏颂皇厘。九有欢欣会，三多祝嘏词。夔歌千古揭，凫藻万情嬉。禁侏兜离合，英韶护武垂。鱼龙删曼衍，鸾凤振来仪。化国舒长日，雍宫懋敬时。正声能复古，盛世总咸熙。共睹神人洽，庥光接紫墀。

九十九、清晨齐献册，鼓舞遍群工。乐恺衣冠集，赓飏黼黻同。鞠躬趋禁掖，稽首祝搊宫。契合鱼游水，雍喈凤在桐。云蒸花管上，霞蔚锦函中。范演康强吉，诗歌福禄崇。臣心抒爱戴，圣德抱谦冲。莫赞高深量，天边寿彩融。

一百、亿载宸猷懋，祥呈百禄骈。苞符隆九五，礼乐秩三千。甲负鳞衔会，芝生醴出年。小春佳序报，大衍德基绵。筹海龙禧晋，量沙鹤算传。寿星辉在斗，福日照同天。金镜悬书重，珠衡揽胜全。昌殷辰祝颂，景贶自今延。

珍珠乡主要领导名录

(1989.05—2014.12)

一、中共珍珠乡委员会书记

珍珠乡工委书记、主任

胡松生（1989.05—1989.12）

党委书记

蒋文龙（1989.12—1992.02）

邓焕娥（1992.02—1995.01）

罗冬秋（1995.01—1997.01）

丁水云（1997.01—1998.02）

何顺生（1998.02—1999.07）

李思源（1999.07—2000.11）

贺龙华（2000.11—2001.07）

阳建科（2001.07—2005.02）

彭丽堂（2005.02—2008.02）

康培远（2008.05—2013.06）

向　前（2013.06—　　　）

二、珍珠乡人大主席团主席

阳秋林（1989.12—1995.09）

陈树云（1995.11—1998.04）

刘发生（1998.04—2000.06）

李飞云（2001. 04—2001. 07）
彭丽堂（2001. 11—2003. 02）
邓国昌（2003. 05—2005. 02）
刘章云（2005. 05—2010. 05）
胡雪松（2010. 06—2011. 09）
朱爱国（2012. 11—2013. 06）

三、珍珠乡人民政府乡长

周水清（1989. 12—1992. 10）
罗冬秋（1992. 12—1995. 11）
黄社林（1995. 11—1998. 02）
李文峰（1998. 04—2001. 01）
许合连（2001. 04—2001. 07）
罗国武（2001. 11—2005. 02）
康培远（2005. 05—2008. 05）
向仲贤（2008. 05—2011. 09）
胡雪松（2012. 03—　　　）

四、珍珠乡政协联络工委主任

向卫平（1998. 08—2000. 06）
彭丽堂（2001. 07—2001. 10）
周志波（2001. 10—2003. 02）
单胜杰（2003. 02—2005. 02）
朱坤联（2005. 02—2007. 04）
向仲贤（2007. 04—2008. 05）
胡雪松（2008. 05—2010. 05）
朱爱国（2010. 05—2012. 10）
赵伟科（2012. 10—　　　）

（撰稿　马晓菲　杨水华）

三樟乡

政区概况

地理位置 位于衡东县西北端，处衡东、衡山、湘潭、株洲三市四县交界处，北纬27°20′37″~27°26′41″，东经112°54′44″~112°59′42″，东临大桥镇，南接石湾镇，西邻湘潭县茶恩寺镇，北交株洲县王十万乡。相传，在长江村境内有三棵古樟树，三樟乡由此得名。乡政府驻合山村，距县城48千米。

自然环境 属湘中丘陵，地势起伏不大，地形东南高，西北低，李子园村树风仙庙为全乡最高峰。辖区属亚热带季风湿润气候，年均气温17.8℃，一年之间1月份气温最低，7月份气温最高，年均降水量1371.3毫米，降水集中在每年4—6月。境内河道属湘江流域，流域面积37平方千米，湘江从石湾镇三步村流经温家冲、长江、李子园、新湖、油麻、金山、集富、柴山、进化至富家，流入大桥镇澎陂港而进入株洲境内，境内总长19千米。

建置沿革 中华人民共和国成立初期，属衡山县第一区石湾乡。1952年，属十四区，含三樟、茶花、柴山、皇家里、油麻田五个乡。1956年，合并为三樟乡。1958年，属湘江人民公社，后更名为石湾人民公社。1961年，公社体制调整后，设三樟人民公社。1966年，析置衡东县时，三樟公社属石湾区。1971年12月，湖南省革命委员会批准，三樟公社的茶花、龙井、大塘3个大队划归湘潭县的茶恩寺公社管辖。1982年，撤销三樟人民公社分设三樟乡和油麻乡，1989年撤区并乡，三樟乡和油麻乡合并为三樟乡。至2014年，政区无变更。

行政区划 1989年，辖16个建制村，182个村民小组。2014年，辖金星、温家冲、长塘、长江、合山、前进、李子园、新塘、新湖、油麻、金山、集富、柴山、金湖、进化、富家16个建制村，182个村民小组。

人口面积 1989年年末，辖5229户，总人口18017人；1999年年末，辖5547户，总人口19356人。2014年，辖4802户，总人口为20406人，其中农业人口15838人。总人口中男性10754人，占50.27%；女性9652人，占49.73%。

2014年，辖区东西最大距离2.5千米，南北最大距离18千米，总面积50平方千米。

经济发展

农业 主要种植水稻、黄贡椒、花生、蔬菜、红薯、芝麻、蚕豌豆等作物。粮食以水田种植水稻为主，旱地种植红薯、蚕豌豆等为辅，黄贡椒、旱烟是主要的经济作物。20世纪50年代中期开始种植双季稻，20世纪70年代中期杂交水稻开始得到推广。1989年年末，有耕地面积14856亩，其中水田13556亩，旱地1300亩。农作物总播种面积32854亩，其中，粮食作物播种面积25687亩，亩产408公斤；经济作物播种面积1376亩，其他农作物播种面积5791亩。1999年年末，有耕地面积14505亩。农作物总播种面积42195亩，其中粮食播种面积31875亩，粮食总产量12598吨。2014年年末，有耕地面积15795亩，其中水田11985亩。农作物总播种面积51090亩，其中粮食作物播种面积30180亩。粮食产量12103吨，其中稻谷9531吨。2014年年末，全乡先进、适用的农机设备达到700多台（套）。

三樟乡素有种植辣椒的传统。长期河水冲击形成的特殊沙质土壤，特别适宜种植黄贡椒。2005年，成立“三樟黄贡椒农产品有限公司”，发动农户利用优良适宜的土壤种植黄贡椒，年产值500多万元，种植面积2000多亩，总产量3万多公斤。2014年，以油麻示范基地为中心，全年黄椒种植面积3000余亩，总产4万余公斤，实现总产值2000万元以上。“湘瑞来食品加工厂”及“常青黄椒种植合作社”等特色农产品加工企业，实现年总产值500万元。

畜牧业以养殖生猪、家禽、耕牛、鱼等畜禽水产为主。20世纪50年代畜禽水产的养殖主要是自繁自养，产量比较低，到20世纪80年代政府鼓励农民发展养殖业，饲养家禽家畜数量逐渐增多。渔业以水库、池塘养殖为主，产量逐渐增高。1989年年末，生猪存栏6784头，出栏生猪12856头，家禽存笼30020羽，出笼家禽10800羽，水产品产量205吨，水产养殖面积1615亩。1999年，生猪出栏20596头，水产品产量416吨。2007年，出栏生猪5万多头，初步形成以“种养、加工”为龙头的特色农业经济格局。2014年，生猪饲养量88000头，年末存栏23000头，家禽饲养量125000羽。年内产肉4334吨，其中猪肉4225吨，牛肉62吨，羊肉47吨。禽蛋600吨，渔业养殖面积1100亩，产量105吨。

1949年以前，林地为私人所有，以杉木林为主；1951年，土地改革，重新确定山林权属。1958年，成立人民公社后，林权归集体所有。1982年，林权确定到农户。1989年，人工造林面积739亩，其中用材林289亩，经济林100亩，防护林200亩，薪炭林150亩。2014年，全乡荒山改造600亩，迹地更新300亩，油茶改造300亩。有林地22050亩，森林覆盖率29.4%，活立木蓄积量5.4万立方米。

2014年年末，有农业技术服务机构1个、农业技术服务机构从业人员3人；农民合作社1个、成员220户；种植大户22户。

工业 20世纪70年代末，新塘村成立全乡第一家防腐保温安装公司，带动全乡防腐保温安装业的发展。1996年年末，有防腐保温安装公司80家，从业人员700余人。2014年年末，有工业企业10家，工业企业从业人员380人。工业企业总产值7236万元。

商贸服务 三樟地处三市四县交界处，商贸活动历来繁荣，形成逢农历四、九赶集的传统。上市的农副产品有辣椒、茶叶、禽蛋、水果、瓜菜、竹木制品等，工业品有五金交电、百货、南货等。1999年，有集贸市场1个，集市贸易成交额2934万元，社会消费品零售总额2762万元。2014年，境内有市场1个，50平方米以上的超市2个，餐饮住宿企业1个。社会消费品零售总额6185万元。

财政金融 1949—1979年，乡镇财政收支由秘书或粮油委员分管，1980年，区乡（镇）设财税所，1989年，推行乡镇一级财政包干。1992年，财政收入63万元，财政支出63万元。1999年，财政收入259万元，财政支出254万元。2002年，取消农林特产税和“五统三提留”。2006年，取消农业税。2014年公共财政收入186万元，财政支出182万元。

三樟信用社创办于1951年。1969年在村（大队）设立分社（站），2006年，村（大队）分社（站）撤销。

2014年年末，有金融机构网点1个。

社会事业

教育 清朝为私塾教学，主要分布在各姓氏祠堂。清光绪二十一年（1905）废科举，次年，劝学员康镕在既字十一区皇嘉里的王家嘴创办县内第一所公立模范小学堂（今三樟乡前进村小学）。民国时期，多私塾。政府倡导新式教育，乡内学校逐步增加，1923 年，刘岳峙（同盟会员，毕业于岳麓书院）创办和恭村完小。此后，进化刘氏学校、金星陈家学堂、枣和冲学堂、大元小学等 5 所国民小学、族校先后兴办。但普通村民受教育程度低。

中华人民共和国成立后，人民政权接管各学校，和恭村完小改为油麻完小。1954 年，境内共有学校 8 所。1975 年，全乡有 3 所中学，16 所小学，在校学生 2800 人；1977 年，开始办初高中，油麻完小更名为三樟中学。1979 年，在长塘村兴建新校舍，将三樟中学迁入新校舍，原三樟中学更名为油麻中学。1996 年，调整学校布局，油麻中学并入三樟中学，乡内学校撤并为 10 所。2003 年，10 所并为 7 所（1 所中学，2 所完小，4 个教学点）。在校初中学生 270 名，小学生 860 名，教师 70 余名。教育教学质量连续 10 年获全县教育教学质量先进单位；2011 年，创办三樟中心幼儿园。三樟中心幼儿园被评为湖南省农村合格幼儿园，在园幼儿 150 名。2014 年年末，有 7 所学校，教师 72 人，学生 1150 人。

医疗卫生 乡卫生院成立于 20 世纪 50 年代初。20 世纪 70 年代初，国家相继为各村（大队）培训赤脚医生，建村卫生室。1989 年，有医疗卫生机构 17 所，卫生技术人员 16 人，床位 10 张，其中村卫生室 16 所；2000 年，有医疗卫生机构 17 所，卫生技术人员 15 人，床位.10 张，其中村卫生室 16 所；2014 年，有医疗卫生机构 17 所，卫生技术人员 14 人，床位 10 张，其中村卫生室 16 所。

2007 年 1 月 1 日，衡东县正式启动新型农村合作医疗。是年，境内参合人数 14517 人，参合率 85.8%；2014 年，参合人数 18222 人，参合率 101.32%，补偿金额 525.73 万元。

社会保障 2006 年，实施城乡居民大病医疗救助。是年，救助 26 人次，救助住院医疗费 35300 元。2014 年，救助 10 人次，救助金额 26300 元。

2007 年，实行农村居民最低生活保障待遇。是年，境内有低保对象 50 户 133 人，总金额 14370 元。2014 年年末，有低保对象 461 户 910 人，月人均保障标准 165 元，总金额 100020 元。

2009 年，修建三樟乡敬老院，占地面积 2 亩，床位 40 张。2014 年，有社会福利收养性机构 1 所，床位 40 张；全乡有“五保”对象 135 人，其中集中供养 24 人，分散供养 111 人。月标准 450 元。

2012 年，全县启动城乡居民社会养老保险，是年，境内参保人数 11850 人，缴费人数 8282 人，参保率 100%。缴费金额 917700 元，发放 1298330 元。2014 年，参保人数 12552 人，缴费人数 7757 人，参保率 87%。缴费金额 871000 元，发放 2132388 元。

基础设施

水利 三樟乡属白莲水库库区，境内建有金星村胜利水库、前进村磨石塘水库、合山村丰收水库、李子园村三角塘水库、金山村染铺湾水库 5 座小（二）型水库。有骨干塘 987 口，高干支渠、斗渠等 47 千米长。沿湘江河岸建有电排 12 座，总装机容量 230 千瓦。20 世纪 90 年代前，为衡东干旱死角，有“水尾子”之称，制约乡经济发展。1993—1996 年，全乡自力更生筹措资金 648 万元，投入劳动日 454 万个，完成土石方 520 万立方米，建设水利工程 550 处，其中架设渡槽 11 处，新建和改造电管站 22 处，护砌河堤及护坡 420 米，整修河堤 25 千米，修复河堤缺口 5 处，硬化骨干塘 250 口。2012 年，投资 10 万元，对富家村的白筑坝，集富村的鸭嘴港，金湖村的河堤全线除险加固；硬化山平塘 30 余口，清淤山平塘 40 余口。通过一事一议，农业开发，水利建设专项资金等渠道，2014 年，完成 4 座小（二）型水库的除险加固，320 余口骨干塘的清淤硬化，25 千米长的渠道硬化等。

交通邮电 已形成由公路、水路等两种运输网络，省县乡公路 2 条，总长 35 千米。X007 新（塘）油（麻）线为衡东西部重要公路。1974 年，修建石湾至三樟公路；1977—1978 年，修建三樟至油麻公路。1995—1996 年，投资 220 万元，石湾至油麻段改造为沥青路面。2011 年，境内有客运汽车 4 辆，138 个座；货运汽车 20 辆。境内湘江河道总长 19 千米，最大通船能力为 1000 吨的船舶；2011 年，省客运船舶 24 艘，500 座，年客运量 4 万人；有货用船舶 10 艘。2014 年年末，有乡道 13.43 千米。设农村客运站 1 座，农村客运招呼站 4 座。

1949 年 10 月，境内通往县城的邮路属石湾、三樟树、油麻田线。邮件靠人工步行肩挑。1961 年，公社驻地设邮电所。1990 年后，邮件实现自办汽车邮运。2014 年，邮政支局营业面积 80 平方米，从业人员 5 人，投递线单程总长 35 千米。投递点 21 个，乡村通邮率 100%。

1959 年，公社安装总机，电话线路通大队。1989 年，电话线路属石湾镇至三樟乡线。1993 年后，开通程控电话。2014 年年末，电信服务网点 1 个，固定电话用户 2820 户，普及率 58.7%；移动电话普及率 63%；互联网端口总数 150 个，宽带接入用户 55 户。

供水供电 村民饮水习惯多从水井或山塘堰坝取水。20 世纪 80 年代以后，发展压水井和潜水泵井。2009 年，在长江村取湘江水建成三樟水厂，铺设供水管网 11 千余米，供水人口 6000 余人。

1976 年后，各村逐步通电。1994 年年末，通电村 16 个，农村用电量 80 万千瓦时。1998 年，境内柴山、集富村 2 个村第一批实现农电网改造，至 2012 年年末，16 个村全部完成农电网改造任务。2014 年年末，全乡用电总量 294 万千瓦时。

乡村建设 三樟毗邻湘江，为衡、潭交通驿路，临江建有半边街。1994 年，集资 550 万元（其中集体资金 160 万元），从三樟粮库到河堤洞子口的公路两侧征地 7803 平方米。1996 年后，建成一条长 250 米，宽 14 米的新街道，开设商铺 52 家，货摊 210 个，建成日产 100 吨自来水厂。2010 年，投资 100 余万元兴建乡政府办公楼。2014 年，投资 10 万元，安装街道路灯 12 盏；硬化绿化街道路面及管网填埋。以长江村为重点的新农村建设不断加强，完成“三清五改”（清垃圾、清污泥、清障碍，改水、改圈、改厨、改厕、改环境）50 余户，道路硬化 3 千米。全乡发放垃圾环卫桶 200 个，斗车 5 台。

明清民国时期，农村建房多以屋场为单位聚族而居，主要建在沿河、驿道、山旁和田园一带。民房一般是一室一厅的土砖茅屋或斗墙屋；沿河一线的民房大多为竹架或木架屋，冷泥墙壁。中华人民共和国建立后，农村民房建设，从 20 世纪 50 年代起，旧屋换新屋，改建的房子一般按小家庭结构，采用“三间六”或“三厢间”。20 世纪 60 年代起，茅屋换瓦屋。20 世纪 70 年代后，土砖换红砖。20 世纪 80 年代，农村建房由平房改建楼房，单门独户，外加小院落。20 世纪 90 年代后期，村民主要是对房屋进行内外装修，配套完善生活设施，间或建有小洋楼、别墅。2006年年初，实施社会主义新农村建设，镇村建设步伐加快，主要是通过搞好乡村建设规划和人居环境治理，加强农村基础设施建设，实现农村道路硬化、卫生洁化、家庭美化、设施完备化，营造出整洁、优美、舒适的生活环境。

特色地情

历史人文 刘岳峙（1877—1950），号梅斋，大桥乡油麻田（今三樟乡油麻田村）人，清末生员。大革命时期湖南省右派首领，同盟会会员。历任湖南政务厅厅长、湖南省财政厅厅长、国民党省党部常委和农民部部长等职，深受蒋介石器重。1930年，遭红军悬赏缉拿，逃回衡山。中华人民共和国成立前夕，组织“自卫队”。1950年，在镇反运动中被枪决。

夏仁和（1905—1927），名伟章。生于既字十九区柴山洲（今金湖村）。8岁丧父，由大哥伟花（号菊黄）抚养长大，仅读私塾三年。

1926年年初，经贺尔康介绍加入中国共产党，是衡东境内第一个农民出身的共产党员。不久，担任中共柴山洲小组长，后为中共柴山洲支部书记。7月上旬，北伐军经过县境，夏仁和组织宣传队，宣传北伐的伟大意义，并组织农协会员为北伐军带路，送粮草。中旬，柴山洲特别区农民协会成立，当选为区农民协会执行委员会副会长。9月初，共青团柴山洲特别区支部成立，夏仁和兼任团支部书记，并当选为共青团衡山地方委员会执行委员。1926年11月，柴山洲特别区农民协会组织“攻打油麻国”的斗争，夏仁和走在队伍的最前头。此后，又带头组织农民纠察队，把当地团防分局关押农民的“看守所”改为关押土豪的监禁室；组织农民开展二五减租，收缴地主坑害农民的大斗大秤，由农民协会统一校正。为了使农民不受高利贷盘剥，倡议创办柴山洲特别区第一农民银行，被选为银行监察委员。

“马日”事变后，夏仁和积极响应省农民协会组织农军攻打长沙的号召，带领柴山洲特别区的农民纠察队员抵护湘关，待命北上。直至接到省农会关于围攻撤退的指示，才率队返回柴山洲。6月13日，又率领柴山洲的农民纠察队员参加石湾暴动。

7月，在白色恐怖笼罩全县城乡的恶劣环境下，夏仁和通过艰苦的工作，恢复了粟子港党支部，并秘密组织一支20多人的游击队，开展武装斗争。9月底，带领游击队参加枣山暴动，惩罚了小初桥团防局总李梧生。

12月上旬，不幸被捕。衡山县挨户团副主任兼常备队长康庆万，当即在彭家祠堂晒谷坪摆起公案进行审讯。夏仁和怒目圆睁，突然挥起一脚把公案踢翻。康庆万气得暴跳如雷，即刻将夏仁和杀害在粟子港河滩上，当地群众无不落泪。

彭友胜（1884—1969），金湖村粟子港人。家贫，年青时务农。1907年，投入湖南新军。几年后，升第四十九标二营副目（副班长），毛泽东曾在其班里当列兵。彭友胜对毛泽东很敬重，遇事相商。班里列兵接了家信，都请毛泽东代读，代写回信。毛泽东离开新军时，彭友胜特地组织全班列兵饯行，并拿出自己仅有的积蓄两元银洋给毛泽东作路费。北伐时期，彭友胜在广州，从报纸上看到“毛君润之来穗讲学”的消息，特地赶到广州农民运动讲习所看望毛泽东，两人交谈很久。新中国成立后，1951年3月14日，彭友胜给毛泽东写过一封问候信，毛泽东于3月31日亲笔写了一封热情洋溢的回信，对彭友胜的工作问题做了指点。

彭友胜参加过辛亥革命，1911年武昌起义后，焦达峰、陈作新等加紧鼓动湖南新军响应，在长沙玉皇殿集会商议分工，准备相机起事。会上，指定彭友胜与安定超负责率领四十九标二营后队，进攻荷花池，占领军装局和谘议局。10月22日上午8时，彭友胜率领后队，会同五十标及马队攻进长沙北门，占领荷花池军装局，缴获大批枪支弹药，为夺取长沙立了功。

大革命时期，彭友胜在广州参加国民革命军，任排长，随军北伐，因功升副连长。1940年前后，彭友胜返回家乡，在田赋处任职。于1947年回家务农。新中国成立后，人民政府曾给予生活补助费。为报答毛泽东的知遇之恩，每年谷雨前彭友胜都要精制几斤上等茶叶寄去。中央办公厅也及时回信，告诉彭友胜，新茶已经收到，深表谢意。20世纪60年代初，湖南的文艺工作者响应毛泽东的号召，深入群众体验生活。著名作家叶蔚林到衡东一带采风时，听到彭友胜精制谷芽茶献给毛泽东的故事，顿时有了激情灵感，赶写了一首《挑担茶叶上北京》的歌词，请作曲家谱曲。于是这首具有浓郁衡东风味的民歌便响彻神州大地，一直唱到如今。

名胜古迹 柴山洲特别区第一农民银行 位于金湖村——夏拜公祠。1926年1月，湖南省中共党员贺尔康深入柴山洲，成立柴山洲特别区农民协会。4

月，成立柴山洲第一农民银行，发行面额为壹圆的白竹布货币，对赤贫户发放贷款，平抑粮价，兴办农民消费合作社。1927年6月，银行被破坏。1992年，中共衡东县委、县人民政府筹资对旧址进行全面维修，并请中国人民解放军总参谋长杨得志将军题写匾额“柴山洲特别区第一农民银行旧址”，被认定为省级文物保护单位。

柴山洲特别区第一农民银行是中国共产党领导的革命政权发展金融事业创办的第一家银行机构，其发行的白竹布货币，是党领导的革命政权创办的银行所发行的各式各样的货币中发行最早的货币，第一农民银行和货币的诞生，开拓了与一切旧金融机构相区别的全新的金融事业，揭开了由中国共产党领导的革命政权发展金融事业货币史上的全新一面。是我国成立最早的为“三农”服务并以“农民”二字命名的涉“农”专业银行。

名优特产 三樟黄贡椒 三樟人素有种植辣椒的传统，长期河水冲击形成的特殊沙质土壤，特别适宜种植黄辣椒。三樟黄贡椒，皮薄、肉厚、色艳、形美、质脆、辣中带甜，回味悠长。相传嘉庆年间，衡东籍状元彭浚携入宫廷，皇帝品尝后龙心大悦，当即封为“贡椒”。2014年，种植面积3000余亩，总产量4万余公斤。以黄贡椒加工为主的“湘瑞来食品加工厂”“常青黄椒种植合作社”“衡东建衡食品厂”等陆续建成投产，黄贡椒产业链形成。2014年8月23日，由县委宣传部主办，县旅游局和三樟乡政府承办的“中国—衡东首届乡村生态旅游文化节——三樟黄贡椒采摘体验活动”在油麻村黄贡椒基地举行，中央电视台、路透社、湖南卫视、衡阳电视台等多家媒体对活动进行宣传报道，提升了三樟黄贡椒的知名度和美誉度。

文献辑存

毛泽东致彭友胜的信①

三月十四日来信收到，甚为高兴。你的信写的太客气了，不要这样客气。你被划分贫农成分，如果是由群众大家同意了的，那是很好的。工作问题，如

① 这是1951年3月31日毛泽东主席给彭友胜的复信。

果你在乡下还勉强过得去，以待在乡下为好，或者暂时在乡下待住一时期也好，因为出外面怕难于找得适宜的工作位置。如果确实十分困难，则可持此信到长沙找湖南省人民政府副主席程星龄先生，向他请示有无可以相助之处。不一定能有结果，因程先生或其他同志都和你不相熟，不知道你的历史和近来的情况，连我也是如此，不便向他们提出确定的意见。如果你自己愿意走动一下，可以去试一试。同时，可将你在辛亥革命时，在湖南军队中工作过并和我同事（你当副目[①]，我当列兵）一点向他作报告，再则将你的历史向他讲清楚。

此复，顺致

敬意

毛泽东

三月三十一日

三樟乡主要领导名录

（1989. 05—2014. 12）

一、中共三樟乡委员会书记

三樟乡工委书记、主任

罗云华（1989. 05—1989. 12）

党委书记

罗云华（1989. 12—1995. 01）

刘其昌（1995. 01—1998. 02）

颜机成（1998. 02—2001. 01）

杨晓林（2001. 01—2002. 02）

阳桂元（2002. 02—2003. 02）

袁谷平（2003. 02—2005. 02）

钱永明（2005. 02—2010. 01）

罗忠奇（2010. 01—2013. 06）

刘春元（2013. 06—　　　）

---

① 副目，相当于现在军队中的副班长。

二、三樟乡人大主席团主席

易永华（1989. 12—1995. 11）

武新春（1995. 11—1998. 02）

罗春辉（1998. 04—2001. 02）

廖迎春（2001. 04—2003. 02）

文国安（2003. 05—2008. 10）

刘水文（2010. 03—　　）

三、三樟乡人民政府乡长

赵长水（1989. 12—1992. 03）

彭新风（1992. 03—1995. 11）

马存钱（1995. 11—2001. 02）

刘春香（2001. 04—2003. 02）

钱永明（2003. 05—2005. 02）

李飞云（2005. 05—2008. 02）

文国安（2009. 04—2012. 10）

文小辉（2012. 10—　　）

四、三樟乡政协联络工委主任

廖迎春（1998. 09—2001. 02）

文　武（2001. 02—2003. 02）

刘少雄（2003. 02—2005. 02）

颜勇征（2005. 02—2006. 03）

单志高（2006. 03—2007. 04）

夏丽珍（2007. 04—2010. 01）

陈佳东（2010. 01—　　）

（撰稿　马晓菲　杨仁汉）

附录一

中共衡东县委办公室
衡东县人民政府办公室
印发《衡东县乡镇区划调整改革工作方案》的
通　　知

东办发〔2015〕33 号

各乡镇党委、人民政府，县直机关各单位，省市驻衡单位：

《衡东县乡镇区划调整改革工作方案》已经县委、县人民政府同意，现印发给你们，请认真贯彻执行。

中共衡东县委办公室
衡东县人民政府办公室
2015 年 10 月 12 日

衡东县乡镇区划调整改革工作方案

为加快推进农村改革，增强乡镇经济发展活力，促进城乡一体化发展，按照省、市乡镇区划调整改革工作会议和文件精神，结合我县实际，制定本方案。

一、指导思想

按照省、市乡镇区划调整改革工作会议要求，立足县情实际，以全面深化农村综合改革为主线，围绕构建适应城乡发展一体化要求的现代乡镇行政管理体制和社会治理体系这一目标，因地制宜、分类指导，着力优化结构布局，着力全面深化改革，着力提升公共服务能力，积极推进乡镇和村级区划调整，促进全县乡镇布局更合理、结构更优化、发展更科学、运行更高效、服务更优质。

二、基本原则

（一）因地制宜，合理布局的原则。充分考虑各地的自然地理条件，经济社会发展水平，群众生产生活习惯等因素，统筹考虑产业布局，基础设施建设，水系分布、交通等条件，因地制宜地制定乡镇和村级区划调整方案。在确保完成乡镇区划调整工作任务的前提下，辖区内乡镇规模宜大则大、宜小则小，允许灵活对待。对地域相连、历史相沿、人文相近、经济相融、语言相同的乡镇和村原则上成建制整体合并，以村为单位成建制进行两村合一或多村合一，1000人以下的村必须合并。

（二）尊重历史，规模适度的原则。充分尊重历史沿革和群众的历史习惯进行综合考虑，合理确定乡镇和村规模。重点合并人口相对较少、区域面积较小、经济实力较弱的乡镇和村，合并后全县乡镇平均人口在4万人以上，村均人口在2000~3000人左右。

（三）促进发展，服务群众的原则。把促进发展和服务群众作为区划调整的首要因素，把乡镇区划调整与推进新型城镇化、促进城乡发展一体化、发展现代农业结合起来，着力做大做强县人民政府驻地镇和中心集镇，强化其综合承载能力和辐射带动力，做到既有利于优化资源配置、促进乡镇经济发展，又便于有效管理、方便群众办事。

（四）理顺关系，转变职能的原则。结合乡镇区划调整，积极稳妥地做好乡镇机构改革工作，进一步理顺县、乡（镇）两级人民政府管理体制，坚持重心下移，强基固本，理顺经济发展、社会事业、公共服务、社会治理、公共基础设施运行管理等方面的体制机制，精简机构、降低成本、激发活力，提升效能。

（五）依法有序，稳步推进的原则。严格按照《国务院关于行政区划管理的规定》《中华人民共和国地方各级人民代表大会和地方各级人民政府组织法》《中华人民共和国村民委员会组织法》规定的程序开展乡镇和村级区划调整工作。坚持依法依规、有序推进，严格遵守区划调整、财政税收、国土资源、组织人事等方面的法律法规。坚持公平、公正、公开，尊重群众意愿，尊重合理利益诉求，确保社会稳定。防止因乡镇定名、驻地选择等引发矛盾，确保实现平稳过渡。

三、目标任务

此次乡镇区划调整改革工作，按照优化结构、合理布局、规模适度、有利发展的要求，合理确定乡镇和村的规模。全县撤并 7 个乡镇，减幅 29%，撤并后建制村数量减幅不低于 47.5%。乡镇和村级区域调整工作均在 2015 年 10 月启动，合并乡镇工作在 2016 年春节前完成，合并建制村工作在 2016 年 12 月底完成。

四、实施步骤

（一）合并乡镇

2015 年 10—11 月，成立衡东县乡镇区划调整改革领导小组，召开动员大会，组织相关业务培训，县直相关部门成立调研组，对全县各乡镇进行摸底调查，形成乡镇区划调整改革实施方案，报市领导小组初审后，呈报市委、市人民政府审定，报省人民政府审批。

2015 年 12 月，按照省人民政府批准的合并乡镇整体方案开始实施。

2016 年 2 月 10 日前，全面完成合并乡镇工作。

2016 年 3 月，接受市乡镇区划调整改革工作领导小组对我县合并乡镇工作的检查验收。

（二）合并建制村

2015 年 10 月，启动全县合并建制村工作，组织相关培训，县乡两级成立合并建制村改革调研组，对全县村进行摸底调查，制定衡东县合并建制村工作方案，召开动员会议进行部署。

2015 年 11 月—12 月，组织专门班子进行实地调研，制定我县合并建制村实施方案，形成衡东县合并村任务分解表。

2016 年 10 月前，按要求完成合并建制村工作，并进行自查。

2016 年 12 月，接受市乡镇乡镇区划调整改革领导小组对我县合并建制村工作的检查验收。

五、工作要求

（一）加强组织领导。乡镇区划调整改革工作在县委、县人民政府的统一领导下，成立衡东县乡镇区划调整改革工作领导小组（以下简称领导小组），由县纪委、县委办、县人大办、县政府办、县政协办、县委组织部、县委宣传部、县委政法委、县人民法院、县人民检察院、监察局、编办、民政局、发改局、司法局、法制办、教育局、公安局、财政局、人社局、国土局、住建局、农办、林业局、水利局、农业局、商务局、卫生局、计生局、规划局、审计局、信访局、移民局、交通局、广电台、科技局、旅游局、经管局、统计局、档案局等单位主要负责人组成。下设办公室和区划调整、清产核资、机构设置、宣传、信访维稳、督查督办六个工作组，专门负责乡镇区划调整改革相关工作。各乡镇要相应成立行政区划调整改革领导小组，组建强有力的工作班子，负责组织实施和协调落实工作，党政主要负责人是本乡镇区划调整改革的第一责任人，要切实履行好第一责任人职责。

（二）加强协调配合。领导小组各成员单位、各乡镇要充分认识乡镇区划调整改革的必要性和重要性，把思想行动统一到县委、县人民政府的决策部署上来，把乡镇区划调整作为一项打基础、利长远的重大基础性改革来抓，要各司其职，各尽其责，深入开展调研，按照职责分工抓好相关配套政策制定实施，对口工作指导，确保改革顺利组织实施。县直各单位、各乡镇要加强协作配合，合力推进改革，形成部门配合、上下联动的工作格局。

（三）严肃工作纪律。严格政治纪律，严禁干扰区划调整，对各类扰乱区划调整的谣言和行为要严肃查处，依法依纪追究责任；严格组织人事纪律，严禁突击提拔干部、突击进人，严禁擅离职守、失职渎职；严格财经纪律，加强资金管理，严防国有资产流失，严禁借机突击花钱，转移财物，侵占、挥霍国家和集体资产等违规行为；严格廉政纪律，遵守廉政准则，严禁以权谋私。并乡镇合村工作必须严格依法依规按程序报批。对改革中出现的问题，要及时研究解决，重大问题及时向上级请示报告。

（四）营造良好氛围。要做好宣传动员和舆论引导工作，积极向干部群众宣讲乡镇区划调整改革的重大意义、目标要求和相关政策，打消干部群众的思想顾虑，引导干部群众积极主动参与和配合改革。凡涉及干部群众重大利益的，要充分听取干部群众意见，取得干部群众的理解支持，在全社会形成主动支持改革、积极投身改革的良好氛围。

（五）维护社会稳定。要采取有效措施，维护社会稳定。一要坚持包括农村基本经营制度在内的党的农村各项方针政策不变；二要保持所有依法形成的经济关系不变；三要坚持现有国家、集体、个人财产（包括山林、矿产、水资源等）性质不变；四要保持现有乡（镇）干部、职工的身份、职级、工资待遇不变（人员分流时政策办理手续的除外）。对开展并乡（镇）合村的地方，要暂停森林砍伐、企业破产、国有集体资产拍卖的审批，暂停乡（镇）的人员招聘工作，以免增加人、财、物管理的难度。

附录二

中共衡东县委办公室
衡东县人民政府办公室
印发《衡东县乡镇区划调整改革实施方案》的
通　　知

东办发〔2015〕34 号

各乡镇党委、人民政府，县直机关各单位，省市驻衡单位：

《衡东县乡镇区划调整改革实施方案》已经县委、县人民政府同意，现印发给你们，请认真贯彻执行。

中共衡东县委办公室
衡东县人民政府办公室
2015 年 11 月 9 日

衡东县乡镇区划调整改革实施方案

根据省委、省政府《关于开展乡镇区划调整改革工作的意见》（湘发〔2015〕15 号），衡阳市委办公室衡阳市人民政府办公室《关于开展乡镇区划调整改革工作的实施意见》（衡办发〔2015〕15 号）等文件精神，为切实推进全县乡镇区划调整改革工作，经县委、县政府研究同意，特制定本实施方案。

一、基本原则

（一）因地制宜，科学规划的原则。充分考虑各地的自然地理条件、经济社会发展水平、历史沿革、群众生产生活习惯等因素，统筹考虑产业布局、基础设施建设、水系山系分布、交通出行和方便群众办事等条件，科学规划乡镇区划调整方案。对地域相连、历史相沿、人文相近、经济相融、语言相通的乡镇，原则上成建制整体合并。

（二）依大靠强，规模适度的原则。坚持依大靠强，重点合并人口相对较少、区域面积较小、经济实力较弱、基础设施条件较差的乡镇。在确保完成乡镇区划调整工作任务的前提下，乡镇规模宜大则大，宜小则小，允许灵活对待。

（三）合理布局，促进发展的原则。把促进发展作为区划调整的首要因素，着眼长远，优化布局。把乡镇区划调整与推进新型城镇化、促进城乡发展一体化、发展现代农业结合起来，着力调大调强县人民政府驻地镇，合理规划中心集镇，强化其综合承载能力和辐射带动力，激活偏远乡镇的经济发展活力；做到既有利于优化资源配置、促进乡镇经济发展，又便于有效管理、提高行政效能。

（四）依法有序，稳步推进的原则。严格按照《中华人民共和国地方各级人民代表大会和地方各级人民政府组织法》《国务院关于行政区划管理的规定》规定的程序开展乡镇区划调整工作。坚持依法依规、有序推进，严格遵守区划调整、财政税收、国土资源、组织人事等方面的法律法规。坚持公平、公正、公开，尊重群众意愿，尊重合理利益诉求，确保社会稳定。防止因乡镇定名、驻地选择等引发矛盾，确保实现平稳过渡。

二、调整方案

拟将全县 24 个乡镇撤并为 17 个乡镇，即设 15 个镇 2 个乡，调整后的乡镇平均区划面积和人口分别为 113. 34 平方千米、4. 39 万人。具体调整方案为：

（一）城关镇、踏庄乡、珍珠乡成建制合并设立涞水镇，组建后全镇总人口 14 万人左右（含县城常住人口），总面积 130. 91 平方公里，镇政府驻地设原城关镇政府驻地。

（二）吴集镇、栗木乡、德圳乡、莫井乡成建制合并设立吴集镇，组建后全镇户籍总人口 9. 27 万人，总面积 274. 47 平方千米，镇政府驻地设原吴集镇政府驻地。

（三）大桥镇、三樟乡成建制合并设立三樟镇，组建后全镇户籍总人口 4. 34 万人，总面积 112. 19 平方千米，镇政府驻地设原大桥镇政府驻地。

（四）草市镇、高塘乡成建制合并设立草市镇，组建后全镇户籍总人口 5. 91

万人，总面积 143.93 平方千米，镇政府驻地设原草市镇政府驻地。

（五）其余 11 镇 2 乡，即大浦镇、石滩乡、新塘镇、霞流镇、甘溪镇、杨桥镇、荣桓镇、蓬源镇、石湾镇、白莲镇、杨林镇、高湖镇、南湾乡维持现状不变。

三、实施步骤

乡镇区划调整改革工作在 2015 年 10 月启动，2016 年 11 月 30 日前完成。具体实施步骤为：

（一）2015 年 10 月初，成立衡东县乡镇区划调整改革领导小组，启动全县乡镇区划调整改革工作，制定衡东县乡镇区划调整改革工作方案；

（二）2015 年 10 月中旬，对全县乡镇进行摸底调研，起草衡东县乡镇区划调整改革预备实施方案；

（三）2015 年 10 月下旬，召开动员大会进行具体安排部署；

（四）2015 年 11 月 5 日前，各涉改乡镇向县乡镇区划调整改革工作领导小组办公室递交相关资料；

（五）2015 年 11 月 10 日前，向市人民政府呈报全县乡镇区划调整改革相关资料，待省、市两级审定批准；

（六）2015 年 11 月 30 日前，按省人民政府批准的乡镇区划调整改革实施方案实施到位。

四、工作要求

（一）高度重视，加强领导。各乡镇人民政府和县直有关部门要把乡镇区划调整改革作为当前一项重要政治任务摆在突出位置，站在推动农村经济发展、推进城镇化进程、降低行政成本的高度，加强领导，科学谋划乡镇区划调整改革工作；要认真调查研究，全面统筹协调，加强督导落实。县乡镇区划调整改革领导小组办公室要创办工作简报，及时宣传政策导向，营造良好舆论氛围。

（二）强化责任，分工落实。各涉改乡镇党委、人民政府是组织实施乡镇区划调整改革的责任主体，乡镇党委书记是第一责任人，对乡镇合并工作的任务完成、问题化解、矛盾处理负总责。县乡镇区划调整改革领导小组成员单位要按照职能分工，研究出台相关配套政策和措施，进一步明确工作职责和要求。

县直有关部门要结合实际，对相关配套政策进行细化，加强对口指导。要对拟合并乡镇派出工作组，由县级领导带队，包干负责乡镇合并工作。

（三）把握节点，按期完成。各乡镇要严格按照市、县的目标任务和时间要求组织实施，加快推进合并乡镇工作，做到保质保量、如期完成，要严格按照任务指标和时间要求，逐个节点、逐个环节督促落实到位。市委、市政府将乡镇区划调整改革工作与全市目标管理绩效考核直接挂钩。对未按期保质完成乡镇区划调整改革目标任务的县市区，除不予奖励以外，同时在目标管理绩效考核总分中扣分。

（四）做细工作，确保稳定。要依法依规、积极稳妥推进合并乡镇工作，做细做实每一个环节步骤，确保法律程序到位。要认真做好干部群众的思想政治工作，消除思想顾虑，引导干部群众积极参与和主动配合改革；要对合并后的乡镇人民政府原驻地加强国土规划、集镇规划，加强集镇建设，并设立便民服务中心，为群众办事提供方便；信访、维稳、公安、综治等部门要主动提前介入，及时健全完善农村综治体系，加强农村治安防范，认真搞好调查摸底和隐患排查，有针对性地做好社会稳控工作，防止发生群体性上访、斗殴事件，切实维护社会大局稳定。

（五）严肃法纪，端正风气。要认真贯彻省纪委要求和市纪委《关于严明纪律切实保证乡镇区划调整和建制村合并工作进行的通知》（衡纪发〔2015〕22号）和县纪委东纪通〔2015〕7号文件精神，将纪律监督贯穿于合并乡镇工作的全过程。纪检、监察部门要坚决查处干扰、阻碍和破坏改革的行为，对插手干涉改革工作的党员干部，一律从严从快处理，确保改革工作风清气正，确保任务圆满完成。

附录三

中共衡东县委办公室
衡东县人民政府办公室
印发《衡东县并村改革工作实施方案》的通　　知

东办发〔2015〕35 号

各乡镇党委、人民政府，县直机关各单位，省市驻衡单位：

《衡东县并村改革工作实施方案》已经县委、县人民政府同意，现印发给你们，请认真贯彻执行。

中共衡东县委办公室
衡东县人民政府办公室
2015 年 11 月 12 日

衡东县并村改革工作实施方案

为精简我县行政村的数量，优化行政村的设置，降低行政运行成本，进一步加强农村基层组织建设，促进城乡一体化发展，按照省、市乡镇区划调整改革工作会议和文件精神，结合我县实际，制定本方案。

一、指导思想

以党的十八大和十八届三中、四中全会精神为指导，按照省委、省政府和市委、市政府乡镇区划调整改革工作总体要求，立足县情实际，围绕全面深化农村综合改革主线，因地制宜，优势互补，合理确定行政村的规模和数量，优化资源配置，加强农村基层组织建设，激发农村改革发展活力，促进和加快农村全面小康社会建设。

二、目标任务

此次并村改革工作，按照优化布局、规模适度、有利发展的要求，合理确定行政村的规模。全县行政村数量原则上控制在260个以内，减少幅度不低于55%。鼓励全县所有行政村都参与并村工作。尽可能并大村规模，减少村数量。并村改革工作从2015年11月中旬启动，12月底前全面完成。

三、基本原则

（一）因地制宜的原则。综合考虑历史沿革、风俗习惯、自然条件、路网水系、山脉走向、人文渊源、资源分布、人口基数、地域面积、地缘地形、群众意愿和产业布局等具体情况，因地制宜地制定并村改革方案。村级区划调整后，全县村级人口规模平均应达到2000~3000人。

（二）依大靠强的原则。坚持以大并小、以强并弱、以富并穷。整合资源，优势互补。全县1000人以下（含1000人）的村必须合并。基层党组织软弱涣散村原则上要合并，经济实力弱、长期无集体收入来源的村原则上要合并。

（三）促进发展的原则。通过并村改革，整合现有资源，优化行政村布局。参照城镇建设标准，规划一批人口在4000人左右的中心村，加强规划设计和城镇管理，推动城乡一体化建设和新型城镇化建设。合并城镇规划范围内的村要综合考虑乡镇发展总体规划，农村居委会整合与并村改革结合进行。

（四）整体合并的原则。按乡镇区划范围以村为单位成建制整体合并，不得将一个村拆开分块并入其他村。不搞跨乡镇行政区划的并村调整。以村为单位成建制进行两村合一或多村合一。

（五）依法推进的原则。充分发扬民主，广泛听取群众意见。严格按照《中国共产党农村基层组织工作条例》《中华人民共和国村民委员会组织法》《湖南省村民委员会选举办法》规定的程序进行，公开公平处理好干部群众利益的问题，严防因工作失当引发不稳定因素，确保社会大局稳定。

四、实施步骤

全县并村改革工作在县委、县政府统一领导和部署下，由各乡镇党委、人民政府具体组织实施。具体按以下步骤实施：

1. 宣传发动。县委、县政府召开全县并村改革工作动员大会，安排部署全县并村工作。各乡镇党委、人民政府分级召开动员会对并村工作进行安排动员。各乡镇、村要通过会议、广播电视、印发宣传资料、横幅标语、发放公开信、座谈会等多种形式，向基层干部群众宣传并村工作的重要性和必要性，让基层干部群众充分认识并村工作的重大意义，调动基层干部和广大群众参与并村改革的积极性，合力推进并村改革顺利进行。

2. 清产核资。各乡镇成立村级清产核资工作领导小组，组织专门班子和力量指导各村村务监督委员会对村级集体资产、债权债务和财务收支情况等进行全面清理核查，摸清家底，核定权属，做好登记，张榜公布清理结果，接受群众监督。在合并调整期间，冻结集体资产资源处置和杜绝新的债务产生，确需发生的日常运转经费开支经集体研究报乡镇审批后由乡镇先行垫付。清产核资工作结束后，所有账务和日常运转支出移交乡镇村账代管中心代管和代付，防止集体资产资金流失。宣布冻结村级财务账目后，村支“两委”及其他村级组织的公章一律上缴乡镇保管，留作备用。

3. 征求意见。各乡镇在制定并村方案前，要深入开展调查研究，广泛征求意见，重点摸清现有各村规模、地域面积、耕地、人口户数、自然条件、历史沿革、人文渊源、资源分布，发展现状、村级集体资产、债权债务和群众意愿等基本情况，并就并村的基本思路、新村布局、村部选址、新村命名、资产及债权债务处置等群众关心的问题，广泛听取各方面的意见，充分论证，做到意见基本一致。

4. 制订方案。一是乡镇人民政府提出辖区内并村预备实施方案，并组织力量，深入拟合并建制村召开村民会议，听取大家对预备实施方案的意见，在反复协商、充分论证的基础上，综合考虑各方面因素提出并村方案。二是规范新村命名。新村命名要严格按照《地名管理条例》的有关规定，充分尊重历史沿革、名人胜地、山脉水系、文化渊源，考虑地方知名度和群众认同感。调整后的村名原则上在撤并的村中选择，并保留以原乡政府名称命名的村名。历史老村名、文化特色村名、历史名人村名，尽可能做到大村并小村以大村命名、强村并弱村以强村命名，并经村民会议讨论通过。本县辖区内，不得出现相同村名。对争议不定的村名，由县民政局地名办认定。三是合理选择新村办公场地。

按照方便群众办事和发挥现有资产作用的原则，选择交通便利、半径距离相对中心、人口相对集中、现有村级活动场所条件较好的地方作为新村办公场地，也可以利用原村部、小学等场所翻新改造，避免造成资产闲置和浪费。新村办公场地确定要经村民会议认可。原村部面积都不足100平方米的，由县政府统筹安排，三年内逐步予以解决。四是合并村召开村民会议，按照《村民委员会组织法》规定办法通过并村方案，并签字认可，做好会议记录、会议签到、统票工作。

5. 方案报批。各乡镇把按程序形成的并村方案报县民政局审核、县人民政府审批，并由县民政局统一报市民政局备案。报批方案包括以下内容：

①关于并村工作的请示。包括并村理由、重要意义、基本原则、合并具体方案（村的合并、新村命名、办公场所地点等）、组织领导和纪律要求等内容；

②村民会议记录；

③村民签字意见表；

④并村前后有关村地域面积、耕地、人口、户数、党员人数、村“两委”干部等基本情况；

⑤并村前后区划图。

6. 组织实施。方案经县人民政府审批后，由乡镇党委、人民政府组织实施。一是公布方案。召开村组干部、党员会议和村民代表会议，公布并村方案，让群众知晓。原村“两委”牌子由乡镇统一收回。二是成立新村临时工作委员会。由临时工作委员会负责并主持新村日常工作。三是接管集体资产财务。所有财务账目、现金、存款在财务冻结后，统一移交转入新村账户。四是合署办公运行。新村成立后，要及时召开临时工作委员会成员会议，明确临时工作委员会成员的分工和职责，建立健全工作机制，实行坐班集中办公，移交接管合并前各村档案资料，依法依规运行新村各项工作。

7. 检查验收。并村工作结束后，县乡镇区划调整改革工作领导小组办公室将对各乡镇并村工作情况进行检查验收，检查验收内容包括：村民对并村工作的了解程度；村民和村干部对具体问题处理的满意度；各种移交手续办理，有无国有集体资产流失情况；各项规章制度建立情况。检查验收后，全县形成乡镇区划调整改革工作书面总结材料上报省市。

五、政策措施

1. 设立过渡期。并村后，各新村设立过渡期，过渡期从并村后至本届村支“两委”任期届满为止。在换届选举前，成立新村临时工作委员会（下简称工委）负责主持新村全面工作。工委书记由乡镇党委在本乡镇机关和事业站所现有干部中选派；合并前原村支部书记任工委副书记，其他村支“两委”干部为工委成员。新村成立后应启用新村印章，村民的身份证、户口簿、林权证、集体土地使用证等相关证件暂不变。

2. 实行转移支付资金与并村工作挂钩。过渡期内，各村转移支付资金按照原村基数拨付。按照保存量、奖增量的原则，对乡镇、村级转移支付资金实行增量奖补。乡镇转移支付资金在保证原基数情况下，在每年新增转移支付资金中，按照合并村的数量进行奖补。村级转移支付资金，合并新村基数部分按合并前两个或几个村的转移支付资金之和计算，对合并后的新村增量按合并后的人数进行核算确定，没有合并的村按原基数不变。

3. 实行项目优先安排。对合并后的新村，尤其是中心村优先安排农村基础设施和公共服务设施项目，“十三五”期间，新增项目80%以上安排到合并后的新村。县直相关部门要做好规划，严格标准，整合项目，优先安排。2015 年合并前的村争取的项目资金或已安排计划的项目仍由原村享受和实施。

4. 合理规划中心村建设。为了对原来已经初具规模的城镇进行管理，合理利用现有国有资产，促进新农村建设，参照城镇建设标准，各乡镇要在近几次乡镇区划调整撤并的原乡镇人民政府驻地、人口密集地区或乡村旅游景点规划 1~2 个人口在4000 人左右的中心村，加强规划设计，加强城镇管理，做到相对城镇化。

5. 实行一次性奖补。乡镇在规定期限内完成并村目标任务的，按每减少一个村 3 万元的标准给予奖补，主要用于并村工作中遗留问题、政策性债务化解和乡村两级工作经费补助；并村目标任务外，每多合并一个村在原奖补标准上增加 2 万元，在验收后专项奖给乡镇。

6. 合理处置集体资产及债权债务。调整合并后，被合并建制村的集体资金、资产、资源和债权债务在清理核实后原则上一并纳入新设立的建制村统一管理，按照财务会计制度设立财务账目。原村已签订并生效的有关经济合同，按原合同执行，合同期满后不得续签，纳入合并后的村统一管理。结余的现金、存款用于新村的公益事业项目建设，不得平衡弥补其他村的村级债务。原村债权债务由乡镇锁定数额，按性质分清类别，分类处理，逐步化解，不得将债务平摊给村民，增加群众负担。村民小组和群众的债权债务不变，山林、土地、电力、水利设施等权属不变，如系村级集体所有的，并村后的村委会要制定相关规章制度并采取严格措施，加强管理，既不影响群众既得利益，又不得将资产平分给村民，造成集体资产流失。对违规处置和变相侵吞集体资产的行为要从严问责。有关村级集体资产和债权债务处置办法由县乡镇区划调整改革领导小组清产核资组牵头制定。

7. 妥善处理村干部问题。安置好现任村干部；鼓励现任村干部主动申请并经批准退任，并村后不再担任新村干部的，自退任之日起到本届村支“两委”任期届满为止，政治待遇、经济待遇保持不变；做好现任、退任、离任村干部思想稳定工作，关心关爱他们的生产生活，鼓励他们积极参与并村工作。具体办法由县委组织部牵头制定。

8. 保障群众利益不受影响。维护村民利益格局不变，合并后，村民的生产生活、财产权属、经济关系均保持不变，各类证件变更由县政府统一安排，所需费用由县政府统筹解决，合并的村“两委”牌匾、公章均由县政府统一制作，不增加乡（镇）村级财政压力和群众负担。

六、工作要求

1. 加强组织领导。并村工作原则上由乡镇区划调整之前的乡镇领导班子负责实施，要成立高规格的领导机构，组织专门工作班子，安排专门力量，确保组织领导有力。

2. 明确工作责任。联系乡镇的县级领导对所联系乡镇的并村改革工作负总责。各乡镇党委、政府是并村改革工作的责任主体，乡镇党委书记或主持乡镇全面工作的乡（镇）长为第一责任人，分管负责人为直接责任人。要建立乡镇党政领导班子成员包片、包村干部包村的工作责任制，坚持一抓到底。对未在规定期限内完成并村改革工作或因工作不力引发集体上访，造成负面影响的一律不得提拔、重用，并严格问责。县委派驻乡镇的并村改革群众工作组和督查指导组要切实担负起政策宣传、业务指导、督促检查、矛盾化解和信访维稳等责任。各驻村新农村建设工作队、整顿软弱涣散村党组织工作队、精准扶贫工作队要积极做好工作，确保所驻村的并村改革工作顺利推进。

3. 加强部门联动。县直各部门要积极配合，按照各自的职能职责做好并村相关工作，并按县乡镇区划调整改革工作领导小组办公室要求，出台相关配套政策，确保并村改革工作顺利推进。

4. 严明工作纪律。并村工作是一项重要的改革工作，必须要有铁的纪律作保证。全县所有干部职工要大力支持本人籍贯所在地和原工作地并村工作。对插手干扰并村工作的，一经发现，严格按照《关于进一步严肃财经纪律切实保证乡镇行政区划调整和建制村合并工作顺利进行的通知》和《衡东县乡镇区划调整和建制村合并工作六条组织保障措施》从严从重从快处理。对借机浪费、侵吞、损坏国家、集体和公民财产、扰乱正常社会秩序等违纪行为，坚决严肃查处，涉嫌违法犯罪的移送司法机关追究法律责任。

5. 确保社会稳定。各乡镇党委、人民政府要及时化解处理各类问题矛盾，做到随时出现问题，随时解决处理，特别是群众最为关注的资源资产处置、债权债务处理、新村命名、村部选址等热点难点问题要高度重视，要充分估计各种不稳定因素，分类研究，做好预案，沉着应对，尽可能减少信访量，坚决杜绝群体性事件发生。

附件：衡东县并村改革工作任务分配表

附件：

衡东县并村改革工作任务分配表

乡镇名称	现有行政村个数	合并减少村个数	合并后新村个数	乡镇名称	现有行政村个数	合并减少村个数	合并后新村个数
石滩乡	30	16	14	蓬源镇	28	16	12
德圳乡	14	9	5	杨桥镇	30	16	14
大浦镇	39	21	18	荣桓镇	26	14	12
栗木乡	20	12	8	高湖镇	24	12	12
吴集镇	35	18	17	草市镇	20	9	11
霞流镇	35	20	15	高塘乡	16	8	8

续表

乡镇名称	现有行政村个数	合并减少村个数	合并后新村个数	乡镇名称	现有行政村个数	合并减少村个数	合并后新村个数
新塘镇	33	18	15	南湾乡	9	3	6
白莲镇	25	14	11	杨林镇	28	15	13
珍珠乡	18	10	8	莫井乡	13	7	6
石湾镇	25	14	11	甘溪镇	31	17	14
大桥镇	20	11	9	踏庄乡	16	9	7
三樟乡	16	9	7	城关镇	10	5	5
				合　计	561	303	258

附录四

2015年衡东县乡镇村级区划调整结果

2015年12月，衡东县乡镇村级区划调整工作已全面完成，全县由561个建制村、19个社区调整为233个建制村、23个社区。

一、村级区划调整结果

（一）大浦镇：由原来的39个建制村、1个社区调整为16个建制村、2个社区。蓟江潭、双托合并为蓟江潭村；渡江铺、黄花、添塘合并为渡江铺村；新开、枫木塘合并为新开村；茶亭、浅塘、民主合并为托源村；石桥、新民合并为新石桥村；炉铺、浦泉合并为浦泉村；永宁、东风、集贤湾合并为三才村；堰桥、堰城合并为堰桥村；大明、农庄、细村合并为大明楼村；荷塘、大岭合并为岭茶村；清泉、农科合并为清泉村；集泉桥、太平合并为太平村；长塘、丰源、铺司桥合并为长丰村；新庄、油草塘合并为新庄村；青鸦、老鸦合并为青鸦村；狮塘、岭村、锣塘、大浦合并为狮塘村；将生产园、大浦村2组、浦泉村11组合并设立浦园社区；东浦社区保留不变。

（二）吴集镇：由原来的35个建制村、1个社区调整为14个建制村、1个社区。山竹、龙塘合并为龙山村；龙堰、高坪、新坪合并为桐木桥村；红茶亭、伴岭合并为伴岭村；文昭、龙江、龙门前合并为龙奉村；杨梓坪、水湖、青草湖合并为杨梓坪村；淡家、鸡公岩合并为鸡公岩村；金盆、蔡家、新跃合并为金家楼村；五里坪、朱家桥合并为五里坪村；坪桥、坪石、白洲合并为平洲村；大势塘、凤凰合并为大势塘村；桥铺、桃岭合并为化龙桥村；红坪、庞坪、厚田冲合并为红坪村；双园、铜铃坪合并为双园村；阳家坡、锁狮、吴集合并为吴集村；杨峰社区保留不变。

（三）霞流镇：由原来的35个建制村、1个社区调整为15个建制村、1个社区。堰霞、大崎、大桥合并为鑫霞村；白村、杨柳合并为白杨村；新砚、拜朝合并为新拜朝村；宋桥、双桥合并为宋桥村；添枝、平田合并为平田村；李花、桎木山合并为李花村；黄崎、文凤合并为黄崎村；大水田、李家桥合并为鸿霞村；荆花港、藕塘、农科、大源渡、白马堰合并为大源渡村；大泥塘、燕子冲合并为大泥塘村；皇伏垅、洪家垅、许家垅合并为兴垅村；洣河、李家垅合并于洣河村；新井、洋塘合并为洋塘村；大长垅、杨梓合并为杨梓村；大村湾、柳叶塘合并成大村湾村；兴霞社区更名为霞流社区。

（四）新塘镇：由原来的33个建制村、1个社区调整为15个建制村、1个社区。欧阳海、衡月、百叶合并为欧阳海村；潭泊、丰根合并为潭泊村；梵塘、龙头、祝高合并为龙头村；湘江、雷市、文昌合并为雷市村；樟坪、大坪、新桥合并为新樟坪村；石杨、宦塘合并为石杨村；洣河、杨泗桥合并为洣河桥村；伏冲、大培合并为大培村；大冲、烟竹合并为兴发村；新农、新堤合并为新义村；广田、湘水合并为湘广村；红桔、宋坪合并为宋坪村；文桥、齐头合并为文桥村；桔冲、梅冲合并为桔林村；丰塘村、文峰社区保持不变。

（五）甘溪镇：由原来的31个建制村、1个社区调整为11个建制村、1个社区。新石、大源合并为大源村；洄水、兴隆、竹岭、中心合并为中心村；夏浦、金觉、新桥、大岳、农林场合并为夏浦村；新泉、大源塘合并为大源塘村；社背、新冲合并为社背村；枣园、和平合并为枣园村；东冲、新田合并为东冲村；新杨、香花合并为新杨村；石岗、铅锌、松塘合并为石岗村；东岗山、新江合并为新东村；能桥、石桥合并为石桥村；前进、甘溪、明桥、汇溪社区合并为金觉峰社区。

（六）杨桥镇：由原来的30个建制村、1个社区调整为14个建制村、1个社区。东烟、团源、排形合并为东烟村；寒水、上欧合并为上水村；南冲、白鹤合并为南冲村；荆竹、阳光合并为荆竹村；小鹤、鹤岭合并为鹤岭村；荷家、月山合并为荷月村；金凤、香花合并为香花新村；石门、汆水、长滩、金盆合并为温泉新村；湖田、花江合并为乔阳新村；石山、如江合并为石山村；杨桥、石岭、金山合并为杨桥村；虎塘、大塘合并为虎塘村；蛟塘村、凤凰村保留不变；杨桥社区更名为桥兴社区。

（七）蓬源镇：由原来的28个村、1个社区调整为10个村、1个社区。金龙、盆金、东山合并为蓬源村；潭江、订塘合并为潭江村；双林、翠佳合并为双溪村；龙虎、青山合并为长冲村；胜利、东方合并为东方村；石咀、大阁合并为合兴村；罗木、青峰、池塘、文家合并成冲排村；广塘、塘碧合并成广塘村；强兴、夏屋合并成兴民村；云集、石枧、茶亭、泉湖合并成云集村；横路、新江、新芙、蓬源社区合并为横路社区。

（八）杨林镇：由原来的28个建制村、1个社区调整为13个建制村、1个社区。杨林、双丫港、大源冲合并为杨林村；贺家桥、潭江合并为贺家桥村；柴埠、豆垅合并为柴埠村；庙冲、高栗、竹园合并为源头村；大塘、铁坑、茅廉洲合并为荣丰村；三联、龙西湖合并为联西村；车头、太平寺、茫洲合并为太平寺村；宁中、石峡、板石合并为石峡村；上村、立新、符竹合并为新扶村；湾头洲村、小岳洲村、寺门前村、四方冲村、洣南社区保留不变。

（九）白莲镇：由原来的25个建制村、1个社区调整为10个建制村和1个社区。小初、对江合并为小初村；铁坪、南塘合并为铁坪村；白莲村4~13组、王家垅、月寨合并为白莲村；罗家湖、龙潭、洛湖合并为罗家湖村；双江、马房、虎塘合并为马房村；白石、永安、高明合并为白石村；里鱼、山底、新坝合并为鲤鱼村；塘荷、先锋合并为塘荷村；山花、高峰合并为山花村；谭家桥村保持不变；莲花社区、马鞍村、白莲村1、2、3组合并为莲花社区。

（十）石湾镇：由原来的25个建制村、1个社区调整为11个建制村和1个社区。真桥、荷塘合并为荷塘村；杨梅、红星合并为杨梅村；茶石、泥塘合并为茶石村；甲枣、双峰、枣山合并为甲枣村；上桥、导子坪合并为上桥村；泉水、塔水合并为泉水村；坪源、坪里合并为坪里村；源头、兴源合并为兴源村；光明、西塘、石坝、熬洲合并为光明村；风景、清水合并为清景村；贺家、三步合并为佳埗村；迴澜峰社区保留不变。

（十一）荣桓镇：由原来的26个建制村、1个社区调整为7个建制村和1个社区。横板、洪江、车路合并为横板村；杉山、增加、船湾合并为杉山村；坪冲、东风、泉龙合并为泉龙村；松塘、柏塘、清泉合并为中湖村；太湖湾、桐塘、南湾、柏冲合并为南湾村；新屋、卫星、神塘、锡岩合并为锡岩村；知塘、铁村、冲塘合并为知塘村；前进社区、长岭、山塘、田垅合并为长岭社区。

（十二）高湖镇：由原来的24个建制村、1个社区调整为10个建制村和1个社区。岭台、侧塘、瑶泉合并为瑶泉村；建设、大旺垅、长垅合并为旺垅村；红村、印心合并为印心村；东升、红桥合并为红桥村；才一、新水合并为才一村；长丰、西村合并为西村；柏林、伟田合并为伟田村；义塘、新兴垅合并为新兴垅村；铁塘、新旺合并为新旺村；羊角、乌塘合并为乌塘村；五桥、高湖、坪田社区合并为伍湖社区。

（十三）大桥镇：由原来的20个建制村、1个社区调整为7个建制村和1个社区。复兴、瑶里、茶园、黄双合并为黄双村；礼厚、双江、冲头合并为礼厚村；山坳、龙塘合并为澎陂港村；塘霞、岭林、栗林合并为岭林村；三浒、和平合并为和平村；湘桥、义门合并为义门村；铁炉、塔冲合并为塔冲村；西园、湖套、大桥社区合并为大桥湾社区。

（十四）草市镇：由原来的20个建制村、1个社区调整为10个建制村和1个社区。江坪、江田合并为江坪村；大对河、新洲、坪山合并为大对河村；桐桥、罗家寨合并为桐桥村；洣坪、香花合并为洣坪村；沙港、彭家园合并为沙港村；田心、吴家仓合并为田心村；横岭、黎明合并为横黎村；草市、白茅洲和灵山社区合并为灵山社区；丫塘村、油子塘村、山田村保留不变。

（十五）城关镇：由原来的10个建制村、5个社区调整为5个建制村和8个社区。新鹤、合桥合并为鹤祥村；月塘、大甸合并为大甸村；金峨村、金花村、岳霄村保留不变；渡头村调整为洣江社区；堰湾村调整为堰湾社区；金堰村调整为金堰社区；保留兴东社区、迎宾社区、杨山社区、嘉兴社区、滨江社区。

（十六）石滩乡：由原来的30个建制村调整为11个建制村。石金、良建、小泉、金山合并为石金村，大泉、大新、莲花合并为大泉村，新建、朝霞合并为新建村，进宝、丰山合并为进宝村，真塘、大丰合并为真塘村，长源、石垅、松林合并为长源村，真陂、沈陂、活头合并为真陂村，荷泉、庆祝合并为荷泉村，新白、大山、乙田合并为新白村，欧塘、新虎合并为欧塘村，江滨、岭背、双联、仙鹅合并为江滨村。

（十七）三樟乡：由原来的16个建制村调整为7个建制村。温家冲、长塘合并为塘源村；金星、合山合并为金合村；长江、李子园合并为长江村；油麻、新塘、金山、新湖合并为油麻田村；金湖、柴山、集富合并为柴山洲村；进化、富家合并为富家村；前进村保留不变。

（十八）珍珠乡：由原来的18个建制村调整为8个建制村。珍珠、大乌石、小乌石合并为珍珠村；大江、新开合并为大兴村；印湘、富塘、山冲合并为采霞村；小山、岭岩合并为大山村；双凤、黄梓堂、同升合并为状元村；北冲、石头合并为北冲村；大塘、小江合并为南塘村；石江村保留不变。

（十九）踏庄乡：由原来的16个建制村调整为7个建制村。踏庄、桐霄合并为踏庄村；大塘、枫垅合并为大塘村；荆茗、茗岗合并为荆茗村；枫林、木林、中森合并为仙林村；朗山、中朗、上朗合并为朗山村；仙楠、正坪、花园合并为仙楠村；大托村保留不变。

（二十）莫井乡：由原来的13个建制村调整为6个建制村。江山、碰塘合并为江山村；三口井、荷家园合并为三口井村；莫井、建新、鹅形合并为莫井村；三垅、井冲合并为三垅村；四冲、白沙合并为新井村；莫园、新开田合并为莫园村。

（二十一）德圳乡：由原来的14个建制村调整为4个建制村。松荷、马蹄、普乐合并成立为早禾村；老屋、苏家、德圳、石坪、洣桥、三星合并为德圳村；大岭、太阳、松村合并为南山村；红光、红岩合并为红光村。

（二十二）高塘乡：由原来的16个建制村调整为8个建制村。高田、毛坪合并为高田村；两路、环山、怀碧合并为两路新村；福塘、焕塘合并为福塘村；龙塘、石塘合并为马脑寨村；洲先、西石合并为洲西村；山陂、塘头合并为山塘村；田花、石旺合并为石旺村；大洲村保留不变。

（二十三）栗木乡：由原来的20个建制村调整为9个建制村。溪塘、中塘、官冲、施茶合并为栗木村；龙源、青塘合并为龙源村；牌楼山、前丰、龙堰合并为胜利村；秋波、官庄合并为秋波村；泉新、双泉合并为泉新村；黄金、周田合并为周田村；巷子、陈山头合并为巷子村；秧山、子光合并为紫岗村；柏桥村保留不变。

（二十四）南湾乡：由原来的9个建制村调整为5个建制村。新南、塘下合并为新南村；桃源、东江合并为桃源村；江东、茶旺、塘江合并为江东村；松源村、合江村保留不变。

二、乡镇区划调整结果

全县撤并7个乡镇，由24个乡镇撤并至17个乡镇，减幅29%。

1. 踏庄乡、珍珠乡、城关镇合并设立洣水镇；
2. 栗木乡、德圳乡、莫井乡、吴集镇合并设立吴集镇；
3. 三樟乡、大桥镇合并设立三樟镇；
4. 高塘乡、草市镇合并设立草市镇；
5. 其他乡镇保持不变。

（衡东县民政局供稿）

后 记

《衡东县乡镇简志》为衡东县建县以来的第一部乡镇志。该志全面系统地记述了至2014年年底衡东县24个乡镇自然、经济、社会等各个方面的历史，以浓重笔墨记述1989年撤区并乡设立24个乡镇以来的主要发展情况。它的问世，既为各级领导决策提供了真实可靠的依据，又为各方面专家学者研究地情和开发项目提供了最基础、最可靠的地情信息和文献资料，是一部宝贵的地情史料，尤其在2015年乡镇区划调整后，这部反映衡东24个乡镇发展概况的志书更有其重要的历史意义。

《衡东县乡镇简志》是根据湖南省地方志编纂委员会湘志编〔2015〕2号、衡阳市地方志编委会衡志编〔2015〕1号文件精神，衡东县人民政府决定编纂出版的。2015年2月16日，衡东县人民政府办公室下发《关于做好<衡东乡镇简志>编纂工作的通知》（东政办函〔2015〕18号），成立以县委副书记、县长为编委会主任的编纂委员会，明确县史志办公室具体负责组织编写。2015年5月，全县召开《衡东县乡镇简志》编纂工作动员暨业务培训会。并下发《编写提要》《衡东县乡镇简志样板稿》以及相关业务资料和书籍，供各乡镇参考。

编写过程中，各乡镇普遍反映因人员变动频繁、档案保存不全，资料不够完整，而且有些条目仅靠个人口述、回忆，难以确保资料的真实，难以还原历史。编修工作一度陷入困境，为突破这一难题，县史志办组织编辑班子到统计局、民政局、人力资源和社会保障局、教育局、交通运输和旅游局、农业局、住建局等相关部门，收集统计数据及有关资料。经过近2个月时间，共收集各单位提供的相关资料近20余万字。

2015年10月，在24个乡镇报送资料的基础上，衡东县乡镇简志进入全面编修阶段。陈华良主持编修工作，负责全书编辑工作的统筹协调；胡青燕负责总纂书稿，主持全书统稿和修改工作，负责石滩乡、德圳乡、栗木乡、踏庄乡、莫井乡等乡镇稿件的编辑、审核、把关；向立立负责白莲镇、大桥镇、杨林镇、高湖镇、草市镇等乡镇稿件的编辑、审核、把关；文君莉负责荣桓镇、杨桥镇、蓬源镇、吴集镇、甘溪镇等乡镇稿件的编辑、审核、把关；马晓菲负责高塘乡、南湾乡、珍珠乡、三樟乡等乡镇稿件的编辑、审核、把关；颜知明负责城关镇、大浦镇、新塘镇、霞流镇、石湾镇等乡镇稿件的编辑、审核、把关。至 2016 年 4 月，《衡东县乡镇简志》初稿全部完成，经过三次统稿修改形成送审稿。2016 年 6 月，将送审稿分送市志办领导和专家，县四大家相关领导，中共衡东县委党史联络组老领导和衡阳市 11 个县（市）区史志办（县志办）方志专家审阅。

2016 年 9 月 22 日，《衡东县乡镇简志》评审会在恒瑞国际大酒店召开。会后，编辑部吸收与会领导、专家评审意见，对书稿进行认真、反复修改，2017 年 4 月形成验收稿送市志办验收。2017 年 5 月，市志办领导、专家专程来衡东县反馈验收意见。2017 年 6 月定稿，送方志出版社出版。

《衡东县乡镇简志》的编纂得到中共衡东县委、衡东县人民政府的高度重视，得到衡阳市地方志编纂委员会办公室领导和专家的精心指导，凝聚了全体编纂人员的心血和智慧，县直机关有关单位、各乡镇提供了大力的支持和帮助，在此一并表示衷心的感谢！

由于编纂水平有限，《衡东县乡镇简志》肯定有许多不足之处，我们期待广大读者朋友们提出宝贵意见，以便在再版时改进。

衡东县史志办公室

2017 年 7 月